HEYNE <

Julie Sahni

DAS GROSSE INDISCHE KOCHBUCH

Mit 200 Originalrezepten
aus allen Regionen

Deutsche Erstveröffentlichung

WILHELM HEYNE VERLAG
MÜNCHEN

Aus dem Amerikanischen übersetzt von Renate Zeschitz
Titel der Originalausgabe:
CLASSIC INDIAN COOKING by Julie Sahni
erschienen bei: William Morrow and Company, Inc.,
New York 1980

Wir danken folgenden Firmen für ihre freundliche
Unterstützung bei der Gestaltung des Titelfotos:
ASIEN-BASAR, Hirschbergstraße 3, 80634 München
CHINA-JAPAN-LADEN, Prinz-Ludwig-Str. 6, 80333 München

14. Auflage

Illustrationen: Marisabina Russo, New York
Umschlaggestaltung: Atelier Seidel, Neuötting
Printed in Germany 2009
Satz: Schaber, Wels
Druck und Bindung: RMO-Druck, München

ISBN: 978-3-453-40431-1

INHALT

Abkürzungen:

EL = Eßlöffel
TL = Teelöffel
kg = Kilogramm
g = Gramm
l = Liter
ca. = zirka

Einleitung

Die indische Küche reflektiert die Tradition des indischen Volkes. Sie ist Ausdruck seiner historischen Entwicklung, seiner Religion, seiner Kultur und seiner geographischen Lage. Demzufolge ist die indische Küche die Verschmelzung der Küchen vieler verschiedener Regionen. Was diese Speisen zu dem Begriff »indische Küche« verbindet, ist der Einfallsreichtum, mit dem in allen Regionen duftende Kräuter und aromatische Gewürze verwendet werden. Zerstoßener Kardamom auf zartem, jungen Hühnchen (Shahi Murgh Badaami, Seite 166), Knoblauchlamm in Rahmsauce (Rogan Josh, Seite 139) und mit Pistazien gesüßte Rahmsauce zu Käseklößchen (Ras Malai, Seite 360) — das alles ist indische Küche.

Geographie

Indien, Pakistan, Bangladesh, Birma und Sri Lanka (diese Staaten gehörten alle einmal zur indischen Nation) liegen auf dem klar abgegrenzten indischen Subkontinent. Sri Lanka ist eine kleine Insel im südlichen Indischen Ozean. Birma ist von Indien durch einen dichten, von Moskitos heimgesuchten Dschungel abgegrenzt. Entlang des südlichen Teils von Indiens Grenze im Osten liegt das heutige Bangladesh. Pakistan ist das Nachbarland im Nordwesten. Die nördliche Grenze bildet das mächtige Himalajagebirge, hinter dem die tibetanische Hochebene liegt. Diese Berge setzen sich nach Nordwesten in das Hindukusch-Gebirge fort, das trotz seines gewaltigen Ausmaßes überquerbar ist. Fast alle Eindringlinge kamen über dessen Pässe nach Indien (deren bekanntester der Khaiber-Paß ist). Noch weiter westlich liegen, an den Iran angrenzend, Afghanistan sowie Usbekistan

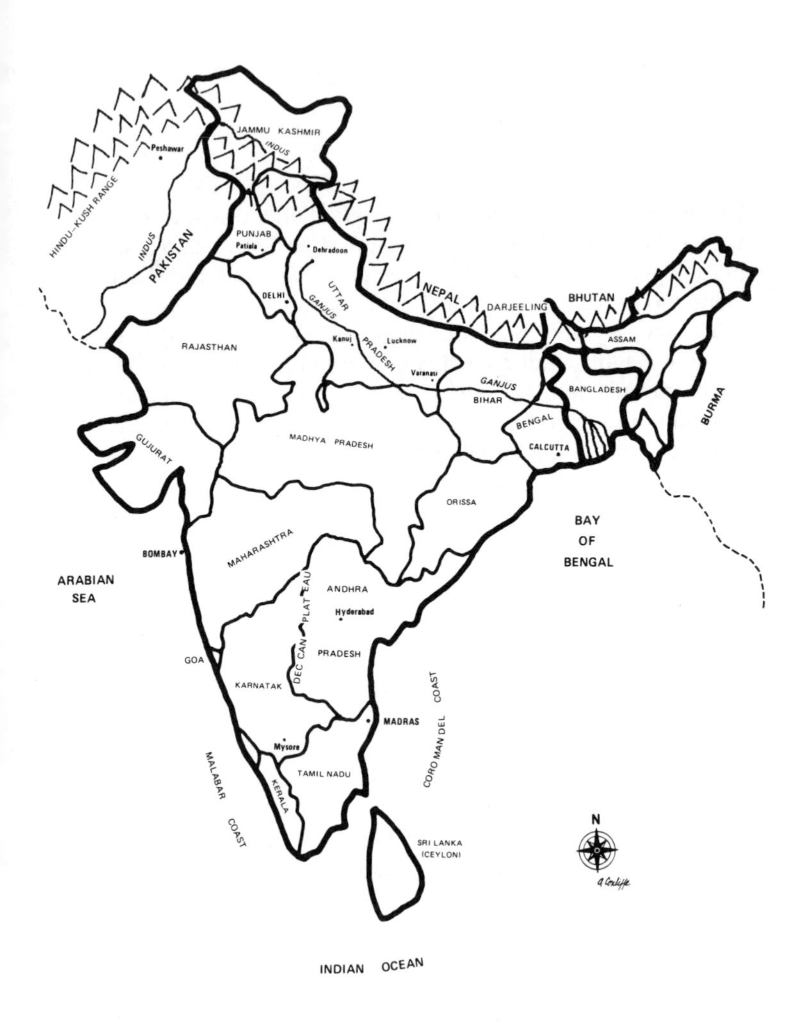

JAMMU KASHMIR
INDUS
Peshawar
HINDU-KUSH RANGE
INDUS
PAKISTAN
PUNJAB
Patiala
Dehradoon
DELHI
UTTAR
GANJUS
NEPAL
DARJEELING
BHUTAN
ASSAM
RAJASTHAN
Kanuj
Lucknow
PRADESH
Varanasi
GANJUS
BIHAR
BANGLADESH
BURMA
BENGAL
CALCUTTA
GUJURAT
MADHYA PRADESH
ORISSA
BAY
OF
BENGAL
BOMBAY
MAHARASHTRA
ARABIAN
SEA
DECCAN PLATEAU
ANDHRA
Hyderabad
PRADESH
GOA
KARNATAK
MADRAS
COROMANDEL COAST
Mysore
TAMIL NADU
MALABAR
COAST
KERALA
SRI LANKA
(CEYLON)
N
INDIAN OCEAN

und Turkmenien in der UdSSR. Das übrige Indien ist vom Meer umschlossen.
Der nördlichste Teil Indiens, von den schneebedeckten Bergen des Himalaja umschlossen, hat ein gemäßigtes Klima. Hier liegt das Tal von Kaschmir mit seinen märchenhaften Persischen Gärten und Terassenseen. Die prickelnd kühle Luft in diesem Gebiet ist erfüllt vom Duft der Pinien und des blühenden Safran. Walnuß- und Obstgärten sind über das Land verstreut, Morcheln und Kreuzkümmel wachsen wild. Das Klima ist kühl genug für die Schafzucht, der Grund dafür, warum in der Küche Kaschmirs Lamm in den verschiedensten Variationen zubereitet wird.
Kommt man weiter nach Süden, wird das Land flacher, das Klima wärmer. Hier, am Fuße der Berge, findet der berühmte Langkornreis ideale Klima- und Bodenverhältnisse. Die nördlichen Ebenen werden von Indus und Ganges bewässert und sind sehr fruchtbar. Extreme Klimagegensätze, von glühender Hitze (mit Temperaturen bis zu 50° C) bis zu Eiseskälte mit trockenen, kalten Winden, lassen Getreide wie Weizen, Gerste und Hirse und unzählige Gemüsearten gedeihen. Hier liegen Delhi, der Pandschab und Uttar Pradesh, wo die Menschen hochgewachsen sind und die Gerichte nahrhaft. Zum Kochen verwendet man hier geklärte Butter (Ghee). Ziegen- und Hühnerfleisch sind hier besonders beliebt. Obgleich Reis hier oft und gern gegessen wird, ist Brot das Hauptnahrungsmittel dieser Gegend.
Das Tiefland von Bengalen verdankt seine Fruchtbarkeit dem Ganges, der hier in den Golf von Bengalen mündet. Die Gewässer weisen einen Überreichtum an Süßwasser- wie Salzwasserfischen auf. Entlang der Küste wachsen Kokospalmen; gelbe Teppiche blühender Senfpflanzen erstrecken sich bis an den Horizont. Das Klima ist feuchtheiß. Reis ist die Hauptanbaupflanze und bildet, zusammen mit in Senföl zubereitetem Fisch, auch das Hauptnahrungsmittel.
Weiter im Nordosten, im Assamgebirge, liegt Darjeeling, dessen kühle Luft und die Regenzeiten ideale Bedingungen für den Teeanbau bieten. Es ist die Heimat des berühmten Darjeeling-Tees.

Das Hochland von Dekkan trennt die südlichen Gebiete von den nördlichen Ebenen. Den West- und Ostrand des Hochlands von Dekkan bilden die als Ost- und West-Gats bekannten Hügelketten. Der Boden dort oben ist nicht sehr fruchtbar, und die Landwirtschaft leidet unter Wassermangel. Die Ausläufer dieser Hügel allerdings liegen schon wieder in fruchtbaren Zonen nahe dem Meer. Gutscharat liegt im Nordwesten des Hochlands von Dekkan. Auch hier ist der Boden fruchtbar und erlaubt den Anbau von Baumwolle, Hirse, Gerste, Hülsenfrüchten und vielen Gemüsearten. Brot ist das Hauptnahrungsmittel. Die Bevölkerung ißt hauptsächlich vegetarisch, wobei Linsenpürees und in Sesamöl geschmorte Gemüse eine große Rolle spielen.
Im Süden liegen Maharashtra, Goa und Malabar. In diesen Staaten herrscht aufgrund der Nähe zum Äquator und der Monsunregen tropisches Klima. Das Wetter ist immer warm und feucht. Die wichtigste Nutzpflanze ist hier wieder der Reis. Die Küstengebiete sind reich an Fisch. Der Pomfret ist ein weißfleischiger Fisch, der ähnlich wie Seezunge schmeckt. Sehr beliebt ist auch der als »Bombay Duck« bekannte Bombil, ein bis zu 30 cm großer Fisch, der in der Sonne getrocknet und in Öl ausgebacken oder gegrillt verzehrt wird. An Muscheln und Krustentieren wie Garnelen, Shrimps, Krebsen, Hummer und Langusten mangelt es ebensowenig wie an Bananen, Kokosnüssen und Datteln. Die Menschen in dieser Region leben fast ausschließlich von Fisch und Meeresfrüchten, die mit Kokosraspeln und Reis zubereitet werden.
Die östlich liegenden Ebenen sind sehr weitläufig und flach; ihr Boden ist äußerst fruchtbar. Hier gedeiht eine Vielfalt von Gemüsen und Hülsenfrüchten. Die hier ansässigen Menschen sind hauptsächlich Vegetarier, die vor allem Gemüse, Hülsenfrüchte und Reis verzehren. Kokosnüsse und Bananen gehören zu den wichtigsten Zutaten bei der Zubereitung der Speisen. Zum Kochen nimmt man Kokos- und Sesamöl. Kokosmilch ersetzt hier Kuhmilch.

Kulturelle Einflüsse

Indien ist eine der ältesten Kulturen der Welt, die im Laufe der Jahrhunderte mit jeder neuen Invasion noch durch andere Kulturen bereichert wurde. Die Invasoren brachten neue Ideen und Vorstellungen mit und führten neue Zutaten und Zubereitungstechniken ein, die im Laufe der Zeit in den verschiedenen Regionen Indiens Fuß faßten und die einheimische Küche bereicherten und belebten. Diese Einflüsse konzentrierten sich hauptsächlich auf die nördlichen Gebiete; dort fanden die Zuwanderer ähnliches Klima und ähnliche Landschaften vor wie in dem Land, aus dem sie kamen. Darüber hinaus machten die natürlichen Barrieren und großen Entfernungen eine Ausbreitung nach dem Süden hin beschwerlich. Deshalb hat sich die Küche der nördlichen Regionen im Laufe der Jahrhunderte auch viel differenzierter entwickelt als die der übrigen Landstriche Indiens.

Religiöse Tabus

In Indien leben Menschen verschiedenster Rassen, Hautfarben und Religionen. Besonders die religiösen Unterschiede sind sehr groß und beeinflussen Speisen und Eßgewohnheiten.

Es gibt vier Hauptreligionen: den Hinduismus, den Buddhismus, die Religion der Sikhs und den Dschainismus (die letzten drei sind aus dem Hinduismus hervorgegangen). Aber auch die moslemische zählt zu den indischen Religionen. Sie wurde vor neunhundert Jahren nach Indien gebracht, hat sich schnell im ganzen Land verbreitet und zählt heute 65 Millionen Anhänger. Indien hat die zweitgrößte moslemische Bevölkerung der Welt. Daneben gibt es noch Christen, Juden und Zarathustra-Anhänger. Jede dieser Gruppen hat ihren eigenen Kodex, nach dem sich die Eßgewohnheiten und Zubereitungsmethoden der Speisen richten.

Die Hindus und Sikhs dürfen beispielsweise kein Rindfleisch essen, weil die Kuh in der indischen Mythologie ein

heiliges Tier ist. Moslems und Juden ist das Essen von Schweinefleisch verboten. Bestimmte Hindugruppen wie die Brahmanen sind strikte Vegetarier. Das heißt, daß sie weder Fleisch noch Geflügel, Fisch, Meerestiere, Eier und die daraus gemachten Produkte essen. Einige Vegetarier legen sogar so strenge Maßstäbe an, daß sie nicht einmal Nahrungsmittel essen, die Fleisch ähneln, wie zum Beispiel Tomaten, Rote Bete und Wassermelonen. Sie verzichten auch auf starke Gewürze, die üblicherweise zur Zubereitung von Fleisch verwendet werden, wie Zwiebel und Knoblauch.
Die meisten hinduistischen Brahmanen halten sich streng an ihre Essensregeln. Es gibt jedoch zwei Ausnahmen: Die Pandits aus Kaschmir lehnen zwar Zwiebel und Knoblauch ab, essen aber Fleisch (mit Ausnahme von Rindfleisch). Die zweite Ausnahme sind die Brahmanen aus Bengalen. Sie essen Fisch, Meeresfrüchte und die daraus gewonnenen Produkte, weil sie in ihren Augen »Gurken« oder »Gemüse« des Meeres oder der Flüsse sind. Diese Brahmanen essen zu besonderen Gelegenheiten auch Fleisch, z. B. während des Durga-Pooja-Festes (zu Ehren der Göttin Dorga oder Kali) im September und Oktober, wenn bei den Feierlichkeiten Opfertiere geschlachtet werden. Das Fleisch dieser Tiere gilt als heilig und es deshalb als heiliges Privileg, es zu essen.

Die Küche der Mogulen

Die bekannteste und raffinierteste aller indischen Regionalküchen ist die Nordindiens, die hauptsächlich die Küche der Mogulen ist. Das sind auch gleichzeitig die Speisen, die in Indien und in aller Welt in den besseren indischen Restaurants angeboten werden. Diese Küche entwickelte sich seit dem sechzehnten Jahrhundert, als die Mogulen das Land beherrschten, türkische Mongolen mit moslemischer Religion, die die persische Kultur verehrten, welche sie auf ihrem Weg nach Indien kennengelernt hatten. Sie ließen sich im Norden des Landes nieder und führten neue Speisen, neue Gewürze und neue Zubereitungstechniken ein, die sie zum Teil aus ihrer eigenen Kultur mitgebracht, größtenteils aber den Persern abgeschaut hatten. Mit der Zeit fanden auch einheimische Kräuter und Gewürze Eingang in ihre Küche, die sich mehr und mehr verändert und schließlich zur Mogulenküche wurde.

Die Mogulen liebten die Natur und das gute Leben und hatten einen ausgeprägten Schönheitssinn. So wurden zum Beispiel sehr aufwendige Biriyani (Fleisch- und Reispilaws) mit großer Sorgfalt zusammengestellt und, mit sautierten Nüssen und gerösteten Zwiebeln garniert, auf Gold- und Silberplatten serviert. Die Gerichte hatten die fantasievollsten Namen, die ihre Schmackhaftigkeit noch unterstreichen sollten.

Die Mogulenküche ist berühmt für ihre köstlichen Fleischgerichte und Reispilaws. Joghurt, Sahne, Früchte und Nußbutter werden häufig beigegeben, um die Saucen mild und cremig zu machen. Gewürzt wird meist mit milden, aber sehr aromatischen Zutaten wie Zimt, Kardamom, Macisblüte, Muskatnuß und Nelken. Natürlich ist auch Safran beliebt, vor allem bei der Zubereitung delikater Reisgerichte.

Der Einfluß der Mogulenküche erstreckt sich vor allem auf die nördlichen Gebiete Indiens, auf Delhi und sein Umland, den Pandschab, Kaschmir und Uttar Pradesh.

Aber bereits vor der Zeit, in der die Mogulen die Küche des Landes beeinflußten, gab es schon verschiedene Regionalküchen. Ich werde gelegentlich auf die regionalen Unterschiede eingehen, um dem Leser wenigstens eine Vorstellung von ihnen zu vermitteln. Ich möchte noch betonen, daß die Küche in allen Regionen Indiens ihre ganz speziellen Verdienste hat und daß sich die kulinarische Eigenheit jeder Region zu behaupten weiß.

Grundlagen der indischen Küche

Die indische Küche ist eher eine Kunst als eine Wissenschaft. Sie erlaubt dem Koch oder der Köchin, die eigene Kreativität voll zu entfalten. Die indische Küche ist nicht so sehr von komplizierten Zubereitungstechniken oder teuren Zutaten bestimmt, sondern von der individuellen Verwendung und Kombination von Gewürzen und Kräutern. Ein indischer Koch oder eine indische Köchin werden meist eine oder mehrere Zutaten über die im Rezept angegebenen hinaus hinzufügen und dem Gericht so eine persönliche Note geben. Deshalb schmeckt ein und dasselbe Gericht in Indien auch nie ganz gleich.

Die indische Küche kommt mit wenigen und einfachen Utensilien aus, und die Zubereitungsarten sind in den meisten Fällen denen in Europa sehr ähnlich.

Zu wissen, wie man Gewürze und Kräuter verwendet, ist der Schlüssel zum Geheimnis der verführerischen Düfte indischer Gerichte. Dabei ist die richtige Dosierung nur *ein* Teil der Kochkunst. Mit der Zeit wird man ein Gespür dafür entwickeln, ob Kräuter und Gewürze mit anderen Zutaten harmonieren. Manche Kräuter und Gewürze werden zum Aromatisieren benützt, manche, um einem Gericht eine bestimmte Farbe zu geben, es zu süßen oder zu säuern. Andere wiederum machen Saucen scharf oder dicken sie an. Wenn Sie einmal die verschiedenen Eigenschaften der Kräuter und Gewürze kennen, das Gefühl dafür entwickelt haben, wie sie sich in Verbindung mit anderen Zutaten verhalten und die Technik beherrschen, wie sie am besten einzusetzen sind, dann werden die klassischen Rezepte der indischen Küche Ihnen nicht mehr geheimnisvoll und schwierig erscheinen.

Gewürze und Kräuter haben noch weit wichtigere Aufgaben zu erfüllen, als nur Gaumen und Sinne zu befriedigen. Schon vor dreitausend Jahren kannte man in Indien die Heilwirkung von Kräutern, Gewürzen und Wurzeln. Asant (Teufelsdreck) und Ingwer wirken Blähungen und Koliken entgegen, also werden sie bei der Zubereitung von Linsengerichten verwendet. Andere Gewürze wieder regen das Verdauungssystem an, das bei mangelnder körperlicher Bewegung gerne zur Trägheit neigt. Die Inder kauen nach ei-

ner Mahlzeit entweder ein Betelblatt, eine Betelnuß oder einige aromareiche Gewürze wie Fenchel, Kardamom oder Nelken. Diese Gewürze machen den Atem frisch, wirken verdauungsfördernd, beugen Übelkeit vor und schützen vor Sodbrennen und übersäuertem Magen. Nelken wirken außerdem antiseptisch. In Wasser eingeweichte Bockshornkleesamen helfen gegen Gastritis und Magenverstimmung. Stärkehaltige Gemüse und schwer verdauliche Hülsenfrüchte würzt man immer mit einigen Bockshornkleesamen, besonders wenn kein Asant oder Ingwer zur Hand ist.
In den heiligen Schriften der Hindus wird die Wirkung der Gewürze auf die Körpertemperatur beschrieben. Gewürze, die innere Hitze erzeugen, werden »warm« genannt, diejenigen, die Wärme entziehen, »kühle« Gewürze. Lorbeerblatt, schwarzer Kardamom, Zimt, Ingwerpulver, Macisblüte und Muskatnuß sind »warme« Gewürze und werden vor allem bei kaltem Wetter empfohlen. Alle anderen Gewürze rangieren in der Skala von »sehr kühl« bis zu »mäßig warm« und sind deshalb bei jedem Wetter passend.
Im kühlen Klima Kaschmirs stehen Gewürze wie Zimt, Muskatnuß, Macisblüte, schwarzer Kardamom und Ingwerpulver deshalb ganz obenan. So wird zum Beispiel der Tee mit Zimt und Kardamom aromatisiert. In den Ebenen werden besonders im Sommer »kühle« Gewürze bei der Zubereitung von Getränken verwendet. Den köstlichen indischen Punsch (Thandai, Seite 382) würzt man mit Sonnenblumen- und Melonenkernen, Fenchel, Nelken und grünem Kardamom. Die Gewürze, die nach dem Essen gereicht werden — Fenchel, grüner Kardamom und Nelken — sind ebenfalls »kühl«.
Gewürze wirken auch schweißtreibend, weshalb man in Indien bei heißem Wetter sehr heißen, mit Gewürzen aromatisierten Tee zu trinken pflegt.
Die meisten Kräuter und Gewürze besitzen mehrere Eigenschaften. Safran zum Beispiel verleiht dem Gericht eine ansprechende gelb-orange Farbe und zudem ein faszinierendes Aroma. Koriander dickt Saucen an und gibt ihnen ein nussiges Aroma. Zwiebeln machen die Saucen sämig und schmackhaft. Ein Beispiel: Bei dem Gericht Hühnchen in

Zwiebel-Tomaten-Sauce (Murgh Masala, Seite 161) geben Zimt, Kardamom und Nelken das besondere Aroma, Kurkuma die gelbe Farbe, Zwiebeln, Knoblauch, Ingwer und Tomaten dicken die Sauce an und tragen außerdem zum besonderen Geschmack und zur Farbe des Gerichts bei. Tomaten bewirken aber auch ein schnelleres Garen des Fleisches und geben ein säuerliches Aroma.
Das Geheimnis der klassischen indischen Kochkunst liegt also darin, ein fast instinktives Wissen um die besonderen Eigenschaften von Gewürzen, Kräutern und Wurzeln zu entwickeln und eine genaue Vorstellung zu haben, wie sie mit anderen Zutaten reagieren. Aus diesem Grund habe ich in diesem Kapitel die wichtigsten Eigenschaften aller Gewürze, Kräuter und Würzessenzen, die in der indischen Küche Verwendung finden, zusammengeschrieben. Einen schnellen Überblick bietet die Tabelle auf Seite 22/23.

Spezielle Zutaten

Die steigende Popularität der indischen Küche hat bewirkt, daß heutzutage mehr und mehr Zutaten erhältlich sind. Dabei muß man nicht einmal spezialisierte Gewürzhandlungen aufsuchen. Die meisten Gewürze finden Sie schon in den Lebensmittelabteilungen der großen Supermärkte, in Delikatessengeschäften, häufig auch in griechischen oder türkischen Lebensmittelläden. Und nur für einige wenige, ganz besondere Kräuter muß man in ein Spezialgeschäft gehen. Aber nicht selten lohnt sich der Weg dorthin noch aus einem anderen Grund: solche Geschäfte sind oft billiger als Ihr Supermarkt um die Ecke. Machen Sie sich also eine Liste von dem, was Sie brauchen. Sie haben kein Problem mit der Lagerung, denn die meisten Gewürze halten sich sehr lange. Oder geben Sie, wenn es an Ihrem Ort kein solches Geschäft gibt, eine schriftliche Bestellung an ein Spezialgeschäft in der nächsten Großstadt auf. Vergessen Sie nicht, den indischen Namen des Gewürzes oder

der Kräuter, die Sie benötigen, bei Ihrer Bestellung mitanzugeben, um Irrtümer zu vermeiden. Bitten Sie darum, daß die einzelnen Päckchen deutlich gekennzeichnet werden, denn viele Gewürze sind in gemahlenem Zustand kaum zu unterscheiden.

Getrocknete Gewürze

Einigen Gewürzen, die schon in rohem Zustand hocharomatisch sind, steht das Gros der Gewürze gegenüber, die erst durch den Kochprozeß ihr volles Aroma entfalten. Allgemein sollte man Gewürze leicht zerstoßen, weil sie erst dann ihr Aroma voll entfalten. Bei der Zubereitung indischer Rezepte müssen Sie darauf achten, daß keines der Gewürze besonders hervorschmeckt, daß alle ein harmonisches Ganzes bilden. Dabei gibt es Ausnahmen: Zum Beispiel wird das Aroma des Kardamoms in der Joghurt-Mandelsauce des Gerichts Königliches Huhn in weißer Mandel-Sauce (Seite 166) vermehrt betont, während beim Rinderhack in Cashewnuß-Sauce (Seite 129) kein Gewürz besonders hervorschmecken darf.
Gewürze sind getrocknete organische Stoffe wie Wurzeln, Blätter, Baumrinde, Knospen, Stiele und Samen von Pflanzen, die roh sehr schwer verdaulich sind. Wenn manche Leute Verdauungsprobleme haben, nachdem sie indische Kost zu sich genommen haben, liegt es daran, daß rohe Gewürze verwendet wurden. Die Gewürze der indischen Küche sind wie Gemüse, das gekocht werden muß, damit es leichter verdaulich wird und sein volles Aroma entfalten kann. Die Gewürze werden gewöhnlich zu Beginn der Zubereitung in heißem Öl angebraten, ehe die übrigen Zutaten beigefügt werden. Werden die Gewürze erst zum Schluß zugegeben oder für kalte Joghurtsalate oder Appetizer verwendet (auf die man manchmal Kreuzkümmel oder Koriander streut), so sollten sie geröstet werden, ehe sie beigegeben werden.
Gewürze sollten möglichst erst kurz vor dem Gebrauch pulverisiert oder gemahlen werden, damit sie möglichst wenig Aroma verlieren.
Zur Aufbewahrung empfehlen sich luftdichte Behälter, die am besten kühl und trocken gelagert werden. Bei richtiger Lagerung bleiben gemahlene oder pulverisierte Gewürze

bis zu drei Monate frisch, ganze bis zu einem Jahr, einige wie Asant, Senfsamen und Bockshornklee sogar bis zu drei Jahre.

Adiowan (Ajwain)

Adiowan (Carum copticum), häufig mit Liebstöckel verwechselt, ist der Samen eines in Vorderasien beheimateten Doldengewächses, aus dem Adiowanöl, das Thymol enthält, gewonnen wird. Wenn man Adiowan leicht zerstößt, strömt er ein thymianähnliches Aroma aus. Er wird für Gemüsegerichte, Brot und Gebäck gebraucht. Besonders wichtig ist Adiowan in der Pandschab-Küche zum Würzen der köstlichen Kräcker, die Matthi (Seite 106) heißen.

Asant (Heeng)

Asant, wegen seines Geruchs auch Teufelsdreck genannt, ist eine Mischung getrockneter Gummiharze, die aus den Wurzeln verschiedener indischer und persischer Pflanzen gewonnen werden. Indische Spezialgeschäfte führen Asant in kleinen Brocken oder in pulverisierter Form. Die braunen Asantbrocken (in pulverisierter Form ist Asant beigefarben) sind praktisch geruchlos. Erst wenn Asant pulverisiert wird, entfaltet er seinen charakteristischen Geruch. Man tut also gut daran, Asant nur in fester Form zu kaufen, denn den intensiven Geruch des Asantpulvers bekommen Sie nur sehr schwer wieder aus Ihrer Küche heraus.
Für die meisten Rezepte brauchen Sie ein erbsengroßes Stückchen Asant. Dies läßt sich leicht zerstoßen. Überraschenderweise vollzieht sich mit diesem starken, beißend riechenden Gewürz eine eigenartige Wandlung, wenn es in heißem Öl nur 5 Sekunden heiß wird: es aromatisiert das Öl mit einem feinen, zwiebelartigen Geruch. Aus diesem Grund werden Asant und Zwiebel auch nie zusammen in einem Rezept verwendet.

Die Eigenschaften der Gewürze und ihre Verwendung

Gewürze	Aroma-bereicherung	Geschmacks-bereicherung	Farbe	zum Andicken
Adiowan (Ajwain)	●			
Asant, Teufelsdreck (Heeng)	●			
Bockshornklee, Griechisches Heu (Methi)	●			
Chilischoten (Lal Mirch)	●	scharf		
Fenchel (Saunf)	●			
Gelbe halbe Erbsen (Channa Dal)	●			
Granatapfel (Anardana)	●	süß-sauer		
Ingwerpulver (Sonth)	●	säuerlich-scharf		
Kardamom (Elaichi)	●			
Koriander (Dhania, Sookha)	●			●
Kreuzkümmel, Kumin (Jeera)	●			
Kurkuma (Haldi)	●		goldgelb	
Lorbeerblatt (Tej Patta)	●			

Gewürze	Aroma-bereicherung	Geschmacks-bereicherung	Farbe	zum Andicken
Macis-, Muskatblüte (Javitri)	●			
Mangopulver (Amchoor)		sauer		
Mohnsamen, weiß (Khas-Khas)				●
Muskatnuß (Jaiphul)	●			
Nelken (Laungh)	●			
Nigella (Kalaunji)	●			
Paprika (Deghi Mirch)			rot	
Safran (Kesar)	●		orange-gelb	
Salz (Namak)	●	alkalisch		
Senfsamen, schwarz (Rai)	●			
Tamarinde (Imli)		pikant-sauer		
Weiße halbe Bohnen (Urad Dal)	●			
Zimt (Dalchini)	●			

Bockshornklee (Methi)

Bockshornklee, auch als griechisches Heu (Trigonella foenumgraecum) bezeichnet, ist eine einjährige Pflanze aus der Bohnenfamilie, die in Indien und Kleinasien als Kulturpflanze beheimatet ist. Samen und Blätter der Pflanze werden in der indischen Küche verwendet, doch sind sie nicht austauschbar, da sie unterschiedliche Eigenschaften haben. Der Bockshornkleesamen ist rechteckig und gelbbraun und zählt zu den Hülsenfrüchten. Wegen seines intensiven Aromas und bitteren Geschmacks gehört er in der indischen Küche ganz wie auch pulverisiert zu den etablierten Gewürzen. Für die vegetarische Küche sowie für Pickles ist er unentbehrlich.
Getrocknete Bockshornkleeblätter (Kasoori Methi) werden sowohl als Kräuter wie als Gemüse verwendet. Die Blätter schmecken bitter und verbreiten einen intensiven Duft. Man verwendet sie hauptsächlich beim Kochen von stärkehaltigen Gemüsen wie Kartoffeln, benützt sie als Füllung von Brot und als aromatisches Gewürz für die köstlichen Würzkräcker (Kasoori Mathari, Seite 108).

Chilischoten (Lal Mirch)

Die Inder lieben Chilischoten nicht nur wegen ihrer Schärfe, sondern weil sie außerdem den Geschmack der übrigen Zutaten verbessern.
Rote Chilischoten sind die reifen, sonnengetrockneten Früchte der Pflanze Capsicum. Man kann sie im ganzen, getrocknet oder in pulverisierter Form kaufen.
In Indien gibt es verschiedene Varianten von Chilischoten zu kaufen. Scharf sind sie alle, also bitte Vorsicht mit der Dosierung. Wenn Sie Anfänger im Umgang mit Chili sind, dann sollten Sie darauf achten, daß Augen und Nase nicht mit dem beißend scharfen Saft der Schoten in Berührung kommen. Chilifans behaupten, daß ein Gericht ohne Chili fad und uninteressant schmeckt. Ich meine hingegen, daß zuviele Schärfe den feinen Geschmack des Gerichts überdeckt.

Fenchel (Saunf)

Fenchel (Foeniculum vulgare), im Mittelmeerraum beheimatet, ist in Indien schon seit langem Kulturpflanze. Der grünlich-gelbe Fenchelsamen ähnelt dem des Kreuzkümmels, ist jedoch größer und dicker. Er schmeckt ähnlich wie Lakritze oder Anis und strömt einen sehr angenehmen Duft aus.
In der indischen Küche wird Fenchel ganz und pulverisiert für Pickles, Fleisch, Gemüse und Pilaws verwendet. Selten nimmt man Fenchel zum Würzen von Süßspeisen.
Anis, in Indien gleichfalls Saunf genannt, kann in jedem Rezept Fenchelsamen ersetzen.

Gelbe halbe Erbsen (Channa Dal)

Gelbe halbe Erbsen sind eigentlich Hülsenfrüchte, werden jedoch im Süden und Nordwesten Indiens als Gewürz verwendet. Gewöhnlich werden sie mit weißen halben Bohnen und Senfkörnern zusammen in Öl gekocht und dann als Würze für verschiedene Linsen- und Bohnengerichte, zu Klößen und zu Füllungen für Brot und Backwaren verwendet. Gelbe halbe Erbsen werden auch (roh oder geröstet) zu Mehl gemahlen und zum Andicken oder zur Herstellung von Konfekt und Zuckerwerk gebraucht.

Granatapfel (Anardana)

Der braunrote Granatapfel (Anar) hat etwa die Größe einer Orange und ist die Frucht des tropischen Baums Punica granatum, der in Kleinasien und im Mittelmeerraum beheimatet ist, heute aber auch in anderen warmen Ländern als Kulturpflanze gezogen wird, so auch in Indien. Die dicke Außenhaut ist nicht eßbar, aber das in einer wabenartigen Membran eingebettete Fruchtfleisch wird entweder frisch gegessen (siehe Mandel-Reis-Dessert, Seite 357) oder getrocknet und als Gewürz verwendet. In der indischen Küche braucht man vor allem die pulverisierte Form. Granatapfelkerne geben den Gerichten einen süßsauren Geschmack. Granatäpfelsamen sind ein wichtiges Ingrediens im berühmten Kichererbsengericht Khatte Channe (Seite 207) aus dem Pandschab und für die Füllung von Imbißhappen.

Ingwerpulver (Sonth)

Trocknet und pulverisiert man frische Ingwerwurzel, so erhält man Ingwerpulver. Gute Qualität zeichnet sich durch eine hellbeige Farbe aus, hat einen scharf-pikanten Geschmack und einen süßen Geruch. Ingwer wird vor allem bei den Rezepten der Mogulenküche und für Chutneys gebraucht.

Kardamom (Elaichi)

Die Kardamompflanze (Elettaria cardamomum) ist in Südindien und Sri Lanka beheimatet. Ganzen Kardamom, also Kardamomkapseln, die das eigentliche Gewürz — kleine braunschwarze Samenkörner — enthalten, kann man in zwei Varianten bekommen — grün und schwarz. Grüner Kardamom (Choti Elaichi) wird oft aus ästhetischen Gründen gebleicht, doch geht dies leider auf Kosten des wunderbar intensiven Aromas. Deshalb sollten Sie grünen Kardamom auch nur in seiner natürlichen Farbe kaufen. In der indischen Küche wird er für Puddings, Nachspeisen, Konfekt, Eingemachtes und für einige sehr feine Fleisch- und Geflügelrezepte verwendet.
Schwarzer Kardamom (Kali oder Badi Elaichi) ist nur in Spezialgeschäften erhältlich. Er schmeckt mild und hat ein nussiges Aroma. In der indischen Küche braucht man ihn für Fleisch- und Gemüsegerichte, oder, gemahlen, für Chutneys und süßsaure Pickles. Er ist eines der vier wichtigsten Gewürze (neben Lorbeerblatt, Zimt und Nelken), die dem Pilaw der Mogulenküche sein charakteristisches Aroma geben. Können Sie schwarzen Kardamom nicht bekommen, können Sie statt dessen grünen nehmen.

Koriander (Dhania, Sookha)

Koriander ist die getrocknete, reife Frucht der Korianderpflanze (Coriandrum sativum), eine einjährige Pflanze aus der Petersilienfamilie. Sie ist in Kleinasien und Südeuropa beheimatet, wird aber heute auf der ganzen Welt angebaut. In der indischen Küche verwendet man den hellbraunen, süßlich-nussigen Koriander sowohl gemahlen wie ganz. Gemahlener Koriander wird zum Andicken von Saucen benützt. Gerösteter, gemahlener Koriander gehört häufig in Vorspeisen (Chat) und Joghurt-Salate (Raita), deshalb sollten Sie immer einen ausreichenden Vorrat davon im Haus haben. Auf Seite 66 finden Sie genaue Anleitungen für das Rösten, Mahlen und Lagern von Koriander.

Kreuzkümmel (Jeera)

Kreuzkümmel, auch römischer Kümmel oder Kumin genannt, ist eines der wichtigsten Gewürze in Indien, vor allem in den nördlichen und westlichen Regionen. Keine Mahlzeit ist komplett, wenn dieses Gewürz nicht in der einen oder anderen Form darin verwendet wurde. Es gibt in der indischen Küche drei Varianten von Kreuzkümmel — weißer Kreuzkümmel (Safaid Jeera) ist am weitesten verbreitet. Die beiden anderen Arten sind sich sehr ähnlich, die eine ist braun-schwarz, die andere schwarz. Man bezeichnet meist beide als schwarzen Kreuzkümmel (Kala oder Shahi Jeera).
Weißer Kreuzkümmel (Cuminum cyminum) ist gelblichbraun und ähnelt dem bei uns heimischen Kümmel. Er ist in Oberägypten und in den westlichen Landesteilen Kleinasiens beheimatet, wird aber in vielen Teilen Asiens einschließlich Indien angebaut. Kreuzkümmel gibt es ganz und gemahlen zu kaufen. Viele nordindische Rezepte verlangen gerösteten Kreuzkümmel. Wie man Kumin röstet, mahlt und lagert, lesen Sie auf Seite 66. Schwarzer Kreuzkümmel (Cuminum nigrum) ist seltener und wächst in den Bergen des südöstlichen Iran und in den Tälern Kaschmirs. Schwarzer Kreuzkümmel ist wesentlich teurer, schmeckt und riecht aber auch viel aromatischer. Er wird meistens ganz verwendet und muß nicht geröstet werden.

Kurkuma

Kurkuma ist eine winterharte tropische Pflanze (Curcuma longa) aus der Ingwerfamilie und in Indien beheimatet. Die Wurzeln dieser Pflanze werden gesäubert, gekocht, getrocknet und dann pulverisiert. Kurkuma ist Hauptbestandteil der hierzulande handelsüblichen Currypulver. Neben Aroma verleiht Kurkuma dem Gericht, dem es beigegeben wird, eine charakteristische gelbe Farbe. Kurkuma eignet sich zum Würzen von Gemüse-, Fleisch-, Geflügel- und Fischgerichten. Sie sollten es jedoch nie zu Speisen, in denen Sahne verwendet wird, nehmen, da dabei sein feiner Geschmack verlorengeht. Andererseits paßt Kurkuma vorzüglich zu Zwiebel- und Tomatensaucen. Kurkuma ist das wichtigste und heilige Gewürz der Hindus und gehört auch zu allen ihren religiösen und sozialen Riten.

Lorbeerblatt (Tej Patta)

Dieses Gewürz gibt es in Indien in einer anderen, aber der uns bekannten sehr ähnlichen Variante. Sie erkennen indische Lorbeerblätter daran, daß sie leicht zerbröseln, kurz sind, in Plastiktüten oder kleinen Schachteln verkauft werden und weitaus billiger sind als unsere Lorbeerblätter. Sollten Sie sie nicht bekommen, können Sie die hier erhältlichen dafür nehmen, aber nur die Hälfte der im Rezept angegebenen Menge. In der indischen Küche benützt man Lorbeerblätter vor allem für Fleischgerichte. Sie sind eines der vier wichtigsten Gewürze (Kardamom, Zimt und Nelken sind die anderen), die Pilaw den typischen Geruch geben.

Macis-, Muskatblüte (Javitri)

Macis und Muskatnuß sind Teile derselben Frucht des Muskatnußbaumes (Myristica fragrans), der auf den Molukken beheimatet ist. Wenn die Frucht reif ist, springt sie auf und gibt die braune Nuß frei, die mit einer leuchtendroten, netzartigen Membran (Macis) überzogen ist. Diese Membran wird sorgfältig abgezogen und getrocknet, bis sie gelbbraun ist und brüchig wird. Macis hat ein sehr ausgeprägtes, der Muskatnuß ähnliches Aroma, ist aber intensiver und bitter. Man sollte keines der Gewürze anstelle des anderen verwenden.

Mangopulver (Amchoor)

Mango, die Frucht der tropischen Pflanze Mangifera indica, ist in Indien beheimatet, wächst aber heute in vielen tropischen Regionen der Welt. Die Frucht wird gepflückt, ehe sie reif ist, geschält und an der Sonne getrocknet und zu einem blaßgelben Pulver gemahlen. Dieses Pulver hat ein pikantes Aroma, einen säuerlichen Geschmack und wird deshalb anstelle von Zitronensaft verwendet.

Mohnsamen, weiß (Khas-Khas)

Der weiße Mohn und der schwarze Mohn, den man bei uns auf Semmeln, Brot usw. sieht, gehören zur gleichen Familie, jedoch im Unterschied zum schwarzen enthält der weiße kein Opium. Die Samen sind grauweiß, geruchlos und roh fast geschmacklos. Sie werden zusammen mit anderen Gewürzen gemahlen und zum Andicken für Fleisch- und Fischgerichte verwendet; oft werden die Samen vorher geröstet. Das macht nicht nur das Mahlen leichter, sondern verleiht auch der Sauce ein wunderbares Aroma. Wie man Mohn röstet, mahlt und lagert, lesen Sie auf Seite 66.

Muskatnuß (Jaiphul)

Wie schon bei der Macisblüte erwähnt, ist dies die dunkelbraune Nuß, die unter der Macismembran zum Vorschein kommt. Sie wird getrocknet und gemahlen oder gerieben den Gerichten beigegeben.

Nelke (Laung)

Nelken sind die getrockneten Knospen der Pflanze Syzygium aromaticum, die auf den Molukken beheimatet ist.

Nelken sind dunkelbraun, haben einen scharfen, stechenden Geschmack und duften sehr intensiv. Man bekommt sie ganz und gemahlen. In der indischen Küche werden Nelken für Fleischgerichte, Pilaws und für Rezepte mit Meeresfrüchten verwendet.

Nigella (Kalaunji)

Zwiebelsamen, auch Nigella genannt, ist seidenschwarz, dreieckig, schmeckt süßlich und ähnelt im Aroma dem Oregano. Er wird ganz vor allem zum Einlegen von Gemüse und zum Bestreuen von Brot verwendet.

Paprika (Deghi Mirch)

Indischer Paprika wird aus einer milden Chilisorte (der Pflanze Capsicum, die in den Tälern von Kaschmir wächst) gewonnen. Wenn die Schote reif ist, wird sie gepflückt, an der Sonne getrocknet und zu einem milden, leuchtendroten Pulver zermahlen. Der indische Paprika ist dem hier erhältlichen ungarischen süßen Paprika vergleichbar. In Indien verwendet man Paprika vor allem wegen seiner roten Farbe.

Safran (Kesar)

Safran sind die getrockneten Blütennarben des Safrankrokus, der in Kleinasien und Südeuropa beheimatet ist, heute aber auch in Kaschmir angebaut wird.
Safran ist das teuerste Gewürz der Welt — für 450 g Safran braucht man eine Viertelmillion getrockneter Blütennarben von etwa fünfundsiebzigtausend Blumen. Safran ist in Fäden oder gemahlen im Handel. Er strömt ein faszinierendes Aroma aus und färbt das Gericht wunderschön gelb. Sie sollten lieber Safranfäden kaufen, da gemahlener Safran oft verfälscht wird.
Gehen Sie mit Safran, schon allein wegen des hohen Preises, sehr sparsam um. ¼ TL ist für gewöhnlich genug für 1 Pfund Fleisch oder Geflügel oder 4 Portionen Reis. Safran läßt sich am besten mit der Löffelrückseite oder den Finger-

spitzen in einer kleinen Schüssel zerdrücken. Dann in etwas heißem Wasser oder Milch 15 Minuten auflösen und diese Mischung dem Gericht beifügen.

Salz (Namak)

Salz dient in Indien nicht nur seinem ursprünglichen Zweck, also dem Salzen; Salz wird in der indischen Küche auch als Gewürz verwendet. Das kommt daher, daß es in Indien viele Salzvarianten gibt. Darunter versteht man nicht wie hierzulande verschiedene gemischte Salze, sondern Salze in ihrer natürlichen Form; jedes dieser Salze hat einen anderen Geschmack, ein anderes Aroma und eine andere chemische Zusammensetzung. Bei uns kennt man nur das Tafelsalz (Sambhar Namak), aber in indischen Spezialgeschäften bekommt man auch »schwarzes Salz« (Kala Namak), das seinen Namen von der braun-schwarzen Farbe des Salzklumpens hat. In gemahlenem Zustand sieht es allerdings braun-rosa aus und schmeckt pikant-rauchig.

Senfsamen, schwarz (Rai)

Die Senfpflanze (Brassica juncea) ist eines der wichtigsten Gewürze in ihrem Heimatland Indien. Man verwendet ihre Blätter als Gemüse und die Samen als Gewürz. Indische Senfkörner sind schwarzbraun, nicht gelb, und sehen ein bißchen wie große Mohnsamen aus. Senfkörner gehören in Indien wie auch bei uns auf jeden Fall in das Einmachgewürz. Im übrigen werden Senfkörner für gewöhnlich geröstet und zu Pulver gemahlen (siehe Seite 66). Das aus den Senfkörnern gewonnene Öl ist vor allem in den nördlichen und nordwestlichen Regionen Indiens als Ausbackfett beliebt und für Pickles unentbehrlich.

Tamarinde (Imli)

Tamarinde ist die fleischige Schote der tropischen Pflanze Tamarindus indica, die in Indien beheimatet ist. Sie ist braunschwarz und schmeckt wie eine saure Backpflaume.

Tamarinden werden reif gepflückt, geschält und entkernt. Danach werden sie zu »Platten« zusammengepreßt. Tamarindenfrucht ist auch in flüssiger Form erhältlich. Nur die feste Form ist in der indischen Küche zu Hause (der im Handel erhältliche Saft ist zu sauer). Um selbst Saft aus Tamarindenfruchtfleisch zu gewinnen, legen Sie ein Stück Tamarinde 15 Minuten in kochendes Wasser (Grundregel: ein 2,5 cm großes Stück auf ½ Tasse Wasser), zerdrücken es mit einer Gabel oder mit den Fingern und pressen dann soviel Saft wie möglich raus. Den Saft durchseihen und beiseite stellen, die ausgepreßte Frucht wegwerfen. Tamarinde wird zum Säuern benutzt.

Weiße halbe Bohnen (Urad Dal)

Diese Hülsenfrucht wird in den südlichen und südwestlichen Regionen Indiens auch als Gewürz verwendet. Normalerweise werden die Bohnen mit Senfsamen und manchmal auch mit gelben halben Erbsen zusammen in Öl gekocht und als Würze Gemüsegerichten beigefügt.

Zimt (Dalchini)

Es gibt zwei Zimtarten, die sich jedoch so ähnlich sind, daß es oft schwer zu unterscheiden ist, ob es sich bei dem gekauften um »echten« oder um »falschen« Zimt handelt. Da jedoch beide Bäume zur gleichen botanischen Familie Cinnamomum gehören, macht das wenig Unterschied, zumal die beiden Varianten ziemlich gleich aussehen, schmecken und riechen. Die handelsüblichen Zimtstangen sind übrigens die Rinde des Baumes, die in langen Streifen heruntergeschält wird. Zimt wird in der indischen Küche sowohl in der Stangenform wie auch gemahlen verwendet, jedoch niemals wie in den westlichen Ländern für Puddings, Nachspeisen und Plätzchen.

Kräuter und frische Gewürze

Basilikum (Tulsi)
Grüne Chilischoten (Hari Mirch)
Ingwerwurzel, frisch (Adrak)
Kariblätter (Meethe Neam ke Patte)
Knoblauch (Lassan)
Korianderblätter (Hara Dhania)
Minze (Podina)
Zwiebel, Frühlingszwiebel, Schalotten (Piaz, Hara Piaz, aur Chota Piaz)

Die gebräuchlichsten Kräuter der indischen Küche sind Koriander, Minze, Kari und Basilikum. Sie werden fein gehackt und den Speisen beigemengt oder drübergestreut. Feingehackt und mit Ingwerwurzel, Joghurt und Gewürzen vermischt werden sie zu Chutneys und Dips für Vorspeisen verarbeitet. Püriert und im Reis mitgekocht entstehen duftende Reispilaws, und mit Ingwerwurzel und Honig werden Kräutertees aufgegossen.

Da frische Kräuter für die indische Küche so wichtig sind, werden sie das ganze Jahr über angebaut. Getrocknete Kräuter kennt man nicht, höchstens Minze und Kariblätter, aber auch diese nur selten. Ich habe das Beschaffungsproblem gelöst, indem ich mir selbst einen Mini-Kräutergarten auf meinem Fensterbrett zugelegt habe, der mir stets frische Kräuter liefert. Meiner Meinung nach läßt sich das Aroma von frischen Kräutern durch nichts ersetzen. Das frühlingsfrische Aroma ist einfach bei getrockneten Kräutern nicht vorhanden.

Basilikum (Tulsi)

Basilikum ist ein einjähriges Gewürzkraut. Die Blätter haben einen charakteristischen Geschmack und ein süßes Aroma. Den Sommer über bekommen Sie Basilikum frisch beim Gemüsehändler und auf Wochenmärkten. Damit Sie von der Jahreszeit unabhängig sind, können Sie Basilikum ganz leicht zu Hause im Blumentopf züchten. Den Samen bekommen Sie in Sämereien. Er wird nur leicht mit Erde bedeckt, und in 6—8 Wochen können Sie bereits die erste Ernte halten. Im Frühjahr werden in den Sämereien bereits gekeimte Pflänzchen angeboten.

Grüne Chilischoten (Hari Mirch)

Grüne Chilis sind die jungen Schoten der Pfefferpflanze Capsicum. Es gibt viele Varianten, angefangen von sehr mild bis hin zu teuflisch scharf. Vorsicht mit den sehr kleinen Schoten! Ich habe herausgefunden, daß Chilis zum Stengel hin, also dort, wo die Samen sind, immer schärfer werden. Am besten, man schlitzt die Schoten auf und entfernt die Samenkörner. So kann man mehr Schotenfleisch verwenden, ohne daß das Gericht zu scharf wird. Wenn Sie's sehr scharf mögen, können Sie die Samen auch drinnen lassen. Grüne Chilischoten gibt's bei uns frisch wie auch eingelegt im Glas. Frische Schoten halten sich drei bis vier Wochen, lose in Kunststoffbehältern verpackt, im Kühlschrank.
Grüne Chilis werden in der indischen Küche für Gemüsegerichte, Dips und Chutneys verwendet.

Ingwerwurzel (Adrak)

Ingwerwurzel ist der scharf-aromatische Wurzelstock der tropischen Pflanze Zingiber officinale. Er wird ausgegraben, gewaschen und abgeschabt. Man kann ihn überall in Spezialgeschäften, häufig in Supermärkten kaufen. In der indischen Küche wird der frische Ingwer erst geschält und dann entweder geraspelt oder zu einem Brei gemahlen (man kann Ingwer auch fein hacken oder reiben). Sollten Sie frischen Ingwer nicht bekommen, können Sie auch zur Not, denn der Geschmack der Speisen verändert sich, Ingwerpulver nehmen — 1 TL Ingwerpulver entspricht etwa 1 EL feingehackter frischer Ingwerwurzel. Ingwerwurzel wird dem Gericht zusammen mit anderen trockenen Gewürzen beigegeben. Kandierter Ingwer ist ein ganz anderes Produkt und kann nicht ersatzweise verwendet werden.

Wenn Sie Ingwer zu Hause anbauen möchten, dann geben Sie ein frisches Stück Ingwerwurzel (mindestens 5 cm lang) in einen Blumentopf mit feuchter, sandiger Erde, am besten Kaktuserde. Die Wurzel beginnt nach 4—5 Wochen zu wachsen, erreicht aber erst nach einem Jahr die volle Reife. Wann immer Sie frischen Ingwer für ein Rezept benötigen, legen Sie die Wurzel frei, brechen ein Stück davon ab und stecken den Rest wieder in die Erde, wo sie weiterwächst.
Frischer Ingwer ist einer der drei wichtigsten Ingredienzien (Knoblauch und Zwiebel sind die beiden anderen) fast aller indischen Saucen. Er verleiht der Sauce den charakteristischen, pikant-scharfen Geschmack und dickt sie gleichzeitig an.

Kariblätter (Meethe Neam ke Patte)

Kariblätter kommen von der in Südindien und Sri Lanka beheimateten Karipflanze (Murraya koenigii). Die leuchtendgrünen Blätter dieser Pflanze, die bis zu zwei Meter hoch wird, duften sehr intensiv. Sie schmecken leicht bitter und haben ein süßlich-scharfes Aroma, das an Zitronengras erinnert. Was für den Norden Indiens die Korianderblätter sind, sind für den Süden und Südwesten Kariblätter. Bei uns bekommt man sie getrocknet in Spezialgeschäften zu kaufen.

Knoblauch (Lassan)

Knoblauch ist die eßbare Zwiebel der Nutzpflanze Allium sativum, die in Indien und anderen zentralasiatischen Ländern beheimatet ist, aber fast überall auf der Welt angebaut wird. Die Knoblauchzwiebel besteht aus einzelnen Segmenten, den sogenannten Zehen, hat ein scharf-stechendes Aroma und einen ebensolchen Geschmack. Knoblauchpulver und Knoblauchsalz sollten in indischen Gerichten nicht verwendet werden. Knoblauch hält sich in einem offenen Gefäß in der Küche sehr lange, vorausgesetzt, die Küche ist nicht zu warm und trocken und hat eine gute Luftzirkulation. Wenn Ihre Küche zu warm ist, sollten Sie Knoblauch locker in Frischhaltefolie verpackt besser im Kühlschrank aufbewahren, sonst trocknet er innerhalb von 2 Wochen aus. Durchgepreßter oder kleingehackter Knoblauch läßt sich sehr gut einfrieren, muß jedoch vor der Verwendung ganz aufgetaut werden. Einmal eingefrorener und dann aufgetauter Knoblauch kann kein zweites Mal eingefroren werden.
Knoblauch ist in der indischen Küche eine der drei wichtigsten Würzzutaten (Ingwerwurzel und Zwiebel sind die beiden anderen) der mogulischen Saucen.

Korianderblätter (Hara Dhania)

Korianderblätter kommen von der gleichen Pflanze wie Koriandersamen, doch kann das eine das andere nicht ersetzen. Korianderblätter ähneln im Aussehen der Petersilie, nur sind die Korianderblätter dünner, heller und duften sehr stark.

Koriander können Sie problemlos selbst im Blumentopf ziehen. Einfach die Samen säen, und in 6—8 Wochen werden Sie Ihren ersten selbstgezogenen Koriander ernten. Wenn Sie die Blätter abschneiden, regt das die Pflanze zu neuem Wachstum an.

Wenn Sie einen weiten Weg zum Markt haben, dann ist sicher für Sie wichtig, wie man Korianderblätter möglichst lange frisch halten kann. Achten Sie beim Kauf darauf, daß die Wurzeln noch intakt sind. Falls die Blätter zusammengebunden sind, entfernen Sie die Schnur vorsichtig, damit die Stiele nicht verletzt werden. Dann machen Sie einige Lagen Küchenpapier oder ein Seihtuch naß und wickeln es um die Wurzeln. Geben Sie den Bund mit den Wurzeln nach unten in eine große Plastiktüte und ziehen Sie ein Gummi-

band um die feucht umwickelten Wurzeln. Die Feuchtigkeit bleibt so in den Wurzeln erhalten. Bewahren Sie die so vorbereiteten Korianderblätter im Kühlschrank auf und schneiden Sie immer die benötigte Menge ab. Ihr Vorrat hält sich auf diese Weise 8—10 Wochen frisch.

Korianderblätter lassen sich auch gut einfrieren. Auf diese Weise werden Sie vom Marktangebot unabhängig.
Wenn Ihnen der Geschmack von Korianderblättern nicht zusagt, ist das nicht so schlimm. Sie können sie auch weglassen oder durch Petersilie ersetzen. Das Gericht hat dann natürlich nicht mehr seinen ursprünglichen Geschmack.

Minze (Podina)

Grüne Minze (Mentha spicata) ist ein einjähriges Gewürzkraut aus der Minzfamilie, die in Europa und dem Mittelmeer beheimatet ist, heutzutage aber bereits überall auf der Welt angebaut wird. Minze hat dunkelgrüne Blätter, rotbraune Stengel und ein sehr angenehmes Aroma. Getrocknete Minze kennt man in Indien nicht. Bei uns wird frische Minze nur bedingt verwendet — für Tee und Drinks — und ist deshalb nicht überall erhältlich. Mancherorts wächst sie jedoch wild im Garten und auf Wiesen. Für diejenigen, die keinen Garten haben, empfiehlt sich das Anpflanzen in Blumentöpfen. Dazu können Sie einfach ein 6—8 cm langes Stück von einer Minzpflanze in Blumenerde stecken und so nach ca. 6 Wochen werden Sie Ihre eigene Minze ernten.
Grüne Minze hält sich, locker in Plastik verpackt, 5—7 Tage im Kühlschrank. Als Ersatz für frische Minze kann getrocknete genommen werden.
Minze braucht man in der indischen Kochkunst hauptsächlich für Chutneys, kalte Vorspeisen und einige ganz exquisite Lammgerichte.

Zwiebel, Frühlingszwiebel, Schalotte (Piaz, Hara Piaz, aur Chota Piaz)

Die Zwiebel (Allium cepa) gehört zur Familie der Liliengewächse und ist auf der ganzen Welt bekannt. Ohne Zwiebel kann man kaum ein Gericht aus den nördlichen Provinzen Indiens zubereiten. Man ißt sie dort auch eingelegt oder roh in verschiedenen Chutneys. Die bei uns erhältlichen Zwiebeln unterscheiden sich von den in Indien angebauten. Durch das wärmere Klima werden die Zwiebeln schärfer und weniger saftig. Viele indische Rezepte schreiben vor, daß die Zwiebeln vor dem Braten zu einem Brei zerrieben werden sollten. Würde man das mit unseren Zwiebeln versuchen, erhielte man nur eine wässerige Soße. Deshalb sollten Sie die Zwiebel bei indischen Rezepten nicht zermahlen, sondern sehr fein schneiden. Wenn Sie die Gewohnheit der Nordinder, rohe Zwiebeln zu essen, übernehmen wollen, dann fangen Sie am besten mit der milden spanischen Gemüsezwiebel an.
Die Frühlingszwiebel ist der junge Sproß der Zwiebel. Man verwendet, je nach Rezept, entweder nur die kleine weiße Zwiebel, bei Gemüsegerichten auch den grünen Teil der Pflanze.
Schalotten werden wegen des leichten Knoblauchgeschmacks vor allem von jenen Vegetariern geschätzt, denen es verboten ist, Knoblauch zu essen. Sambaar, ein Gemüsegericht aus Südindien, wird mit Schalotten zubereitet und gilt in ganz Indien als Delikatesse.

Besondere Zutaten

Gewürzmischungen (Masala)
Kochfette und Öle (Ghee aur Tel)
Fleischbrühe (Yakhni)
Gemüsebrühe
Kokosnuß (Narial)
Milch und Milchprodukte (Doodh aur Oske Op-phul)
Blütenessenzen (Ruh)
Silberfolie (Vark)

Gewürzmischungen (Masala)

Wörtlich übersetzt bedeutet Masala ein Gemisch von mehreren aromatischen Gewürzen. Masala wird einem Gericht zugefügt, um ihm das für dieses Gericht typische Aroma zu geben. Oft hat man sich darunter eine Gewürzpaste vorzustellen.
Die wichtigste Gewürzmischung ist Garam Masala. In Nordindien ist diese Gewürzmischung unverzichtbar. Garam Masala wird der Speise erst kurz vor dem Servieren hinzugefügt und hebt so den Eigengeschmack der anderen Zutaten besonders hervor. Es gibt jedoch auch Rezepte, bei denen Garam Masala schon zu Beginn oder während des Garens zugegeben wird. Obgleich viele Gerichte Garam Masala enthalten, ergibt die Zugabe von weiteren Kräutern und anderen Zutaten doch jedes Mal eine ganz individuelle Speise.
Es gibt zwei Arten von Garam Masala. Einmal die Variante, bei der der geschmackliche Akzent auf geröstetem Kreuzkümmel und Koriander liegt. Sie eignet sich besonders für Zwiebel- und Tomatensaucen. Diese Gewürzmischung bekommen Sie in Spezialgeschäften fertig zu kaufen. Ich

möchte Ihnen jedoch vom Kauf abraten, weil dieses Produkt viele unnötige Zutaten enthält und nicht selten abgestanden schmeckt (die Gewürze sind nicht geröstet!). Die zweite Variante, Mughal Garam Masala, ist das A&O der klassischen indischen Küche. Diese Gewürzmischung entstand im Norden Indiens an den Höfen der großen Mogulenherrscher.
Die folgenden beiden Rezepturen sind meine persönlichen Mischungen bzw. nach meinem Geschmack abgeänderte Mischungen. Weil ich davon ausgehe, daß das besondere Aroma eines Gerichts nicht von Pfefferstärke übertönt werden darf, habe ich die Pfeffermenge bei beiden Rezepten so gering wie möglich gehalten. Sie können also, wenn Sie mögen, nach Ihrem eigenen Geschmack noch Pfeffer hinzufügen.
Beide Mischungen halten sich in einem luftdicht verschlossenen Behälter etwa 3 Monate frisch.

Mughal Garam Masala

Ergibt knapp 2 Tassen

Etwa 60 schwarze oder ca. 200 grüne Kardamomkapseln
2 Zimtstangen, 7 cm lang
1 EL ganze Nelken
1 EL schwarze Pfefferkörner
1½ TL geriebene Muskatnuß (nach Belieben)

Die Kardamomkapseln aufbrechen, die Samen herausnehmen und beiseite stellen. Die Kapselhüllen sind Abfall. Zimtstangen mit einem Fleischklopfer oder einem Nudelholz in kleine Stücke zerdrücken. Alle Zutaten außer der Muskatnuß zu einem feinen Pulver mahlen (Anleitung auf S. 66). Nach Belieben die gemahlene Muskatnuß untermengen. An einem kühlen Ort in einem luftdicht verschlossenen Behälter aufbewahren.

Anmerkung: Das Rezept läßt sich mit der halben Menge zubereiten.

Garam Masala

Ergibt 3 Tassen
3 EL (etwa 20) schwarze oder 2 EL (etwa 75) grüne Kardamomkapseln
3 Zimtstangen, ca. 7 cm lang
1 EL ganze Nelken
½ Tasse schwarze Pfefferkörner
1 Tasse Kreuzkümmelsamen
1 Tasse Koriandersamen

Kardamomkapseln aufbrechen, die Samen herausnehmen und beiseite stellen. Die Kapselhüllen sind Abfall. Den Zimt mit einem Holzklopfer oder einem Nudelholz bröselig zerkleinern. Alle Zutaten zusammen rösten und mahlen (Anleitung siehe S. 66). An einem kühlen Ort in einem luftdicht verschlossenen Behälter aufbewahren.

Anmerkung: Die Mengen des Rezepts lassen sich halbieren.

Vielleicht haben Sie bemerkt, daß man die Gewürzmischung Mughal Garam Masala nicht rösten muß, während man das beim traditionellen Garam Masala tun muß. Das liegt daran, daß die Mughalmischung vor allem sogenannte »süße Gewürze« enthält, die roh schon sehr aromatisch und leicht verdaulich sind.
Ein anderes, in Indien sehr populäres Allzweckgewürz ist Sambaar Podi. Es wird ausschließlich in der Küche Südindiens verwendet. Sambaar Podi ist ein scharf-würziges Gemisch aus Kurkuma, Koriandersamen, rotem (Cayenne-) und schwarzem Pfeffer, Bockshornklee, Kreuzkümmel und verschiedenen Hülsenfrüchten. Es wird in indischen Spezialgeschäften unter dem Namen Sambar-Pulver (Sambaar Powder) verkauft.
Der Anteil von rotem Pfeffer in dieser Gewürzmischung ist für gewöhnlich sehr hoch, so daß die damit gewürzten Gerichte meist sehr scharf sind. Da scharfes Essen die Schweißdrüsen zu erhöhter Tätigkeit anregt, sind diese Gerichte ideal für das heiße und feuchte Klima Südindiens.
Es gibt auf dem kommerziellen Markt noch viele andere

Gewürzmischungen, und man hat leicht den Eindruck, als würden diese Rezepturen das Kochen praktisch von selbst erledigen. Weit gefehlt. Denken Sie immer daran, daß nichts über Ihre ganz persönliche Koch- und Würzkunst geht. Die kommerzielle Mischung kann minderwertige Bestandteile enthalten und steht vielleicht schon monatelang im Ladenregal.

Schließlich noch ein Wort über Currypulver.

»Curry« ist die westliche Schreibweise des indischen Wortes »Kari«, das zweierlei bedeuten kann. Zum einen die süßaromatischen Blätter der Karipflanze (S. 36), zum anderen die südindische Zubereitungstechnik für bestimmte Gemüsegerichte, wie etwa die grünen Bohnen mit Kokos und schwarzen Senfkörnern. Die Gewürzmischung für diese Karigerichte heißt Kari Podi oder Currypulver. Es gibt viele Varianten davon, doch das klassische Rezept enthält folgende Zutaten: Kurkuma (Gelbwurz), Cayennepfeffer, Koriander, schwarzen Pfeffer, Kreuzkümmel, Bockshornklee, Kariblätter, Senfkörner und (manchmal) Zimt und Nelken — alles geröstet und zu Pulver zermahlen.

Die ersten britischen Kaufleute, die nach Indien kamen, hatten den Wunsch, die köstlichen Gerichte Indiens auch in ihre Heimat zu bringen. Doch da ihnen weder die indischen Zubereitungstechniken noch die Zusammensetzung der Gewürzmischungen bekannt waren, streuten sie aller Wahrscheinlichkeit nach einfach Kari Podi über alle indischen Eintopfgerichte. Dadurch entstanden Gerichte mit der vertrauten goldgelben Farbe und dem scharfen Geschmack, die man »curries« nannte.

In der englischsprechenden indischen Mittelklasse wurde das Wort »curry« so populär, daß eines Tages ein einfaches, alltägliches Gericht mit dem Namen Salan (würzige dünne Sauce) in Kari umbenannt wurde. Daraufhin wurde beispielsweise auch eine Speise, die jahrhundertelang als Murghi Ka Salan (Hühnchen in Würzsauce) bekannt war, in Chikken Kari (oder Curry) umgetauft. In der nordindischen Küche gibt es nichts, was dem hierzulande üblichen Currypulver (oder auch einem als »Curry« bezeichneten Gericht) vergleichbar wäre.

Also noch einmal: Das indische »Kari« hat nicht die geringste Ähnlichkeit mit dem englischen Curry, das ohne Zuhilfenahme indischer Kochtechniken und mit abgepacktem Currypulver gemacht wird. Ein weiterer Unterschied besteht darin, daß Salan-Gerichte oft Kardamom enthalten, ein wichtiges indisches Gewürz, das nie in Currypulver enthalten ist. Außerdem enthält Currypulver Bockshornklee, Senfkörner und Kurkuma — die ersten beiden werden nie, das letztere nur selten für Salangerichte verwendet. Und immer werden die Gewürze für Karis (oder Salan) eigens gemischt, und zwar immer mit derselben Akribie, die man in Indien jedem Gericht angedeihen läßt. Heute hat der Begriff Kari die Bezeichnung Salan aus Indien völlig verdrängt und wird auf eine Vielzahl von Gerichten angewandt.

Kochfette und Öle (Ghee aur Tel)

Die beiden gebräuchlichsten Fette in der indischen Küche sind Butter (Usli Ghee; Ghee bedeutet Fett, Usli bedeutet rein — aber in der indischen Umgangssprache bedeutet »Usli« Butter) und Pflanzenfett (Vanaspati Ghee). Die gebräuchlichsten Pflanzenöle sind Sesam-, Erdnuß-, Senf-, Kokos-, Mais- und Sonnenblumenöl. Butter und Fett werden am häufigsten zum Kochen benützt, Öle dagegen eher zum Braten, Ausbacken und für Pickles. Tierische Fette wie Speck oder Talg sind wegen religiöser Bestimmungen in Indien tabu. Auch Vegetarier dürfen sie nicht verwenden, da sie als Fleischprodukt gelten.
Vielleicht fragen Sie sich, wieso ein Vegetarier Speck und Fett als tierische Produkte ablehnt, Butter dagegen akzeptiert, obwohl sie ebenso tierischen Ursprungs ist. Die Erklärung ist einfach: Vegetarier praktizieren A-himsa (A bedeutet »keine«; himsa bedeutet »Gewalt«). Sie dürfen kein lebendes Geschöpf töten. Um Speck oder Talg zu bekommen, muß jedoch ein Tier sein Leben lassen. Butter jedoch ist ein Geschenk des Tieres, ein Geschenk der Natur. Für Butter muß kein Tier sein Leben lassen.
Bis vor kurzem wurde in Nordindien ausschließlich mit Usli Ghee gekocht. Aber wegen der inzwischen so enorm ge-

stiegenen Butterpreise verwendet man jetzt auch Fette und Öle.
Indisches Pflanzenfett sieht gelblich aus, ist von körniger Struktur und schmeckt leicht nach Nuß und Zitrone. In Aussehen und Geschmack ist es Usli Ghee sehr ähnlich. In Indien hat man Usli Ghee jahrhundertelang benützt und würde nie etwas akzeptieren, das dem Buttergeschmack nicht gleichkommt. Deshalb wird Pflanzenfett in Indien aus gesättigten Ölen wie Kokos-, Baumwollsamen-, Raps- und Palmölen hergestellt, gehärtet und dann noch einer Spezialbehandlung unterzogen, damit es Usli Ghee geschmacklich möglichst gleichkommt, so riecht und auch so aussieht. Viele, die sich an den Geschmack gewöhnt haben, ziehen es der geklärten Butter sogar vor.
Im letzten Jahrzehnt sind auch in Indien Stimmen laut geworden, die davor warnen, zu viele gesättigte Fette zu sich zu nehmen. Deshalb ist man mancherorts auch in Indien dazu übergegangen, mit ungesättigten Fetten zu kochen. Aber trotz aller Argumente kann sich ein großer Teil der Bevölkerung damit nicht anfreunden. Die Vegetarier halten nichts von Ersatzlösungen. Die Brahmanen halten gereinigte Butter für Gehirnnahrung und schreiben ihr übernatürliche Kräfte zu, die an der Entwicklung der Intelligenz maßgeblich beteiligt sind. Auch heute noch gibt man Kindern, besonders Knaben, täglich einen Löffel Usli Ghee, um ihren Verstand zu schärfen. Jeder Inder hält sich außerdem an den Brauch, einem neugeborenen Kind unmittelbar nach der Geburt einen Löffel Usli Ghee einzuflößen.
Ich persönlich bevorzuge helle Pflanzenöle wie beispielsweise Sonnenblumen- oder Sojaöl zum Kochen, weil sie leicht zu verdauen und mild im Geschmack sind und Kräuter und Gewürze geschmacklich nicht übertönen, sondern hervorheben. Es gibt jedoch einige Gerichte der Mogulenküche und aus Kaschmir, wo die Verwendung von geklärter Butter einfach unerläßlich ist. Ich habe dies bei solchen Rezepten eigens erwähnt.
Zum Ausbacken in Fett verwende ich Erdnuß- oder Maisöl, weil diese Öle sehr heiß werden, ohne zu verbrennen.
Indische Öle und Fette sind fast in jedem asiatischen Le-

bensmittel-Spezialgeschäft erhältlich. Für diejenigen, die Usli Ghee selbst herstellen wollen, habe ich eine genaue Anleitung unter »Milch und Milchprodukte« auf Seite 52 gegeben.

Fleischbrühe (Yakhni)

Diese Fleischbrühe findet vor allem für Pilaws und Saucen zu Fleisch- und Geflügelgerichten Verwendung.
Die Zubereitung ist denkbar einfach, und Sie müssen sie auch nicht unbedingt gleich dann machen, wenn Sie gerade einmal frische Fleischknochen zur Hand haben. Sie können die Knochen tiefgefroren aufheben, bis Sie Zeit und Lust haben, sie zu verarbeiten. Die Brühe selbst hält sich im Kühlschrank fast unbegrenzt, vorausgesetzt, sie wird alle vier Tage fünf Minuten aufgekocht. Natürlich können Sie sie auch in Ihrer Tiefkühltruhe einfrieren.

Ergibt 1½ Liter
1—1½ Kilo Lammknochen oder Hühnerklein, oder beides gemischt, in ca. 5—7 cm große Stücke zerhackt
1 kleine, ungeschälte Zwiebel, geviertelt
1 große, ungeschälte Knoblauchzehe, zerdrückt
1 Scheibe frische Ingwerwurzel, ½ cm dick
1 Zimtstange, 7 cm lang
8 ganze Nelken
½ TL schwarze Pfefferkörner
1 Lorbeerblatt
½ TL Salz

Alle Zutaten in einen 3-Liter-Suppentopf mit Deckel geben. Dann soviel kaltes Wasser zugießen, daß es mindestens 2 cm über den Knochen steht. Bei mittlerer Hitze zum Kochen bringen. Die Hitze reduzieren, so daß die Suppe 5 Minuten nur ganz leicht kocht. Währenddessen den Schaum abschöpfen. Dann den Topf teilweise mit einem Deckel abdecken und mindestens 2, besser aber 4 Stunden vor sich hinköcheln lassen. Immer wieder kochendes Wasser zugießen, so daß die Knochen immer gut mit Wasser bedeckt sind. Abkühlen lassen, die Brühe durch mehrere

Lagen Seihtuch in einen Behälter gießen und 2 Stunden kühlstellen, bis sich das Fett an der Oberfläche abgesetzt hat. Fett abheben, eventuell einen Teelöffel Fett drauf belassen und die Suppe abschmecken. Bei Bedarf nachsalzen.

Anmerkung: Köche in aller Welt sind sich einig, das man eine Suppe nicht lange genug kochen kann. Je länger sie kocht, desto gehaltvoller wird sie. Deshalb läßt man Suppen in Restaurants oft über Nacht köcheln. Zwei Stunden Kochzeit sind also ein absolutes Minimum. Weitere zwei Stunden sind noch besser und bringen auch die Gewürze mit dem Fleisch besser in Einklang.

Gemüsebrühe (Akhni)

Diese Gemüsebrühe entwickelte sich als vegetarisches Gegenstück zu den berühmten indischen Fleisch- und Geflügelgerichten. Statt der Knochen geben die Gewürze und das Gemüse dieser Brühe den besonderen Geschmack.

Ergibt 1½ Liter

3 EL Ghee (gereinigte Butter) oder helles Pflanzenöl
2 kleine, ungeschälte Zwiebeln, geviertelt
1 Karotte, in etwa 2 cm dicke Scheiben geschnitten
1 große, ungeschälte Knoblauchzehe, zerdrückt
1 Scheibe frischer Ingwer, etwa ½ cm dick
1 TL Kreuzkümmel
2 TL Koriandersamen
1 Zimtstange, etwa 7 cm lang
3 schwarze (oder 6 grüne) Kardamomkapseln
8 ganze Nelken
1 TL schwarze Pfefferkörner
½ TL Salz

Butter oder Öl in einem 3-Liter-Topf erhitzen und alle Zutaten hinzugeben. Gemüse und Gewürze bei mittlerer Hitze etwa 10 Minuten anschmoren, bis die Zwiebeln goldgelb sind. Mit 2 l kaltem Wasser aufgießen und zum Kochen bringen. Die Hitze drosseln, den Topf teilweise mit einem Deckel abdecken und mindestens ein bis zwei Stunden köcheln lassen. Abkühlen und die Brühe durch ein doppelt gelegtes Seihtuch in einen Behälter gießen. Diese Brühe läßt sich gut im Kühlschrank aufbewahren und einfrieren.

Kokosnuß (Narial)

Die Kokosnuß, die Frucht der Kokospalme, wächst in den Küstenregionen Indiens. Hier bekommt man sie das ganze Jahr über beim Gemüsehändler oder im Supermarkt. Das eßbare, weiße Fruchtfleisch ist von einer harten, braunen Schale umschlossen.
Etwas Erfahrung gehört schon zum Kauf einer Kokosnuß, denn rein äußerlich unterscheiden sich eine alte, vertrocknete und eine frische Kokosnuß durch nichts. Achten Sie auf das Gewicht. Eine frische Nuß enthält noch Flüssigkeit, die man beim Schütteln schwappen hört, und ist deshalb schwerer als eine alte. Auch darf die Kokosnuß keine Sprünge haben, weil sonst das Fruchtfleisch vielleicht schon verdorben ist.
So öffnen Sie eine Kokosnuß: Üblicherweise spaltet man zuerst die äußere Schale der Kokosnuß mit einem Beil oder einem Hammer und schält dann das Fruchtfleisch mit einem gebogenen Messer heraus. Diese Prozedur ist nicht ganz ungefährlich. Solange Sie noch keine Übung haben, ist Vorsicht geboten, wenn Sie eine Kokosnuß auf diese Weise öffnen wollen. Einfacher und sicherer ist folgende Methode: Heizen Sie Ihren Backofen auf 190° C vor. Stechen Sie dann die »Augen« der Kokosnuß mit einem Messer oder einem anderen spitzen Gegenstand durch und gießen Sie die Flüssigkeit ab. Kosten Sie die Flüssigkeit. Sie sollte süß schmecken und angenehm riechen. Wenn sie sauer schmeckt und ölig riecht, ist die Kokosnuß verdorben. Geben Sie die Kokosnuß 25 Minuten bzw. so lange in den Ofen, bis die Schale aufspringt. Dann nehmen Sie sie wieder heraus und klopfen mit einem Fleischklopfer oder einem Hammer auf die Kokosnuß, damit sich das Fruchtfleisch von der Schale löst. Brechen Sie dann mit einem Hieb die Schale auf. Das weiße Fruchtfleisch mit der braunen Haut löst sich von der Schale. Ist dies nicht der Fall, nehmen Sie ein scharfes Messer zu Hilfe.

Das Reiben der Kokosnuß: Schälen Sie die braune Schale vom Fruchtfleisch ab und schneiden Sie das Fruchtfleisch in etwa 2 cm große Stücke. Diese mahlen Sie in der Küchenmaschine mit dem Reibaufsatz oder mit der Hand.

Getrocknete, geriebene, ungesüßte Kokosnuß ist auch in Plastikbeuteln im Supermarkt erhältlich und kann im Notfall verwendet werden; denken Sie jedoch daran, daß diese Produkte niemals so köstlich aromatisch sind wie eine frisch geriebene Kokosnuß.
Die Herstellung von Kokosmilch: Geriebene Kokosnuß mit der gleichen Menge kochendem Wasser (oder Milch, wenn es gehaltvoller sein soll) begießen und eine halbe Stunde stehen lassen. Alles zusammen in die Küchenmaschine geben und eine Minute lang pürieren. Dadurch wird auch noch der letzte Tropfen Saft aus dem Fruchtfleisch herausgeholt und die Kokosmilch noch gehaltvoller. Die Flüssigkeit durch ein doppellagiges Seihtuch gießen und das Fruchtfleisch gut auspressen. Aus einer mittelgroßen Kokosnuß können Sie so etwa 6 Tassen Kokosmilch gewinnen.

Milch und Milchprodukte (Dooth aur Oske Op-phul)

In einem Land, in dem 675 Millionen Menschen leben, von denen mehr als die Hälfte Vegetarier sind, sind Milch und Milchprodukte die hauptsächlichste Eiweiß- und Energiequelle. Die fünf Hauptprodukte aus Milch sind Joghurt (Dahi), gereinigte Butter (Usli Ghee), indischer Quark (Chenna oder Paneer), eingedickte Milch (Rabadi) und Milchkonzentrat (Khoya). Obgleich alle diese Produkte vom selben Grundstoff stammen, sind ihr Geschmack, ihre Struktur und ihr Verwendungszweck ganz unterschiedlich. Milch wird in Indien auch in ihrer ursprünglichen Form getrunken, doch muß sie immer warm und mit ein wenig Zucker oder Honig gesüßt sein. Milch wird auch häufig zum Kochen von Gemüse und Fleisch und zur Zubereitung von Puddings, Nachspeisen und Konfekt verwendet.

Anmerkung: Die dicke, süße Sahne, die für einige Gerichte benötigt wird, ist hierzulande häufig schwer erhältlich. Sie können sich dadurch behelfen, daß Sie normale Schlagsahne auf die Hälfte ihres Volumens einkochen.
Wenn Sie sich mit Crème fraîche behelfen wollen, achten Sie darauf, daß Sie eine möglichst wenig saure Sorte bei den Gerichten verwenden, die neutral oder süß schmecken sollen.

Joghurt (Dahi)

Joghurt ist aus der indischen Küche nicht wegzudenken. Er wird in jedem Haushalt täglich mit frisch gekaufter Milch selbst gemacht. Joghurt wird zur Zubereitung von Salaten und Getränken gebraucht, als Fleischweichmacher, zum Andicken, zum Säuern und zur geschmacklichen Verbesserung verwendet.
Joghurt bekommen Sie in jedem Supermarkt, doch sollte Ihnen der fundamentale Unterschied zwischen gekauftem und selbstgemachtem Joghurt ständig bewußt sein. In Indien wird Joghurt aus Büffelmilch gemacht, die fetter als Kuhmilch ist. Oft sind die kommerziell hergestellten Joghurtprodukte zu sauer oder zu dünn für indische Rezepte. Sie können sich dann damit behelfen, daß Sie eine Mischung aus ¾ Joghurt und ¼ Sauerrahm nehmen.
Am besten aber stellen Sie sich Ihren Joghurt in ausreichendem Vorrat selber her. Das ist sehr einfach: Sie brauchen nur ein Thermometer, um die Milchtemperatur zu messen und einen Becher kommerziellen Joghurt aus Ihrem Milchgeschäft. Achten Sie beim Kauf darauf, daß Sie besonders

frischen Joghurt bekommen, denn von diesem ersten Becher Joghurt hängt die Qualität Ihres selbstgemachten Joghurts ab. Sie heben nämlich immer einige Löffel von dem eben fertiggestellten auf, um daraus wieder den nächsten herzustellen.
Natürlich gibt es auch spezielle Gerätschaften zur Joghurtherstellung, aber Sie kommen auch ohne diese aus, wenn Sie dieser Anleitung folgen: Bringen Sie einen Liter Milch in einem 3-Liter-Topf mit Elektroboden unter ständigem Rühren zum Kochen und achten Sie darauf, daß sich keine Haut bildet. Abkühlen lassen (45—55° C sind die ideale Temperatur für die Joghurtbakterien. Ist die Milch kälter, dauert es viel länger, bis der Joghurt fertig ist und er wird dabei zu sauer. Ist die Milch zu heiß, tötet man die Joghurtkulturen ab). Bildet sich auf der Milch eine Haut, so nehmen Sie diese vorsichtig ab. Geben Sie zwei Eßlöffel einfachen Joghurt dazu und verrühren Sie ihn gut. Dann schütten Sie die Milch in eine 2-Liter-Schüssel um, decken Sie diese locker mit einem Seihtuch ab und stellen Sie sie an einen warmen Ort, der mindestens 26° C haben sollte. Ein niedrig eingestellter Backofen ist ideal. Oder wickeln Sie die Schüssel in ein großes Badetuch und stellen Sie sie in eine Isolierbox. Je nach Umgebungstemperatur wird es zwischen 10 und 16 Stunden dauern, bis aus Ihrer Milch Joghurt geworden ist. Wird die Milch dick, ist es an der Zeit, sie in den Kühlschrank zu stellen. Je länger Sie den Joghurt stehenlassen, um so dicker und saurer wird er. Als Behälter eignen sich solche aus Glas, Porzellan, Pyrex, Stahl oder Email. Joghurt hält sich im Kühlschrank mehrere Tage, wird aber mit der Zeit unangenehm sauer. Am besten schmeckt er innerhalb 72 Stunden nach der Herstellung. Danach verliert er sehr viel von dem wundervollen Geschmack.

Geklärte Butter (Usli Ghee)

Usli Ghee entsteht durch Trennung des klaren Butterfetts von den festen Milchbestandteilen und dem in der Butter enthaltenen Wasser. Die frische Butter wird zerlassen und dann auf kleiner Flamme sehr lange weitergekocht, damit das in den Milchbestandteilen enthaltene Wasser verkochen kann. Dadurch bekommt die Butter ihr nussiges Aroma. Manchmal werden gegen Ende des Garprozesses Koriander, Kariblätter oder Basilikum hinzugefügt, um die Butter zu aromatisieren. In Indien wird sehr viel mit Usli Ghee gekocht. Usli Ghee hat aber noch andere Verwendungszwecke: es wird als heiliges Licht in Tempeln und Häusern angezündet und bei religiösen Zeremonien den Göttern als Opfergabe dargebracht.

Und so wird Usli Ghee hergestellt: In einem schweren 3-Liter-Topf 450 g Süßrahmbutter (vorher in kleine Stücke schneiden) bei milder Hitze (die Butter soll nicht ziehen) zerlassen. Das dauert je nach Größe der Butterstückchen zwischen 5 und 15 Minuten. Dann die Wärmezufuhr auf mittlere Stufe erhöhen. An der Oberfläche bildet sich eine dünne Schaumschicht und die Butter fängt an zu zischen, wenn die darin enthaltene Flüssigkeit verkocht. Etwa 10 Minuten weiterköcheln lassen. Sie brauchen in dieser Zeit nicht umzurühren. Wenn alle Flüssigkeit verdampft ist, hört das Zischen auf. Jetzt müssen Sie dabei stehenbleiben und ständig rühren, denn die Schaumbildung erschwert es Ihnen, festzustellen, ob das Butterfett schon braun wird. Sobald dies der Fall ist, stellen Sie die Kochplatte ab, damit sich der braune Rückstand am Boden setzen kann.

Wenn die ausgelassene Butter etwas abgekühlt ist, gießen Sie die klare Butterflüssigkeit in einen Behälter. Dabei aufpassen, daß nichts von dem Rückstand mit in den Behälter kommt. Um das zu vermeiden, können Sie die Butter auch durch doppelt gelegtes Seihtuch gießen. Ganz abkühlen lassen, dann den Behälter gut verschließen. Damit Usli Ghee frisch bleibt, sollte es im Kühlschrank aufbewahrt werden. Dort hält es sich vier Monate. Wenn es ungekühlt in der nicht zu warmen Küche steht, etwa 4—6 Wochen, in der Tiefkühltruhe praktisch unbegrenzt.

1. Aufschäumende Butter

2. Der Schaum setzt sich

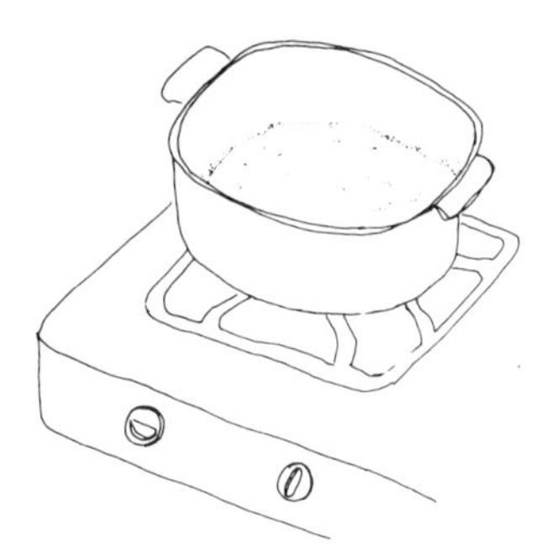

3. Wasserfreie Butter mit weißer Schaumschicht

4. Geklärte Butter und braune Rückstände

Indischer Quark (Chenna ya Paneer)

Hausgemachter indischer Quark ähnelt unserem Hüttenkäse, nur ist er sehr viel trockener. Bis auf den Süden, wo Kuhmilch sehr knapp ist, wird Quark in Indien sehr häufig zum Kochen benützt.

Indischer Quark heißt Chenna. Preßt man Chenna zu einer kuchenförmigen Masse zusammen und schneidet ihn in kleine rechteckige Stückchen, heißt er Paneer. Chenna bildet die Grundlage vieler bengalischer Süßspeisen, Paneer braucht man meist zur Zubereitung würziger Hauptgerichte. Indischen Quark kann man nicht im Geschäft kaufen, er läßt sich aber ganz einfach zu Hause herstellen.

Die Zubereitung von indischem Quark: 2 l Milch in einem hohen, schweren 3- oder 4-Liter-Topf unter ständigem Rühren zum Kochen bringen. Die Hitze reduzieren und eine der folgenden Zutaten, die die Milch stocken lassen, zugeben: 4 EL Zitronensaft oder 3 EL Apfelessig mit 3 EL Wasser vermischt oder einen Becher einfachen Joghurt (ich nehme am liebsten Zitronensaft, meiner Meinung nach wird dadurch der Quark viel weicher und feiner). Vorsichtig rühren, bis sich Quark bildet und sich grüngelbe Molke absetzt (mit Zitronensaft oder Essig dauert das etwa 10 Sekunden, mit einfachem Joghurt 30 Sekunden bis 1 Minute). Fängt die Quarkbildung an, sollten Sie sehr langsam und vorsichtig rühren, gleichsam als ob Sie den Quark streicheln wollten. Ansonsten zerfällt der frische Quark in kleine Klumpen. Sofort vom Herd nehmen. Käse und Molke in ein großes Sieb, das mit dünnem Stoff oder vier Lagen Seihtuch ausgelegt ist, gießen (wenn Sie vorhaben, innerhalb der nächsten 24 Stunden noch einmal Quark zu machen, heben Sie die Molke auf). 10 Sekunden fließendes Wasser über den Quark laufen lassen. Die vier Ecken des Tuchs zusammenfassen und zusammenbinden. Vorsichtig so viel Wasser wie möglich herauspressen und den Quark 1½ Stunden über dem Ausguß zum Abtropfen aufhängen.

Den abgetropften, krümeligen, leicht feuchten Käse nennt man Chenna. Um daraus Paneer zu machen, lassen Sie den Quark im Tuch, legen ihn auf eine saubere, glatte Oberflä-

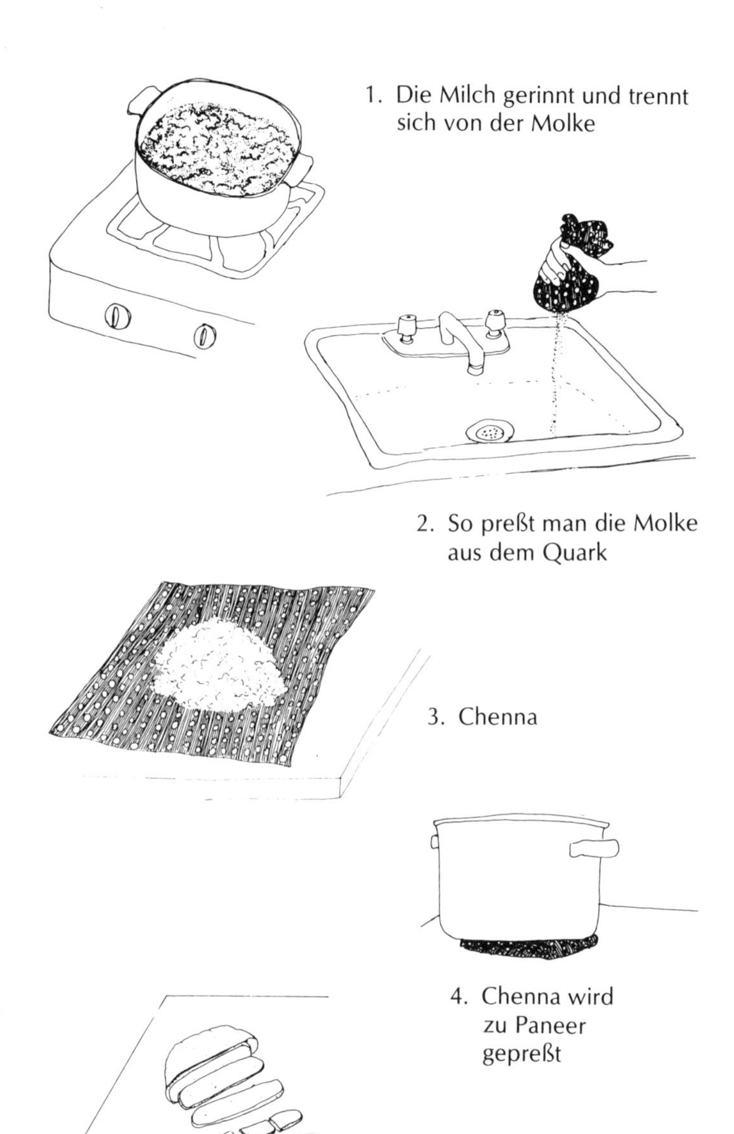

1. Die Milch gerinnt und trennt sich von der Molke
2. So preßt man die Molke aus dem Quark
3. Chenna
4. Chenna wird zu Paneer gepreßt
5. Paneer

che und beschweren ihn (z. B. mit einem großen wassergefüllten Topf) eine halbe Stunde. Aus dem Tuch nehmen und mit einem scharfen Messer in mundgerechte Rechtecke schneiden. Paneer hält sich im Kühlschrank 4 Tage.

Anmerkung: Wenn Sie merken, daß die Milch gerinnt, noch ehe Sie die benötigte Menge Zitronensaft, Essig oder Joghurt zugegeben haben, dann lassen Sie es bei der zugegebenen Menge. Ansonsten wird der Quark hart und ist für feine Nachspeisen kaum mehr zu gebrauchen, für die ein etwas feuchter Quark wichtig ist.
Andererseits kann es auch passieren, daß Sie bereits die vorgegebene Menge Zitronensaft, Essig oder Joghurt zugegeben haben und sich wenig tut. Das bedeutet, daß das Gerinnungsmittel nicht kräftig genug wirkt. Geben Sie einfach noch ein bißchen davon zu, bis sich schneeweiße Klümpchen bilden und die grüngelbe Molke sich abzusetzen beginnt.

Eingedickte Milch (Rabadi)

Rabadi ist Milch, die auf ein Viertel ihres ursprünglichen Volumens eingekocht wurde. Das charakteristische Aroma und die beige Farbe entstehen durch langsames Kochen bei niedriger Wärmezufuhr. Rabadi wird in Indien zu verschiedenen Süßspeisen verwendet, aber auch, mit Milch wiederum verdünnt und gesüßt, als aromatisches Milchgetränk gereicht. In Indien bekommt man sie beim Konditor; hierzulande muß man sie selber machen, was kein Problem ist, wenn man vom Zeitaufwand (man braucht 1¼ Stunden, um aus 2 l Milch ½ l Rabadi zu machen) absieht.
Wenn Sie Rabadi herstellen, können Sie kaum etwas anderes nebenher machen, auch wenn Sie nicht immer aufpassen müssen. Besonders während der letzten 10—15 Minuten müssen Sie aufmerksam bei der Sache sein.
Die Herstellung von eingedickter Milch: 2 l Milch in einem schweren 5-Liter-Topf zum Kochen bringen. Dabei ständig mit einem Stahl- oder Aluminiumspatel rühren. Das dauert etwa 15 Minuten, wobei Sie aufpassen müssen, daß sich die Milch nicht am Topfboden anlegt. Die Hitze reduzieren und

45—55 Minuten schwach köcheln lassen. Dabei öfter umrühren. Es bleiben vier Tassen dicker, cremiger Milch übrig. 5 Minuten abkühlen lassen, in eine Schüssel gießen und kühl stellen. Durch das Abkühlen wird Rabadi weiter eingedickt und konzentriert, so daß ½ l eingedickter Milch übrigbleibt. Ein beschichteter Topf eignet sich am besten zur Herstellung von Rabadi.

Milchkonzentrat (Khoya)

Khoya ist das nächste Stadium nach Rabadi. Kocht man Rabadi weiter ein, so entsteht Khoya, eine zähdicke Masse.
Die Herstellung von Milchkonzentrat: Folgen Sie der Anleitung zu vorstehendem Rezept, drosseln Sie jedoch die Wärmezufuhr und lassen Sie die Masse weitere 15 Minuten köcheln. Ständig rühren, damit sich am Boden nichts anlegt. Die Masse muß einer dicken Paste ähneln und sich beim Rühren vom Boden ablösen. Sie ist körnig und sehr klebrig. Die Klebrigkeit verliert sich, wenn die Masse abkühlt. Danach in Alufolie verpacken und im Kühlschrank aufbewahren. Aus 2 l Milch wird ¼ l reines Milchkonzentrat. Man benützt es vor allem zur Herstellung von diversen Süßspeisen und Konfekt.

Blütenessenzen (Ruh)

Vor allem die Mogulen verwenden Blütenessenzen zum Aromatisieren ihrer klassischen Gerichte. Die beiden bekanntesten derartigen Essenzen sind die Schraubenpalmen- (Gattung Pandanus) und die Rosenblütenessenz. Die Schraubenpalmenessenz (Ruh Kewra) wird aus den dickledrigen, gelbgrünen Blütenblättern dieses Baumes gewonnen und hauptsächlich für mogulische Fleisch- und Geflügelgerichte verwendet.
Rosenblütenessenz (Ruh Gulab) wird aus den kleinen, dunkelroten Rosen gewonnen, die eigens für diesen Zweck gezüchtet werden und für ihren Duft berühmt sind. Sie wird hauptsächlich für Nachspeisen, Pudding, Konfekt und Getränke verwendet und in drei verschiedenen Arten angeboten: Rosenwasser (Ruh Gulab oder Gulab Jal) ist verdünnte

Rosenessenz. In Indien bedeutet es ein gutes Omen, wenn man Rosenwasser bei religiösen Zeremonien oder auf Hochzeitsgäste versprengt. Außerdem dient es als Duftstoff in den Wohnungen.
Rosensirup (Gulab Sharbat) entsteht durch Mischen von Rosenessenz und dickem Zuckersirup. Diese Mischung wird dann verdünnt und gut gekühlt als erfrischendes Rosengetränk serviert. Der Sirup eignet sich auch vortrefflich zur Herstellung von Roseneis (Kulfi Ruh Gulab) und des Joghurtgetränks Lassi.
Rosenkonfekt (Gulkand) sind in dicken Sirup eingelegte ganze Rosenblätter. Es wird nach dem Essen gereicht.

Silberfolie (Vark)

Kaum glaublich, aber dies ist tatsächlich purer Silberstaub, der zu einer dünnen Folie gepreßt wird und nur dazu dient, bestimmte Speisen und Konfekt zu garnieren. Die Mogulen erfanden diese elegante Art der Dekoration von Speisen, die der Pracht ihrer Herrscherhäuser entsprach. Heute wird Vark nur bei besonderen Gelegenheiten verwendet, beispielsweise bei Hochzeiten und bei religiösen Festen. Übrigens, Vark können Sie unbesorgt mitessen. Es ist unschädlich, geruchlos und ohne Geschmack.
Vark erhält man, indem man reines Silber erhitzt und wie Blattgold schlägt. Dann wird eine hauchdünne Schicht auf ein Wachspapier aufgetragen und eine zweite Lage Papier fest darübergepreßt. Vark bekommen Sie in Spezialgeschäften.
Wenn Sie Vark verwenden wollen, ziehen Sie zunächst die obere Schicht Papier ab. Dann stürzen Sie die Silberschicht auf die Speise, die Sie dekorieren wollen und ziehen das Papier sorgsam ab. Die Silberfolie bleibt an der Speise hängen.
Zwei Dinge, die Sie beachten müssen: Erstens, nicht an einem zugigen Platz arbeiten, da Ihnen die federleichte Silberfolie sonst wegfliegt. Und zum zweiten ist zu beachten, daß Vark, weil es ja reines Silber ist, an der Luft sofort zu oxydieren beginnt. Bewahren Sie es also luftdicht verschlossen in Plastikbeuteln auf.

Küchengeräte

Die indische Küche ist nicht gerade gesegnet mit modernen Küchengeräten. In einer traditionellen Küche gibt es weder elektrische Geräte noch Küchenschränke, ja nicht einmal einen Küchenausguß. Wenn eine Familie einzieht, baut sie sich einen Holz- oder Kohleofen, der beim Auszug wieder abgebrochen wird. Beim Kochen hockt man entweder auf dem Boden oder man sitzt auf einem sehr niedrigen Schemel.

Fleisch, Fisch und Gemüse werden gekauft und am gleichen Tag verarbeitet, da man normalerweise keinen Kühlschrank besitzt und die Speisen innerhalb weniger Stunden verderben würden. Dies hat den Vorteil, daß alle Zutaten wirklich ganz frisch sind und damit noch ihr volles Aroma haben.

Einfach wie der Aufbau der Küche sind auch die Küchengeräte. Indische Küchenutensilien passen sich einer Vielzahl von Funktionen an. Sie sind aus Metall, Stein, Holz und Steingut. Da finden wir zum Beispiel:

- Allzwecktöpfe ohne Griffe mit Rand (Pateela)
- einen flachen Pfannendeckel ohne Griff (Dhakkan)
- Kochlöffel (Karchi)
- einen indischen Wok (Kadhai)
- eine flache, runde Schüssel (Paraath) mit einem 7 cm hohen Rand, die als Allzweckgerät zum Vorbereiten von Gemüse, zum Reisverlesen und zum Kneten von Brotteig verwendet wird
- eine flache runde Marmor- oder Holzplatte (Chakla)
- ein Nudelholz zum Ausrollen von Brot (Belan)
- ein rundes Backblech (Tava) zum Brotbacken
- Zangengriffe zum Herausheben des Backblechs (Chimta)
- einen flachen Reibstein (Sil) mit einem dreieckigen Stein (Batta) zum Zerreiben von Kräutern und feuchten Zutaten

- eine Getreidemühle (Chakki) zum Mahlen von Gewürzen, Getreide und anderen trockenen Zutaten
- lange, scharfe Messer (Chakoo)
- ein Sieb (Chalni)
- eine Gemüsereibe (Kadoo-kas)
- eine Kokosreibe (Narial-kas)
- einen Keramik- oder Messingkrug für Wasser (Ghara)
- Teller (Thali) und Schüsseln (Katoori) als Tafelgeschirr aus Messing, rostfreiem Stahl, Silber und sogar Gold

Traditionelle indische Küche

Indische Speisen werden fast ausschließlich auf der Herdplatte zubereitet. Den hier gebräuchlichen Backofen kennt man in Indien nicht. Es gibt jedoch den Tandoor, einen indischen Lehmofen, der in die Erde versenkt ist. Die Seiten sind mit besonders glattem Lehm ausgekleidet und werden zum Brotbacken benutzt. In der Grube selbst wird Fleisch gebraten.

Den Tandoor findet man nicht in jedem indischen Haushalt, denn er ist teuer im Bau und im Unterhalt. Er lohnt sich nur bei größeren Mengen und ist deshalb vor allem für Restaurants interessant.

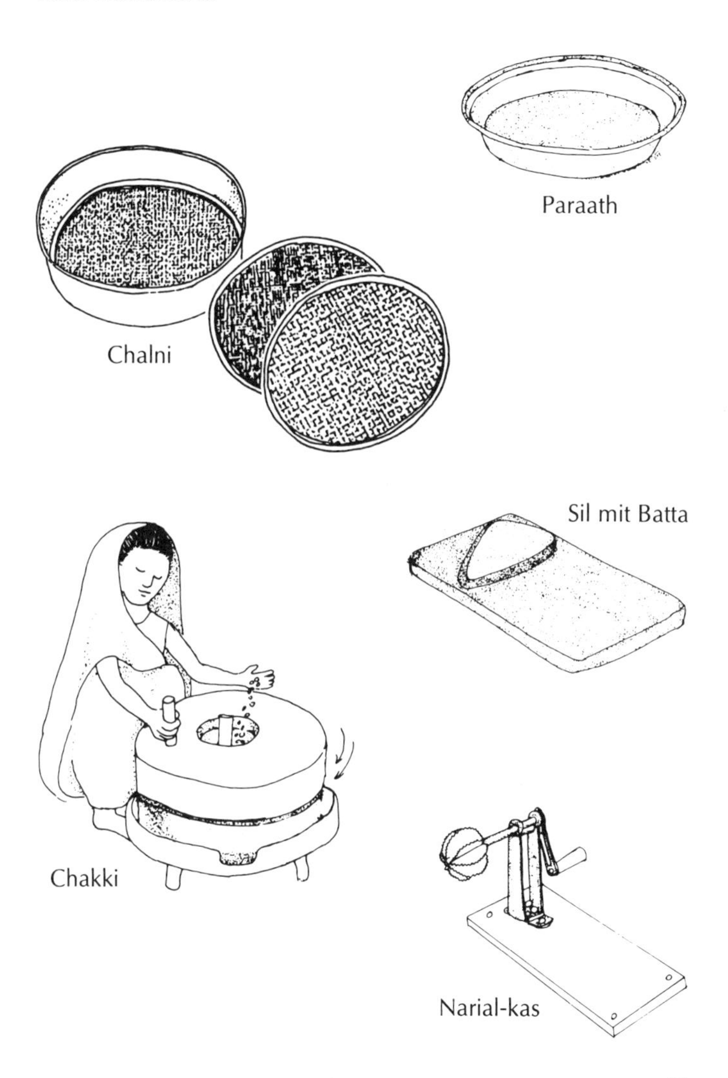

Was Sie für Ihre »Indische« Küche brauchen

Die meisten Küchen hierzulande sind mehr als ausreichend für die Zubereitung indischer Rezepte ausgestattet. Einige Küchenutensilien sind jedoch wiederum besser geeignet als andere.

Töpfe und Pfannen

Emaillierte Pfannen und Kasserollen mit Elektroboden eignen sich wegen der gleichmäßigen Hitzeverteilung sehr gut für die indische Küche. Pfannen und Töpfe mit Teflonbeschichtung werden Ihnen beispielsweise beim Kochen von Milchkonzentrat (Khoya, S. 57) sehr gute Dienste leisten, da damit das Ankleben am Topfboden vermieden wird.

Wenn Sie ein übriges tun wollen, schaffen Sie sich einen indischen Wok, in der Landessprache Kadhai, an. (Allerdings nur, wenn Sie einen Gasherd haben; der Kadhai hat gewöhnlich einen gewölbten Boden und läßt sich auf Elektroplatten nicht benutzen.) Er ist ideal zum kurzen Anbraten und auch zum Ausbacken in Fett. Letzteres besonders, weil er viel weniger Fett oder Öl braucht als eine Friteuse. Sollten Sie sich zum Kauf entschließen (am besten in einem indischen Spezialgeschäft), dann rate ich Ihnen zu einem schweren, gußeisernen Kadhai, der großer Hitze standhält. Er muß vor dem ersten Gebrauch einer Spezialbehandlung unterzogen werden. Und das geht so:
Der Kadhai ist für gewöhnlich mit einer Schutzschicht überzogen, um das Rosten zu verhindern. Zuerst waschen Sie ihn mit Spülmittel und warmem Wasser und schrubben ihn

mit Stahlwolle, dann trocknen Sie ihn ab. Stellen Sie ihn dazu eine Minute lang auf eine auf mittlere Hitze eingestellte Herdplatte. Nachdem der Kadhai abgekühlt ist, ein wenig Öl hineingießen und solange erhitzen, bis das Öl rauchend heiß ist. Platte abdrehen und etwa 2 EL Salz in den Kadhai geben. Sobald der Topf etwas abgekühlt ist, reiben Sie das Salz mit einem Küchentuch fest ein. Dann gut waschen, abtrocknen, 1 Minute bei mittlerer Wärmezufuhr erhitzen und anschließend abkühlen lassen. Jetzt ist Ihr Kadhai gebrauchsfertig. Dieses letzte Erhitzen bewirkt ein gründliches Austrocknen. Sie sollten dies übrigens nach jedem Gebrauch machen, um das Rosten zu verhindern.

Sonstige Utensilien

Neben den in jeder Küche vorhandenen Messern, Spateln, einem Schäler, einem Sieb usw. brauchen Sie noch ein besonderes Gerät für die Zubereitung von Brot (siehe S. 297). Ein Zuckerthermometer erweist sich als nützlich für die Herstellung von Joghurt, Zuckersirup und beim Erhitzen von Öl. Eine Kaffeemühle tut gute Dienste beim Mahlen von Gewürzen. Sie sollten allerdings nicht gerade *die* Kaffeemühle nehmen, mit der Sie Ihren Morgenkaffee mahlen. Der würde nämlich dann etwas seltsam schmecken. Leisten Sie sich also eine zweite Mühle.
Ein kleiner Mörser mit Stößel ist ideal zum Pulverisieren kleiner Gewürzmengen. Wenn der Mörser aus Marmor ist, ist er auch spülmaschinenfest.

Seit ich die Vorteile einer Küchenmaschine kennengelernt habe, bin ich ihr total verfallen. Man kann mit ihr alles in Sekunden vollbringen, was sonst sehr viel Zeit braucht. Dieses Wunderding kann pürieren, schneiden, hacken und zu meiner allergrößten Begeisterung auch Teig rühren und kneten.

Zubereitungsmethoden

Rösten und Zerkleinern der Gewürze (Masala Bhoonana aur Peesana)
Braten von Gewürzen (Sookha Masala Bhoonana)
Besondere Würzzubereitungen (Tadka aur Bhone Piaz ke Lache)
Spezielle Zubereitungsmethoden in der Küche der Mogulen und Nordindiens

- Schmoren (Korma)
- Braten (Dum)
- Kabab
- Kofta
- Garen im indischen Lehmofen (Tandoori Khana)

Fleischweichmacher
Über das Salzen
Kühlen und Tiefgefrieren

Indische Zubereitungsmethoden sind meist sehr einfach. Besondere Fähigkeiten brauchen Sie nur bei der Zubereitung von indischem Brot (S. 298) und für einige sehr feine indische Desserts wie Ras Malai (S. 360). Mit ein bißchen Übung werden Sie aber auch dabei keine Schwierigkeiten haben.
Nachfolgend habe ich einige Grundtechniken der indischen Küche zusammengestellt und werde in den Rezepten von Fall zu Fall darauf hinweisen. Wenn Sie diese Techniken beherrschen und sich dazu die entsprechenden Kenntnisse der Gewürze, Kräuter und Gewürzmischungen angeeignet haben, können Sie aus diesen Erfahrungen schöpfen und nach Ihrem Gusto variieren. Sie lernen, klassische Gerichte nach Ihrem ganz persönlichen Geschmack zu kochen.

Wenn Sie das beherrschen, sind Sie auf dem besten Weg, ein indischer Meisterkoch zu werden.

Rösten und Zerkleinern der Gewürze
(Masala Bhoonana aur Peesana)

Gewürze werden in einem indischen Kadhai oder einer Bratpfanne nach folgender Methode geröstet und dann gemahlen:
Einen Kadhai (S. 62) oder eine schwere, möglichst gußeiserne Pfanne zwei Minuten bei mittlerer Stufe erhitzen. Gewürze zugeben und bei gleichbleibender Wärmezufuhr anrösten. Dabei ständig rühren und die Pfanne gelegentlich schütteln. In den ersten zwei Minuten verlieren die Gewürze ihre Feuchtigkeit. Dann werden sie sehr rasch braun und Sie müssen gut aufpassen, damit sie nicht verbrennen. Wärmezufuhr drosseln und weiterrösten, bis die Gewürze dunkelbraun sind. Die gerösteten Gewürze dann sofort aus der Pfanne in eine saubere, trockene Schüssel geben und vor dem weiteren Gebrauch ganz auskühlen lassen.
Gemahlen werden die Gewürze am besten mit einer Kaffeemühle (die nur für diesen Zweck verwendet wird), einer Gewürzmühle oder mit dem Schneidaufsatz eines Mixers.
Kleinere Mengen zerstößt man am besten im Mörser oder mit dem Nudelholz. Wenn Sie letzteres tun, geben Sie die Gewürze in ein Plastiksäckchen, damit das Nudelholz keinen Geruch annimmt. Mit dieser Methode kann man, je nach Rezept, Gewürze grob zerstoßen oder fein pulverisieren.

Braten von Gewürzen
(Sookha Masala Bhoonana)

Dieser Vorgang ist in der indischen Küche unerläßlich. Die Gewürze werden in geringen Mengen Fett oder Öl gebraten und geben dabei ihr Aroma an das Fett ab, ehe die an-

deren Zutaten zugefügt werden. Die Kunst liegt darin, das Fett gerade so heiß zu halten, daß eine grüne Kardamomkapsel leicht zischt, wenn sie in die Pfanne kommt und in wenigen Sekunden aufspringt und bräunt. Man braucht schon ein wenig Übung, bis man weiß, wie heiß das Öl sein und wann man die Pfanne vom Feuer nehmen muß, damit die Gewürze nicht verbrennen. Lassen Sie sich von anfänglichen Mißerfolgen nicht entmutigen und halten Sie die Zutaten, die anschließend in das Fett kommen, bereit. Nehmen Sie davor die Pfanne von der Kochplatte, reduzieren Sie die Hitze und rühren Sie rasch und kräftig um, damit die Zutaten in dem sehr heißen Öl nicht verbrennen.
Dieser Vorgang ist für den Geschmack des Gerichts ausschlaggebend. Einerseits verschwindet damit der rohe Geschmack der Gewürze, andererseits geben die Gewürze ihr Aroma an das Fett oder Öl ab, das wiederum so viel besser in Fleisch oder Gemüse eindringen kann.
Ganze Gewürze brauchen länger und sollten immer vor den gemahlenen zugegeben werden. Für gemahlene Gewürze empfiehlt sich eine mittlere Hitze (etwa 180° C).
Ein Tip: Halten Sie einen Pfannendeckel bereit, denn wenn Sie Senfsamen braten, kann es leicht passieren, daß diese beim Aufplatzen in der Küche herumfliegen.

Besondere Würzzubereitungen

Aromatisierte Butter (Tadka)

Diese uralte Technik, Hülsenfrüchtegerichten, Joghurtsalaten, Gemüsen, Relish und Fleischgerichten ein besonderes Aroma zu geben, ist sehr einfach und wirkungsvoll. Man erhitzt geklärte Butter sehr stark (190—200° C) und brät darin duftende Gewürze wie Asant, Nelken, Kreuzkümmel, schwarze Senfkörner, Ingwerwurzel, Knoblauch, Zwiebeln oder grüne Chilischoten. Die so aromatisierte Butter wird dann samt den gebratenen Zutaten dem Gericht beigemengt.

Geröstete Zwiebeln (Bhone Piaz ke Lache)

Sie sind schon eine Delikatesse für sich und werden vor allem als Beigabe zu Pilaws, Fleisch- und Reisgerichten gereicht.
Die Zubereitung ist unkompliziert. Zuerst schneiden Sie die Zwiebeln in ganz feine Scheiben. Dann erhitzen Sie Pflanzenöl in einem Kadhai oder in einer Pfanne bei mittlerer Stufe auf 190—200° C (sehr heiß, aber nicht rauchend). Geben Sie die Zwiebeln zu und rösten Sie sie unter ständigem Rühren goldbraun. Passen Sie auf, daß die Zwiebeln nicht verbrennen, denn sonst schmecken sie bitter.
5 Minuten auf Küchenpapier abtropfen lassen — dadurch werden sie besonders knusprig. Die gerösteten Zwiebeln halten sich einen Tag lang in einem gut verschlossenen Behälter. Wenn der Behälter nicht wirklich gut verschlossen ist, ziehen die Zwiebeln Feuchtigkeit an und werden weich.

Spezielle Zubereitungsmethoden der Mogulen- und Nordindischen Küche

Ich möchte hier nur die Zubereitungsmethoden beschreiben, die von unseren, wenn auch nur geringfügig, abweichen.

Schmoren (Korma)

Ursprünglich wurden nur Fleisch- und Geflügelgerichte geschmort, später wandte man diese Technik auch auf Gemüsegerichte an.
Der Unterschied zu der hierzulande gebräuchlichen Methode liegt darin, daß die Schmorflüssigkeit viel dicker ist. Man verwendet dazu Joghurt, Rahm, Früchtepüree und Nußbutter. Indische Schmorgerichte schmecken deshalb oft, als ob sie gebraten wären und sind mit einer dicken, sämigen Sauce überzogen.
Meistens mariniert man zunächst das Fleisch in der Schmorflüssigkeit mit den Gewürzen. Dann wird das

Fleisch in dieser Marinade geschmort und zwar sehr langsam. Gegen Ende der Schmorzeit wird häufig etwas Rahm oder aromatisierte Butter beigegeben, um die Sauce sämiger und aromatischer zu machen.
Zu Kormagerichten nimmt man meistens die besten Stücke Fleisch, weil sie traditionell zu besonderen Gelegenheiten zubereitet werden. Auch verwendet man dazu nur wenige, feine Gewürze, damit der Fleischgeschmack nicht überdeckt wird. Nur eine gute, schwere Pfanne, in der nichts ansetzt, garantiert den gewünschten Erfolg.

Braten (Dum)

Dumgerichte benötigen gewöhnlich eine größere Menge Fett (normalerweise Butter), in dem die Zutaten (Fleisch, Geflügel, Fisch oder Gemüse, ganz oder in großen Stücken) gebraten werden. Dazu brauchen Sie einen guten Topf mit schwerem Boden oder eine Kasserolle mit gutschließendem Deckel. Gewürze müssen zuerst in der Butter angebraten werden. Dann werden die anderen Zutaten beigegeben und leicht angebräunt. Die Wärmezufuhr wird kurzzeitig erhöht und etwas Wasser darübergesprengt, damit sich Dampf entwickeln kann. Der Deckel wird aufgesetzt und die Wärmezufuhr stark gedrosselt.
In Indien wird der Topf mit etwas Teig versiegelt, damit der Dampf nicht entweichen kann. Damit trotzdem nichts anbrennt, schüttelt man den Topf kreisförmig. Sie können es sich einfacher machen, indem Sie ein Stück Alufolie über den Topf spannen, ehe Sie den Deckel aufsetzen. Dann können Sie jederzeit die Folie abheben, mit dem Kochlöffel umrühren und den Topf wieder mit der Folie versiegeln. Sie können so viel besser kontrollieren, ob das Gericht nicht zerkocht.
Die Dum-Zubereitungstechnik wird auch für das letzte Kochstadium von mogulischen Reispilaws und Reiskasserollen angewandt. Wenn das Gericht zu 95% gekocht ist, wird es im eigenen Dunst fertiggegart.
In Indien erreicht man dies, indem man den Topf auf heiße

Asche stellt und den Deckel mit glühender Holzkohle bedeckt. In Ihrer Küche können Sie dasselbe Resultat erzielen, wenn Sie den Topf für 20—25 Minuten in einem auf 150 bis 160° C vorgeheizten Backofen stellen.

Kebab

Kebabs oder Kababs sind gewöhnlich kleine Fleischstücke, die gegrillt oder gebraten werden. Dazu nimmt man entweder gewürztes Lammhackfleisch oder kleine Lammstücke, die in eine würzige Marinade gelegt werden. Es gibt unzählig viele Varianten von Kebabs in Indien. Sieben davon sind klassische Rezepte:

Seek Kabab: aus Lammfleisch, frischen Kräutern und nur wenigen Gewürzen. Das Fleisch wird zu Laibchen geformt, in dünnen Schichten um einen Metallspieß gewickelt und über Holzkohlenfeuer gegrillt. Diese weichen, saftigen Kebabs sind die weitaus populärsten. Sie werden in Restaurants häufig im indischen Lehmofen, dem Tandoor, zubereitet.

Shamme Kabab: Diese Kababs enthalten als besonderes Charakteristikum eine große Menge gelbe halbe Erbsen, dazu Gewürze und Kräuter. Sie duften für gewöhnlich sehr stark nach Kardamom und werden in der Pfanne gebraten.

Hussaini Kabab: Diese saftigen Kababs werden aus Lammhack und diversen hocharomatischen Gewürzen gemacht und mit getrockneten Früchten und Nüssen gefüllt. Das Fleisch wird zu würstchenähnlichen Rollen geformt und gegrillt oder gebraten. Ihr Geschmack ist mild.

Chapli Kabab: Sie sind den Shamme Kababs ähnlich, enthalten jedoch keine Erbsen und sind sehr scharf im Geschmack.

Boti Kabab: Diese Kababs werden traditionell aus entbeinten Lammstücken, meistens aus der Rippe, gemacht. Das Fleisch wird vor dem Braten mit einer aromatischen Joghurtmischung bestrichen.

Tikka Kabab: Diese Kababs werden aus magerem Lamm- und Hühnerfleisch, Leber und Meeresfrüchten gemacht. In indischen Restaurants findet man sie fast immer auf den Speisekarten. Die Fleisch- oder Fischstücke werden in einer würzigen Joghurtsauce mariniert und dann gebraten. In den Restaurants geschieht das in einem Tandoor. Ihre charakteristische, orangenrote Farbe bekommen sie durch Lebensmittelfarbe.

Pasanda oder *Barra Kabab:* Pasanda oder Barra bedeutet Filet. Diese Kababs werden aus ausgesuchtem Lammfleisch gemacht, das in dünne Streifen geschnitten und zu fast papierdünnen Filets geklopft wird. Sie werden in eine mildwürzige Marinade gelegt, auf Bambusspieße gesteckt und auf Holzkohle gegrillt.

Kofta

Koftas sind den Kebabs sehr ähnlich. Sie werden ebenfalls aus Hackfleisch gemacht, mit dem Unterschied allerdings, daß sie gebraten oder gegrillt und dann in einer köstlichen Sauce weitergeschmort werden. Koftas werden zu kleinen Fleischbällchen geformt. Hier zwei klassische Beispiele:

Malai Kofta: Die Fleischbällchen werden mit milden Gewürzen und Kräutern gewürzt und dann mit Butter und Rahm in einer kräftigen Tomatensauce geschmort.

Nargisi Kofta: Hier ist die Zubereitung etwas kompliziert. Zuerst werden hartgekochte Eier mit einer gewürzten Lammhackmischung umhüllt und im schwimmenden Fett ausgebacken. Dann werden sie aufgeschnitten, so daß das Ei sichtbar wird und in einer würzigen Zwiebelsauce gegart.

Garen im indischen Lehmofen (Tandoori Khana)

Der Tandoor stammt angeblich aus dem nördlichen Persien, von wo aus er sich über ganz Zentralasien ausgebreitet hat. In Indien wurde der Tandoor ursprünglich für das Brotbacken gebaut, was auch heute noch seine Hauptaufgabe ist.

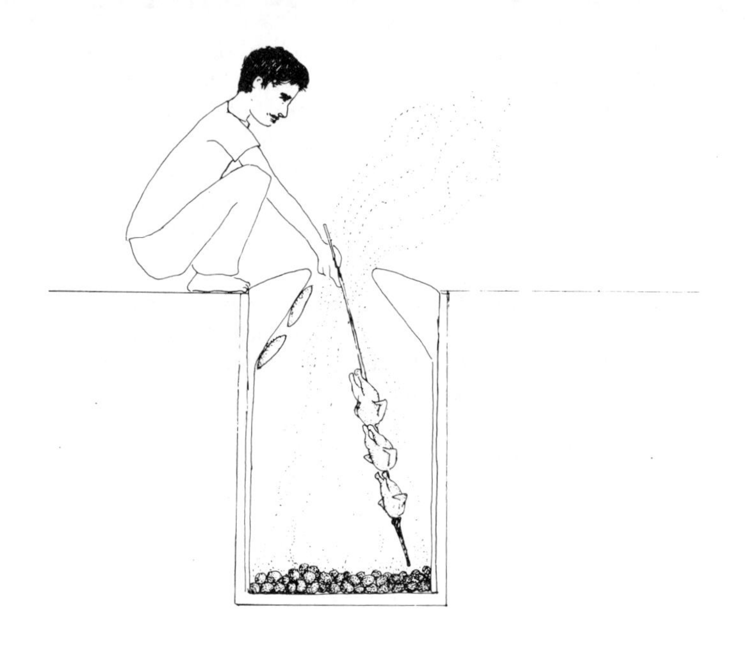

Teig wird zu flachen Fladen gezogen und an die Wand der Lehmgrube geklatscht, wo er kleben bleibt. Das Brot geht auf und ist in 7—10 Minuten gebacken. Das fertige Brot wird vorsichtig mit speziellen langen Metallspießen abgelöst.
Anfangs des 19. Jahrhunderts erfand man im nordwestlichen Pakistan (das damals zu Indien gehörte) die geniale Methode, auch Fleisch im Lehmofen zu garen. Heute ist dies die beliebteste Garmethode in Indien. Ganze Hühner und große Stücke Lammfleisch werden auf lange Spieße aufgesteckt, in die Tandoorgrube hinuntergelassen und gegart. Jedes so zubereitete Gericht wird als Tandoorgericht bezeichnet.
Im Tandoor zubereitetes Fleisch ist für gewöhnlich saftig und zart. Außerdem hat es ein besonders erdiges Aroma durch die Lehmverkleidung des Ofens angenommen.
Fast jedes Fleisch eignet sich für diese Zubereitungsmetho-

de, am bekanntesten ist jedoch das Tandoori-Huhn (S. 171) geworden.
Alle im Tandoor zubereiteten Fleischstücke werden erst lange in eine gewürzte Joghurtmarinade gelegt, damit das Fleisch aromatisiert und weichgemacht wird. Lamm- und Rindfleisch sollten möglichst mager sein, damit sie während des Bratens großzügig mit Butter bepinselt werden können. Der Rauch, der entsteht, wenn die Butter auf die Holzkohle tropft, schafft das charakteristische, süße Aroma.
Die typische, orangenrote Farbe des im Tandoor gegarten Fleisches stammt von einem natürlichen Farbstoff, der der Marinade beigefügt wird und durch den Tandoori-Fleisch von jedem anderen zu unterscheiden ist. Die Färbung kann auch durch Paprika erreicht werden. Manche Köche nehmen auch Safran zum Färben, der aber meiner Meinung nach einen viel zu starken Eigengeschmack hat und außerdem viel zu teuer ist, um wegen der Farbe alleine verwendet zu werden.
Leider dürfte es sehr schwierig sein, einen Tandoor in Ihrer Wohnung aufzustellen. Begnügen Sie sich also mit dem Holzkohlengrill, auf dem mit einiger Praxis wirklich hervorragende Ergebnisse zu erzielen sind. Und zur Not tut's auch ein Elektrogrill.

Fleischzartmacher

Die gängigste Methode, etwas zähere Fleischstücke weichzukriegen, ist in Indien das Marinieren in einer Joghurtmischung. Gebräuchlich ist auch die Zugabe von 1—2 Betelnüssen (Sopari), die eiweißspaltende Enzyme enthalten. Koteletts usw. werden durch Klopfen weichgemacht.
Hühnerfleisch macht man mit Hilfe einer grünen Papaya (Kacha Papeeta), der unreifen Frucht der Papayapflanze (Carica papaya), zart. Die Papaya wird zerkleinert und in das Fleisch eingerieben.
Kommerziell erhältliche Fleischzartmacher sind ein idealer Ersatz, da sie aus nichts anderem als dem aus der Papaya

gewonnenen Papain, das mit Salz versetzt wurde, bestehen. Auf Hühnerfleisch sollte der Fleischzartmacher etwa ½ Stunde einwirken.
Ein Nachteil des Papain ist, daß es nicht tief genug in das Fleisch eindringt. Achten Sie also darauf, daß Ihre Fleischstücke nicht allzu dick sind.

Salz

Die meisten Menschen aus westlichen Ländern finden indische Gerichte, vor allem die mit Saucen, etwas versalzen. Das kommt daher, daß sie sie meist so essen, wie sie es mit einem Hauptgericht aus ihrer Heimat tun würden. Aber indische Gerichte müssen immer mit Reis oder Brot gegessen werden. Außerdem drängt das die Schärfe eines Gerichts etwas in den Hintergrund. Sie sollten also nicht von vornherein die Salzmenge bei einem indischen Gericht verringern, unter Umständen wird nämlich dadurch das Gericht teuflisch scharf. Aus eben diesem Grunde möchte ich Ihnen auch raten, jedes indische Gericht zu kosten, ehe Sie es servieren.
In der indischen Küche wird immer am Anfang oder während des Kochprozesses gesalzen. Brotteig wird so gut wie gar nicht gesalzen, weil Salz das Brot zäh machen würde. Und zum Schluß noch die Joghurtsalate: Sie werden immer erst kurz vor dem Servieren gesalzen, weil das Salz den Joghurt verdünnt.

Kühlen und Tiefgefrieren

Fast alle indischen Gerichte lassen sich sehr gut auf Vorrat zubereiten, kühlstellen und auch einfrieren, ohne an Aroma zu verlieren.
Das Problem dabei ist nicht so sehr das Einfrieren, sondern das Auftauen und Aufwärmen. Dafür gibt es eine Grundregel: Tauen Sie niemals eine indische Speise rasch auf. Dieser Prozeß muß langsam vor sich gehen, am besten über

Nacht im Kühlschrank. Dann muß das Gericht auf sehr kleiner Flamme erhitzt werden.
Ein Nachteil des Tiefkühlens ist, daß die meisten frischen Kräuter und Gewürze dadurch an Aroma verlieren. Würzen Sie also nach, ehe Sie das Gericht aufwärmen. Für gewöhnlich bringt auch eine Prise Mughal Garam Masala, Garam Masala oder gerösteter Kreuzkümmel und einige frischgebackene Kräuter das Aroma wieder zurück.
Gegrilltes, Joghurtsalate, Puddings und Reis lassen sich nicht so gut einfrieren, jedoch problemlos im Kühlschrank aufbewahren.

Zum Schluß noch einige Ratschläge, die Sie beherzigen sollten: Lesen Sie zuerst das Rezept sorgfältig durch und stellen Sie alle Zutaten bereit, ehe Sie ans Werk gehen. Lesen Sie das Rezept ganz. Häufig gibt es Vorarbeiten zu erledigen, die zeitlich einkalkuliert werden müssen.
Die angegebenen Kochzeiten sind nur als Orientierungshilfe zu verstehen. Sie können je nach Ofen, Hitze und Pfanne variieren. Achten Sie deshalb im Rezept auch auf Angaben bezüglich Farbe, Konsistenz und Struktur.
Solange Sie mit der indischen Küche noch nicht ganz vertraut sind, sollten Sie etwas mehr als die im Rezept angegebene Zeit einkalkulieren.
Bei vielen Rezepten wird Ihnen die Garzeit für Fleisch sehr lange vorkommen. Das Fleisch wird aber dadurch keineswegs zerkocht werden. Dies ist einfach die indische Art der Zubereitung, die ganz dem indischen Eßstil entspricht. Werfen Sie also Ihre westlichen Vorstellungen über Bord und lassen Sie Ihre Sinne sprechen. Mit der Erfahrung wächst auch die Lust am Experimentieren.

Einige Maße und Gewichte als Einkaufshilfe:

1 mittelgroße Zwiebel	= ca. 110 g
1 mittelgroße Tomate	= ca. 110 g
1 mittelgroße Kartoffel	= ca. 110 g
1 erbsengroßes Stück Asant	= ca. 1/8 TL gemahlener Asant

1 walnußgroße Kugel Tamarinde	= ca. 60 g
1 EL feingehackte, frische Ingwerwurzel	= ein 2,5×2,5×2,5 cm großes Stück frische Ingwerwurzel
1 EL fein gehackter Knoblauch	= 3 große Knoblauchzehen
1 TL fein gehackter Knoblauch	= 1 große Knoblauchzehe
½ TL fein gehackter Knoblauch	= 1 mittelgroße Knoblauchzehe
⅓ TL fein gehackter Knoblauch	= 1 kleine Knoblauchzehe

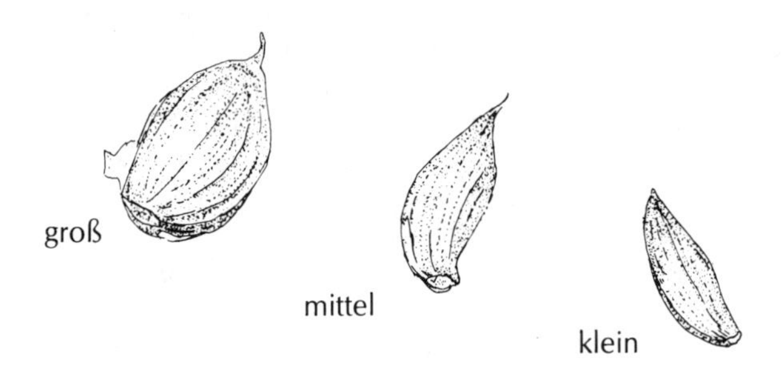

Knoblauchzehen

Das Planen und Servieren indischer Mahlzeiten

Zwischen der Planung von westlichen und indischen Mahlzeiten gibt es einen fundamentalen Unterschied. Eine westliche Mahlzeit wird um einen Hauptgang aus Fleisch oder Geflügel zusammengestellt. Eine traditionelle indische Mahlzeit wird dagegen auf einmal serviert und kennt keinen Hauptgang als solchen, höchstens eine Hauptspeise. Der Schwerpunkt liegt dabei auf einer besonders aufwendigen Vorbereitung, die in sich schon eine kulinarische Kunst darstellt.

In Indien rechnet man nicht wie bei uns ein Hähnchen oder ein Pfund Fleisch für 2—4 Personen, sondern kocht unabhängig davon, wie viele Personen zu Tisch sitzen. Kommt noch Besuch hinzu, werden eben ein paar Beilagen mehr serviert, und alle nehmen ein entsprechend kleineres Stückchen Fleisch. Man muß bedenken, daß Fleisch in Indien fünfmal so viel wie Gemüse kostet.

Bei einer klassischen indischen Mahlzeit werden alle Gerichte auf einer Thali serviert. Eine Thali ist ein großes Metalltablett mit Rand, etwa 40 cm im Durchmesser. Darauf stehen mehrere kleine Metallschüsselchen (Katoori). Diese Schüsseln enthalten alle Gerichte, von der Suppe bis zur Nachspeise. Beilagen wie Chutney oder Pickles stehen an einer Seite beisammen. Die Mitte der Platte ist für Reis oder Brot reserviert.

In Indien wird traditionell mit den Fingern gegessen. In den Städten ist man schon vielfach auf Löffel und Gabel übergegangen, vor allem bei Reis und Suppen. Die Inder glauben, daß ihre Speisen nicht so gut schmecken, wenn sie mit Löffel oder Gabel gegessen werden, ebenso wie manche Feinschmecker behaupten, chinesisches Essen schmecke auch nur mit Stäbchen gut. Das weiche indische Brot bietet sich als Eßhilfe an — man kann es fast wie einen Löffel benüt-

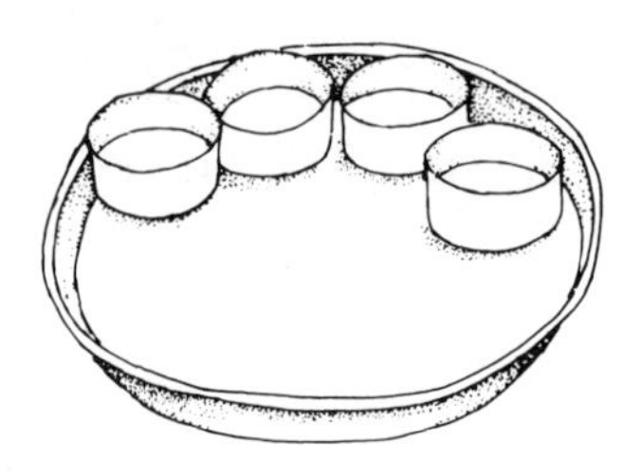

Thali mit Katoori

zen. Bei Reisgerichten, vor allem solchen mit Sauce, wird die Sache schwieriger. Persönlich ziehe ich eine Gabel oder einen Löffel vor. Traditionalisten werden mit mir wohl nicht übereinstimmen.

Das Planen der Mahlzeit

Eine indische Mahlzeit besteht hauptsächlich aus drei Grundelementen: Hauptspeise, Nebengericht und Beilage. Natürlich können Sie auch mehrere Elemente aus jeder Kategorie servieren, besonders mehrere Nebengerichte, wie es vor allem bei Einladungen üblich ist. Wichtig ist nur, daß die Beilage nicht fehlt. Eine Hauptspeise besteht entweder aus Fleisch, Fisch, Meeresfrüchten, Eiern und deren Produkten oder sie ist rein vegetarisch.
Nebengerichte bestehen aus Gemüse, Hülsenfrüchten oder Joghurtsalaten. Da sie meist pfannengerührt werden, brauchen Sie nur sehr wenig Vorbereitungszeit dafür. Joghurtsalate enthalten rohes oder gegartes Gemüse, Früchte, Nüsse, Klößchen, die mit Joghurt vermischt werden.
Als Beilage wird entweder Reis oder Brot auf den Tisch gebracht. Ohne Reis oder Brot ist eine indische Mahlzeit nicht komplett. Das hat seinen guten Grund. Zunächst einmal haben viele indische Gerichte einen etwas suppigen Charakter. Ohne Beilage kann man die Saucen schlecht aufnehmen, ganz abgesehen davon, daß sie sich mit einer Gabel auch schlecht essen lassen. Darüber hinaus sind indische

Gerichte schärfer gewürzt als westliche und sollten deshalb nicht ohne Beilage gegessen werden.
Damit Ihnen die Planung leichter fällt, sind die Rezepte in diesem Buch nach Kategorien, wie Hauptspeise, Nebengericht und Beilage, geordnet. Wählen Sie einfach eines aus jeder Kategorie aus und lesen Sie die entsprechenden Menüvorschläge am Ende jedes Rezeptes.

Anmerkung: Kartoffeln gelten in der indischen Küche als Gemüse und nicht wie in den westlichen Ländern als Beilage.

Hier noch ein paar Grundregeln: Wenn die Hauptspeise aus Hülsenfrüchten besteht, sollte das Hauptgericht ein Gemüse sein. Wenn die Hauptspeise jedoch aus Gemüse besteht, dann können die Nebengerichte entweder auch Gemüse oder Hülsenfrüchte sein. Mit anderen Worten: Sie können durchaus zwei Gemüsegerichte servieren, aber nicht zwei Hülsenfrüchtegerichte zusammen, da sonst das Essen zu schwer verdaulich würde.
Ist die Hauptspeise ein exquisiter Pilaw, brauchen Sie keine gesonderte Beilage mehr, da ja der Pilaw schon Reis enthält.
Enthält die Hauptspeise sowohl Fleisch wie Gemüse, kann die Nebenspeise wegfallen. Dafür sollten Sie aber die Menge der Hauptspeise reichlich bemessen. Alle Gerichte kommen gleichzeitig auf den Tisch. Die Speisen werden entweder gleich portionsweise auf den Teller gegeben oder jeder bedient sich selbst von der Tischmitte aus. Nachspeisen werden unmittelbar im Anschluß an das Hauptgericht gereicht.
Appetithappen und Konfekt werden zu jeder beliebigen Stunde des Tages gereicht.

Getränke

Eiskaltes Wasser gehört in Indien praktisch zu jeder Mahlzeit, manchmal auch frische Limonade, fruchtiger Punsch oder Joghurtgetränke. Wein als Getränk zum Essen kennt

man in Indien nicht. Das bedeutet allerdings keineswegs, daß es in Indien keinen Alkohol gäbe. Ganz im Gegenteil: Die Herstellung alkoholischer Getränke hat in Indien eine sehr lange Tradition. Indien produziert heute beispielsweise Whisky, Gin, Wodka und Rum. Alkohol wird in Indien vor allem von Männern genossen, Frauen trinken traditionsgemäß kaum alkoholische Getränke.
Was Indien nicht hat, ist ein guter Wein. Dazu fehlt das passende Klima, und entsprechende Anbauversuche hat man wieder aufgegeben. Neuerdings werden wieder Weinkulturen angelegt, aber schon heute dürfte sicher sein, daß dem indischen Wein noch ein langer Weg bevorsteht.
Bier und bestimmte Weine vertragen sich recht gut mit indischen Speisen. Bier löscht den Durst an heißen Sommertagen besonders gut und paßt mit seinem leicht bitteren Geschmack gut zu den würzigen Gerichten. Sangria ist ebenfalls zu empfehlen, wenn Sie ihren fruchtigen Geschmack mögen. Als nichtalkoholisches Getränk ist ein hausgemachter kalter Früchtepunsch sehr zu empfehlen. Er wird auch bei hochoffiziellen Festessen serviert.
Zu einem eleganten Abendessen biete ich Wein an: gut gekühlten Rosé zu Tandoorigerichten und solchen mit Rahm-, Joghurt- und Nußsaucen. Ein herzhafter roter Wein, Chianti oder französischer Burgunder, paßt zu Gerichten mit Zwiebel- oder Tomatensauce. Zu Fisch und Meeresfrüchten empfehle ich gut gekühlten Chablis, den man auch anstelle eines Cocktails zu Appetithappen reichen kann.
Einen wichtigen Punkt sollten Sie bei der Wahl des Weines nie vergessen: indische Gerichte haben durch die Verwendung von aromatischen Gewürzen und Kräutern einen sehr ausgeprägten Geschmack. Der dazu servierte Wein muß genügend Eigenständigkeit haben, um daneben bestehen zu können. Verschwenden Sie also Ihr Geld nicht an einen sehr teuren Wein mit einem feinen Bouquet. Sie erweisen damit weder dem Essen noch dem Wein einen guten Dienst. Am besten eignen sich Weine mittlerer Preisklasse.

Vorspeisen, Snacks und Suppen

Vorspeisen und Snacks
(Namkeen)

Malabar-Krabbencocktail (Kekada Chat)
Kartoffelsalat mit Minze (Aloo Podina Chat)
Kalte Kartoffelvorspeise (Aloo Chat)
Gefüllte Tomaten (Bhare Tamatar)
Mogul-Kebabs mit Rosinenfülle (Hussaini Kabab)
Kebabküchlein mit Ingwer und Minze (Shamme Kabab)
Zwiebeln im Ausbackteig (Piaz Pakode)
Ausgebackener Blumenkohl (Gobhi Pakode)
Ausgebackener indischer Käse (Paneer Pakode)
Ausgebackene Shrimps (Jheenga Pakode)
Mungobohnen-Klöße mit Spinat (Moong Badian)
Seidige Bohnenklößchen (Bade)
Teigtaschen mit würziger Kartoffelfüllung (Aloo Samosa)
Teigtaschen mit Fleischfüllung (Keema Samosa)
Kräcker (Matthi)
Kräcker mit Bockshornkleeblättern (Kasoori Mathari)

In der indischen Küche gibt es eigentlich kein Äquivalent zum französischen Hors d'œuvre oder den italienischen Antipasti. Doch mit den gestiegenen Ansprüchen einer wohlhabenden Mittelschicht haben Vorspeisen auch Eingang in die indischen Tischgewohnheiten gefunden. Viele ehemalige Hauptgerichte wurden leicht abgewandelt und werden jetzt als Appetitanreger serviert. Viele eignen sich auch als leichtes Mittag- oder Abendessen.
Traditionsgemäß werden indische Imbißhappen mit einem Chutney als Beilage serviert. Das ergibt einen interessanten Kontrast: süß-sauer oder mild zu scharf oder würzig. Chutney hat außerdem die Funktion, etwas fade schmeckende Vorspeisen »aufzumöbeln«.
Vor gar nicht allzu langer Zeit wäre es undenkbar gewesen, Suppe als separaten Gang beim Essen zu servieren. Heute ist das anders, ja man hat sogar Suppen eigens für diesen Zweck kreiert.

Malabar-Krabbencocktail

(Kekada Chat)

Der Malabar-Krabbencocktail kommt, wie der Name schon sagt, aus Malabar, einer südindischen Küstenregion, die für ihren Reichtum an Schalentieren berühmt ist. Das Gericht ist ziemlich scharf und wird mit viel Sauce serviert. Meine Variante hat gerade so viel Sauce, daß die zarten Krabbenfleischstücke damit bedeckt sind. Statt des Krabbenfleisches können Sie auch gekochtes Hummerfleisch nehmen.

Für 6 Personen

450 g frisches oder tiefgekühltes, gekochtes Krabbenfleisch
3 EL leichtes Pflanzenöl
1 mittelgroße Zwiebel, feingehackt
1 EL feingehackter Knoblauch
$^1/_4$—$^1/_2$ TL roter Pfeffer
$1^1/_2$ TL Paprika, süß
$^1/_3$ TL Thymian (oder $^1/_4$ TL Adiowansamen, zerstoßen)
$^1/_4$ TL Fenchelsamen, zerstoßen
6 mittelgroße Tomaten, enthäutet und in Würfel geschnitten
4 EL feingehackte Frühlingszwiebel mit dem Zwiebelgrün
4 EL grobgehackte, frische Korianderblätter

1. Das Krabbenfleisch in 1—2 cm große Stücke schneiden. Wenn Sie tiefgekühltes Krabbenfleisch verwenden, bitte nach der Packungsanweisung auftauen. Abtropfen lassen und den Saft beiseite stellen.
2. Öl in einer Deckelpfanne erhitzen und die Zwiebel zugeben. In etwa 5 Minuten goldgelb schwitzen.
3. Knoblauch zugeben und eine Minute weiterschmoren. Paprika und Pfeffer, Thymian (oder Adiowan) und Fenchel hinzufügen. Rasch und kräftig rühren. 2 Minuten schmurgeln lassen. Dann $^1/_3$ der geschnittenen Tomaten und den Saft vom Krabbenfleisch (wenn Sie tiefgekühltes verwendet haben) zugeben.
4. Wärmezufuhr drosseln und zugedeckt schwach kochen lassen, dann vorsichtig das Krabbenfleisch und die restlichen Tomaten unterheben. Dabei aufpassen, daß das Krabbenfleisch nicht zerfällt.
5. Zugedeckt mindestens 4 Stunden kühlstellen. Unmittelbar vor dem Servieren die gehackten Korianderblätter untermischen und das Ganze auf einem Salatbett servieren.

Anmerkung: Diese Vorspeise kann schon am Tage vorher zubereitet und im Kühlschrank aufbewahrt werden. In diesem Fall dürfen Sie die Korianderblätter erst kurz vor dem Servieren zugeben.

Diese exquisite Vorspeise verlangt ein ebenso elegantes Hauptgericht. Meiner Meinung nach paßt zu diesem südindischen Gericht sehr gut eine mogulische Delikatesse mit einer Sauce aus Rahm oder Joghurt. Einige Beispiele: Lamm in aromatischer Rahm-Sauce (S. 130), Lammlende in Joghurt-Kardamom-Sauce (S. 133), Huhn in Joghurt-Sauce (S. 163), Rahmshrimps (S. 188) oder Schmorgemüse in Kardamom-Mandel-Sauce (S. 205).
Diese Vorspeise ergibt auch ein ideales, leichtes Mittagessen und zusammen mit Reis und einem Glas gut gekühlten Chablis auch ein vorzügliches spätes Abendessen.

Kartoffelsalat mit Minze

(Aloo Podina Chat)

Chat bedeutet in Indien Salat oder Snack; er wird als Imbiß oder als Vorspeise gegessen. Im allgemeinen wird Chat kühl, aber nie ganz kalt serviert, da Kälte dem Aroma der Kräuter und Gewürze schadet. Für Aloo Chat eignen sich am besten speckige Salatkartoffeln.

Für 8 Personen

6 mittelgroße, fest kochende Salzkartoffeln
2 kleine Gurken, 10—15 cm lang
1 TL Salz
2 EL Zitronensaft
1 TL gemahlener, gerösteter Kreuzkümmel (S. 66)
1 TL gemahlener, gerösteter Koriandersamen (S. 66)
je 1/4 TL schwarzer und Cayenne-Pfeffer
5 Stengel frische Minze, gehackt, oder 1 EL pulverisierte, getrocknete Minze

1. Die Kartoffeln in der Schale kochen, das Wasser abgießen. Schälen und noch warm in gleichgroße Würfelchen schneiden.
2. Die Gurken schälen und der Länge nach halbieren. Wenn die Kerne groß und hart sind, diese herauskratzen

und wegwerfen. Die Gurke in gleichmäßige, 1 cm große Stücke schneiden.
3. Die Kartoffeln und die Gurken in eine Keramik- oder Glasschüssel geben, Salz und Zitronensaft zufügen und kurz durchmischen. Die übrigen Zutaten sorgfältig beimengen, daß die Kartoffelwürfel nicht zerdrückt werden. Die Schüssel abdecken und im Kühlschrank gut durchkühlen, aber nicht zu kalt werden lassen. Abschmecken und auf Salatblättern servieren.

Anmerkung: Dieser Salat kann mehrere Stunden im voraus zubereitet werden. Einige Minuten vor dem Servieren nehmen Sie ihn aus dem Kühlschrank und bestreuen ihn zur geschmacklichen Verbesserung mit etwas gemahlenem Kreuzkümmel.
Diesem erfrischenden Salat kann jede Art von Hauptspeise folgen, außer einer mit Kartoffeln natürlich. Versuchen Sie es einmal mit Fleischcurry (S. 135), Huhn in Zwiebel-Tomaten-Sauce (S. 161) oder Shrimps, mild gewürzt (S. 185).

Kalte Kartoffelvorspeise

(Aloo Chat)

Für 8 Personen

1 EL Chat Masala, hausgemacht (siehe unten) oder fertig gekauft
½ Tasse kaltes Wasser
6 mittelgroße Salatkartoffeln
4 reife, mittelgroße Tomaten, in 1 cm große Würfel geschnitten
4 EL feingehackte Zwiebeln
3—4 EL grobgehackte, frische Korianderblätter
1 TL gemahlener, gerösteter Kreuzkümmel (S. 66)
Salz
Saft einer mittelgroßen Zitrone

1. Chat Masala mit Wasser vermischen und beiseite stellen.
2. Kartoffeln in der Schale weich (aber nicht bis zum Zerfallen) kochen. Das Wasser abgießen und die Kartoffeln schälen, dann in 1 cm große Würfel schneiden. In eine

Glas- oder Keramikschüssel geben und solange sie noch warm sind, die Chat-Masala-Mischung darübergießen. Sorgfältig untermischen und offen bei Zimmertemperatur 5—10 Minuten stehenlassen, damit die Kartoffeln die Gewürze aufnehmen können. Dabei gelegentlich umrühren.
3. Die kleingeschnittenen Tomaten, Zwiebeln und Korianderblätter zugeben, aber nicht untermischen. Die Schüssel abdecken und in den Kühlschrank stellen, bis die Kartoffeln kühl, aber nicht zu kalt geworden sind. Das dauert etwa 30 Minuten.
4. Die Schüssel aus dem Kühlschrank nehmen und vorsichtig alle Zutaten miteinander vermischen. Nach Geschmack Kreuzkümmel und Salz darüberstreuen und mit Zitronensaft beträufeln. Mischen und auf Salatblättern servieren.

Anmerkung: Aloo Chat kann mehrere Stunden im voraus zubereitet und im Kühlschrank aufbewahrt werden. 15 Minuten vor dem Servieren aus dem Kühlschrank nehmen und mit gemahlenem, geröstetem Kreuzkümmel würzen.

Chat Masala: Für hausgemachte Chat Masala vermischen Sie $^3/_4$ TL gemahlenen, gerösteten Kreuzkümmel mit je $^1/_4$ TL Cayennepfeffer, schwarzem Pfeffer, gemahlenem Asant, Mangopulver und 1 TL Salz.

Menüvorschläge lesen Sie bitte bei Kartoffelsalat mit Minze nach.

Gefüllte Tomaten
(Bhare Tamatar)

Für 8 Personen

Diese köstlichen kleinen gefüllten Tomaten strömen den Duft von Korianderblättern und Knoblauch aus und sind ein idealer Appetitanreger. Angenehm für Sie als Gastgeber ist, daß Sie die Fülle vorbereiten und tiefgekühlt bis zum Gebrauch aufbewahren können.

Die Hälfte der Zutaten für »Gebratenes würziges Hackfleisch« (Sookha Keema, S. 126)
8 mittelgroße Tomaten (etwa 900 g) oder 48 Kirschtomaten
4 EL zerlassenes Usli Ghee (S. 52) oder leichtes Pflanzenöl
1 TL feingehackter Knoblauch
¼ TL Salz
2 EL feingehackte, frische Korianderblätter

1. Die Hälfte der im Rezept für Sookha Keema (S. 126) angegebenen Menge zubereiten und beiseite stellen.
2. Den Ofen auf 210° C vorheizen.
3. Tomaten waschen und abtrocknen. Den Stielansatz abschneiden, das Fruchtfleisch herauslöffeln und in eine Schüssel geben. Mit einem Messer fein zerkleinern, geklärte Butter, Knoblauch und Salz untermischen. Beiseite stellen.
4. Die Sookha-Keema-Füllung gleichmäßig in die Tomaten verteilen (etwa 2 EL pro Tomate bzw. 1 TL pro Kirschtomate).
5. Gefüllte Tomaten in eine flache, gefettete, ofenfeste Form stellen. Das feingehackte Fruchtfleisch über die gefüllten Tomaten gießen. Eine Tasse kochendes Wasser vorsichtig an der Seite entlang in die Backform gießen.
6. Auf dem mittleren Einschub des Backofens etwa 25 Minuten offen schmoren. Heiß oder warm auf Salatblättern servieren. Kurz vorher mit gehackten, frischen Korianderblättern bestreuen.

Um ein so begonnenes Menü weiterhin abwechslungsreich zu gestalten, sollten Sie bei den übrigen Gängen auf Hackfleisch und Tomaten verzichten. Geeignet wären Huhn in Kokos-Sauce (S. 164), Seezungenfilet mit Adiowan (S. 191), Mungobohnen mit Blumenkohl (S. 213) oder Kichererbsenklößchen in Joghurt-Sauce (S. 217).

Mogul-Kebabs mit Rosinenfülle

(Hussaini Kabab)

Diese mild duftenden Kebabs sind ein klassisches Beispiel der Mogulenkochkunst. Sie sind wie Čevapčiči geformt, mit Mandeln und Rosinen gefüllt und werden in der Pfanne gebraten.

Für 8 Personen (16 Kebabs)

Kebabs:
450 g mageres Rinder- oder Lammhack
2 TL feingehackter Knoblauch
1½ TL feingehackte, frische Ingwerwurzel
1 TL Kreuzkümmel, zerstoßen (ersatzweise 1 TL gemahlener Kreuzkümmel)
1 TL gemahlener Koriander
1 TL Paprika
1 TL Mughal Garam Masala (S. 41)
½ TL schwarzer Pfeffer
⅛ Tl gemahlener Asant
5 EL Semmelbrösel
1 EL Butter
1 großes Ei, leicht verquirlt
½ TL Salz

Fülle:
2 EL Mandeln, blanchiert und feingehackt
2 EL Rosinen
2 EL leichtes Pflanzenöl zum Braten

1. Alle Kebab-Zutaten in einer Schüssel vermischen und zugedeckt ½ Stunde ruhen lassen. (Diese Mischung kann im Kühlschrank bis zu zwei Tage aufbewahrt werden.)
2. Mandeln und Rosinen miteinander vermischen.
3. Die Fleischmischung in 16 gleiche Teile teilen, daraus 16 Würstchen formen. Der Länge nach in jedes Würstchen ei-

ne Mulde drücken und mit der Fülle füllen (etwa ¾ TL). Würstchen zudrücken und noch einmal formen.
4. Öl 1 Minute in einer möglichst nichthaftenden Pfanne erhitzen und die Kebabs je nach Geschmack mehr oder weniger durchbraten (etwa 15 Minuten für Rindfleisch, etwa 25 Minuten für Lammfleisch). Die Kebabs lassen sich auch nach Belieben grillen. Dazu Chutney aus rohen Zwiebeln (Kache Piaz, S. 332) oder Geröstete Zwiebeln (Bhone Piaz, S. 239) reichen.

Diese Kebabs sind sehr sättigend. Das folgende Hauptgericht sollte daher sehr leicht sein und viel Sauce haben. Vermeiden Sie Lamm- oder Rindfleisch. Mein Vorschlag wäre ein leichtes Fischgericht wie beispielsweise Fisch in Joghurt-Sauce (S. 194).

Kebabküchlein mit Ingwer und Minze
(Shamme Kabab)

Shamme Kabab sind die würzigsten aller Kebabs. Sie sollten dafür nur frische Minzblätter verwenden. Das Lammfleisch ist für den authentischen Geschmack unbedingt erforderlich und läßt sich nicht durch Rindfleisch ersetzen.
Eine wichtige Vorbemerkung: Die vorbereitete Kebabmischung muß ziemlich dick sein, etwa wie Brotteig, ehe Sie die Küchlein formen. Vor dem Braten werden die Küchlein mit einer dünnen Schicht Eiweiß überzogen, damit sie glänzen. Ist die Fleischmischung nicht trocken genug, zerfallen die Küchlein beim Braten.
Der erforderliche Zeitaufwand ist größer als bei anderen Kebabs — planen Sie dies bei den Vorbereitungen ein.

Für 8—12 Personen (24 Kebabs)

Fleischmischung:
450 g mageres Lammhackfleisch
6 EL gelbe halbe Erbsen (Channa Dal)
1 kleine, feingehackte Zwiebel
2½ EL feingehackter Knoblauch
1 EL feingehackte, frische Ingwerwurzel
1 TL gemahlener Kreuzkümmel
½ TL gemahlener Kardamom
¼ TL gemahlene Nelken
1 TL schwarzer Pfeffer
½ TL Cayennepfeffer
¾ TL Salz
⅜ l kaltes Wasser

Würze für die Fleischmischung:
1 EL Erdnuß- oder Maisöl
1 mittelgroße Zwiebel, feingehackt
1—2 grüne Chilischoten, entkernt und grobgehackt
5 EL frische Minzblätter, grobgehackt (ersatzweise 2 EL zerriebene, getrocknete Minze)
1 TL Zitronensaft
Reichlich Erdnuß- oder Maisöl, so daß es in der Pfanne 2 cm hoch steht
Eiweiß von 2 Eiern, leicht verquirlt

1. Alle Zutaten für die Fleischmischung in einem schweren Topf zum Kochen bringen. Die Hitze reduzieren und zugedeckt garen lassen, bis das Wasser ganz verkocht ist (etwa 45 Minuten). Sollte immer noch Flüssigkeit im Topf sein, den Deckel abnehmen und bei mittlerer Hitze garen, bis alle Flüssigkeit verdampft ist.
2. Öl in einer kleinen Pfanne erhitzen und die Zwiebeln darin hellbraun rösten (etwa 10 Minuten). Dabei ständig rühren.
3. Die gerösteten Zwiebeln mit den grünen Chilischoten, der Minze und dem Zitronensaft der Fleischmischung beigeben. Die Mischung durch die feinste Scheibe des Fleischwolfs drehen oder in der Küchenmaschine durcharbeiten, dabei jedoch aufpassen, daß kein Brei daraus wird. Die Masse muß eine körnige Struktur haben, sollte jedoch glatt

genug sein, um zu Küchlein geformt und gebraten werden zu können.

4. Die Fleischmischung in 24 gleiche Teile teilen und zu Küchlein mit 5 cm Durchmesser formen.

5. Das Öl in einem Kadhai, in einer Friteuse oder einer Bratpfanne auf 175° C erhitzen. Die Kebabs in Eiweiß tunken und ins Öl gleiten lassen. Gleichmäßig auf beiden Seiten bräunen (pro Seite etwa 1 Minute). Mit einem Schaumlöffel herausnehmen und auf Küchenpapier abtropfen lassen. Heiß servieren und geröstete Zwiebeln dazu reichen.

Anmerkung: Die Kebabs können mehrere Stunden im voraus zubereitet und erst kurz vor dem Servieren, mit Folie abgedeckt, im Ofen kurz erhitzt werden.

Diese Kebabs gehören zu meinen Lieblingsgerichten. Danach paßt eigentlich jedes Hauptgericht, wenn Sie vielleicht auch auf Lamm und Rind verzichten sollten. Wie wäre es beispielsweise mit einer vegetarischen Hauptspeise — Blumenkohl, Erbsen und Kartoffeln in Kräutersauce (S. 197)? Sie können aber auch gleich eine Hauptspeise (für 6 Personen) daraus machen und ein Gemüsepilaw, wie beispielsweise ein Okra-Pilaw (S. 285) oder ein Kaiserliches Pilaw mit Morcheln (S. 286) dazu servieren. Als Getränk paßt Rosé oder Burgunder.

Zwiebeln im Ausbackteig
(Piaz Pakode)

Diese Appetithappen sind außen wunderbar knusprig und innen herrlich weich. Auch Schalotten eignen sich hervorragend dafür.

Für 6—8 Personen

Ausbackteig:
150 g Kichererbsenmehl (Besan)
2 TL Erdnuß- oder Maisöl oder zerlassenes Pflanzenfett
1 TL gemahlener Kreuzkümmel
¾ TL Salz
1—2 grüne Chilischoten, entkernt und kleingehackt
⅛ l warmes Wasser
2 mittelgroße Zwiebeln
Reichlich Erdnuß- oder Maisöl zum Ausbacken

1. Mehl in eine große Schüssel sieben. 2 TL Öl oder Fett mit den Fingern in das Mehl reiben (siehe Anleitung bei Teigtaschen mit würziger Kartoffelfüllung [Aloo Samosa], S. 102). Kümmel, Salz und Chilischoten untermischen. Langsam Wasser zuschütten und den Teig dabei mit dem Mixer oder mit dem Kochlöffel gut verrühren. Der Ausbackteig muß sehr glatt und dickflüssig sein.
2. Teig 10 Minuten schlagen, bis er blaß, hell und locker ist. Die Schüssel zudecken und den Teig an einem warmen Platz (bei etwa 25—30° C) etwa ½ Stunde gehen lassen. Diese Ruhezeit ist für das richtige Gelingen sehr wichtig.
3. Währenddessen die Zwiebeln schälen und in dünne Ringe schneiden. Diese dann in den Ausbackteig geben und gut durchmischen.
4. Öl auf etwa 190° C erhitzen. Es muß sehr heiß sein, darf aber nicht rauchen. Vorsichtig die Zwiebel-Teig-Mischung in Portionen von jeweils 2 EL in das heiße Öl gleiten lassen. Nicht mehr als 6—8 Portionen auf einmal ausbacken. Auf mittlere Hitze zurückschalten, damit die Ringe gut durch sind, ehe sie braun werden. Einmal wenden und auf beiden Seiten goldbraun backen. Das dauert etwa 10 Minuten.

Dann mit einem Schaumlöffel herausnehmen und auf Küchenpapier abtropfen lassen. Mit der restlichen Zwiebel-Teig-Mischung ebenso verfahren. Heiß oder warm mit Minz-Chutney (Podina Chutney, S. 336) servieren.

Anmerkung: Diese Appetithappen können schon mehrere Stunden im voraus vorbereitet werden. Allerdings müssen sie dann unmittelbar vor dem Servieren noch einmal kurz ins heiße Fett gelegt werden. Daher dürfen sie vorher noch nicht allzu braun gebacken worden sein. Servieren Sie diese Speise aber nur als Appetithappen und nicht in größerer Menge als Hauptspeise, denn sie sättigen sehr stark. Fast jedes Hauptgericht paßt dazu, aber auch zum nachmittäglichen Tee schmecken sie delikat.

Ausgebackener Blumenkohl

(Gobhi Pakode)

In den Ausbackteig kommen nur Koriandersamen, damit der natürliche Geschmack des Blumenkohl nicht übertönt wird. Achten Sie beim Kauf darauf, daß der Blumenkohl frisch ist.
Dieses ausgebackene Gemüse eignet sich auch bestens als Beilage zu anderen Speisen.

Für 8 Personen

1 großer oder zwei kleine Blumenkohlköpfe

Teigmischung:
225 g Kichererbsenmehl (Besan)
2 TL Erdnuß- oder Maisöl
2 TL Koriandersamen, zerstoßen
¼ TL Cayennepfeffer (nach Belieben)
1 TL Salz
gut ¼ l kaltes Wasser
Erdnuß- oder Maisöl zum Ausbacken

1. Den Blumenkohl in Röschen zerpflücken. Große Röschen halbieren. Unter fließendem Wasser waschen, abtropfen lassen und beiseite stellen.

2. Mehl in eine große Schüssel sieben. Öl mit den Fingern hineinreiben *(Anleitung siehe S. 102)*. Koriander und nach Belieben auch Cayennepfeffer sowie Salz untermischen. Langsam Wasser zugeben und mit dem Quirl in den Teig schlagen. Der Teig muß dünnflüssig wie Pfannkuchenteig aussehen.
3. Die Schüssel zudecken und mindestens eine halbe Stunde an einem warmen Platz (bei etwa 25—30° C) stehen lassen. Dadurch wird der Teig locker. (Er kann auch schon einen Tag zuvor vorbereitet und im Kühlschrank aufbewahrt werden. Vor der Weiterverwendung herausnehmen und auf Zimmertemperatur erwärmen.)
4. Öl in einem Kadhai oder einer Friteuse erhitzen (190° C). Es muß sehr heiß sein, darf aber nicht rauchen. Blumenkohlröschen in den Teig tauchen und langsam in das heiße Öl gleiten lassen. Durch die Zugabe des Fritierguts sinkt die Öltemperatur. Sie sollte auf diesem Stand bleiben. Stellen Sie also die Kochplatte auf mittlere Hitze zurück. Dadurch werden die Blumenkohlröschen gleichmäßig braun gebakken und außen schön knusprig. In 10—12 Minuten fertigbacken. Die fertiggebackenen Blumenkohlröschen zum Abtropfen auf ein mit mehreren Lagen Küchenpapier belegtes Backblech legen. Den restlichen Blumenkohl nach der gleichen Weise ausbacken. Heiß servieren.

Anmerkung: Dieses Gericht kann mehrere Stunden vor dem Servieren vorbereitet werden, muß aber kurz vorm Auftischen noch einmal im Backofen auf dem mittleren Einschub bei 190° C 5—7 Minuten erhitzt werden. Sie können die Blumenkohlröschen auch noch einmal für 1 Minute in heißes Öl geben. Dann müssen sie allerdings vor dem Servieren noch einmal auf Küchenpapier abtropfen.

Das danach gereichte Hauptgericht sollte natürlich möglichst keinen Blumenkohl enthalten. Dieser ausgebackene Blumenkohl paßt auch bestens zum Nachmittagstee.

Ausgebackener indischer Käse

(Paneer Pakode)

Der Käse sollte so frisch wie möglich, am besten erst am gleichen Tag zubereitet worden sein.
Wichtig: Den Käse auf allen Seiten mit Teig überziehen, da das Öl ansonsten einzieht und den Käse schwer und fettig macht. Auch verträgt sich die Feuchtigkeit nicht mit dem heißen Öl, das dann unangenehm zu spritzen anfängt.

Für 6—8 Personen

Indischer Quark (Paneer) aus 2 l Milch (S. 54), in kleine Rechtecke geschnitten

1 Rezept Ausbackteig (siehe vorausgehendes Rezept für Ausgebackenen Blumenkohl)

Folgen Sie der Beschreibung zum Rezept für Ausgebackenen Blumenkohl, doch ersetzen Sie das Gemüse durch Quark. Vor dem Servieren mit einer Mischung aus $\frac{1}{4}$ TL schwarzem Pfeffer, $\frac{1}{8}$ TL Cayennepfeffer, $\frac{1}{4}$ TL Mangopulver und Salz nach Geschmack bestreuen. Heiß oder warm mit Minz- und Koriander-Chutney (Dhania Podina Chutney, S. 337) oder Tomaten-Chutney (Tamatar Chutney, S. 340) servieren.

Anmerkung: Diese Vorspeise läßt sich gut vorbereiten. Vor dem Servieren in der Mitte eines auf 190° C vorgeheizten Backofens locker abgedeckt etwa 5 Minuten erhitzen.

Lesen Sie die Menüvorschläge durch, die bei den Zwiebeln im Ausbackteig genannt sind. Vermeiden Sie aber als nachfolgendes Hauptgericht Speisen, die überwiegend indischen Quark enthalten.

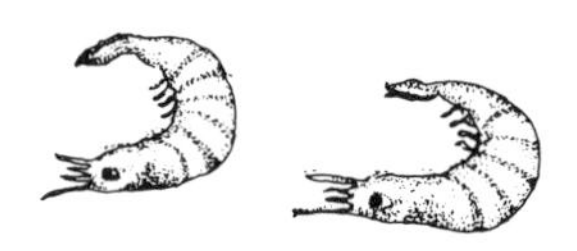

Ausgebackene Shrimps

(Jheenga Pakode)

Der für diesen Leckerbissen verwendete Teig eignet sich ebensogut für Krabben- und Hummerfleisch wie auch für Fische mit festem Fleisch.
Wenn Sie Shrimps kaufen, achten Sie darauf, daß der Darm, der wie eine schwarze Vene aussieht, bereits entfernt ist. Sollte dies nicht der Fall sein, so schlitzen Sie die Shrimps mit einem spitzen, scharfen Messer vom Kopf bis zum Schwanz auf und ziehen den schwarzen »Faden« mit der Spitze des Messers oder mit einem Zahnstocher heraus.

Für 6—8 Personen

450 g Shrimps (mittelgroß, etwa 28—32 Stück)
1 TL kleingehackter Knoblauch
1 EL frische Ingwerwurzel, gerieben oder feingehackt
1—2 grüne Chilischoten, entkernt und kleingehackt
1/4 TL Salz
Saft von 1/4 Zitrone

Ausbackteig:
100 g Maisstärke
3 EL ungesiebtes Kichererbsenmehl (Besan) oder normales Mehl
3 EL Erdnuß- oder Maisöl
1/4 TL Cayennepfeffer
1/2 TL Salz
1 EL Backpulver
2 große Eier
3 EL kaltes Wasser
Erdnuß- oder Maisöl zum Ausbacken

1. Die Shrimps auslösen (Schwanzflosse dranlassen) und den Darmstrang entfernen. Unter kaltem Wasser abspülen und mit Küchenpapier trockentupfen.
2. Shrimps in eine Glas- oder Porzellanschüssel geben. Knoblauch, Ingwerwurzel, Chilis, Salz und Zitronensaft beifügen. Gut vermischen, zudecken und 2 Stunden bei Zimmertemperatur oder über Nacht im Kühlschrank durchziehen lassen. Je länger die Marinade einzieht, umso besser wird der Geschmack.
3. Alle Zutaten für den Teig mit dem Elektroquirl oder einer

Gabel vermischen, bis keine Klümpchen mehr zu sehen sind. Zudecken und eine halbe Stunde ruhen lassen.
4. Öl in einer Friteuse oder einem hohen Topf erhitzen (180—190° C). Jeden Shrimp beim Schwanz halten und in den Teig tauchen. Abtropfen und ins Öl gleiten lassen. Nicht mehr als 6—8 Shrimps auf einmal ausbacken. Auf jeder Seite etwa 3 Minuten bräunen. Mit einem Schaumlöffel herausnehmen und auf Küchenpapier abtropfen lassen. Heiß mit Tomaten-Chutney (Tamatar Chutney, S. 340) servieren.

Zu dieser Vorspeise paßt eigentlich jedes Hauptgericht. Sie können andere Meeresfrüchte oder vegetarische Gerichte servieren. Soll es eine sehr leichtverträgliche Mahlzeit sein, können Sie das Hauptgericht weglassen und zu den Shrimps Safran-Pilaw mit Pfirsichen (S. 283) oder Gebratenen Reis (S. 276) auf den Tisch bringen.

Klöße

Klöße entstanden in der indischen Küche aus dem Wunsch heraus, die täglich auf dem Speiseplan stehenden Hülsenfrüchte abwechslungsreich zu gestalten.
Diese Klöße macht man, indem man getrocknete Erbsen und Bohnen einweicht und sie dann zu einer feinen, dicken Paste zerreibt, die fast wie ein weicher Teig aussieht. Diese Paste läßt man dann an einem warmen Ort ruhen. Sodann formt man sie mit den Händen, legt sie in heißes Öl und brät sie.
Der dazu nötige Zeitaufwand läßt sich heute mit Hilfe moderner Küchenmaschinen beträchtlich abkürzen. Während des Mahlens zur Paste wird der Teig nämlich durch die Maschine gleichzeitig erwärmt und Sie sparen sich so die Ruhezeit.
Die folgenden beiden Rezepte erfordern zwar etwas Zeit, aber das Ergebnis sollte Ihnen das schon wert sein.

Mungobohnen-Klöße mit Spinat

(Moong Badian)

Für 4—6 Personen

400 g gelbe halbe Mungobohnen (Moong Dal)
etwa 120 g frische, gehackter Spinat (ersatzweise 2 EL aufgetauter Tiefkühlspinat, ausgedrückt)
1 EL feingehackte, frische Korianderblätter
1—2 grüne Chilischoten, entkernt und feinnudelig geschnitten
1/8 TL Backpulver
1/2 TL Salz
Erdnuß- oder Maisöl zum Ausbacken

1. Mungobohnen verlesen, säubern und waschen.
2. Mungobohnen in eine Schüssel geben und so viel Wasser zugeben, daß sie 3 cm hoch bedeckt sind. 4 Stunden einweichen lassen. Wasser abgießen.
3. Pürieren Sie die Paste mit Ihrer Küchenmaschine unter Zugabe von 1/8 l Wasser; Sie brauchen dazu etwa 5—6 Minuten. Die Masse wird sehr locker und leicht. 2 Stunden ruhen lassen.
4. Vor dem Ausbacken die restlichen Zutaten (außer dem Öl) einrühren. Nicht zu lange rühren, sonst werden die Klöße zäh.
5. Öl in einem Kadhai, einer Friteuse oder einem hohen Topf erhitzen. Das Öl soll etwa 190° C haben, darf aber nicht rauchen. Mit einem Teelöffel Teighäufchen abstechen und in das heiße Öl geben. Nicht mehr als 8—12 Klößchen auf einmal backen. Bei einmaligem Wenden auf beiden Seiten goldgelb backen (etwa 4—5 Minuten). Mit einem Schaumlöffel herausnehmen und auf Küchenpapier abtropfen lassen. Heiß mit Minz-Chutney (Podina Chutney, S. 336) oder Minz- und Koriander-Chutney (Dhania-Podina Chutney, S. 337) servieren.

Anmerkung: Diese Klöße können mehrere Stunden vor dem Servieren vorbereitet und locker abgedeckt, auf dem mittleren Einschub ihres vorgeheizten Ofens in 12—15 Minuten aufgewärmt werden.

Zu diesen milden Klößchen paßt am besten ein Hauptgericht mit viel würziger Sauce. Besonders geeignet ist ein Gemüsegericht wie beispielsweise Erbsen und Kartoffeln in Kräutersauce (S. 197) oder Grüne Erbsen und indischer Käse in Tomatensauce (S. 203).

Seidige Bohnenklößchen

(Bade)

Diese krapfenähnlichen Klößchen sollten immer seidig und locker sein und schmecken, als ob sie aus einem Mehlteig und nicht aus Bohnen gemacht worden wären. Das Formen ist etwas aufwendig, doch leidet die Authentizität nicht darunter, wenn Sie Mühe mit dem exakten Ausformen haben und etwas einfacher geformte Klößchen ausbacken. Gegessen werden sie für sich allein oder als Salat mit Joghurt.

Für 8—12 Personen (24 Klößchen)

400 g weiße halbe Bohnen (Urad Dal)
2 EL feingehackte Zwiebeln
1 EL feingehackte, frische Ingwerwurzel
2 grüne Chilischoten, entkernt und kleingeschnitten
1 EL gemahlener Koriander
⅛ TL Backpulver
1 TL Salz
2 EL Erdnuß- oder Maisöl
Erdnuß- oder Maisöl zum Ausbacken

1. Bohnen verlesen, waschen und säubern (Anleitung im Kapitel über Hülsenfrüchte, S. 249).
2. Bohnen in eine Schüssel geben und so viel Wasser zu-

geben, daß sie von mindestens 5 cm Wasser überdeckt sind. 4 Stunden weichen lassen. Wasser abgießen und die Bohnen abspülen.

3. Pürieren Sie die Bohnen in der Küchenmaschine, im Mixer oder mit dem Pürierstab unter Zugabe von ⅛ l Wasser. Das dauert in der Küchenmaschine etwa 5—6 Minuten. Alle 15—20 Sekunden unterbrechen und die Masse mit einem Spachtel von den Seitenwänden abschaben und der übrigen Masse wieder beifügen. Die Teigmasse wird sehr leicht und locker und kann sofort weiterverarbeitet werden.

4. Alle übrigen Zutaten außer dem Öl unterrühren. Nicht zu lange schlagen, sonst werden die Klößchen hart und zäh.

5. Schneiden Sie aus Wachspapier sechs 15 × 15 cm große Quadrate aus. Die 2 EL Öl in ein kleines Schüsselchen geben, eine zweite kleine Schüssel mit kaltem Wasser füllen und die Wachspapierquadrate sowie das Schüsselchen mit dem Öl dort plazieren, wo Sie die Klößchen ausbacken werden.

6. Immer ein Klößchen nach dem anderen machen. Ein Stück Wachspapier auf das Arbeitsbrett legen und mit etwas Öl bepinseln. Finger in das kalte Wasser tauchen und mit den benetzten Fingern soviel Teig herausnehmen, daß sie daraus eine Kugel in Golfballgröße formen können. Auf das geölte Wachspapier legen. Mit den Fingern flachklopfen und mit dem Zeigefinger ein Loch in die Mitte des Teiges machen. Die restlichen 5 vorbereiteten Wachspapiere ebenso präparieren. Wenn alle sechs fertig sind, kann es mit dem Fritieren losgehen.

7. Öl mäßig heiß erhitzen (160—175° C).

8. Ein Stück Wachspapier mit Teig hochheben und über das heiße Öl halten. Mit einem Gummispatel oder einer Palette, die zuvor in Wasser getaucht wurde, den Teig vorsichtig in das heiße Öl gleiten lassen. Insgesamt 6 Klößchen auf einmal einlegen. Auf einer Seite drei Minuten backen, dann ganz vorsichtig mit Hilfe eines Schaumlöffels wenden, weiterbacken, bis die Klößchen auf beiden Seiten goldbraun sind und schließlich auf Küchenpapier abtropfen lassen. Mit dem restlichen Teig ebenso verfahren. Heiß mit

Kokosnuß-Chutney (Narial Chutney, S. 337) oder Tamarinden-Chutney (Imli Chutney, S. 342) servieren.

Anmerkung: Diese Klößchen können vorbereitet und vor dem Servieren, leicht abgedeckt, im vorgeheizten Rohr aufgewärmt werden.

Menüvorschläge bei Mungobohnenklöße mit Spinat (Moong Badian, S. 99).

Teigtaschen mit würziger Kartoffelfüllung

(Aloo Samosa)

Samosas sind die traditionellen indischen Appetithappen. Sie sind so köstlich, daß man in Indien oft eine Hauptmahlzeit daraus macht. Sie sind entweder mit Hackfleisch oder mit Kartoffeln gefüllt. Das Besondere an Samosas ist der knusprige, blätterteigartige Teig. Er entsteht dadurch, daß man Fett in das Mehl »hineinreibt«, ehe man das Wasser zugibt. Auf diese Weise werden alle Mehlpartikel gleichmäßig mit Fett oder Öl überzogen.
Wie man Fett oder Öl ins Mehl reibt: Mehl in eine Schüssel sieben, in der Mitte eine Vertiefung machen und Fett oder Öl zugeben. Mit einer Hand etwas Mehl und Fett aufnehmen, zwischen den Handflächen verreiben. Den Vorgang so oft wiederholen, bis keine Klumpen mehr zu sehen sind und die Teigmasse eine flockige Konsistenz hat.

Wie man Mehl und Fett verreibt

Samosas brauchen etwas Zeit, da sowohl die Füllung wie auch der Teig vorbereitet werden müssen, ehe sie gefüllt, geformt und gebacken werden können.

Für 32 Pasteten

Teig:
225 g Mehl, ungesiebt
½ TL Salz
4 El Pflanzenfett
6—7 EL kaltes Wasser

Kartoffelfülle:
4 EL Pflanzenfett oder helles Pflanzenöl
2 TL Koriandersamen
1 kleine, feingehackte Zwiebel
1½ TL feingehackte, frische Ingwerwurzel
7 mittelgroße Kartoffeln, weichgekocht, geschält und in etwa 1 cm große Würfel geschnitten
50 g gekochte, grüne Erbsen
2—3 grüne Chilis, entkernt und gehackt, oder ¼ TL Cayennepfeffer
1¼ TL Garam Masala (S. 42)
2 TL gemahlene Granatapfelsamen oder 1 EL Zitronensaft
1 TL Salz
50 g Mehl zum Bestäuben
Erdnuß- oder Maisöl zum Ausbacken im Kadhai oder in der Friteuse

1. Mehl und Salz in einer großen Schüssel vermischen. Fett nach obiger Anleitung hineinreiben. 6 EL Wasser über das Mehl gießen und vermengen. Den restlichen Eßlöffel tropfenweise zugeben, bis sich die Masse kneten läßt.
2. Teig auf ein Nudelbrett geben. Finger leicht mit Öl einreiben und den Teig 10 Minuten kneten. Der Teig muß fest, aber elastisch sein und darf nicht kleben. Mit einem Tuch abdecken und ½ Stunde ruhen lassen. (Der Teig kann schon am Tag zuvor gemacht und fest in Alufolie verpackt im Kühlschrank aufbewahrt werden. 30 Minuten vor der Weiterverarbeitung herausnehmen.)
3. Für die Zubereitung der Fülle Öl oder Fett in einer Pfanne erhitzen. Koriandersamen darin dunkelbraun rösten (et-

wa 15 Sekunden). Zwiebeln und Ingwerwurzel zugeben und weiterbraten, bis die Zwiebeln goldgelb sind. Kartoffeln und Erbsen zufügen und unter Rühren rasch anbraten (etwa 10 Minuten). Kochplatte abstellen.

4. Die restlichen Füllzutaten zugeben und gut untermischen.

5. Den Teig noch einmal eine Minute durchkneten und in 2 gleiche Teile teilen. Mit den Händen zu einer 1 cm dikken Rolle formen und in acht gleiche Teile teilen. Diese Teigstücke zu glatten Bällchen formen.

6. Jedes Bällchen leicht mit Mehl bestäuben und zu einem Fladen von 15 cm Durchmesser ausrollen. Diesen halbieren. Aus jedem Halbkreis wird eine Samosa.

7. Stellen Sie eine kleine Schüssel Wasser neben das Backbrett. Formen Sie aus jedem Teigstück eine kleine Spitztüte: Befeuchten Sie die Hälfte der geraden Kante mit Wasser und klappen Sie die andere Hälfte überlappend darüber. Die Überlappung fest andrücken.

8. Einen knappen Eßlöffel Fülle in die Tüte geben. Das offene Ende der Spitztüte befeuchten und fest zusammendrücken. Mit dem restlichen Teig ebenso verfahren. (Samosas können schon einige Stunden vor dem Verzehr vorbereitet werden.) Leicht mit Papier abdecken. Es ist nicht schlimm, wenn sie etwas austrocknen, eher im Gegenteil. Die Kruste wird dadurch wesentlich knuspriger.

9. Öl in einem Kadhai oder einer Friteuse erhitzen. Etwa 8—10 Samosas auf einmal einlegen. Die Öltemperatur fällt dadurch auf etwa 150° C.

Diese Temperatur sollte beibehalten werden — schalten Sie deshalb die Kochplatte auf mittlere bis untere Hitzestufe herunter und backen Sie die Samosas auf beiden Seiten hellbraun. Mit einem Schaumlöffel oder einer Küchenzange herausnehmen und auf Küchenpapier abtropfen lassen. Heiß oder warm mit Tamarinden-Chutney (Imli Chutney, S. 342) oder Minz-Chutney (Podina Chutney, S. 336) servieren.

Anmerkung: Samosas lassen sich gut vorher zubereiten. Man backt sie nicht ganz gar und fritiert sie kurz vor dem Servieren noch einmal in sehr heißem Öl. Samosas können

auch im vorgeheizten Rohr in 8—10 Minuten fertiggebakken werden.
Diesen Appetithappen kann jedes Gericht nachfolgen, es sei denn, es besteht aus Kartoffeln. Gegrilltes oder gebratenes Fleisch oder Geflügel passen sehr gut dazu. Auch zum Nachmittagstee können Sie diese Samosas reichen.

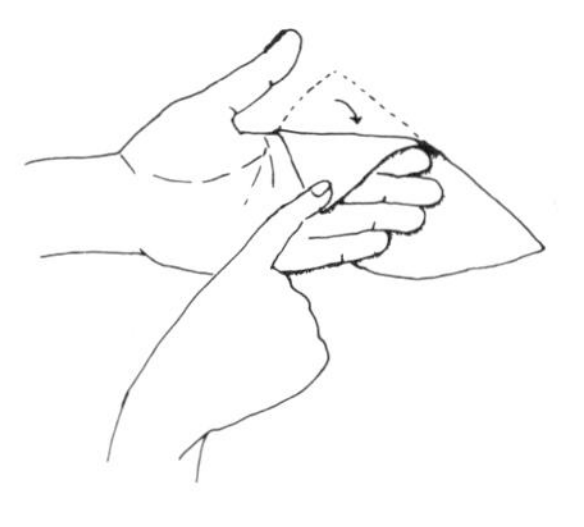

1. Halbe Schnittkante befeuchten

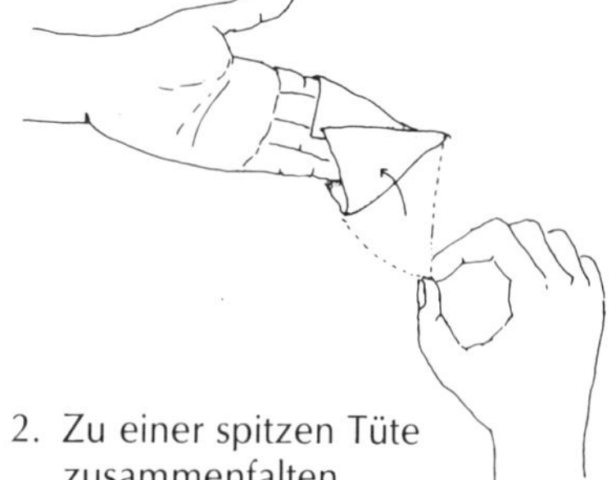

2. Zu einer spitzen Tüte zusammenfalten

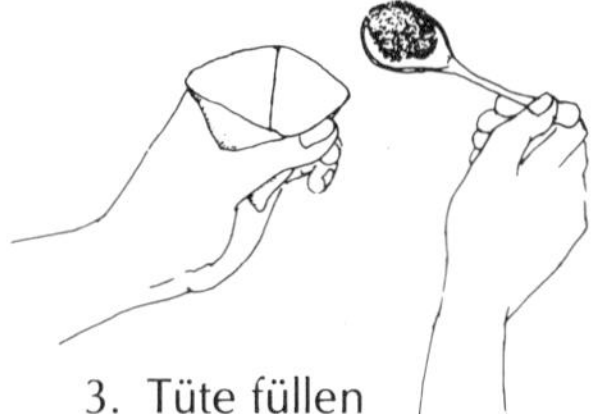

3. Tüte füllen

4. Öffnung der gefüllten Samosas zusammendrücken

5. Samosa — fertig zum Ausbacken

Teigtaschen mit Fleischfüllung
(Keema Samosa)

Menge: 32 Samosas

1 Rezept Samosa-Teig (siehe vorhergehendes Rezept)
1 Rezept gebratenes, würziges Hackfleisch (Sookha Keema, S. 126)
Erdnuß- oder Maisöl zum Ausbacken

Bereiten Sie den Teig wie bei vorstehendem Rezept und füllen Sie die Teigtaschen mit der Fleischfarce. Heiß oder warm mit Minz-Chutney (Podina Chutney, S. 336) oder Minz-Koriander-Chutney (Dhania-Podina Chutney, S. 337) servieren.

Anmerkung: Wählen Sie dazu möglichst kein Hauptgericht mit Hackfleisch. Diese Samosas sind sehr sättigend, deshalb lasse ich gerne Grüne Erbsen und indischen Käse in Tomaten-Sauce (S. 203) folgen. Samosas eignen sich auch vorzüglich zum Nachmittagstee.

Kräcker
(Matthi)

Typisch bei diesen waffeldünnen köstlichen Kräckern sind die winzigen Bläschen auf der Oberfläche. Die Kräcker werden normalerweise mit Adiowan gewürzt.

Für etwa 4 Dutzend Kräcker

375 g Mehl, ungesiebt
3 EL warmes, zerlassenes Pflanzenfett, dazu 1 TL Fett zum Kneten
¾ TL Adiowansamen, zerstoßen
1 TL Salz
⅛ TL Backpulver
2 EL einfacher Joghurt
10 EL handwarmes Wasser
50 g Mehl zum Bestäuben
Erdnuß- oder Maisöl zum Ausbacken

1. Mehl in eine Schüssel geben und 3 EL Fett nach der Anleitung auf Seite 102 hineinreiben. Adiowan, Salz und Backpulver untermengen. Joghurt mit Wasser mischen und langsam zum Mehl gießen, bis sich der Teig kneten läßt.
2. Teig auf ein Nudelbrett legen. Finger und Handflächen mit dem restlichen Fett einfetten, damit der Teig nicht klebt und den Teig dann 10 Minuten kneten. Er muß fest, aber elastisch sein. In eine gefettete Schüssel geben, mit einem Tuch abdecken und ½ Stunde bei Zimmertemperatur gehen lassen. (Der Teig kann schon einen Tag zuvor gemacht und gut verschlossen im Kühlschrank aufbewahrt werden. 30 Minuten vor der Weiterverarbeitung aus dem Kühlschrank nehmen.)
3. Den Teig noch einmal 1 Minute durchkneten. In 8 gleiche Teile zerteilen und diese zu Kugeln formen.
4. Jeweils eine Kugel auf das Nudelbrett legen, mit reichlich Mehl bestäuben und zu einem Kreis mit 25 cm Durchmesser ausrollen. (Die übrigen Teigkugeln gut abdecken, damit sie nicht austrocknen.) Mit einem Plätzchenstecher von zirka 5 cm Durchmesser runde Kräcker ausstechen. Mit einem scharfen Messer 4—6 kurze Einschnitte in die Mitte der Kräcker machen, damit sie während des Backens nicht zu sehr aufgehen. Mit dem restlichen Teig ebenso verfahren. Aus den Teigresten je nach Fantasie Formen machen und diese ebenfalls backen.
5. Öl in einem Kadhai oder in einer Friteuse erhitzen.
6. 6—8 Kräcker auf einmal einlegen. Die Kräcker sinken erst zu Boden und steigen dann zischend an die Oberfläche. Öfters wenden und etwa 3 Minuten ausbacken. Nicht zu dunkel werden lassen. Die Kräcker sollten so blaß wie möglich aussehen.
7. Mit einem Schaumlöffel herausnehmen und zum Abtropfen auf Küchenpapier legen. Mit den übrigen Kräckern

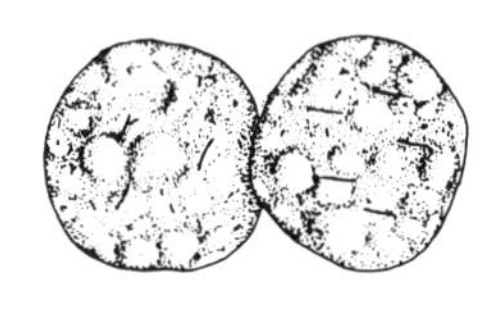

Ausgebackene Matthi

ebenso verfahren. Abkühlen lassen und in luftdichten Behältern aufbewahren. So halten sie sich 8—10 Wochen frisch.

Matthi sind Appetithappen, wenn danach eine reichliche Speisefolge angesetzt ist. Sie empfehlen sich auch dann, wenn die übrigen Gerichte recht zeitaufwendig sind. Auch zum nachmittäglichen Tee schmecken sie vorzüglich.

Kräcker mit Bockshornkleeblättern

(Kasoori Mathari)

Wegen ihres wunderbaren Duftes und leicht bitteren Geschmacks werden Bockshornkleeblätter (Methi) oft zur geschmacklichen Abrundung von Linsen- und Gemüsegerichten und häufig auch für Brot verwendet. In den nördlichen Regionen Indiens gelten sie als Delikatesse. Diese Kräcker können entweder im Fett schwimmend herausgebacken oder auf konventionelle Art im Backofen gebacken werden, wie es heute in Indien üblich ist.

Für 6—7 Dutzend

4 EL getrocknete Bockshornkleeblätter (Kasoori Methi)
375 g ungesiebtes Mehl
1 TL Salz
4 EL gut gekühlte Butter, in kleine Würfel geschnitten
4 EL gut gekühltes Pflanzenfett
1/8 l kaltes Wasser
50 g Mehl zum Bestäuben

1. Die Bockshornkleeblätter mit den Fingerspitzen in eine große Schüssel zerbröseln, Mehl und Salz zugeben und gut vermischen. Butter und Fett hinzufügen und mit den Fingerspitzen so lange durcharbeiten, bis keine Fettklümpchen mehr zu sehen sind.
2. Das kalte Wasser eßlöffelweise zugießen und einarbei-

ten. Den Teig auf eine Marmorplatte oder ein bemehltes Nudelbrett legen und 1 Minute lang zu einem glatten, weichen Teig durchkneten. Wenn Sie den Teig zu lange kneten, läßt er sich nicht mehr gut ausrollen. (Der Teig kann im voraus zubereitet und bis zu 6 Stunden im Kühlschrank aufbewahrt werden. 15 Minuten vor dem Ausrollen aus dem Kühlschrank nehmen. Wenn Sie den Teig jedoch innerhalb einer Stunde weiterverarbeiten, brauchen Sie ihn für diese Zeit nicht im Kühlschrank kühl stellen.)
Die Zubereitung in der Küchenmaschine: Die Bockshornkleeblätter mit dem Schneidezusatz grobpulverig mahlen (Einschaltzeit etwa 10 Sekunden). Mehl und Salz zugeben und alles gut vermischen. Butter und Fett hinzufügen und unter mehrmaligem An- und Abschalten der Maschine einarbeiten, bis die Butter zu Reiskorngröße zerkleinert ist (etwa 10 Sekunden). Kaltes Wasser zugießen und die Maschine laufen lassen, bis sich eine Teigkugel gebildet hat. Den Teig herausnehmen und zu einer glatten, runden Kugel formen.
3. Den Ofen auf 190° C vorheizen. Zwei Backbleche mit Alufolie auslegen.
4. Den Teig in vier gleiche Teile teilen und jeweils zu einer Kugel formen. Diese einzeln auf dem Backbrett weiterverarbeiten. (Die anderen Teigstücke einstweilen mit Küchenfolie oder einem feuchten Handtuch abdecken, damit sie nicht austrocknen.) Leicht bestäuben und zu einem etwa 25 cm großen Kreis ausrollen. Mit einem Ausstecher (rund, etwa 4 cm im Durchmesser oder beliebige andere Formen) Kräcker ausstechen und diese mit einer Gabel oder einem Zahnstocher mehrmals an der Oberfläche einstechen, damit sie während des Backens nicht aufgehen. Teigreste aufheben. Mit den übrigen Teigstücken ebenso verfahren. Die Teigreste zusammenkneten, ausrollen und ebenfalls Kräcker ausstechen, solange, bis Ihr vorbereiteter Teig aufgebraucht ist.
5. Die Kräcker so auf die Backbleche legen, daß ein Zentimeter Abstand dazwischen bleibt. Auf dem mittleren Einschub im Backofen etwa 10 Minuten backen, bis auf der Unterseite braune Flecken erscheinen. Mit einem Metall-

spatel oder einer Küchenzange vorsichtig umdrehen und weitere 5 Minuten backen, bis die Kräcker an den Rändern leicht braun werden.

6. Die Kräcker auf ein Kuchengitter legen, gut abkühlen lassen und dann in luftdicht verschließbare Behälter abfüllen. Sie sollten 2—3 Tage ruhen, damit sich das Aroma des Bockshornklees voll entfalten kann.

Suppen

Gewürzte Linsensuppe (Mysore Rasam)
Limonensuppe aus Hyderabad (Hyderabadi Gosht Shorva)
Mulligatawny Suppe (Mullagatanni)
Spinatcremesuppe (Palak ka Shorva)
Gurkensuppe mit Mungobohnen (Kheera Dal Shorva)

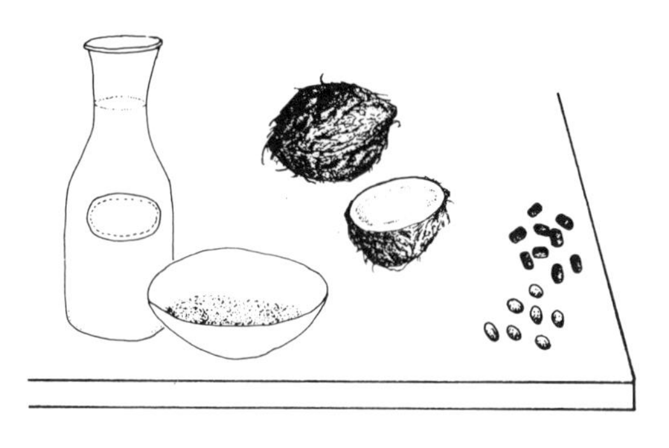

Gewürzte Linsensuppe

(Mysore Rasam)

Rasam ist ein Sanskritwort und bedeutet soviel wie Brühe. Diese Linsensuppe kommt aus dem Süden Indiens und wird entweder mit Reis vermischt aus Schüsseln gegessen oder (ohne Reis) aus Tassen getrunken. Statt Linsen können Sie auch gelbe Erbsen nehmen.
Den wirklich authentischen Geschmack bekommen Sie nur, wenn Sie Tamarinde verwenden. Tomaten sind ein guter Ersatz, verändern aber den Geschmack des Gerichts.

Für 8 Personen

2 Tassen gelbe Linsen (Toovar Dal)
1 TL Kurkuma
750 g frische, reife Tomaten, gewürfelt, oder 600 g Tomaten aus der Dose, kleingeschnitten
2 TL Knoblauch, feingehackt
1 walnußgroße Kugel Tamarindenfruchtfleisch
1 EL gemahlener Koriander
1 TL gemahlener Kreuzkümmel
je ¼ TL Cayenne- und schwarzer Pfeffer
1 TL Melasse oder Zucker
½ EL Salz
2 EL Usli Ghee (S. 52) oder leichtes Pflanzenöl
¾ TL schwarze Senfkörner
⅛ TL gemahlener Asant
2 EL feingehackte, frische Korianderblätter

1. Linsen verlesen, säubern und waschen (siehe Anleitung auf Seite 249).
2. In einem 3-Liter-Kochtopf mit 1 Liter kaltem Wasser und Kurkuma bei mittlerer Hitze zum Kochen bringen. Wärmezufuhr drosseln und Linsen in etwa 35 Minuten weichkochen. Gelegentlich umrühren, damit nichts anbrennt. Beiseite stellen.
3. Während die Linsen garen, Tomaten und Knoblauch mit ⅛ l kaltem Wasser mit dem Pürierstab oder in der Küchenmaschine pürieren.
4. Das Tamarindenfruchtfleisch in eine kleine Schüssel geben, etwas kochendes Wasser zugießen und 15 Minuten weichen lassen. Das Fruchtfleisch mit den Fingern oder einem Löffel in der Flüssigkeit zerdrücken. Flüssigkeit durch ein Sieb in eine kleine Schüssel gießen. Dabei soviel Saft wie möglich aus dem Fruchtfleisch herauspressen. Das ausgepreßte Fruchtfleisch wegwerfen.
5. Die Linsen mit dem Pürierstab oder in der Küchenmaschine pürieren und wieder in den Topf zurückgeben. Mit dem Schneebesen ¾ l heißes Wasser unterschlagen. 15 Minuten ruhen lassen. Die Brühe, die sich über dem Püree gesammelt hat, in eine Schüssel gießen. Es sollte gut 1 Liter Brühe vorhanden sein. Ist dies nicht der Fall, fügen Sie

soviel Wasser zu, bis diese Menge erreicht ist. Das Püree eventuell für Linseneintopf oder als Beilage verwenden.
6. Die Linsenbrühe in einen Topf geben, Tomatenpüree, Tamarindensaft, Koriander, Kreuzkümmel, Cayenne- und schwarzer Pfeffer, Melasse oder Zucker und Salz zugeben. Bei mittlerer Hitze zum Kochen bringen. Hitze reduzieren und 15 Minuten leise köcheln lassen.
7. Die geklärte Butter (Usli Ghee) in einer kleinen Pfanne erhitzen. Wenn die Butter sehr heiß ist, Senfkörner zugeben. Halten Sie einen Deckel bereit, denn die Körner springen beim Heißwerden. Nach etwa 5 Sekunden Asant zugeben. Dann sofort die Hitze reduzieren und die Butter mit den Gewürzen über die Linsenbrühe gießen. Verrühren, Topf zudecken und die Brühe etwa 5 Minuten ziehen lassen. Vor dem Servieren auf kleiner Flamme erhitzen. Abschmecken und die Korianderblätter einrühren. Sehr heiß servieren.

Anmerkung: Diese Suppe ist in ihrer klassischen Form eine klare Brühe oder eine indische Consommé. Es macht jedoch nichts, wenn ein bißchen Linsen- oder Tomatenpüree hineingerät. Das Püree sinkt zu Boden, also rühren Sie vor dem Servieren um, damit es sich gleichmäßig verteilt. Als Consommé wird diese Brühe immer in einer Tasse mit Untertasse serviert. Sie schmeckt besonders gut an kalten Wintertagen.

Wenn Sie nach dieser Suppe bei Ihrer Menüplanung auch weiterhin bei südindischen Spezialitäten bleiben wollen, empfehle ich Rosenkohl und grüne Bohnen in Linsenpüree (S. 210) oder Vendaloo (S. 155).

Limonensuppe aus Hyderabad
(Hyderabadi Gosht Shorva)

Diese klassische indische Suppe gibt es in verschiedenen Versionen. Sie stammt aus Hyderabad, einer Stadt im südlichen Andra Pradesh.
Ich persönlich schätze diese Suppe in ihrer leichten ursprünglichen Form. Wenn Sie es gerne etwas herzhafter mögen, können Sie gekochtes Lamm- oder Hühnerfleisch oder gekochten Reis zugeben.

Für 8 Personen

1 dünne Zimtstange, etwa 8 cm lang, in 2—3 Stücke gebrochen
6 ganze Nelken
3 grüne Kardamomkapseln
1 TL schwarze Pfefferkörner
4 EL geklärte Butter (Usli Ghee, S. 52) oder leichtes Pflanzenöl
2 mittelgroße Zwiebeln, geschält und kleingehackt
5 mittelgroße Kartoffeln, geschält und in 2 cm große Würfel geschnitten
¼ TL Kurkuma
1½ l hausgemachte Fleischbrühe (S. 46) oder Gemüsebrühe (S. 47) oder Hühnerbrühe aus der Dose
4 EL frische Korianderblätter (oder 2 EL getrocknete)
knapp ¼ l Kokosmilch (S. 49) oder Mandelmilch (S. 357) oder Vollmilch
⅛ l Crème fraîche
Saft einer Limone oder Zitrone
Salz nach Geschmack

1. Zimt, Nelken, Kardamom und schwarzen Peffer in ein Stück Gaze legen und dieses zu einem Säckchen zusammenbinden. Mit einem Fleischklopfer die Gewürze zerstoßen.
2. Die geklärte Butter in einem hohen Topf zerlassen. Zwiebeln und Kartoffeln zugeben und etwa 10 Minuten unter häufigem Rühren anschmoren. Kurkuma, Brühe und das Gewürzsäckchen zugeben und zum Kochen bringen. Hitze reduzieren und zugedeckt auf kleiner Flamme kochen, bis die Kartoffeln gar sind (etwa 35 Minuten). Vom Herd neh-

men, die Korianderblätter einrühren und mit Salz abschmecken.
3. Suppe abkühlen lassen, das Gewürzsäckchen herausnehmen (dabei die Flüssigkeit herauspressen) und wegwerfen. Die Suppe pürieren. (Bis hierher kann die Suppe vorbereitet und bis zu 3 Tage im Kühlschrank aufbewahrt werden.)
4. Suppe erhitzen, Kokosmilch (oder Mandel- oder Vollmilch) und Crème fraîche zugeben und weiter köcheln lassen. Mit Salz und Limonen- oder Zitronensaft abschmekken und in vorgewärmten Suppenschüsseln servieren.

Anmerkung: Diese Suppe soll cremig und dickflüssig sein. Sollte sie zu dick geraten sein, kann sie mit Wasser oder Brühe zur gewünschten Konsistenz verdünnt werden.

Diese köstliche Suppe schmeckt mit jedem Löffel besser und Sie sollten sich diesen Geschmack nicht mit einem allzu starken Kontrast verleiden. Ich rate zu einem ebenso feinen Hauptgericht, beispielsweise zu Königlichem geschmortem Lamm (S. 138), Lammpilaw (S. 148) oder Hackfleisch mit Kartoffeln in weißer Sauce (S. 127).

Mulligatawnysuppe

(Mullagatanni)

Im Gegenteil zu ihrem Namen (mullaga heißt Pfeffer und tanni Wasser oder Brühe) schmeckt diese Suppe nicht scharf. Ihr genauer Usprung ist nicht ganz geklärt — man weiß nur, daß südindische Köche sie für ihre englischen Herrschaften kreiert haben. Im Laufe der Zeit haben sich manche Zutaten verändert, so daß es heute unzählig viele Varianten gibt. Sie können Mulligatawny entweder mit einer selbst hergestellten Gewürzmischung oder mit gekauftem Currypulver zubereiten.

Für 8 Personen

800 g kleingeschnittenes Gemüse (Zwiebeln, Karotten, Sellerie, Rüben, Pilze usw.)
1½ l hausgemachte Fleischbrühe (S. 46) oder Gemüsebrühe (S. 47) oder Hühnerbrühe aus der Dose

1 TL feingehackter Knoblauch
1 Zweig frische Korianderblätter (oder ersatzweise 1 EL trockene Korianderblätter
¼ TL schwarzer Pfeffer
2 EL Usli Ghee (S. 52) oder leichtes Pflanzenöl
1 kleine Zwiebel, feingehackt
4 TL Currypulver
3 EL Mehl
⅛ l Crème fraîche, besser dicke süße Sahne
Salz
2 EL feingehackte, frische Korianderblätter (oder 1 EL getrocknete Korianderblätter)

1. Gemüse mit Brühe, Knoblauch, Koriander und schwarzem Pfeffer in einem schweren 3-Liter-Topf auf mittlerer Flamme zum Kochen bringen. Die Hitze reduzieren und das Gemüse zugedeckt in etwa 45 Minuten weichgaren.
2. Leicht abkühlen lassen, dann mit dem Mixer pürieren. Anschließend durch ein feines Sieb drücken. Die Suppe wieder in den Topf gießen und leise köcheln lassen.
3. Währenddessen die Zwiebeln in der zerlassenen geklärten Butter etwa 10 Minuten hellbraun rösten. Dabei ständig rühren. Currypulver und Mehl zugeben und unter Rühren eine Minute anrösten. Diese Mischung unter ständigem Rühren in die schwach köchelnde Suppe geben. Köcheln lassen, bis die Suppe andickt (etwa 2 Minuten).
4. Vor dem Servieren Crème fraîche oder süße Sahne, Salz und Korianderblätter zugeben und gut erhitzen. Heiß in Suppenschüsseln servieren.

Zu dieser Delikatesse paßt fast jedes Hauptgericht. Wenn Sie aber Wert auf Kontrast in punkto Farbe und Geschmack legen, schlage ich Lammlende in Joghurt-Kardamom-Sauce (S. 133), Huhn in Joghurt-Sauce (S. 163) oder Geschmortes Gemüse in Kardamom-Mandel-Sauce (S. 205) vor.

Spinatcremesuppe

(Palak Shorva)

Die Eigenart dieser Suppe ergibt sich aus der Zugabe von gekochtem Reis. Statt Reis können Sie aber auch Reismehl (etwa 2—3 EL) nehmen und 5 Minuten mitkochen.

Für 8 Personen

4 EL Usli Ghee (S. 52) oder leichtes Pflanzenöl
2 mittelgroße Zwiebeln, in dünne Ringe geschnitten
1 TL feingehackter Knoblauch
1 TL gemahlener Kreuzkümmel
je ¼ TL gemahlene Nelken, Muskatnuß und schwarzer Pfeffer
1 l hausgemachte Fleischbrühe (S. 46) oder Gemüsebrühe (S. 47) oder Hühnerbrühe aus der Dose oder 4 in 1 l Wasser aufgelöste Bouillonwürfel
1 Tasse gekochter Reis
½ Rezept gekochter Spinat (Obla Saag, S. 243)
¼ l Milch
Salz
1/16 l Crème fraîche
Saft einer halben Zitrone
½ Zitrone, in dünne Scheiben geschnitten

1. Die geklärte Butter (Usli Ghee, S. 52) in einer kleinen Pfanne erhitzen und die Zwiebeln und den Knoblauch unter Rühren in etwa 5 Minuten goldgelb anrösten. Nicht zu braun werden lassen. Kreuzkümmel zugeben. 15 Sekunden rühren, dann Nelken, Muskatnuß und schwarzen Pfeffer zufügen. Vom Herd nehmen.
2. ¼ l Brühe mit dem Reis, der Zwiebelmischung und dem Spinat mit dem Pürierstab oder in der Küchenmaschine pürieren. Bei Bedarf noch etwas Brühe zugeben.
3. Das Gemüsepüree in einen 3-Liter-Topf geben, restliche Brühe und Milch zugeben und nach Geschmack salzen.
4. Vor dem Servieren Crème fraîche zugeben und gut erhitzen. In Suppenschüsseln servieren und mit Zitronensaft

beträufeln. Mit Zitronenscheiben und etwas schwarzem Pfeffer garnieren.

Anmerkung: Die Suppe muß dick sein. Wenn Sie die Suppe dünner mögen, geben Sie etwas Brühe oder Wasser zu, aber nicht zuviel, da sich sonst der Spinat und der Reis voneinander absetzen.

Diese einfache Suppe ist sehr sättigend und sollte deshalb von einem leichten Hauptgericht wie Lammkroketten oder gebratenem Fisch ergänzt werden. Ebensogut können Sie jedoch auch das Hauptgericht weglassen und die Suppe mit Brot als Hauptmahlzeit anbieten.

Gurkensuppe mit Mungobohnen

(Kheera Dal Shorva)

Der interessante Geschmack dieser Suppe kommt von Gurken und Zwiebeln. Wenn Sie diesen Geschmack nicht mögen, nehmen Sie statt der Zwiebeln Kartoffeln.

Für 8 Personen

8 EL gelbe halbe Mungobohnen (Moong Dal)
1/8 TL Kurkuma
1 große Kartoffel, gerieben
1 mittelgroße Zwiebel, in dünne Scheiben geschnitten
etwa 2 Gurken, geraspelt
1 TL Salz
4 EL Usli Ghee (S. 52) oder leichtes Pflanzenöl
3/4 TL Kreuzkümmel
1/4 TL schwarzer Pfeffer
Saft einer halben Zitrone
2 EL feingehackte, frische Korianderblätter

1. Mungobohnen nach Anleitung auf S. 249 verlesen und waschen.
2. Bohnen in einem 3-Liter-Topf mit Kurkuma und 3/4 l kaltem Wasser zum Kochen bringen. Nach dem Aufkochen

die Hitze reduzieren und die Bohnen in etwa 30 Minuten halb zugedeckt garen. Dabei gelegentlich umrühren, damit nichts anbrennt. Vom Herd nehmen.
3. Bohnen grob pürieren. So viel Wasser zugeben, daß 1¼ l Flüssigkeit entstehen.
4. Kartoffeln, Zwiebeln, Gurken und Salz zugeben und bei mittlerer Hitze zum Kochen bringen. Hitze reduzieren und das Gemüse in etwa 5 Minuten weichkochen (nicht zerkochen!).
5. Während die Suppe köchelt, die geklärte Butter in einer kleinen Pfanne erhitzen. Kreuzkümmel und schwarzen Pfeffer 5 Sekunden lang anrösten, bis der Kreuzkümmel dunkelbraun wird. Die so gewürzte Butter samt den Gewürzen über die Suppe gießen. Zitronensaft und gehackten Koriander zugeben und gut durchmischen. Nach Geschmack mit Salz abschmecken und heiß, mit einigen Korianderblättern bestreut, servieren.

Anmerkung: Diese Suppe soll eine dicke Konsistenz haben. Wenn Sie sie lieber dünner mögen, können Sie etwas Wasser oder Brühe zugeben. Verdünnen Sie jedoch nicht zu sehr, da sich Bohnenpüree und Gemüse voneinander trennen, was nicht appetitlich aussieht.

Diese Suppe ersetzt eine komplette Hauptmahlzeit. Ergänzen Sie sie mit einem Pilaw und Joghurtsalaten. Besonders eignet sich Hühner-Pilaw (S. 176) oder eine Königliche Gemüse-Reis-Kasserolle (S. 292).

Hauptgerichte

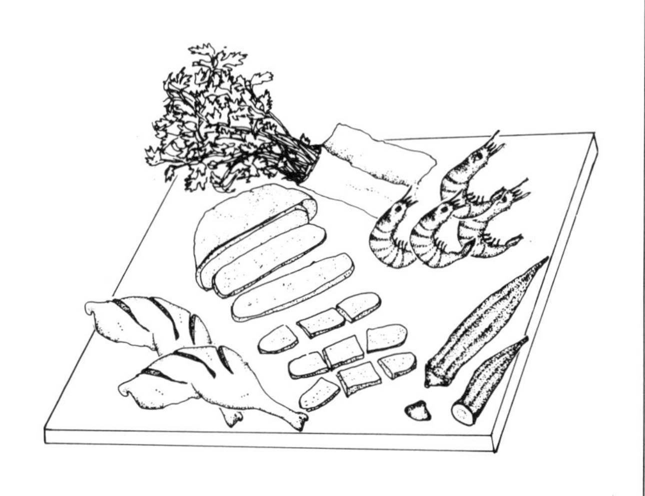

Fleisch

Gebratenes würziges Hackfleisch (Sookha Keema)
Hackfleisch mit Kartoffeln in weißer Sauce (Safaid Keema)
Rinderhack in Cashewnuß-Sauce (Keema Matar)
Lamm in aromatischer Rahm-Sauce (Rogani Gosht)
Lammcurry mit Zwiebeln (Gosht Do-piaza)
Lammlende in Joghurt-Kardamom-Sauce (Khara Pasanda)
Fleischcurry (Gosht Kari)
Rindfleisch in würziger Tomaten-Sauce (Masala Gosht)
Königliches geschmortes Lamm (Shahi Korma)
Lamm in Knoblauchrahm-Sauce (Rogan Josh)
Rindfleisch in würziger Spinat-Sauce (Saag Gosht)
Gegrilltes Lamm mit Minze (Bhona Gosht)
Königliche Lammkeule mit Safran-Rosinen-Sauce (Shahi Raan)
Lamm-Pilaw aus Lammbratenresten (Gosht Pullao)
Lamm-Pilaw (Mughalai Pullao)
Kaiserlicher Safran-Pilaw mit Lammfleisch (Shahjahani Biriyani)
Kohlrouladen mit Ingwer-Zitronen-Sauce (Keema Bhare Bandh Gobhi)
Lammkroketten in Kartoffelhülle (Gosht Tikka)
Scharfes Schweinefleischcurry (Vendaloo)

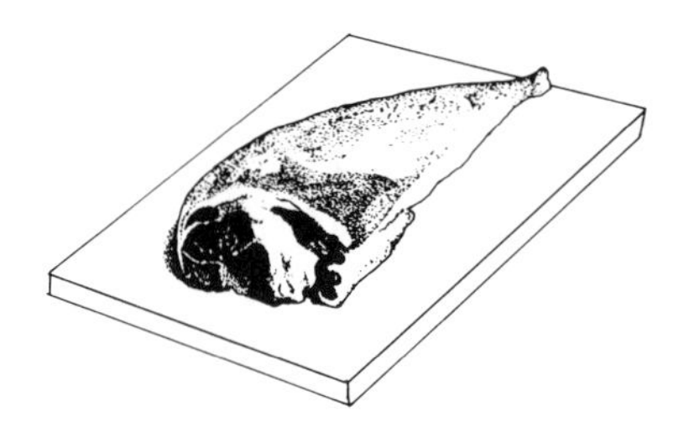

Am häufigsten ißt man in Indien Ziegenfleisch, das man Bakara Ka Gosht oder kurz Gosht nennt. In Kaschmir, wo es das kühlere Klima erlaubt, züchtet man auch Schafe (Katch maanz/gosht).
Lammfleisch, das dem in Indien erhältlichen am nächsten kommt, ist das vom jungen Tier (zwischen fünf Monaten und einem Jahr alt). Es ist rosa, riecht nicht scharf und schmeckt sehr mild. Ziegenfleisch ist in unseren Breiten immer noch sehr selten zu finden. Am ehesten haben Sie in Großstädten mit einem hohen Ausländeranteil (Inder, Italiener, Griechen) Glück. Vielleicht kann Ihnen Ihr Metzger bei der Beschaffung helfen.
Beim Lammfleisch ist die Keule am unkompliziertesten zu handhaben. Sie hat fast keine Knorpel und läßt sich leicht auslösen. Da es sich außerdem um ein großes Stück Fleisch handelt, kann man sie sehr vielseitig in der Küche verwenden.
Indische Köche entfernen sorgfälltig jedes Stück Fett vom Lammfleisch, da man in Indien den etwas strengen Geruch des Lammfetts, der sich durch das Braten oder Schmoren noch verstärkt, nicht mag.
Wie man eine Lammkeule fachgerecht auslöst, sehen Sie auf Seite 125. Aus den Knochen können Sie Fleischbrühe machen.
Haben Sie den Knochen ausgelöst, kann das Fleisch je nach Rezept weiterverarbeitet werden, also entweder zu einem Rollbraten zusammengebunden, zum Grillen flachgeklopft, in Stücke geschnitten oder durch den Fleischwolf gedreht werden.

Tips zum Braten von Lamm:

Lammfleisch ist sehr saftig und hat eine sehr lockere Gewebestruktur. Damit es schön braun wird, sollten Sie folgendes beachten:

- Die Fleischstücke müssen ganz trocken sein.
- Das Fett oder das Öl muß sehr heiß sein, wenn Sie das Fleisch einlegen. Dadurch schließen sich die Poren und das Fleisch bräunt rasch an.

- Die Pfanne sollte groß genug sein, um das Fleisch in einer Lage aufnehmen zu können. Ansonsten wird das Fleisch eher gedünstet. Große Mengen Fleisch sollten Sie in mehrere Portionen braten.

In den meisten Rezepten können Sie Lammfleisch durch Rindfleisch ersetzen. Beachten Sie jedoch dabei, daß auch das magerste Rindfleisch von Fettstreifen durchzogen ist. Deshalb schwimmt auf den Rindfleischgerichten oft eine Fettschicht. Dies stellt in Indien ein Zeichen besonderen Wohlstands dar, und man imponiert seinen Gästen damit. Bei uns ist man eher geneigt, solche Fettschichten aus Rücksicht auf die schlanke Linie sorgfältig abzuschöpfen.
Das sollte Sie jedoch nicht dazu verführen, schon beim Anbraten an Fett zu sparen, um später dieses Fett nicht entfernen zu müssen. Die angegebene Butterfett- oder Ölmenge ist das Minimum, das zum Gelingen des Gerichts notwendig ist. Außerdem sollten Sie geklärte Butter niemals durch Schmalz oder Talg ersetzen.

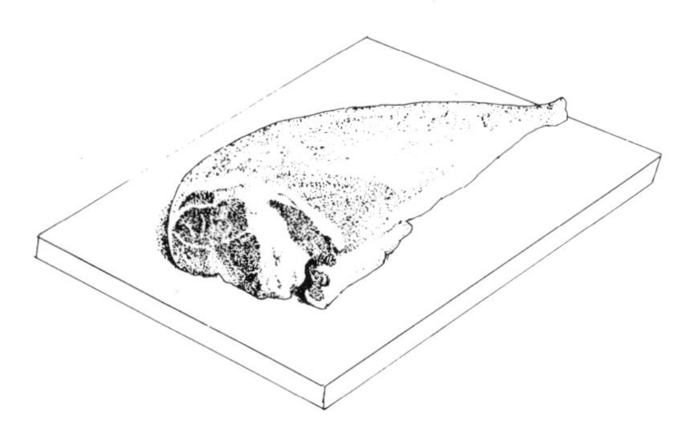

Lammkeule

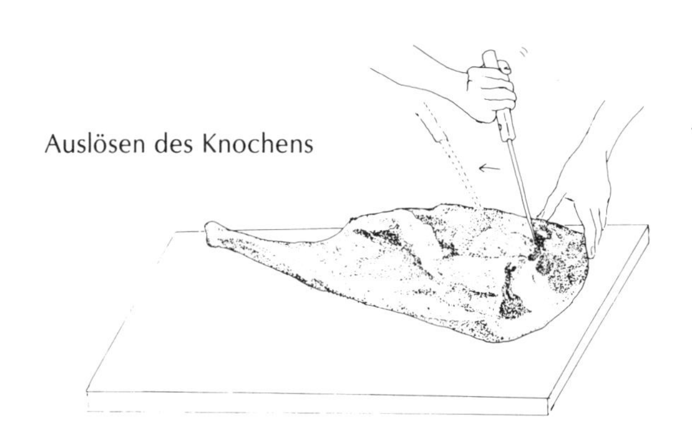
Auslösen des Knochens

Die ausgelöste Lammkeule

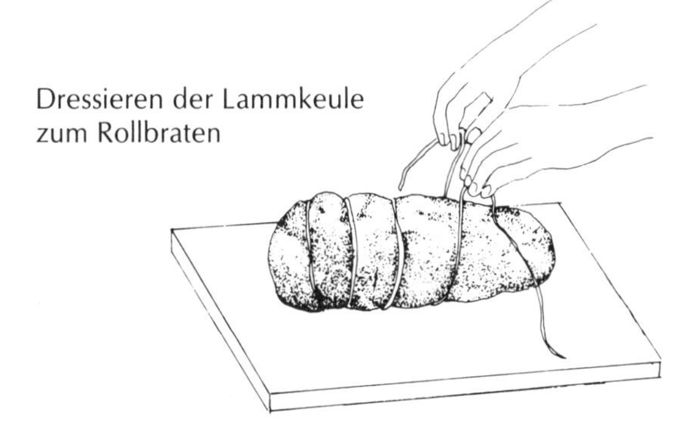
Dressieren der Lammkeule
zum Rollbraten

Gebratenes würziges Hackfleisch
(Sookha Keema)

Bei diesem Hackfleischgericht sind dem Einfallsreichtum des Kochs keine Grenzen gesetzt. Es kann ebenso als Hauptgericht serviert werden, wie es sich ideal als Beilage zu Brot und Gemüse oder als Fülle für Samosas eignet.

Für 4—6 Personen

2 EL leichtes Pflanzenöl
1 mittelgroße Zwiebel, feingehackt
4 TL feingehackter Knoblauch
1 1/2 EL feingehackte, frische Ingwerwurzel
2 grüne Chilischoten, entkernt und kleingeschnitten
450 g mageres Lamm- oder Rinderhack
1/4 TL Kurkuma
3/4 TL Salz
2 TL Garam Masala (S. 42)
2 TL Zitronensaft
2 EL feingehackte, frische Korianderblätter (oder 1 EL getrocknete Korianderblätter)

1. Öl in einer großen Pfanne erhitzen und die Zwiebeln bei mittlerer Hitze etwa 10 Minuten unter ständigem Rühren gleichmäßig braun anrösten.
2. Knoblauch, Ingwer und Chilischoten zugeben und weitere zwei Minuten schmoren lassen. Lamm- oder Rinderhack hinzufügen und anbräunen. Mit Kurkuma und Salz würzen, kurz umrühren und mit 4 EL Wasser ablöschen. Die Wärme reduzieren, den Topf zudecken und das Fleisch in 25 Minuten gut durchschmoren lassen. Dabei öfter umrühren, damit nichts anbrennt. Es darf keine Feuchtigkeit mehr im Topf sein. Vom Herd nehmen und Garam Masala, Zitronensaft und Korianderblätter unterrühren.

Anmerkung: Das fertig geschmorte Hackfleisch sieht fürs Auge manchmal nicht sehr einladend aus; deshalb zerstampfe ich die gröberen Klümpchen mit einem Kartoffelstampfer und bekomme so ein ansprechenderes Ergebnis. Diese Arbeit steht Ihnen ohnehin bevor, wenn Sie das

Hackfleisch zur Weiterverarbeitung in Teigtaschen (Keema Samosa) verwenden wollen.

Zu Sookha Keema wird selbstgebackenes Brot gereicht. Da sowohl das Brot wie auch das Hackfleisch ohne Sauce auf den Tisch kommen, sollte in der Speisenfolge ein »feuchtes« Gemüse nicht fehlen. Auch Hülsenfrüchte passen gut dazu oder zur Abrundung ein kühler Joghurtsalat oder ein Zwiebel-Chutney.

Hackfleisch mit Kartoffeln in weißer Sauce

(Safaid Keema)

Keema bedeutet Hackfleisch. Entweder wird es mit einer weißen Sauce aus Joghurt und Kartoffeln aufgetragen oder in einer roten und würzigen Sauce, die Tomaten, grüne Erbsen, frische Korianderblätter, Kardamom, Zimt und Nelken enthalten kann.

Für 8 Personen

5 EL leichtes Pflanzenöl
4 mittelgroße Zwiebeln, feingehackt
1 EL feingehackter Knoblauch
2 EL feingehackte, frische Ingwerwurzel
700 g mageres Rind- oder Lammhackfleisch
4 mittelgroße Kartoffeln, geschält und halbiert
1¼ TL schwarzer Kreuzkümmel oder 1 TL gemahlener, gerösteter Kreuzkümmel (S. 66)
⅓ TL gemahlene Nelken
1 TL gemahlener Kardamom
½ TL gemahlener Zimt
⅓ TL schwarzer oder Cayennepfeffer
1 Becher einfacher Joghurt
⅛ l Milch
1 TL Salz

1. Öl in einer großen Pfanne erhitzen und die Zwiebeln darin 15 Minuten unter ständigem Rühren goldgelb anbraten. Nicht zu braun werden lassen.

2. Knoblauch und Ingwer einrühren und 2 Minuten mitschmoren. Hackfleisch zugeben und anbräunen. Alle übrigen Zutaten bis auf den Kreuzkümmel (wenn Sie ihn verwenden) beifügen, kurz umrühren und 3/8 l heißes Wasser zugießen. Aufkochen lassen, die Wärmezufuhr drosseln und zugedeckt 35—45 Minuten köcheln lassen. Ab und zu vorsichtig umrühren. Vom Herd nehmen. Wenn Sie Kreuzkümmel verwenden, diesen jetzt unterrühren. Abschmekken und servieren.

Anmerkung: Dieses Gericht kann bis zu zwei Tage im voraus gekocht und im Kühlschrank aufbewahrt werden. Der Geschmack wird dadurch noch besser. Es läßt sich auch sehr gut einfrieren, jedoch sollten Sie es vor dem Erhitzen erst ganz auftauen lassen. Bei Bedarf dann noch etwas dikke Sahne oder Milch zugießen. Keema wird meist zu Brot gereicht. Probieren Sie es einmal zu Vollkornfladenbrot (S. 301) oder Phulka (S. 304). Dazu paßt auch ein Gemüsegericht oder ein Joghurtsalat.

Rinderhack in Cashewnuß-Sauce

(Keema Matar)

Nußbutter gibt der Sauce dieses Gerichts ein pikantes Aroma und dickt sie gleichzeitig zu samtiger Konsistenz an. Lassen Sie sich nicht dazu verleiten, die Menge der angegebenen Nußbutter zu erhöhen — Sie überdecken damit den Geschmack der anderen Aromen. (Nußbutter erhalten Sie in Reformhäusern. Wenn Sie sie selbst herstellen wollen, halten Sie sich an die Anleitung am Ende dieses Rezepts.)

Für 8 Personen

4 EL leichtes Pflanzenöl
3 mittelgroße Zwiebeln, feingehackt
2 TL feingehackter Knoblauch
1 EL feingehackte, frische Ingwerwurzel
1 TL gemahlener Kreuzkümmel
2 TL gemahlener Koriander
1 TL Kurkuma
½ TL Cayennepfeffer (oder nach Geschmack)
2 Lorbeerblätter
900 g mageres Rinder- oder Lammhack
1 TL Salz
3 frische Tomaten, gewürfelt
3 EL Cashewnußbutter oder 4 EL gemahlene, geröstete Cashewnüsse
1 500-g-Dose Kichererbsen samt Flüssigkeit
2 TL Garam Masala (S. 42) oder gemahlener, gerösteter Kreuzkümmel (S. 66)

Zum Garnieren:
1 mittelgroße Zwiebel, geschält und in dünne Ringe geschnitten
1 grüne Chilischote, in feine Streifen geschnitten
1 mittelgroße Tomate, in Schnitze zerteilt

1. Öl in einer großen Pfanne erhitzen und Zwiebeln darin bei mittlerer Hitze hellbraun anrösten (etwa 25 Minuten). Dabei ständig rühren, damit sie gleichmäßig bräunen und nicht verbrennen.
2. Knoblauch und Ingwer zwei weitere Minuten mitrösten. Kreuzkümmel, Koriander, Kurkuma, Cayennepfeffer und

Lorbeerblätter zugeben und anbraten. Dann Hackfleisch zugeben und anbräunen. Salz, Tomaten, Nußbutter und Kichererbsen samt Dosenflüssigkeit beigeben und alles zum Kochen bringen. Wärmezufuhr drosseln und alles gut durchkochen lassen. Dabei oft umrühren, damit die Sauce nicht anbrennt. Vom Herd nehmen und Garam Masala einrühren. Abschmecken. In einer vorgewärmten Servierschüssel auf den Tisch bringen. Nach Wunsch mit Zwiebeln, Chilis und Tomatenstücken garnieren.

Nußbutter:
Eine Tasse ungesalzener gerösteter Nüsse in der Küchenmaschine so lange zerkleinern, bis eine dicke Paste entsteht. Die Maschine zwischendurch immer wieder abschalten und mit einem Gummispatel die Nußmasse von den Wänden des Mixaufsatzes zu den Messern zurückschieben. 1½ EL Walnuß- oder anderes helles Pflanzenöl zugeben und mit der Maschine einarbeiten.
Dieses Keema ist ideal für Picknicks oder ein sonntägliches Brunch. Dazu kann man Joghurtsalat, selbstgebackenes Brot und ein Chutney reichen.

Lamm in aromatischer Rahm-Sauce
(Rogani Gosht)

Ein kulinarischer Höhepunkt der Mogulenküche ist Lamm in aromatischer Rahm-Sauce — und dabei einfach und schnell zuzubereiten: Die Zutaten kommen alle zusammen in einen Topf und schmoren langsam gar.

Für 6—8 Personen

1 Becher einfacher Joghurt
2 mittelgroße Zwiebeln, geschält und geviertelt
1½ EL gehackte, frische Ingwerwurzel
2 EL blanchierte Mandeln, gestiftelt
2 EL gemahlener Koriander
2½ TL gemahlener Kardamom
1 TL schwarzer Pfeffer
½ EL Salz
¼ l Crème fraîche, besser dicke süße Sahne
900 g Lammfleisch ohne Knochen, in Würfel geschnitten
3—4 mittelgroße Kartoffeln, geschält und geviertelt
etwa 4 EL Milch (nach Bedarf)

1. Joghurt, Zwiebeln, Ingwer und Mandeln in der Küchenmaschine fein pürieren (bei Bedarf etwas Crème fraîche bzw. dicke Sahne zugeben).
2. Das Püree mit Koriander, Kardamom, schwarzem Pfeffer, Salz, Crème fraîche und Fleisch in einen großen Topf (möglichst mit nichthaftendem Boden) geben. Zum Kochen bringen, dann die Wärmezufuhr drosseln und auf kleiner Flamme zugedeckt 1¾ Stunden kochen. Kartoffeln zugeben und weiterschmoren, bis alles gar ist (in etwa 40 Minuten). Öfters vorsichtig umrühren, damit nichts anbrennt.
3. Mit Salz nachwürzen, falls nötig, und servieren.

Anmerkung: Dieses Gericht gewinnt an Geschmack, wenn Sie es bereits einige Stunden vor dem Servieren zubereiten und bei Zimmertemperatur ziehen lassen. Im Kühlschrank hält es sich bis zu 2 Tage. Wenn die Sauce zu dick ist, mit etwas Wasser oder Milch verdünnen. Zu Rahmsaucegerichten gehört traditionell ein Pilaw. In unserem Fall bietet sich Safran-Pilaw mit Pfirsichen (S. 283) an. Soll die Mahlzeit etwas aufwendiger werden, kann noch ein Hülsenfrüchtegericht hinzukommen.

Lammcurry mit Zwiebeln

(Gosht Do-piaza)

Hier wird die Gewürzzugabe auf ein Minimum beschränkt. Damit der geschmackliche Gesamteindruck mild und fein bleibt, werden rohe (nicht gebratene!) Zwiebeln dem gegarten Fleisch untergemischt. Dabei verlieren die Zwiebeln ihren scharfen, rohen Geschmack und werden leicht glasig gedämpft, ohne ihren »Biß« zu verlieren. Der indische Name dieses Gerichts bedeutet »Fleisch in zweimal soviel Zwiebeln«, und so sollte es dem Originalrezept nach auch sein. Die meisten indischen Köche (ich eingeschlossen) begnügen sich jedoch mit der Hälfte. Man vermeidet damit, daß der Zwiebelgeschmack zu dominierend wird.

Für 6 Personen

1/8 l leichtes Pflanzenöl
2 EL feingehackter Knoblauch
3 EL gemahlene, geriebene oder zerstoßene frische Ingwerwurzel
2 TL Kurkuma
1 TL Cayennepfeffer (nach Belieben)
900 g mageres Lammfleisch ohne Knochen, in Würfel geschnitten
1 TL Salz
2 große, spanische Gemüsezwiebeln (etwa 900 Gramm), geschält und in dünne Ringe geschnitten

1. Öl in einem großen Topf mit schwerem Boden erhitzen, Knoblauch und Ingwer zugeben. Bei mittlerer Hitze unter Rühren etwa 5 Minuten gleichmäßig anbräunen. Kurkuma und Cayennepfeffer zugeben und weitere 10 Sekunden unter kräftigem Rühren mitrösten.
2. Fleisch zugeben und alles gut vermischen. Hitze reduzieren, den Topf gut zudecken und das Fleisch im eigenen Saft 15 Minuten schmoren lassen. Dabei öfters umrühren, damit das Fleisch nicht anbrennt.
3. Salz und 1/2 l kochendes Wasser zugeben. Gut umrühren und zugedeckt weiterkochen, bis das Fleisch sehr weich ist und sich die Flüssigkeit zu einer dicken Sauce eingekocht hat (etwa 1—1 1/2 Stunden).

4. Zwiebeln zugeben und gut mit dem Fleisch vermischen. Damit sich Dampf entwickelt, die Hitzezufuhr stark erhöhen, dann die Hitze ganz abschalten. Die Zwiebeln ohne Umrühren 5 Minuten dämpfen. Während dieser Zeit den Topf zugedeckt lassen, da sonst der Dampf entweicht und die Zwiebeln roh bleiben. Abschmecken und servieren.

Anmerkung: Als Beilage ist Brot fast obligatorisch. Da das Gericht viel Zwiebeln enthält, erübrigt sich eigentlich eine Gemüsebeilage. Wenn Sie aber unbedingt noch etwas dazu servieren wollen, wären Geröstete Auberginen mit frischen Kräutern (S. 232) eine gute Wahl.

Lammlende in Joghurt-Kardamom-Sauce

(Khara Pasanda)

Da die Zutaten für dieses Gericht in Indien relativ teuer sind, wird es dort nur zu besonderen Gelegenheiten auf den Tisch gebracht.

Für 4—6 Personen

8 EL leichtes Pflanzenöl
3 Zwiebeln, feingehackt
4 TL feingehackter Knoblauch
1½ EL feingehackte, frische Ingwerwurzel
50 g blanchierte Mandeln, gestiftelt
1 TL schwarzer Kreuzkümmel (nach Belieben)
¾ TL gemahlener Kardamom
1 TL schwarzer Pfeffer
1 Becher einfacher Joghurt
1 TL Salz
900 g Lammlende oder -keule, ohne Knochen, in ½×2½×5 cm große Streifen geschnitten
etwa ⅛ l Crème fraîche, besser dicke süße Sahne

1. 4 EL Öl in einer Pfanne (möglichst mit nichthaftendem Boden) erhitzen und Zwiebeln zugeben. In etwa 15 Minuten unter ständigem Rühren hellbraun anlaufen lassen.

2. Knoblauch, Ingwer und Mandeln zugeben und mitrösten, bis die Mandeln leicht gebräunt sind (5 Minuten). Kreuzkümmel (nach Belieben), Kardamom und schwarzen Pfeffer zugeben und ebenfalls kurz mitrösten (etwa 1—2 Minuten). Vom Herd nehmen.
3. Den ganzen Topfinhalt in den Aufsatz einer Küchenmaschine geben. Joghurt, Salz und ¼ l heißes Wasser zugeben und das Ganze fein pürieren. Beseite stellen.
4. Die restlichen 4 EL Öl in den Topf geben und die Hitze auf höchste Stufe schalten. Das Fleisch mit Küchenpapier gut trockentupfen, ins heiße Öl einlegen und rasch auf allen Seiten gleichmäßig anbräunen (3—5 Minuten). Die Püreemasse zugeben und zum Kochen bringen. Auf niedrigere Hitze schalten und das Fleisch zugedeckt etwa 1¼—1½ Stunden schmoren. Gelegentlich umrühren. Die Sauce muß ziemlich dick werden. Überschüssiges Fett abschöpfen.
5. Crème fraîche oder Sahne einrühren, mit Salz abschmecken und servieren.

Anmerkung: Wenn Sie dieses Gericht einige Stunden vor dem Servieren zubereiten, verbessert es sich noch geschmacklich. In der Zwischenzeit sollte es aber gekühlt werden. Es läßt sich auch gut einfrieren, muß vor dem Erhitzen jedoch ganz auftauen. Wenn die Sauce zu dick ist, mit etwas Milch oder Wasser verdünnen.

Zu einem so edlen Gericht gehört ein ebenso edles moguliches Pilaw wie beispielsweise Kaiserliches Pilaw mit Morcheln (S. 286), Okra-Pilaw (S. 285) oder Patiala-Pilaw (S. 278).

Fleischcurry
(Gosht Kari)

Gosht Kari ist das bei weitem populärste Fleischgericht in Nordindien. Es ist unkompliziert zuzubereiten und erhält eine wundervolle rotbraune Farbe von den Tomaten, die man zur Verfeinerung der Sauce beigibt. Die Qualität dieser Tomaten spielt eine ganz wesentliche Rolle. Sie sollten ganz reif und saftig sein. Ideal sind solche, die überreif sind und deshalb als Salattomaten schon viel zu weich sind.

Für 8 Personen

8 EL leichtes Pflanzenöl
1400 g mageres Rind- oder Lammfleisch ohne Knochen, in 3 cm große Würfel geschnitten
3—4 Rinds- oder Lammknochen
6 feingehackte Zwiebeln
4 TL feingehackter Knoblauch
3 EL feingehackte, frische Ingwerwurzel
1 EL gemahlener Kreuzkümmel
2 EL gemahlener Koriander
2½ TL Kurkuma
¾ TL Cayennepfeffer (nach Belieben)
4 frische Tomaten, kleingeschnitten
½ EL Salz
4 mittelgroße Kartoffeln, geschält und geviertelt
3—4 EL feingehackte, frische Korianderblätter (oder 2 EL getrocknete Korianderblätter)

1. 4 EL Öl in einer großen, schweren Pfanne erhitzen. Wenn das Öl sehr heiß ist, Fleisch und Knochen zugeben und anbräunen. Ist die Fleischmenge zu groß, sollten Sie die Stükke in mehreren Etappen braten. Das fertiggebratene Fleisch mit einem Schaumlöffel aus der Pfanne nehmen.
2. Die restlichen 4 EL Öl in die Pfanne geben, dann die Zwiebeln. Hitze auf mittlere Stufe reduzieren und die Zwiebeln unter ständigem Rühren dunkelbraun braten (etwa 20 Minuten).
3. Knoblauch und Ingwer eine weitere Minute mitrösten. Kreuzkümmel, Koriander, Kurkuma und Cayennepfeffer zu-

geben und braten, bis die Gewürze ihr Aroma ausströmen (etwa 10—15 Sekunden). Angebräuntes Fleisch und Knochen wieder in die Pfanne geben, dazu die Tomaten, das Salz und 1 l kochendes Wasser. Zum Kochen bringen. Die Hitze auf kleine Stufe zurückschalten und zugedeckt 1½ Stunden garen lassen. Kartoffeln zugeben und weiter köcheln lassen, bis die Kartoffeln weich und das Fleisch zart sind (etwa 30 Minuten). Die Hitze abschalten und das Gericht mindestens ½ Stunde, besser noch 2 Stunden ziehen lassen. Vor dem Servieren die Knochen herausnehmen, das Curry mit Salz abschmecken und gut durchwärmen. Die Korianderblätter unterrühren und servieren.

Anmerkung: Dieses Currygericht sollte mit einfachem gekochtem Reis oder mit Brot serviert werden. Bezüglich Gemüsebeilagen sind Ihrer Fantasie keine Grenzen gesetzt. Als Vorspeise empfiehlt sich beispielsweise Ausgebackener indischer Käse (S. 96).

Rindfleisch in würziger Tomaten-Sauce

(Masala Gosht)

Masala Gosht ähnelt dem vorhergehenden Rezept, ist aber stärker gewürzt, und ein Teil der Tomaten wird durch Joghurt ersetzt.

Für 6 Personen

2 mittelgroße, reife, frische Tomaten
4 große Zehen Knoblauch
1½ EL gehackte, frische Ingwerwurzel
½ Becher einfacher Joghurt
6 EL leichtes Pflanzenöl
900 g mageres Rindfleisch, in 3 cm große Würfel geschnitten
3 Rindsknochen (nach Belieben)
3 feingehackte Zwiebeln
4 schwarze (oder 8 grüne) Kardamomkapseln
8 ganze Nelken
2 TL Kurkuma
½ TL Cayennepfeffer (nach Geschmack)
1 TL Salz
1½ TL gemahlener, gerösteter Kreuzkümmel
2 EL gehackte, frische Korianderblätter

1. Ofen auf 160° C vorheizen.
2. Tomaten, Knoblauch, Ingwer und Joghurt in der Küchenmaschine pürieren. Beiseite stellen.
3. 2 EL Öl in einer großen Pfanne stark erhitzen. Fleischstücke und Knochen mit Küchenpapier trocken tupfen. 3—5 Minuten anbräunen. Dann das Fleisch in eine Kasserolle mit schwerem Boden geben.
4. Die restlichen 4 EL Öl in die Pfanne geben und die Zwiebeln darin anschwitzen. Unter ständigem Rühren hellbraun rösten. Kardamom, Nelken, Kurkuma, Cayennepfeffer und Salz zugeben und 1 Minute mitrösten. Das Tomaten-Joghurtpüree zufügen und schmoren, bis die Masse zu einer dicken Paste eingekocht ist und das Öl sich abzusetzen beginnt (etwa 5 Minuten). Vom Herd nehmen.
5. Diese Paste zum Fleisch in die Kasserolle geben. ¾ l heißes Wasser in die Pfanne gießen, die Reste vom Pfannenboden und von den Seiten lösen und in die Kasserolle gießen. Umrühren und bei mittlerer Hitze aufkochen lassen. Dann mit Alufolie abdecken.
6. Auf mittlerem Einschub 2 Stunden im Backofen dünsten. Gelegentlich umrühren, damit nichts anbrennt. Backofen ausschalten. Die Kasserolle noch 15 Minuten im Ofen lassen.
7. Die Kasserolle herausnehmen, die Knochen wegwerfen. Abschmecken und mit geröstetem, gemahlenem Kreuzkümmel und gehackten Korianderblättern bestreut servieren.

Anmerkung: Masala Gosht gehört zu den indischen Gerichten, die am besten schmecken, wenn sie einige Stunden vor dem Servieren zubereitet wurden und noch Zeit haben zu ziehen. Es kann aber auch bereits zwei Tage vor dem Auftischen vorbereitet und bis dahin im Kühlschrank aufbewahrt werden. Dieses Gericht läßt sich auch einfrieren. Tauen Sie es ganz auf, bevor Sie es vor dem Servieren erhitzen. Hier gelten dieselben Menü- und Beilagenvorschläge wie für Fleischcurry (S. 135).

Königliches geschmortes Lamm
(Shahi Korma)

Für 8 Personen

100 g Usli Ghee (geklärte Butter, S. 52) oder leichtes Pflanzenöl
2 Zwiebeln, in dünne Ringe geschnitten
1 EL feingehackter Knoblauch
1½ EL feingehackte frische Ingwerwurzel
2 TL schwarzer Kreuzkümmel oder 1½ TL gemahlener Kreuzkümmel
1½ TL gemahlene Muskatblüte
¾ TL gemahlener Zimt
1 TL Mughal Garam Masala (S. 41)
½ TL Cayennepfeffer (oder mehr nach Geschmack)
1 TL Paprika
1400 g mageres Lammfleisch ohne Knochen, vorzugsweise aus der Keule, in 3 cm große Würfel geschnitten
1 Becher einfacher Joghurt
¼ l Sauerrahm oder Crème fraîche
½ EL Salz
Milch (bei Bedarf)

1. Die geklärte Butter in einer großen, schweren Pfanne (möglichst mit nichthaftendem Boden) erhitzen und Zwiebeln bei mittlerer Hitze unter ständigem Rühren in etwa 15 Minuten hellbraun rösten.
2. Knoblauch und Ingwer etwa 2 Minuten mitschmoren. Kreuzkümmel, Muskatblüte, Zimt, Mughal Garam Masala, Cayennepfeffer und Paprika rasch unterrühren, damit sich die Gewürze gleichmäßig verteilen.
3. Das Fleisch gut mit Küchenpapier abtrocknen. Hitze erhöhen. Die Fleischstücke unter mehrfachem Wenden in etwa 5 Minuten auf allen Seiten gut anbräunen. Je die Hälfte Joghurt und Sauerrahm (oder Crème fraîche) sowie Salz zugeben und zum Kochen bringen. Die Wärmezufuhr drosseln und das Fleisch etwa 2 Stunden zugedeckt schmoren lassen. Umrühren, damit nichts anbrennt. Gegebenenfalls etwas Milch nachgießen. Wenn das Korma gar ist, soll es trocken aussehen und die Sauce gerade die Fleischstücke bedecken. Den restlichen Rahm und Joghurt einrühren und vom Feuer nehmen.

Anmerkung: Da dieses Gericht nur sehr wenig Sauce hat, schwimmt viel Fett obenauf. Das ist typisch für Kormagerichte, und sie werden in Indien auch so serviert. Ich ziehe es jedoch vor, das Fett weitgehend abzuschöpfen, bis das Fleisch nur mehr von einer dünnen Schicht überzogen wird.

Zu diesem aromatischen Korma paßt am besten ein ebenso aromatischer Pilaw. Mein Vorschlag wäre der Süße Safran-Pilaw (S. 281) sowie ein beliebiges Gemüsegericht.

Lamm in Knoblauchrahm-Sauce

(Rogan Josh)

Rogan Josh ist ein wahrlich großartiges Gericht aus der Mogulenküche. Sie sollten deshalb auch nur die besten Zutaten verwenden: Lammfleisch erster Qualität, den frischesten Joghurt und frisch gemahlene Gewürze.

Für 8 Personen

Marinade:
4 mittelgroße Zwiebeln, geschält und geviertelt
2 EL feingehackte, frische Ingwerwurzel
2 EL gemahlener Koriander
¾ TL Cayennepfeffer (oder mehr nach Belieben)
3 Becher Joghurt
⅛ l Sauerrahm
½ EL Salz
100 g Usli Ghee (geklärte Butter, S. 52) oder 100 g zerlassene Butter
1400 g mageres Lammfleisch, ohne Knochen, vorzugsweise aus der Keule, in 3 cm große Würfel geschnitten

4 EL Usli Ghee oder
2 EL Butter vermischt mit
2 EL leichtem Pflanzenöl
1 EL feingehackter Knoblauch
1 EL schwarzer Kreuzkümmel, zerstoßen, oder
2 TL gemahlener Kreuzkümmel
2 TL gemahlener Kardamom
1 TL Mughal Garam Masala (S. 41)
¼ l Crème fraîche
Milch oder Wasser nach Bedarf

1. Alle Zutaten für die Marinade (außer der Butter) in der Küchenmaschine fein pürieren.
2. Das Lammfleisch in eine große Schüssel geben und die Marinade sowie die zerlassene Usli Ghee darübergießen. Gut durchmischen, dann mindestens ½ Stunde bei Zimmertemperatur oder 2 Stunden im Kühlschrank durchziehen lassen.
3. Fleisch mit Marinade in einen (möglichst nichthaftenden) Topf geben und alles zum Kochen bringen. Hitzezufuhr reduzieren und Fleisch weich dünsten (Garprobe machen — die Garzeit hängt sehr von der Qualität des Fleisches, der Wärmezufuhr und dem verwendeten Topf ab). Dabei oft umrühren, damit nichts anbrennt.
4. 4 EL Usli Ghee in einer kleinen Pfanne sehr heiß werden lassen. Den Knoblauch darin unter Rühren 15 Sekunden anrösten. Dann sofort Kreuzkümmel, Kardamom und Mughal Garam Masala zugeben. Nach 3—5 Sekunden vom Feuer nehmen und die aromatisierte Butter über das Fleisch gießen. Crème fraîche zugeben und gut durchrühren. Das Fleisch 2 Stunden bei Zimmertemperatur stehenlassen.
5. Vor dem Servieren abschmecken, erhitzen und auf den Tisch bringen.

Anmerkung: Manchmal verdampft während des Garens zu viel Flüssigkeit und das Ghee setzt sich von der Sauce ab. Wenn dies der Fall ist, geben Sie eßlöffelweise Milch oder Wasser zu, bis sich Fett und Sauce wieder verbinden. Dieses Gericht sollte nicht entfettet werden. Rogan Josh schmeckt noch intensiver, wenn es 24 Stunden ziehen kann. Es empfiehlt sich also, es bereits tags zuvor vorzubereiten. Im Kühlschrank hält es sich bis zu drei Tage und kann auch problemlos eingefroren werden. Nach dem Einfrieren vor dem Erhitzen ganz auftauen lassen.

Als Beilagen passen die bei dem Rezept für Lamm in aromatischer Rahm-Sauce (S. 130) genannten Speisen.

Rindfleisch in würziger Spinat-Sauce

(Saag Gosht)

Spinat ist in der indischen Küche sehr beliebt, nicht nur, weil er billig und das ganze Jahr über erhältlich ist, sondern auch weil er so vielseitig verwendbar ist. Spinat sollte immer separat gegart und erst kurz vor dem Servieren zum Fleisch gegeben werden.

Für 8 Personen

1 Rezept gekochter Spinat (S. 243)
6 EL leichtes Pflanzenöl
1400 g mageres Rind- oder Lammfleisch ohne Knochen, in 3 cm große Würfel geschnitten
5 mittelgroße Zwiebeln, in dünne Ringe geschnitten
1½ EL feingehackter Knoblauch
3 EL feingehackte frische Ingwerwurzel
1 EL gemahlener Kreuzkümmel
2 EL gemahlener Koriander
1 TL Kurkuma
1 mittelgroße, reife Tomate, kleingewürfelt
3 grüne Chilischoten, entkernt und kleingeschnitten oder 1 TL Cayennepfeffer
3 EL einfacher Joghurt oder Sauerrahm
1 Zimtstange, 8 cm lang, in kleine Stücke zerbrochen
6 schwarze (oder 12 grüne) Kardamomkapseln
9 ganze Nelken
3 Lorbeerblätter, zerbröselt
½ EL Salz
4 TL Garam Masala (S. 42) oder gemahlener, gerösteter Kreuzkümmel (S. 66)
2—4 EL leichtes Pflanzenöl (bei Bedarf)

1. Spinat pürieren oder fein wiegen.
2. Backofen auf 160° C vorheizen.
3. 2 EL Öl in einer großen Bratpfanne stark erhitzen. Das Fleisch mit Küchenpapier gut abtrocknen und in Öl rasch anbräunen. Das Fleisch in mehreren Portionen braten, dann in eine große Kasserolle umleeren.
4. Die restlichen 4 EL in die Pfanne geben und die Zwiebeln darin unter ständigem Rühren hellbraun rösten (etwa

25 Minuten). Knoblauch und Ingwer beifügen und 2 Minuten mitrösten. Kreuzkümmel, Koriander und Kurkuma zugeben und unter Rühren 15 Sekunden mitschmoren. Tomaten und Chilis hinzugeben und schmoren lassen, bis sich die ganze Mischung zu einer dicken Masse eingekocht hat (3 Minuten). Joghurt oder Sauerrahm zugießen und die Hitze sofort wegnehmen. Leicht abkühlen lassen, pürieren und zum Fleisch in die Kasserolle geben.
5. Zimt, Kardamom, Nelken und Lorbeerblätter in einem Stückchen Mull zu einem Gewürzsäckchen zusammenbinden und mit dem Fleischklopfer die Gewürze zerkleinern. Dann in die Kasserolle zum Fleisch geben.
6. Mit 1 l kochendem Wasser aufgießen, salzen und alles gut verrühren. Mit einem Stück Alufolie abdecken und den Deckel fest andrücken. Zum Kochen bringen.
7. Die Kasserolle mit dem Fleisch auf dem mittleren Einschub des Backofens 2½ Stunden garen.
8. Die Kasserolle aus dem Ofen nehmen, das Gewürzsäckchen gut ausdrücken und entfernen. Gekochten Spinat und Garam Masala zugeben und vorsichtig durchmischen. Den Topf wieder zudecken und noch einmal 5 Minuten in den Ofen zurückstellen. Den Ofen ausstellen, aber die Kasserolle noch weitere 10 Minuten darin lassen. Abschmecken und servieren.

Anmerkung: Wie bei den meisten Schmorgerichten tut auch bei diesem ein ein- bis zweistündiges Durchziehen dem Geschmack gut. Das Gericht hält sich, auf Vorrat gekocht, im Kühlschrank ein bis zwei Tage und läßt sich auch gut einfrieren.

Zu diesem Gericht paßt ein guter Pilaw oder auch einfacher Reis oder Brot. Als Vorspeise empfehle ich Samosas (S. 102/106).

Gegrilltes Lammfleisch mit Minze

(Bhona Gosht)

Frische Minze gibt dem Lammfleisch seinen charakteristischen Geschmack. Es ist einfach zuzubereiten und wird über Holzkohlenfeuer gegrillt. Aber auch wenn Sie einen Elektrogrill verwenden, wird das Gericht Ihren Gästen nicht weniger schmecken. Obwohl es nicht zur traditionellen Zubereitung gehört, mache ich aus der Marinade eine Sauce und serviere sie zum Fleisch.

Für 8 Personen

1 Lammkeule (2½—3 kg) oder die gleiche Menge Lammkoteletts

Marinade:
1 EL gehackter Knoblauch
1 EL geriebene oder feingehackte Ingwerwurzel
½ TL Cayennepfeffer
2 TL Paprika
2 TL gemahlener Kümmel
¼ TL gemahlene Nelken
¼ TL Salz
2 EL feingehackte, frische Minzblätter (oder 1 TL pulverisierte getrocknete Minze)
⅛ l helles Pflanzenöl
2 EL Zitronensaft

1. Aus der Lammkeule etwa 5 cm dicke Scheiben schneiden. Auf eine waagerechte Unterlage legen und mit ebenfalls waagerecht gehaltenem Messer in halber Höhe jeder Scheibe vom Rand her waagerecht zum gegenüberliegenden Rand hin einschneiden, jedoch etwa 1 cm vor dem gegenüberliegenden Rand mit dem Schneiden aufhören. Die beiden zusammenhängenden Scheiben (die logischerweise je 2½ cm dick sein sollten) aufklappen und die nun entstandene Scheibe mit dem Fleischklopfer auf etwa 1½ cm Dicke flachklopfen. (Türkische Metzger verstehen sich vortrefflich auf diese Zubereitungsweise.) Lammkoteletts sollten nur kurz geklopft werden.
2. Fleisch in eine große flache Schüssel legen. Alle Zutaten für die Marinade miteinander vermischen und über das

Fleisch gießen. 4 Stunden (2 Tage im Kühlschrank) durchziehen lassen und dabei öfter wenden.
3. Aus dem Kühlschrank nehmen und Zimmertemperatur annehmen lassen.
4. Den Grill vorheizen und die Stäbe mit etwas Öl einpinseln. Das Fleisch aus der Marinade nehmen und die noch am Fleisch klebenden Reste der Marinade abschaben. Das Fleisch 4—6 Minuten auf jeder Seite grillen und dabei mit dem Öl der Marinade einpinseln. Das fertig gegrillte Fleisch sollte noch 5 Minuten ruhen, ehe man es anschneidet, da sonst zuviel Fleischsaft ausfließt.
5. Während das Fleisch ruht, bereitet man die Sauce.

Sauce:
Die restliche Marinade
2 TL Mehl
1½ TL Zucker
½ TL Salz
knapp ¼ l Wasser
1 EL gehackte, frische Minzblätter oder ½ TL getrocknete Minze

Alle Zutaten für die Sauce außer der Minze in einem kleinen Topf verrühren und aufkochen lassen, bis die Sauce andickt. Vom Feuer nehmen und die Minze einrühren.
6. Das Fleisch auf einer vorgewärmten Platte servieren. Dazu die Minzsauce reichen.

Als Beilage reichen Sie Reis oder Brot. Dazu eventuell einen erfrischenden Joghurtsalat- beispielsweise Gurkensalat mit Joghurt (S. 260) oder Bananen-Joghurt-Salat (S. 265) — oder aber ein einfaches Chutney aus geraspelten Gurken (S. 334).

Königliche Lammkeule mit Safran-Rosinen-Sauce
(Shahi Raan)

Shahi Raan ist nicht nur als Braten köstlich. Man kann daraus Lammpilaw machen, es aufgeschnitten auf Brot oder als Vorspeise servieren. Ebensogut kann man Teigtaschen damit füllen.

Für 10—12 Personen

1 mittlere bis große Lammkeule, 3,5—4 kg

Marinade:
1 EL gehackter Knoblauch
2 EL gehackte, frische Ingwerwurzel
1 TL schwarzer Kreuzkümmel
1 TL Cayennepfeffer (nach Belieben)
1½ TL Mughal Garam Masala (S. 41)
2 TL Salz
100 g Rosinen
50 g rohe Pistazien oder Walnüsse
4 EL Zitronensaft
50 g heller brauner Zucker (am besten Rohrzucker)
knapp 1 Becher Joghurt
5 EL Crème fraîche
2 TL Safranfäden
2 EL Mehl oder Maisstärke, in 3 EL Wasser aufgelöst

1. Lammkeule nach Belieben ganz lassen oder auslösen und dressieren (siehe S. 125).
2. Fleisch ringsherum mit einer Gabel oder einem Fleischspieß einstechen. In eine Kasserolle oder eine ofenfeste Form legen, in die der Braten gerade gut hineinpaßt.
3. Alle Zutaten für die Marinade in der Küchenmaschine zu einer dicken Paste verarbeiten (evtl. 2—3 EL Wasser zugeben).
4. Die Marinade über das Lammfleisch gießen und überall gleichmäßig verteilen. Zudecken und 3 Tage im Kühlschrank durchziehen lassen. Eine Stunde vor dem Braten herausnehmen und Zimmertemperatur annehmen lassen.
5. Den Ofen auf 180° C vorheizen.
6. Die Safranfäden im Mörser oder mit den Fingern so fein wie möglich zerreiben. 2 EL heißes Wasser zugeben und 15

Minuten weichen lassen. Das Safranwasser über das Lammfleisch gießen.

7. Die Kasserolle auf dem Herd bis zum Kochen erhitzen. ¼ l kochendes Wasser zugießen. Die Kasserolle mit Alufolie abdecken und den Deckel fest aufdrücken.

8. Das Lamm im Rohr auf mittlerem Einschub 1½ Stunden braten. Die Hitze auf 110° C reduzieren und weitere 45 Minuten schmoren. Den Backofen abschalten und die Kasserolle weitere 45 Minuten im Rohr belassen. Erst kurz vor dem Servieren herausnehmen.

9. Das Fleisch herausnehmen und gegebenenfalls Fäden entfernen. Den Inhalt der Kasserolle auf dem Herd erhitzen, falls nötig, Fett abschöpfen, das in Wasser verrührte Mehl zugeben und andicken lassen (1—2 Minuten). Abschmecken. Das Fleisch in dünne Scheiben tranchieren und auf einer vorgewärmten Servierplatte arrangieren. Etwas Sauce darübergießen und die restliche Sauce in einer Sauciere servieren.

Anmerkung: Dieses elegante Gericht verlangt ebensolche Vorspeisen und Beilagen. Mein Vorschlag wäre Malabar-Krabbencocktail (S. 83), Ausgebackener Blumenkohl (S. 94), Ausgebackener indischer Käse (S. 96) oder Mulligatawnysuppe (S. 115). Dazu gibt es Patiala-Pilaw und Broccoli in Knoblauchöl (S. 226). Zum Abschluß wäre noch ein Mandel-Reis-Dessert (S. 357) oder Quarkklöße in Pistazien-Rahm-Sauce (S. 360) zu empfehlen.

Lamm-Pilaw aus Lammbratenresten

(Gosht Pullao)

Fettes Lammfleisch sollte nicht für Lamm-Pilaw verwendet werden. Schneiden Sie also jegliches Fett weg. Verwenden Sie auch keine Bratenreste, die bereits einmal tiefgefroren waren.

Für 4 Personen

4 EL Usli Ghee (S. 51) oder leichtes Pflanzenöl
2 mittelgroße Zwiebeln, grob gehackt
600 g Lammbratenreste
4—5 Tassen gekochter Reis
8 EL Sauce (entweder Safran-Rosinensauce, S. 145 oder Minzsauce, S. 143
Salz
2—3 EL feingehackte, frische Korianderblätter (oder 1 EL getrocknete Korianderblätter)

1. Usli Ghee in einer großen Pfanne erhitzen und die Zwiebeln darin goldgelb werden lassen (5 Minuten); dabei ständig rühren.
2. Das Fleisch zugeben und 2 Minuten anbraten. Reis und Sauce zugeben, gut durchmischen. Wenn der Pilaw zu trocken aussieht, etwas Wasser aufgießen. Die Wärmezufuhr drosseln, die Pfanne zudecken und den Pilaw gut durchwärmen (etwa 3—5 Minuten). Abschmecken. Die gehackten Korianderblätter unterziehen und servieren.

Anmerkung: Dazu paßt vorzüglich ein Glas gutgekühlter Roséwein. Als Gemüsebeilage empfehle ich Kohl, in Butter geschmort (S. 227) oder Ausgebackenen Blumenkohl (S. 94).

Lamm-Pilaw

(Mughalai Pullao)

Ein Pilaw mit Lammfleisch wird im allgemeinen aus den zartesten Fleischstücken, dem besten Langkornreis (Basmati) und den frischesten Gewürzen gemacht, weil es dazu keine Sauce gibt, die die Unzulänglichkeit einer Zutat verbergen könnte.
Obwohl dieses Pilaw ohne Beilagen auskommt, wird traditionell ein Zwiebel-Tomaten-Chutney (S. 334) serviert.

Für 8—10 Personen

8—12 magere Lammkoteletts
2—3 Tassen Langkornreis
14 EL leichtes Pflanzenöl
6 mittelgroße Zwiebeln, feingehackt
1 EL Salz
3 EL feingehackter Knoblauch
4 EL feingehackte, frische Ingwerwurzel

Für das Gewürzsäckchen:
4 schwarze und 6 grüne Kardamomkapseln (oder ersatzweise 14 grüne Kardamomkapseln)
1 Stange Zimt, 8 cm lang, in 2—3 Stücke zerbrochen
½ TL schwarze Pfefferkörner
10 ganze Nelken
je 1½ TL Kreuzkümmel- und Koriandersamen
3 Lorbeerblätter, zerbröselt

1. Jegliches Fett von den Lammkoteletts entfernen (es sollte etwa 1 kg Fleisch übrigbleiben).
2. Die vorbereiteten Gewürze auf ein Stück Mulltuch legen und dieses zu einem Säckchen zusammenbinden. Mit einem Fleischklopfer die Gewürze leicht zerstoßen.
3. Reis waschen (siehe Anleitung auf S. 270) und einweichen.
4. 3 l Wasser in einem großen Topf zum Kochen bringen. Den eingeweichten Reis zugeben und ½ Minute umrühren. Das Wasser noch einmal aufkochen lassen (3 Minuten) und den Reis 2 Minuten kochen. Den gesamten Topfinhalt über dem Küchenausguß in ein Sieb schütten. Mit kaltem Wasser 3—5 Sekunden abschrecken. Den Reis gut abtropfen lassen, wieder in den Topf geben, 1 TL Öl zugeben und vor-

sichtig aber gründlich durchmischen. Zudecken und beiseite stellen.

5. 6 EL Öl in einer großen, schweren Kasserolle erhitzen und die Zwiebeln darin in etwa 30 Minuten unter ständigem Rühren hellbraun anrösten. Die gerösteten Zwiebeln mit etwa ¼ l Wasser und ½ EL Salz in der Küchenmaschine pürieren. Beiseite stellen.

6. Die übrigen 8 EL Öl in die Kasserolle geben und erhitzen. Knoblauch und Ingwer darin in etwa 5 Minuten hellbraun anrösten. Die Lammkoteletts zugeben und anbraten, bis das Fleisch die rosa Farbe verloren hat (in etwa 4 Minuten). Aufpassen, daß es nicht anbrennt, wenn der Fleischsaft eingekocht ist.

7. 1 l kochendes Wasser mit dem restlichen ½ EL Salz und das Gewürzsäckchen zugeben. Die Wärmezufuhr drosseln und zugedeckt 45 Minuten garen lassen. Dann die Wärmezufuhr wieder steigern, den Topfdeckel abnehmen und weiterschmoren, bis alle Flüssigkeit verkocht und das Fleisch butterweich ist (etwa 30 Minuten).

8. Den Ofen auf 150° C vorheizen. Das Gewürzsäckchen aus dem Fleisch herausnehmen, ausdrücken und wegwerfen. Zwiebelpüree zum Fleisch geben und 2 Minuten unter Rühren mitschmoren.

9. Den gekochten Reis unter die Fleischmischung ziehen. Die Kasserolle mit Alufolie abdecken und mit einem Deckel dicht verschließen. Auf mittlerem Einschub im Backofen 30 Minuten backen. Den Ofen abschalten, die Kasserolle noch 30 Minuten ziehen lassen.

Anmerkung: Auch wenn Sie lieber Fleisch ohne Knochen mögen, sollten Sie diesen Pilaw mit Knochen schmoren und diese erst auslösen, wenn Sie das Gewürzsäckchen entfernen. Der Pilaw wird mit Knochen zubereitet viel besser. Sie können auch die Knochen bereits vor dem Schmoren auslösen, eine Brühe daraus kochen und diese anstelle des Wassers verwenden.

Ein frisch zubereiteter Pilaw hält sich bis zu 5 Tage im Kühlschrank, ja er gewinnt dadurch geschmacklich sogar noch.

Spezielle Beilagen sind hier nicht erforderlich. Wenn Sie ein leichtes Mahl auf den Tisch bringen möchten, so genügt ein Tomaten-Chutney und ein Glas gekühlter Roséwein. Zum Auftakt wäre als geschmacklicher Kontrast Mulligatawnysuppe zu empfehlen.

Kaiserlicher Safran-Pilaw mit Lammfleisch

(Shah Jahani Biriyani)

Biriyani wird in Indien in atemberaubenden Dekorationen dargeboten und braucht einen dementsprechenden Zeitaufwand. Aber wenn Sie es einmal ausprobiert haben, werden Sie zugeben müssen, daß das Ergebnis für die viele Mühe entschädigt. Biriyani wird traditionell mit Silberfolie (Vark) dekoriert.
Dieses Biriyanirezept ist nach dem Mogulenkaiser Shah Jahan benannt, der das großartige Taj Mahal baute. Das Gericht ist in seiner Raffinesse durchaus der architektonischen Schönheit dieses Bauwerks vergleichbar.

Anmerkung: Biriyani läßt sich gut im voraus zubereiten, so daß man vor dem Essen nur noch den Reis kochen und das Ganze anrichten muß.

Für 8—10 Personen

Alle Zutaten für das Rezept: Reis, in Fleischbrühe gegart (Yakhni Chawal, S. 275)
Alle Zutaten für Königliches geschmortes Lamm, Shahi Korma, S. 138)
8 EL leichtes Pflanzenöl
je 3 EL blanchierte, gestiftelte Mandeln, rohe Cashewnüsse und Rosinen
3 Zwiebeln, in dünne Ringe geschnitten
2 EL frische Minzblätter (oder 2 EL getrocknete Minze)
2 grüne Chilis, entkernt und kleingehackt
1/8 l Milch
2 TL Safranfäden
4 EL Usli Ghee (S. 52)
2 Stück Silberfolie (Vark), nach Belieben
2—3 TL Pandanus-(Schrauben-)palmen-Essenz (Ruh Kewra) (nach Belieben)

1. Den Reis (Yakhni Chawal) nach Rezept auf S. 275 zubereiten.
2. Königliches geschmortes Lamm nach Rezept auf S. 138 zubereiten.
3. 2 EL Öl in einer Pfanne oder einem Kadhai erhitzen, Mandeln zugeben und etwa 2 Minuten hellbraun anrösten. Mit einem Schaumlöffel herausnehmen und auf Küchenpapier abtropfen lassen. Cashewkerne in das Öl geben, anbräunen und ebenfalls abtropfen lassen. Schließlich mit den Rosinen ebenso verfahren. Diese Zutaten für die Garnierung beiseite stellen.
4. In den restlichen 6 EL Öl die Zwiebeln dunkelbraun rösten (etwa 12 Minuten), dabei ständig rühren. Die Zwiebeln ebenfalls zur Garnierung beiseite stellen.
5. Minze und grüne Chilis mit 4—5 EL Milch aufkochen, die gleiche Menge warme Milch über den zerstoßenen Safran gießen und mindestens 15 Minuten ziehen lassen.
Diese Arbeitsgänge können im voraus erledigt werden. Eine Stunde vor dem Servieren müssen Sie dann mit den noch verbliebenen Arbeitsgängen anfangen.
6. Ofen auf 150° C vorheizen.
7. Halten Sie alle Zutaten und eine schwere 5-Liter-Kasserolle bereit. 2 EL Ghee in die Kasserolle geben und auspinseln. ¼ der Reismenge in die Kasserolle geben und glattstreichen. Die halbe Menge der Minzmischung darübergießen und die Hälfte Lammfleisch in einer Lage darüberschichten. Darüber kommt wieder ¼ des noch verbliebenen Reises; glattstreichen. Die restliche Minzmischung darübergießen und wiederum eine Lage Lammfleisch darüberschichten. Den restlichen Reis darübergeben und locker andrücken. Safran-Milch-Gemisch und restliches Ghee obenauf träufeln. Mit Alufolie abdecken und die Kasserolle gut mit dem Deckel verschließen.
8. Auf mittlerem Einschub im Ofen 30 Minuten garen und noch 10 Minuten im Rohr stehen lassen.
9. Die Kasserolle herausnehmen. Vorsichtig so viel Reis wie möglich von oben wegnehmen, ohne die Schichten darunter zu zerstören, und in eine andere Schüssel geben. Reis und Fleisch sorgfältig in der Kasserolle miteinander vermi-

schen und dann auf einer Servierplatte aufhäufen. Mit dem beiseite gestellten Reis ganz zudecken. Mit gerösteten Nüssen, Rosinen, gebratenen Zwiebeln und der bereitgelegten Silberfolie garnieren. Sofort servieren.

Menüvorschläge wie beim Rezept für Lamm-Pilaw auf S. 148.

Kohlrouladen mit Ingwer-Zitronen-Sauce

(Keema Bhare Bandh Gobhi)

Wenn Sie gleichzeitig Vegetarier und Fleischesser bewirten, können Sie für die ersteren eine pikante Kartoffelfülle (S. 202), für die letzteren die hier beschriebene Fleischfüllung zubereiten. Dieses Gericht verliert selbst tiefgefroren und wieder aufgetaut nichts von seiner Herzhaftigkeit.
Wenn Sie Gebratenes würziges Hackfleisch (S. 126) auf Vorrat zubereitet haben, geht alles noch schneller.

Für 4—6 Personen

Alle Zutaten für Gebratenes würziges Hackfleisch (Sookha Keema, S. 126)
1 kleiner Kohlkopf (ca. 700—900 g)
3 EL leichtes Pflanzenöl
2 mittelgroße Zwiebeln, in dünne Ringe geschnitten
3 frische, reife Tomaten, kleingewürfelt
1 EL frische Ingwerwurzel, in feine Streifen geschnitten
1 Zitrone, geschält, entkernt und in dünne Scheiben geschnitten
1 TL Salz
¼ TL schwarzer Pfeffer

1. Gebratenes würziges Hackfleisch nach Rezept (S. 126) zubereiten.
2. Den Strunk des Kohlkopfs ausschneiden.
3. Kohl gut waschen und in einem tiefen Topf mit Wasser bedeckt zum Kochen bringen, ½ TL Salz zugeben und 5 Minuten garen. Dann in einem Durchschlag in der Küchen-

spüle abtropfen lassen. Wenn der Kohl etwas abgekühlt ist, die Blätter sorgfältig, ohne sie zu zerreißen, ablösen. 15 bis 16 Blätter beiseite legen, die restlichen nudelig schneiden.
4. Öl in einem mittelgroßen Topf erhitzen und die Zwiebeln leicht darin anbräunen (etwa 5 Minuten). Nudelig geschnittenen Kohl, Tomaten, Ingwer, Zitronenscheiben, Salz, Pfeffer und $^3/_8$ l Wasser zugeben und zum Kochen bringen. Wärmezufuhr drosseln und unzugedeckt 2 Minuten aufkochen lassen. Beiseite stellen.
5. Den Herd $1^1/_4$ Stunden, bevor Sie das Gericht servieren wollen, auf 190° C vorheizen.
6. In die Mitte jeden Kohlblattes etwa $2^1/_2$ EL Fülle geben und einrollen, dabei die Ränder einschlagen. Insgesamt 12 Kohlrouladen zubereiten.
7. Ein Drittel der dicken Tomatensauce in eine flache, ofenfeste Form gießen, die gerade Platz für die 12 Kohlrouladen bietet. Die restliche Sauce darübergießen und dabei den geschnittenen Kohl gleichmäßig verteilen. Die Form mit Alufolie abdichten.
8. Im Backofen auf mittlerem Einschub 50 Minuten garen. Danach die Folie entfernen, weitere 10 Minuten schmoren lassen. Sofort servieren.

Anmerkung: Dieses Gericht können Sie bereits tags zuvor vorbereiten und im Kühlschrank aufbewahren. Es ist aber auch zum Einfrieren geeignet. Es muß jedoch ganz aufgetaut sein, bevor es wieder erhitzt wird.

Um den feinen, dezenten Geschmack dieser Kohlrouladen richtig genießen zu können, sollten Sie einfachen, gekochten Reis dazu reichen. Wollen Sie eine zusätzliche Gemüsebeilage, so empfehlen sich Kurkuma-Kartoffeln (S. 240), Kurkuma-Kartoffeln mit grünen Paprikaschoten (S. 241) oder Würziges Auberginengemüse (S. 231). Als Vorspeise würden Mungobohnenklöße mit Spinat (S. 99) oder Limonensuppe aus Hyderabad (S. 114) die Tafel passend abrunden.

Lammkroketten in Kartoffelhülle

(Gosht Tikka)

Die Lammkroketten brechen leicht und sind deshalb mit Vorsicht zu behandeln. Hilfreich ist ein breiter Küchenspatel.

Für 8 Personen (16 Kroketten)

Alle Zutaten für Gebratenes würziges Hackfleisch (S. 126)
4 EL Tomatensauce (aus der Dose)
2 EL feingehackte, frische Koriander- oder Minzblätter
8 mittelgroße Kartoffeln
½ TL Salz
6 EL Mehl
4 EL Butter
etwa 70 g Mehl zum Panieren
3 große Eier, leicht verschlagen
320 g Semmelbrösel
Erdnuß- oder Maisöl zum Ausbacken

1. Gebratenes würziges Hackfleisch nach Rezept auf S. 126 zubereiten.
2. Hackfleisch mit Tomatensauce und gehacktem Koriander oder gehackter Minze vermischen und beiseite stellen.
3. Kartoffeln in der Schale kochen, abschrecken, schälen und zerstampfen. Salz, 6 EL Mehl und Butter zugeben und gut einarbeiten.
4. Fleischfülle und Kartoffelbrei in 16 gleiche Teile teilen. Mehl, Eier und Semmelbrösel zum Panieren herrichten.
5. Einen etwa 20×20 cm großen Bogen Wachspapier auf der Arbeitsfläche ausbreiten. Eine Portion Kartoffelbrei daraufhäufen und zu einem 12 cm großen Quadrat glattstreichen. Eine Portion Hackfleisch in die Mitte geben und ebenfalls sehr vorsichtig glattstreichen. Mit Hilfe des Wachspapiers zusammenklappen. Die Ränder zusammendrücken und ein schönes Rechteck mit abgerundeten Ecken formen. Wachspapier vorsichtig entfernen, Kroketten auf eine bemehlte Unterlage geben. Die restlichen Kroketten in gleicher Weise herstellen.
6. Die Kroketten vorsichtig in Mehl, Ei und Semmelbröseln panieren.

7. Das Öl erhitzen und die Kroketten auf jeder Seite 3 Minuten lang goldbraun ausbacken (Vorsicht beim Wenden!). Auf Küchenpapier abtropfen lassen und warmstellen. Heiß mit Tomaten-Chutney (S. 340) oder Minz-Koriander-Chutney (S. 337) servieren.

Anmerkung: Dazu paßt einfacher gekochter oder gebratener Reis oder ein einfacher Pilaw.

Scharfes Schweinefleischcurry

(Vendaloo)

Vendaloo ist ein sehr berühmtes pikantes Gericht aus Goa, einem Staat an der Südwestküste Indiens mit einem hohen christlichen Bevölkerungsanteil. Vendaloo wird traditionell mit Schweinefleisch gemacht. Es gibt jedoch viele Varianten mit anderen Fleischarten, da das Schwein als Allesfresser in Indien keine hohe Wertschätzung genießt.

Für 4 Personen

6 Schweinekoteletts

Marinade:
1 TL Kreuzkümmel
1 TL schwarze Senfkörner
1 mittelgroße Zwiebel, geschält und geviertelt
4 mittelgroße Knoblauchzehen
1 EL gehackte, frische Ingwerwurzel
2 EL Apfelessig
2 EL leichtes Pflanzenöl
½ TL gemahlener Zimt
¼ TL gemahlene Nelken

Zum Braten:
1 walnußgroße Kugel Tamarindenfruchtfleisch
⅛ l Senföl oder leichtes Pflanzenöl
3 mittelgroße Zwiebeln, in dünne Ringe geschnitten
1½ TL Kurkuma
1½ TL Cayennepfeffer
1½ TL Paprika
1 TL Salz

1. Knochen und Fettränder von den Koteletts wegschneiden. Fleisch würfeln.
2. Kreuzkümmel und Senfkörner in einer kleinen Pfanne unter ständigem Rühren in 3 Minuten dunkelbraun rösten.

In einer kleinen Schüssel abkühlen lassen, dann zu einem feinen Pulver mahlen.
3. Zwiebel, Knoblauch, Ingwer, Essig und Öl in der Küchenmaschine oder mit dem Pürierstab des Mixers fein pürieren.
4. Schweinefleisch und Knochen in eine Porzellanschüssel geben, Kreuzkümmel- und Senfpulver, die Püreemischung, Zimt und Nelken zugeben und gut durchmischen. Zudekken und 8 Stunden ziehen lassen (oder 48 Stunden im Kühlschrank stehen lassen).
5. Das Tamarindenfruchtfleisch mit gut ¼ l kochendem Wasser übergießen und 15 Minuten weichen lassen. Dann mit der Rückseite eines Löffels oder mit den Fingern zerdrücken, Flüssigkeit durchseihen und die faserigen Rückstände wegwerfen.
6. Senföl in einer großen emaillierten Pfanne erhitzen. Wenn es zu rauchen beginnt, Hitze abstellen und das Öl ganz abkühlen lassen. (Wenn Sie ein anderes Öl verwenden, entfällt dieser Arbeitsvorgang.)
7. Das Öl noch einmal erhitzen und die Zwiebeln unter ständigem Rühren hellbraun rösten (etwa 12 Minuten). Die Hitze auf mittlere Stufe zurückdrehen und Kurkuma, Cayennepfeffer und Paprika zugeben. Nach 15 Sekunden Fleisch und Knochen zugeben (eventuell verbliebene Marinade aufheben) und etwa 10 Minuten anschmoren. Tamarindensaft, Salz und restliche Marinade beigeben und alles zusammen zum Kochen bringen. Die Wärmezufuhr drosseln und das Fleisch (leicht abgedeckt) in etwa 30 Minuten weichschmoren. Die Knochen herausnehmen und wegwerfen. Abschmecken und servieren.

Anmerkung: Dieses Gericht gewinnt an Aroma, wenn man es erst ein bis zwei Tage nach der Zubereitung verzehrt.

Traditionsgemäß wird Reis zu Vendaloo gereicht, aber auch Brot paßt gut dazu. Neben einer Gemüsebeilage empfiehlt sich wegen der Schärfe des Gerichts ganz besonders ein erfrischender Joghurtsalat. Als Nachtisch schlage ich Kokosnuß-Pudding (S. 354) oder Mango-Creme (S. 364) vor.

Geflügel und Eier
(Murghi aur Anda)

Geflügel (Murghi)

Geschmortes Huhn auf Mogulen-Art (Mughalai Korma)
Huhn in Zwiebel-Tomaten-Sauce (Murgh Masala)
Huhn in Joghurt-Sauce (Dahi Murghi)
Huhn in Kokosnuß-Sauce (Malai Murghi)
Königliches Huhn in Mandel-Sauce (Shahi Murgh Badaami)
Huhn in aromatischer Sauce mit Mandeln (Badaami Murgh)
Huhn Kabuli (Murgh Kabuli)
Tandoori-Huhn (Tandoori Murghi)
Huhn in Butter-Sauce (Makhani Murgh)
Hühner-Pilaw (Murgh Biriyani)
Huhn in Aprikosen-Sauce (Murgh Khoobani)

Eier (Anda)

Rührei mit Kreuzkümmel und Koriander (Ande Ki Bhorji)
Eier in würziger Tomaten-Sauce (Ande ki Kari)

Geflügel
(Murghi)

Wenn in Nordindien Hochzeitsvorbereitungen getroffen werden, verspricht der Vater der Braut dem Vater des Bräutigams, daß es beim Hochzeitsessen »am Huhn nicht fehlen« werde. Dieser Satz verfehlt seine Wirkung auf die Familie des Bräutigams nie.
Der Grund: Huhn genießt in Indien eine ähnliche Wertschätzung wie bei uns Beluga-Kaviar oder getrüffelte Gänseleberpastete und muß dementsprechend teuer bezahlt werden. Schweine- und Rindfleisch sind den Hindus aus religiösen Gründen verboten und kommen bei festlichen Anlässen nie auf den Tisch.
Kein Wunder also, daß die Hindus (vor allem im Pandschab) die Kunst der Zubereitung von Hühnergerichten zu höchster Blüte entwickelt haben.

Vorbereitung:

In der indischen Küche wird ein Huhn immer in Portionsstücke zerteilt, es sei denn, man will es im Ofen braten. Das Hühnerklein wird für Brühe verwendet. Vor der Zubereitung wird dem Huhn immer die Haut abgezogen. Dafür gibt es zwei Gründe: Zum ersten betrachten die Inder die Haut als unrein und zum zweiten können die Gewürze viel besser in das Fleisch eindringen.
Das Enthäuten ist sehr einfach und läßt sich, wenn Haut und Fleisch fettig und schlüpfrig sind, mit Hilfe eines Küchenhandtuchs erleichtern. Auch läßt sich ein Huhn leichter enthäuten, wenn es bereits in Teile zerschnitten ist.

Tips für die Zubereitung:

Hühner werden in Indien entweder in Sauce geschmort oder gebraten oder gegrillt. Kurzgebraten mag man sie in Indien nicht, denn bei dieser Zubereitung haben die Gewürze zu wenig Zeit, in das Fleisch einzudringen. Man schätzt es, wenn das Fleisch bis zum Knochen richtig »durch« ist.

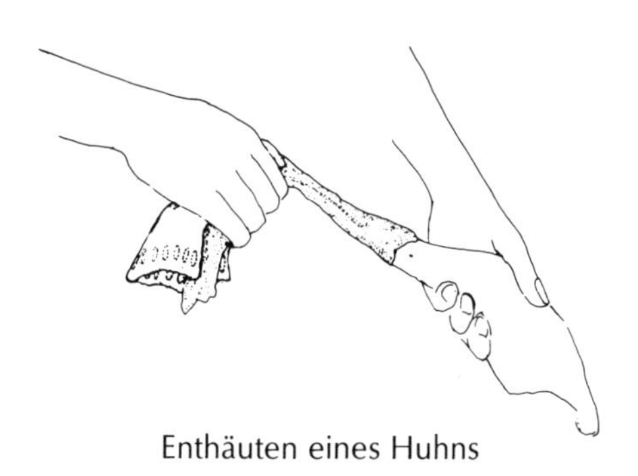

Enthäuten eines Huhns

Da das Braten oder Grillen relativ schnell geht, wird das Huhn zuvor in eine Joghurtmarinade gelegt, die gleichzeitig als Weichmacher fungiert. Bei Hühnergerichten mit Sauce wird das Fleisch erst angebraten und dann die übrigen Zutaten zugegeben.
Vorsicht beim Anbraten: die Hühnerteile müssen vorher sorgfältig mit Küchenpapier abgetrocknet werden, da sie sonst nicht braun werden und außerdem bei der Berührung mit Fett äußerst unangenehm zu spritzen anfangen. Halten Sie aus diesem Grund bei der Zubereitung von Huhn immer einen Deckel bereit.

Geschmortes Huhn auf Mogulen-Art

(Mughalai Korma)

Dieses aromatische Hühnergericht braucht keine lange Zubereitungszeit. Es schmeckt am besten, wenn man Brustfleisch und ganze (nicht gemahlene) Gewürze verwendet. Zusammen mit gekochtem Reis ergibt es das klassische Hühner-Pilaw.

Für 4 Personen

600 g Hühnerbrust, entbeint und enthäutet
knapp 2 Tassen leichtes Planzenöl
4 mittelgroße Zwiebeln, feingehackt
1 EL feingehackter Knoblauch
1½ EL feingehackte, frische Ingwerwurzel
12 grüne Kardamomkapseln, leicht zerstoßen
24 ganze Nelken
4 Lorbeerblätter
2 TL gemahlener Koriander
¼—½ TL Cayennepfeffer
1 Becher Joghurt
1 TL Salz
⅛ l Crème fraîche, besser dicke süße Sahne

1. Die Hühnerbrüste zuerst in medaillonartige ½-cm-dünne Scheiben, dann noch in etwa 5×3 cm große Stücke zurechtschneiden.
2. Öl in einer großen Pfanne erhitzen (möglichst eine mit nichthaftendem Boden) und Zwiebeln, Knoblauch und Ingwer darin etwa 10 Minuten bei mittlerer Hitze anbraten. Kardamom, Nelken und Lorbeerblätter zugeben und unter schnellem Rühren mitbraten (etwa 5 Minuten). Die Zwiebeln sollten jetzt goldbraun sein. Koriander und Cayennepfeffer 15 Sekunden mitrösten, dann 2 EL Joghurt zugeben. Weiterschmoren, bis die Flüssigkeit einkocht. Dann wieder 2 EL Joghurt zugeben und wieder einkochen lassen. So weiter verfahren, bis der ganze Joghurt aufgebraucht ist (etwa 5 Minuten).
3. Huhn einlegen und 3—5 Minuten sautieren. ⅛ l kochendes Wasser zugießen, salzen und alles verrühren. Die Hitze drosseln und das Fleisch in ca. 25 Minuten weichschmoren.

Das Öl setzt sich von der jetzt dicken Sauce ab. Crème fraîche oder dicke Sahne zugeben und die Hitze abstellen. Zugedeckt eine Stunde stehen lassen. Vor dem Servieren noch einmal erhitzen.

Anmerkung: Dieses Gericht läßt sich zwar im Kühlschrank bis zu zwei Tage aufbewahren, eignet sich jedoch nicht besonders gut zum Einfrieren.
Als Beilage empfiehlt sich entweder einfacher gekochter Reis oder Safran-Pilaw mit Pfirsichen (S. 283). Auch Brot paßt dazu. Als Vorspeise können Sie alles außer Kebabs und Klößchen anbieten. Minz-Chutney ist eine sehr gute Ergänzung.

Huhn in Zwiebel-Tomaten-Sauce

(Murgh Masala)

Murgh Masala ist eines der klassischen Gerichte aus dem nordindischen Pandschab.
Die ungemahlenen Gewürze (Zimt und Kardamom) werden nicht mitgegessen, aber es tut dem Wohlgeschmack keinen großen Abbruch, wenn Sie es trotzdem versehentlich tun.

Für 8 Personen

2 Hühner, je 1,5 kg schwer, in 8—10 Stücke geteilt
10 EL leichtes Pflanzenöl
9 mittelgroße Zwiebeln, in dünne Ringe geschnitten
2 EL feingehackter Knoblauch
3 EL feingehackte, frische Ingwerwurzel
2 Zimtstangen, 7,5 cm lang
4 schwarze (oder 8 grüne) Kardamomkapseln
1 EL Kurkuma
1 TL Cayennepfeffer
4 Tomaten, püriert oder feingehackt
½ EL Salz
½ l kochendes Wasser
1 EL gemahlener, gerösteter Kreuzkümmel (S. 66)
3—4 EL gehackte, frische Korianderblätter oder
2 EL getrocknete Korianderblätter

1. Flügelspitzen abschneiden und die zerteilten Hühner enthäuten.

2. 2 EL Öl in einem großen, möglichst nichthaftenden Topf stark erhitzen. Die Fleischstücke darin anbraten. Herausnehmen und beiseite stellen.
3. Die restlichen 8 EL Öl in den Topf geben und die Zwiebeln darin in etwa 30 Minuten unter ständigem Rühren goldbraun rösten. Knoblauch und Ingwer zufügen, 5 Minuten rösten. Dann Zimt und Kardamom zugeben und ebenfalls rösten, bis die Gewürze leicht aufgehen und anbräunen. Kurkuma und Cayennepfeffer 10—15 Sekunden unter kräftigem Rühren mitrösten. Tomaten, Fleisch, Salz und ½ l kochendes Wasser zugeben, alles gut durchrühren und auf kleiner Flamme gar schmoren (etwa 45 Minuten). Bei Bedarf etwas Wasser zugießen, oder aber, wenn die Sauce nicht genügend eingedickt ist, bei offenem Deckel Flüssigkeit verkochen lassen. Vom Herd nehmen und mindestens 1—2 Stunden ziehen lassen. Vor dem Servieren erhitzen, gerösteten Kreuzkümmel und gehackten Koriander unterziehen und mit Salz abschmecken.

Anmerkung: Brot oder gekochter Reis sind passende Beilagen, wenn es eine einfache Mahlzeit sein soll. Etwas aufwendiger sind Patiala-Pilaw (S. 278) oder Kurkuma-Kartoffeln (S. 240) oder Kurkuma-Kartoffeln mit grünen Paprikaschoten (S. 241) als Zugabe.

Huhn in Joghurt-Sauce

(Dahi Murghi)

Ein leicht zuzubereitendes Gericht mit nicht alltäglichem Geschmack.

Für 4—6 Personen

1 Huhn, 1,5 kg schwer (in 8—10 Stücke aufgeteilt)
4 EL leichtes Pflanzenöl
4 mittelgroße Zwiebeln, in dünne Ringe geschnitten
1 EL feingehackter Knoblauch
1 EL gemahlener Koriander
½ TL Cayennepfeffer
1½ TL Garam Masala (S. 42)
1 TL gemahlener, gerösteter, indischer Mohn (S. 66)
1 Becher Joghurt
4 EL Sauerrahm oder Crème fraîche
4 EL Usli Ghee (geklärte Butter) oder leichtes Pflanzenöl
½ EL Salz

1. Flügelspitzen abschneiden und das zerteilte Huhn enthäuten.
2. Öl in einer Pfanne mit schwerem Boden erhitzen und die Zwiebeln darin unter ständigem Rühren in etwa 10 Minuten goldgelb anschwitzen lassen, dann 2 Minuten den Knoblauch mitbraten. Koriander, Cayennepfeffer, Garam Masala und Mohn unter kräftigem Rühren 1 Minute mitrösten. Joghurt, Sauerrahm bzw. Crème fraîche und ½ Tasse Wasser zugeben und alles zum Kochen bringen. Die Wärmezufuhr reduzieren und die Mischung zugedeckt fünf Minuten schmoren lassen. Hitze wegnehmen und die Mischung leicht abkühlen lassen, dann in der Küchenmaschine fein pürieren.
3. Die geklärte Butter in der Pfanne erhitzen und die Hühnerteile etwa 4 Minuten sautieren. Püree und Salz zugeben und 4 Minuten kochen lassen. Dann auf geringere Hitze schalten und das Fleisch in etwa 45 Minuten weichschmoren. Achtgeben, daß nichts anbrennt. Bei diesem Gericht soll die Sauce dick und samtig glänzend sein. Ist sie zu dünn, muß sie weiter eingedickt werden. Ist sie zu dick und

setzt sich Öl auf der Oberfläche ab, gießt man nach und nach etwas Milch oder Wasser zu, bis sich das Fett wieder mit der Sauce verbunden hat. Vom Herd nehmen und das Huhn mindestens eine Stunde ruhen lassen. Kurz vor dem Servieren noch einmal erhitzen und mit Salz abschmecken.

Anmerkung: Als Beilage eignet sich einfacher Pilaw, gekochter Reis oder Brot. Als weitere Beilage wären Geröstete Auberginen mit frischen Kräutern (S. 232) zu empfehlen und als Vorspeise Ausgebackener indischer Käse (S. 96).

Huhn in Kokosnuß-Sauce

(Malai Murgh)

Voraussetzung für das Gelingen dieses Gerichts ist, daß die Kokosmilch frisch und süß ist, sonst schmeckt es nach ranzigem Kokosöl. Wenn Sie keine frische Kokosmilch zu Hause haben, müssen Sie zusätzlich eine Stunde Vorbereitungszeit einkalkulieren (S. 49).
Kardamom, Nelken und Zimt werden nicht mitgegessen. Es schadet aber nicht, wenn Sie es versehentlich tun.

Für 4—6 Personen

1 kg Hühnerbrust (2 ganze Hühnerbrüste)
1/8 l leichtes Pflanzenöl
1 mittelgroße Zwiebel, feingehackt
4 TL feingehackter Knoblauch
4 TL feingehackte, frische Ingwerwurzel
8 grüne Kardamomkapseln
12 ganze Nelken
1 Zimtstange, 8 cm lang
2 EL blanchierte Mandeln, feingemahlen
3/8 l Kokosmilch (S. 49)
1/4 TL Kurkuma
1/2 TL Cayennepfeffer (oder mehr nach Belieben)
1 TL Salz
1/16 l Crème fraîche, besser dicke süße Sahne
2 EL feingehackte, frische Korianderblätter

1. Die Hühnerbrüste enthäuten und mit Knochen jeweils in 4 Stücke schneiden.
2. Das Öl in einer großen, schweren Pfanne erhitzen und darin Ingwer, Zwiebeln und Knoblauch bei mittlerer Hitze anbraten, bis die Zwiebeln glasig sind (etwa 5 Minuten). Kardamom, Nelken und Zimt zufügen und mitrösten, bis die Gewürze leicht aufgegangen sind und anfangen, braun zu werden (5 Minuten). Die feingemahlenen Mandeln dazugeben und rasch 2 Minuten unter ständigem Rühren mitbraten. Dann die Wärmezufuhr auf mittlere Stärke reduzieren und die Hühnerteile einlegen. 1 Minute schmoren lassen, dann umdrehen und weiterschmoren, bis sie ihre rosa Farbe verlieren (etwa 2 Minuten). Das Fleisch soll so hell wie möglich bleiben.
3. Kokosmilch, Kurkuma, Cayennepfeffer und Salz zufügen und alles zusammen aufkochen lassen. Die Wärmezufuhr drosseln und sanft köcheln lassen, bis das Fleisch so weich ist, daß es auf der Zunge zergeht (etwa 30 Minuten). Oft nachsehen, damit nichts anbrennt. Crème fraîche oder dikke Sahne zufügen und die Hitze ganz abstellen. Das Gericht muß mindestens 1 Stunde Zeit zum Ziehen haben. Vor dem Servieren erhitzen, mit Salz abschmecken und mit gehackten Korianderblättern bestreuen.

Anmerkung: Dieses Gericht gewinnt, wie viele indische Speisen, an Geschmack, wenn es nicht nur eine, sondern mehrere Stunden Zeit zum Ziehen hat. Im Kühlschrank können Sie es zwei Tage aufbewahren.
Menüvorschläge finden Sie bei Huhn in Joghurt-Sauce (S. 163).

Königliches Huhn in Mandel-Sauce

(Shahi Murgh Badaami)

Mandeln (Badaami) waren bei den Mogulen sehr beliebt und bilden die Grundlage für viele aufregende Speisen. Dieses Gericht ist eins der wohlschmeckendsten darunter. Wenn Sie es scharf mögen, geben Sie alle Pfefferschoten zu, die im Rezept angegeben sind.

Für 6 Personen

1 Huhn (etwa 1400 g, in 8—10 Stücke geteilt, oder die entsprechende Menge Hühnerkeulen und -brüste
10 EL leichtes Pflanzenöl
6 mittelgroße Zwiebeln, in dünne Scheiben geschnitten
6 EL blanchierte Mandeln, gestiftelt
4 EL Koriandersamen
4 TL grüne Kardamomkapseln
4—8 scharfe, rote Pfefferschoten oder
1—2 TL Cayennepfeffer

2 Becher Joghurt
1 TL Salz

1. Flügelspitzen wegschneiden und Hühnerteile enthäuten.
2. 2 EL Öl bei mittlerer Hitze in einer großen, schweren Kasserolle erhitzen. Die Hühnerteile darin unter ständigem Wenden anbraten. Sie dürfen jedoch nicht braun werden, da sonst die Sauce zu dunkel wird. Mit einem Schaumlöffel herausheben und in eine Schüssel geben. Auf diese Weise nacheinander alle Hühnerteile anschmoren.
3. Die restlichen 8 EL Öl in die Kasserolle geben und die Zwiebeln darin unter ständigem Rühren goldgelb schwitzen lassen. Auch hier ist darauf zu achten, daß die Zwiebeln nicht braun werden. Mandeln, Koriander, Kardamom und Pfefferschoten zugeben (wenn Sie Cayennepfeffer nehmen, dürfen Sie diesen jetzt noch nicht zugeben) und weitere 3—5 Minuten schmoren, bis die Mandeln leicht Farbe annehmen und die Kardamomkapseln aufgehen. (Jetzt den Cayennepfeffer zugeben und gut verrühren.) Vom Herd nehmen.

4. Diese Gewürz-Mischung mit ¼ l Wasser in der Küchenmaschine fein pürieren.
5. Das Püree mit den Hühnerteilen, Joghurt und Salz in die Kasserolle geben und aufkochen. Die Wärmezufuhr reduzieren und sanft köcheln lassen, bis das Hähnchen zart ist und die Sauce angedickt hat (etwa 45 Minuten). Zu diesem Zeitpunkt setzt sich das Öl von der Sauce ab. Hitze wegnehmen und das Gericht zugedeckt ½ Stunde ziehen lassen. Vor dem Servieren gut durcherhitzen.

Anmerkung: Wenn Sie den Geschmack dieses Gerichts verbessern wollen, bereiten Sie es bereits 2 Tage vorher zu und lassen es im Kühlschrank ziehen.
Reichen Sie zu diesem Gericht einen duftenden Pilaw wie Süßen Safran-Pilaw (S. 281), Safran-Pilaw mit Pfirsichen (S. 283) oder Patiala-Pilaw. Auch jede Art von Brot paßt dazu.

Huhn in aromatischer Sauce mit Mandeln

(Badaani Murgh)

Ein klassisches Gericht aus dem Norden Indiens. Es ist Abendgesellschaften und anderen festlichen Anlässen vorbehalten. Damit die Sauce ganz glatt wird, sollten Sie dafür nur Mandelbutter und kein Mandelmehl verwenden.
Die ungemahlenen Gewürze — Zimt, Kardamom und Nelken — sind nicht zum Mitessen gedacht, aber es schadet auch nicht, wenn Sie davon etwas versehentlich verschlukken.

Für 4—6 Personen

1 Huhn, ca. 1500 g, in 8 bis 10 Stücke zerteilt (oder die gleiche Menge Keulen und Brüste)
1½ TL Zitronensaft
1 TL Salz
6 EL leichtes Pflanzenöl
3 EL Mandeln, blanchiert, gestiftelt oder blättrig geschnitten
3 mittelgroße Zwiebeln, feingehackt
1 EL feingehackter Knoblauch
1 EL feingehackte, frische Ingwerwurzel
1 Stange Zimt, 7 cm lang
4 schwarze (oder 8 grüne) Kardamomkapseln
4 ganze Nelken
1 TL gemahlener Kreuzkümmel
1 TL gemahlener Koriander
½ TL Kurkuma
½ TL Cayennepfeffer (nach Geschmack)
2 Tomaten, feingewürfelt oder püriert
2—3 EL Mandelbutter (siehe S. 130 unter Nußbutter)
1—2 EL feingehackte Korianderblätter

1. Flügelspitzen abschneiden und die Hühnerteile enthäuten. Ringsherum mit einer Gabel oder einem dünnen Spieß einstechen. In eine Schüssel geben und mit Zitronensaft und Salz einreiben.
2. Zudecken und ½ Stunde ziehen lassen.
3. 1 EL Öl in einer schweren, möglichst nichthaftenden Pfanne erhitzen. Die Mandeln zugeben und in etwa 3 Minuten unter Rühren hellbraun anrösten. Danach sofort her-

ausnehmen und auf Küchenpapier abtropfen lassen. Beiseite stellen.

4. Die restlichen 4 EL Öl in die Pfanne geben und die Zwiebeln darin bei mittlerer Hitze etwa 15 Minuten hellbraun schmoren. Ständig rühren, damit sie gleichmäßig bräunen. Knoblauch und Ingwer zugeben und weitere 2 Minuten rösten. Zimt, Kardamom und Nelken mitschmoren, bis sie leicht aufgehen und anbräunen (etwa 2 Minuten).

5. Die Hitze auf mittlere Stufe reduzieren, Hühnerteile zugeben und unter häufigem Wenden 5—7 Minuten anschmoren. Kreuzkümmel, Koriander, Kurkuma und Cayennepfeffer zugeben und gut vermischen. Tomaten, Mandelbutter und ⅛ l heißes Wasser beigeben und aufkochen. Hitze reduzieren und zugedeckt etwa 50 Minuten kochen lassen. Häufig umrühren, damit nichts anbrennt. Hitze wegnehmen und das Gericht zugedeckt mindestens 1 Stunde ruhen lassen. Vor dem Servieren gut aufwärmen, mit Salz abschmecken und auf einer warmen Servierplatte mit gehackten Korianderblättern und Mandeln garniert anrichten.

Anmerkung: Dieses Gericht kann bis zu zwei Tage im voraus zubereitet werden, läßt sich aber nicht so gut einfrieren. Die Garnierung erst kurz vor dem Servieren auflegen.

Für eine einfache Mahlzeit reichen gekochter Reis oder Brot als Beilage. Bei festlichen Gelegenheiten können ein Kaiserlicher Pilaw mit Morcheln (S. 286) und ein Joghurtsalat hinzukommen. Ideale Vorspeisen wären Ausgebackener Blumenkohl (S. 94) oder Ausgebackene Shrimps (S. 97).

Huhn Kabuli

(Murgh Kabuli)

Dieses Gericht kann man auch mit Lammfleisch zubereiten, aber mit Hühnerfleisch verbinden sich die Gewürze harmonischer.

Für 8 Personen

4 große Knoblauchzehen, geschält
3 EL frische Ingwerwurzel, gehackt
3 mittelgroße, reife Tomaten
1 Becher Joghurt
knapp ¼ l leichtes Pflanzenöl
1400 g Hühnerbrust, enthäutet und entbeint, in 3 cm große Würfel geschnitten
½ TL Macisblüte
1 TL Muskatnuß
2 EL blanchierte Mandeln, gemahlen
1 TL gemahlener Kardamom
1 TL gemahlener Kreuzkümmel
1 TL gemahlener Koriander
½ TL Fenchelsamen, pulverisiert
½ EL Salz
⅛ l Crème fraîche, besser dicke süße Sahne
2—3 TL schwarze Pfefferkörner, grob zerstoßen
6 EL frische Korianderblätter, feingehackt

1. Knoblauch, Ingwer, Tomaten und Joghurt in der Küchenmaschine fein pürieren.
2. Öl und Püree in einen großen, schweren Topf — möglichst mit nichthaftendem Boden — geben und auf mittlerer Hitze zu einer dicken Sauce einkochen lassen. Das Öl setzt sich dabei vom Püree ab. Ständig rühren, damit nichts anbrennt. Gegen Ende der Kochzeit fängt die Sauce möglicherweise an zu spritzen — halten Sie also einen Deckel bereit.
3. Hühnerfleisch zugeben und etwa 5 Minuten anbraten (nicht bräunen lassen). Macisblüte, Muskatnuß, Mandeln, Kardamom, Kreuzkümmel, Koriander, Fenchel und Salz zugeben und gut vermischen. Die Hitze zurücknehmen, zudecken und das Huhn im eigenen Saft 15 Minuten schmo-

ren lassen. Den Deckel abnehmen und weitergaren, bis das Fleisch weich und die Sauce fast trocken ist (nach etwa 15 Minuten). Crème fraîche oder Sahne, schwarzen Pfeffer und Korianderblätter untermischen und die Hitze wegnehmen. Den Topf zugedeckt mindestens 1 Stunde ziehen lassen. Vor dem Servieren noch einmal gut durchwärmen, mit Salz abschmecken und auf den Tisch bringen.

Anmerkung: Diesem Gericht sollten Sie nicht nur eine Stunde, sondern mindestens vier, besser noch einen Tag Ruhe gönnen. Es wird dadurch wesentlich aromatischer. Huhn Kabuli können Sie problemlos einfrieren. Vor dem Erhitzen jedoch ganz auftauen lassen. Eventuell nachsalzen und nachpfeffern. Mit frischen Korianderblättern bestreut servieren.
Reichen Sie dazu indisches Brot oder ein Pilaw und eine Gemüsebeilage. Sie können auch Blumenkohl- oder Spinatbrot servieren. Mulligatawnysuppe (S. 115) oder Gefüllte Tomaten sind passende Vorspeisen.

Tandoori-Huhn

(Tandoori Murghi)

Dies ist das bekannteste und schmackhafteste aller im Tandoor zubereiteten Gerichte. Der charakteristische Geschmack und die typische Farbe entstehen durch die spezielle Joghurtmarinade, die Verwendung von Fleischzartmachern, eine spezielle Tandoori-Gewürzmischung und schließlich durch das Braten im indischen Lehmofen, dem Tandoor. (Siehe auch S. 71: Garen im indischen Lehmofen.)
Vermutlich wird Ihnen kein Tandoor zur Verfügung stehen. Trösten Sie sich: Auch im Backofen oder auf dem Elektro- oder Holzkohlengrill lassen sich hervorragende kulinarische Ergebnisse erzielen.

Für 6 Personen

3 junge Brathühner (je etwa 1000 g)
2½ TL ungesalzener, natürlicher Fleischzartmacher (nach Belieben)
⅛ l Zitronensaft

Marinade:
2 große Knoblauchzehen
1 EL gehackte, frische Ingwerwurzel
1 TL gemahlener, gerösteter Kreuzkümmel
½ TL Cayennepfeffer
1 TL rote Tandoori-Farbe oder 1 EL Paprika
½ Becher Joghurt

Usli Ghee (geklärte Butter) oder leichtes Pflanzenöl zum Bepinseln

1. Flügelspitzen abschneiden und Hälse entfernen. In vier Teile teilen und sorgfältig enthäuten. Mit einer Gabel oder einem dünnen Spieß ringsherum einstechen. In jeweils 3 cm Abstand schrägverlaufend etwa 1 cm tiefe Schnitte ins Fleisch machen. Dann das Fleisch in eine große Schüssel legen.
2. Fleischzartmacher und Zitronensaft in die Einschnitte und über das ganze Fleisch reiben. Zudecken und ½ Stunde einziehen lassen.

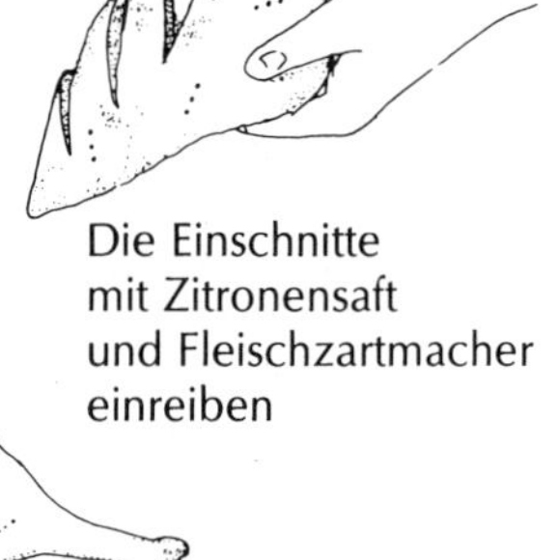

Die Einschnitte mit Zitronensaft und Fleischzartmacher einreiben

Hühnerteile schräg einschneiden

3. Alle Zutaten für die Marinade im Mixer oder in der Küchenmaschine zu einer glatten Sauce pürieren.
4. Diese Marinade über die Hühnerteile gießen und gut vermischen. (Einige der handelsüblichen Tandoori-Farben verfärben die Finger. Nehmen Sie also nicht die Finger zum Einreiben, sondern spießen Sie das Hühnerteil auf eine Gabel und bestreichen Sie es mit einem Pinsel.) Zudecken und 4 Stunden bei Zimmertemperatur oder über Nacht im Kühlschrank stehen und ziehen lassen. Dabei mehrmals wenden. Nicht länger als 2 Tage aufheben, da sonst der Fleischzartmacher das Fleisch breiig werden läßt.
5. Hühner mindestens eine Stunde vor der Weiterverarbeitung aus dem Kühlschrank nehmen und Zimmertemperatur annehmen lassen.

Zubereitung im Backofen:
Ofen auf 260—290° C vorheizen. Die Hühnerteile aus der Marinade nehmen, mit geklärter Butter bestreichen und in eine sehr große, flache Bratpfanne legen. Diese auf den mittleren Einschub des Backofens stellen und das Fleisch in 25—30 Minuten gar schmoren.

Zubereitung mit dem Elektrogrill:
Den Grill vorheizen. Die Grillstäbe mit etwas Öl bepinseln, damit das Fleisch nicht kleben bleibt. Die Hühnerteile mit den Einschnitten nach oben auf den Grill legen und mit geklärter Butter bepinseln. In 5—7 cm Entfernung von der Heizquelle etwa 20 Minuten grillen, dann umdrehen und auf der anderen Seite weitere 10 Minuten grillen. Während des Grillens häufig mit Ghee bepinseln.

Zubereitung auf dem Holzkohlengrill:
Den Holzkohlengrill vorheizen (wenn die Holzkohle sich mit weißer Asche überzogen hat, ist die Hitze gerade richtig). Das Grillgut mindestens 12 cm von der Glut entfernt auflegen und mit Ghee bepinseln. Dann 10 Minuten grillen, dabei immer wieder mit Ghee bepinseln. Umdrehen und die Rückseite in gleicher Weise grillen und bepinseln. Die Grillzeit variiert beträchtlich. Denken Sie aber daran, daß

durch Fleischzartmacher die Garzeit erheblich verkürzt wird.
Noch einmal mit Ghee bepinseln, mit gerösteten Zwiebeln dekorieren und sofort servieren.

Anmerkung:
1. Die in der Schüssel verbliebene Marinade kann für die Sauce beim folgenden Rezept: Huhn in Butter-Sauce verwendet werden.
2. Da die im Handel erhältlichen Tandoori-Farben in ihrer Zusammensetzung sehr differieren, kann auch Ihr Huhn von gelb-orange bis tiefrot aussehen. Wenn Sie Paprika verwenden, wird das Fleisch eher rötlich sein. Der Holzkohlengrill intensiviert die Färbung noch.
3. Tandoori-Huhn muß sofort nach der Zubereitung serviert werden. Es schmeckt kalt nicht besonders, kann aber für das folgende Rezept verwendet werden.

Sowohl Süßer Safran-Pilaw (S. 281) wie auch Safran-Pilaw mit Pfirsichen passen ausgezeichnet zu Tandoori-Huhn. Da traditionsgemäß geröstete Zwiebeln dazu gereicht werden, brauchen Sie keine weiteren kleinen Beilagen. Dem Hühnergericht vorausgehen könnte Ausgebackener Blumenkohl (S. 94) oder Ausgebackener indischer Käse (S. 96). Quarkklöße in Pistazien-Rahm-Sauce (S. 360) sind das perfekte Dessert dazu.

Huhn in Butter-Sauce
(Makhani Murgh)

Tandoori-Huhn bildet die Grundlage dieses Rezeptes, wenn Ihnen also vom vorhergehenden Rezept etwas übriggeblieben ist, können Sie die Reste in diesem Rezept ideal verarbeiten. Den geschmacklichen Schwerpunkt schaffen die reichlich zugegebenen Korianderblätter. Wenn Sie sie weglassen, nehmen Sie dem Gericht auch von seiner Authentizität.

Für 8 Personen

2/3 der Menge des Rezepts Tandoori-Huhn (vorstehend): insgesamt 8 Stück Hühnerbrüste oder Hühnerkeulen, in beliebiger Kombination, oder 2 zubereitete Tandoori-Hühner
8 frische, reife Tomaten, gewürfelt oder die entsprechende Menge Tomaten aus der Dose
4 grüne Chilischoten, entkernt
2 EL gehackte, frische Ingwerwurzel
10 EL Butter
4 TL gemahlener Kreuzkümmel
1 EL Paprika
1 TL Salz
3/8 l Crème fraîche, besser dicke süße Sahne
2 TL Garam Masala
2 TL gemahlener, gerösteter Kreuzkümmel (nach Belieben)
5 EL frische Korianderblätter, feingehackt

1. Die Hühnerteile halbieren, so daß 16 Stücke entstehen.
2. Tomaten, Chilischoten und Ingwer in der Küchenmaschine fein pürieren.
3. 8 EL Butter in eine Pfanne mit nichthaftender Oberfläche geben. Wenn die Butter aufschäumt, die Hühnerteile nacheinander etwa 2—3 Minuten anbräunen. Herausnehmen und in eine Schüssel geben.
4. Kreuzkümmel und Paprika zur Butter in die Pfanne geben und 10—15 Sekunden unter Rühren anrösten. Das Tomatenpüree zugeben und in ca. 5—8 Minuten offen einkochen lassen. Dabei ständig rühren, damit nichts anbrennt.

5. Salz, Crème fraîche bzw. Sahne und Hühnerteile in die Pfanne geben. Gut umrühren, damit das Fleisch ganz von der Sauce bedeckt ist. Die Wärmezufuhr reduzieren und offen schmoren lassen, bis sich das Fett von der Sauce absetzt (nach etwa 10 Minuten). Gelegentlich vorsichtig umrühren, damit nichts anbrennt. Die restlichen 2 EL Butter, Garam Masala und nach Geschmack gerösteten Kreuzkümmel einrühren. Die Hitze wegnehmen und das Gericht zugedeckt ½ Stunde ziehen lassen. Vor dem Servieren mit Salz abschmecken, gehackte Korianderblätter unterziehen und erhitzen.

Anmerkung: Das Gericht hält sich im Kühlschrank zwei Tage. Geschmacklich verbessern können Sie es, wenn Sie vor dem Servieren noch ein wenig Garam Masala, gemahlenen, gerösteten Kreuzkümmel und frisch gehackte Korianderblätter zugeben.
Dazu paßt entweder Patiala-Pilaw (S. 278) oder Pilaw Benares (S. 280) oder frisch gebackenes Brot. Ausgebackenes oder Kebabs eignen sich als Vorspeise sowie Zwiebeln im Ausbackteig (S. 93) oder Kebabküchlein mit Ingwer und Minze (S. 90).

Hühner-Pilaw

(Murgh Biriyani)

Hühner-Pilaw ist eigentlich der authentischste aller nordindischen Pilaws. Es gibt zwei Zubereitungsmethoden: Entweder werden alle Zutaten miteinander vermischt und dann geschmort, oder Hühner und Reis werden gesondert zubereitet und erst unmittelbar vor dem Servieren zueinandergegeben. Ich bevorzuge die letztere Zubereitungsweise, denn dabei kann es nicht passieren, daß entweder das Huhn noch nicht gar oder der Reis bereits zerkocht ist.

Anmerkung: Die Zwiebeln nicht zu lange anbraten, da sonst die Sauce zu dunkel wird. Nehmen Sie für dieses Rezept einen eher etwas säuerlichen Joghurt, damit der pikante Geschmack dieser indischen Spezialität deutlicher hervorkommt.

Für 6 Personen:

Alle Zutaten für Geschmortes Huhn auf Mogulen-Art (S. 160)
4 Tassen Basmati-Reis
450 g Trauben (nach Belieben)
1 EL frische, gehackte Korianderblätter

1. Nach Rezept Geschmortes Huhn auf Mogulen-Art auf S. 160 zubereiten.
2. Den Reis waschen und nach der Kochanleitung für Basmati-Reis auf S. 270 quellen lassen.
3. Backofen auf 150° C vorheizen.
4. 3 l Wasser in einem hohen Topf zum Kochen bringen. Den eingeweichten Reis hineingeben und sofort eine halbe Minute rühren (damit sich der Reis nicht am Boden festsetzt). Das Wasser noch einmal aufkochen und den Reis 2 Minuten darin quellen lassen. Den Topfinhalt dann über dem Küchenausguß durch einen Durchschlag gießen. Mit fließendem, kaltem Wasser 3—5 Minuten abschrecken. Den Durchschlag schütteln, damit das Wasser gut abläuft und kurz abkühlen lassen.
5. Das Huhn samt Sauce in eine schwere, ofenfeste Kasserolle mit gutschließendem Deckel geben. Reis zugeben und vorsichtig vermischen. Die Kasserolle mit Alufolie abdecken und mit dem Deckel verschließen.
6. Auf mittlerem Einschub im Backofen 30 Minuten schmoren lassen. Den Backofen abstellen, aber die Kasserolle noch 10 Minuten darin belassen. Der Pilaw bleibt so noch bis zu 30 Minuten warm. Den Pilaw auf einer vorgewärmten Servierplatte anrichten, nach Belieben mit einem Ring aus Trauben dekorieren und mit gehackten Korianderblättern bestreuen.

Anmerkung: Wenn Sie dieses Gericht im voraus zubereiten und es 2—3 Tage ziehen lassen, wird es geschmacklich noch besser.
Dieser Pilaw ist eine komplette Mahlzeit für sich. Kredenzen Sie ein Glas gekühlten Weißwein dazu. Wenn es ein aufwendigeres Mahl werden soll, können Sie noch ein Gemüsegericht dazu anbieten.

Huhn in Aprikosen-Sauce
(Murgh Khoobani)

Das süßsaure Aroma von Früchten und fruchtigen Saucen harmoniert ideal mit Huhn. Deshalb verwendet die mogulische Küche häufig Pfirsiche, Pflaumen, Trauben, Äpfel und Aprikosen in Hühnergerichten.
Traditionell wird dieses Gericht auf dem Herd zubereitet. Ich finde es jedoch praktischer, es im Rohr zu schmoren.

Für 8 Personen

4 kleine Brathühner (je 700 g) oder Poularden
etwa 250 g getrocknete Aprikosen
8 EL Usli Ghee (geklärte Butter, S. 52) oder leichtes Pflanzenöl
3 mittelgroße Zwiebeln, feingehackt
2 EL feingehackte, frische Ingwerwurzel
2 TL Mughal Garam Masala (S. 41)
4 Tomaten, feingehackt oder gewürfelt
1 TL Salz

1. Die Flügelspitzen abschneiden, die Hühner halbieren, die Haut abziehen.
2. Die Aprikosen in eine Schüssel geben und mit kochendem Wasser bedecken. Zwei Stunden einweichen lassen, dann das Wasser abgießen. In einer Küchenmaschine oder mit dem Messer grob zerkleinern.
3. Den Backofen auf 190° C vorheizen.
4. 2 EL Ghee oder Öl bei mittlerer Hitze in einer großen Bratpfanne heiß werden lassen. Die Hühnerhälften nacheinander darin auf allen Seiten anbräunen (etwa 5—10 Minuten). Herausnehmen und in eine große, ofenfeste Form (in die alle Hühnerhälften in einer Lage eng nebeneinander hineinpassen) schichten.
5. Die Zwiebeln in der restlichen Butter (in etwa 5 Minuten) hellbraun anschwitzen. Dabei ständig rühren, damit nichts anbrennt. Die Ingwerwurzel zugeben und weitere 2 Minuten mitbraten. Mughal Garam Masala beifügen und

5 Sekunden einrühren. Dann Tomaten, Salz und Aprikosen sowie $^3/_8$ l Wasser zugeben und alles aufkochen lassen. Die Hitze verringern und die Sauce offen zu einem dicken Püree einkochen lassen (15—20 Minuten).
6. Die Sauce über das Fleisch gießen. $^1/_8$ l kochendes Wasser vorsichtig von der Seite her zugießen und die Form sorgfältig mit Folie verschließen.
7. Auf mittlerem Einschub im Backofen 25 Minuten schmoren. Die Hitze auf 160° C zurückdrehen und weitere 25 Minuten garen. Den Backofen abschalten, aber das Huhn bis zum Servieren darinlassen. Das Gericht bleibt bei abgeschalteter Wärmezufuhr ca. 30 Minuten warm.

Anmerkung: Im Kühlschrank kann Huhn in Aprikosen-Sauce bis zu 2 Tage aufbewahrt werden.
Einfacher Reis unterstreicht den feinen Geschmack dieses Gerichts, aber auch Gemüse können Sie gut dazu reichen.
Als Vorspeise rate ich zu Kartoffelsalat mit Minze (S. 85) oder Kalter Kartoffelvorspeise (S. 86).

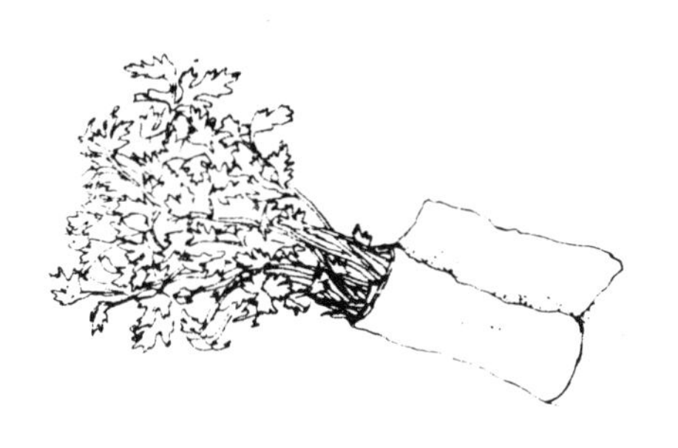

Eier
(Anda)

Rührei mit Kreuzkümmel und Koriander
(Ande ki Bhorji)

Indisches Rührei unterscheidet sich sehr von unserem: Es enthält sehr viel Zwiebeln — etwa die dem Ei entsprechende Menge — und ist ohne Gewürze wie Kreuzkümmel, Chilies und frischen Koriander nicht komplett.

Für 4—6 Personen

6 große Eier
½ TL Salz
2 EL leichtes Pflanzenöl
2 mittelgroße Zwiebeln, geschält und in etwa 1 cm große Stücke geschnitten
½ TL gemahlener, gerösteter Kreuzkümmel (S. 66)
1 EL feingehackte, frische Korianderblätter
1—2 grüne Chilischoten, entkernt und in Streifen geschnitten (nach Belieben)

1. Die Eier in eine kleine Schüssel schlagen, salzen und leicht verklöppeln.
2. Öl in einer Bratpfanne erhitzen und die Zwiebeln darin glasig anschwitzen (etwa 3—4 Minuten).
3. Hitze reduzieren und die Eier zugeben. 5 Sekunden in der Pfanne setzen lassen. Dann mit einer Gabel vom Rand her zur Pfannenmitte schieben, daß sie wie ein dicker Kuchen backen. Wenn die Eimasse gestockt ist, vorsichtig wenden (es macht nichts aus, wenn die Eimasse dabei bricht, denn das fertige Gericht soll wie kleine Kuchen aus Rührei, gespickt mit Zwiebeln aussehen). Noch etwa 3 Minuten braten lassen. Nicht braun werden lassen. Auf einer vorgewärmten Servierplatte anrichten. Mit geröstetem Kümmel, gehackten Korianderblättern und grünen Chilischoten servieren.

Anmerkung: Rührei wird traditionell mit lockerem Vollkornfladenbrot (Paratha, S. 308) und Eingemachtem serviert. Dazu gibt es gewürzten Tee. Soll es ein echt indisches Frühstück werden, muß es mit einem Joghurtgetränk beginnen.

Eier in würziger Tomaten-Sauce

(Ande ki Kari)

In Indien wird das Ei höher geschätzt als bei uns, wo es oft nur als Kochzutat angesehen wird.
Ande ki Kari ist das beliebteste Eiergericht in Indien. Bei diesem Gericht müssen Sie beachten: Erstens müssen die Eier so frisch wie möglich sein. Sie sollten erst gekocht werden, wenn Sie die Tomaten-Sauce zubereiten (durch längeres Stehen werden die Eidotter an den Rändern grau). Wenn Sie die Eihälften in die Sauce geben, sollten Sie sehr behutsam umrühren, damit die Dotter nicht herausfallen und die Tomaten-Sauce unansehnlich machen.

Anmerkung: Zimt und Kardamom werden nicht mitgegessen.

Für 8 Personen

8 große Eier
10 EL indisches Pflanzenfett oder leichtes Pflanzenöl
3 mittelgroße Zwiebeln, feingehackt
4 TL feingehackter Knoblauch
2 EL feingehackte, frische Ingwerwurzel
1 Zimtstange, 7 cm lang
4 schwarze (oder 8 grüne) Kardamomkapseln
2 TL gemahlener Koriander
1 TL Kurkuma
je ¼ TL roter und schwarzer Pfeffer
4 frische Tomaten, gewürfelt oder püriert
1 TL Salz
2 TL Garam Masala
3 EL feingehackte, frische Korianderblätter

1. Die Eier hartkochen, schälen und in eine Schüssel mit kaltem Wasser legen.
2. Öl in einer Pfanne mit schwerem, möglichst nichthaften-

dem Boden erhitzen und die Zwiebeln darin in etwa 20 Minuten unter ständigem Rühren bräunen. Knoblauch und Ingwer 2 Minuten mitrösten. Zimt und Kardamom zugeben und braten, bis die Gewürze aufgehen und braun werden (etwa 1 Minute). Koriander, Kurkuma, roten und schwarzen Pfeffer zugeben, rasch umrühren und unmittelbar darauf die Tomaten beigeben. Offen einkochen lassen, bis die Sauce so dick ist, daß sich das Fett abzusetzen beginnt (etwa 10 Minuten). Häufig umrühren, damit nichts anbrennt. Salz und gut ½ l kochendes Wasser zugeben und umrühren. Hitze auf mittlere Stufe zurückschalten und die Sauce zugedeckt 20—25 Minuten köcheln lassen. Die Sauce muß ziemlich dick sein und soll seidig glänzen. Die Hitze wegnehmen und die Sauce zugedeckt ½ Stunde stehen lassen.

3. Vor dem Servieren die Eier aus dem Wasser nehmen, trocknen und vorsichtig der Länge nach halbieren.

4. Die Sauce auf kleiner Flamme erhitzen, Garam Masala einrühren und abschmecken. Die Eihälften vorsichtig in die Sauce gleiten lassen und erhitzen. Mit gehackten Korianderblättern bestreut servieren.

Die beim Rezept Huhn in Zwiebel-Tomaten-Sauce (S. 161) genannten Beilagen passen auch hier.

Fisch und Meeresfrüchte
(Machi)

Gewürzte Shrimps (Masala Jheengari)
Garnelen in Kokosmilch (Yerra Moolee)
Shrimps in Rahm-Sauce (Jheenga Malai Khasa)
Hummer in Zwiebel-Sauce (Bara Jheenga Do-piaza)
Seezungenfilet mit Adiowan (Bhoni Machi)
Ausgebackener Fisch (Tali Machi)
Fisch in Joghurt-Sauce (Dahi Machi)

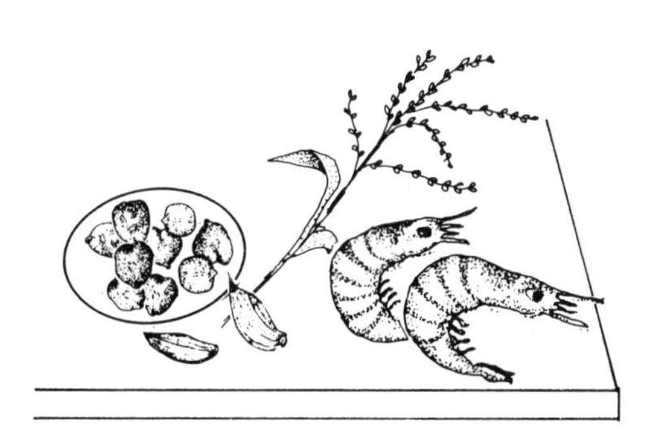

Fischgerichte nehmen auf indischen Restaurant-Speisekarten gewiß keinen dominierenden Platz ein. Man könnte daraus schließen, daß die Inder entweder keine großen Fischesser sind oder ihre Fischgerichte kulinarisch hinter den anderen heimischen Spezialitäten zurückstehen. Weit gefehlt. Indien hat fast 4000 Kilometer Küste, und im Land gibt es unzählige Flüsse, Ströme und Seen. Für viele Menschen gehören Fisch und Meeresfrüchte zu den täglichen Nahrungsmitteln.

Warum findet man also in den indischen Restaurants so wenig Fisch auf der Speisekarte? Zuerst einmal deshalb, weil sich indische Restaurants an der traditionellen mogulischen Küche orientieren, die ihr Hauptaugenmerk auf Fleisch- und Geflügelgerichte richtet. In diesen nordindischen Gebieten sind Fisch und Meeresfrüchte nur bedingt verfügbar. Zweitens müßte Fisch aus Indien eingeführt werden, weil wir kein geschmackliches Äquivalent zu den dort beheimateten Fischen haben, und selbst die gleiche Fischart schmeckt häufig ganz anders als in Indien. Wir haben nicht die saftigen indischen Riesengarnelen, von denen jede etwa 600 g wiegt. Den wohlschmeckenden Pomfret, den man an der Küste von Bombay fängt, kennt man hier überhaupt nicht. Er läßt sich jedoch durch Seezunge bester Qualität ersetzen.
Alle Regionen entlang der indischen Küste, vor allem Bengalen im Osten und Malabar im Westen, sind bekannt für ihre herrlichen Fischgerichte. Viele der dort üblichen Garmethoden tragen den geschmacklichen Eigenheiten bestimmter Fische Rechnung. Eine Grundvoraussetzung für die Zubereitung indischer Fischgerichte hierzulande ist denn auch die Auswahl des richtigen Fisches. Frisch muß er sein, das ist besonders wichtig.
Ich habe mich bei der Auswahl der Rezepte auf solche beschränkt, die sich mit hier erhältlichen Fisch nachkochen lassen. Hummer in der klassischen Zwiebel-Sauce möchte ich Ihnen nicht vorenthalten. Der Ausbackteig mit Kichererbsenmehl wird Ihnen neu sein. Bei den Fischrezepten habe ich großen Wert darauf gelegt, daß sie ebenso einfach zuzubereiten wie wohlschmeckend sind.

Gewürzte Shrimps

(Masala Jheengari)

Dieses aus Bengalen stammende Rezept erfreut sich heute in ganz Nordindien großer Beliebtheit. Nehmen Sie dafür am besten große Garnelen. Eine interessante Zutat ist der weiße Mohn, der geröstet und gemahlen wird, ehe man ihn der Soße beigibt. Dadurch bekommt die Sauce ein nussiges Aroma und wird gleichzeitig angedickt.

Für 6 Personen

900 g Shrimps (Garnelen), möglichst groß
½ TL Kurkuma
⅛ l leichtes Pflanzenöl oder eine Mischung aus Öl und Usli Ghee (S. 52)
2 mittelgroße Zwiebeln, feingehackt
2 TL feingehackter Knoblauch
1½ TL gemahlener, gerösteter weißer Mohn (S. 66)
1 TL gemahlener Kreuzkümmel
2 TL gemahlener Koriander
1½ TL Paprika
5 EL einfacher Joghurt
1 TL Salz
2 grüne Chilischoten, entkernt und kleingeschnitten (oder ½ TL Cayennepfeffer)
5—7 EL Crème fraîche
2 EL feingehackte, frische Korianderblätter

1. Shrimps aus der Schale lösen, den schwarzen Darmstrang entfernen und gründlich waschen.
2. 1 l Wasser zum Kochen bringen und Shrimps 4 Minuten kochen (kleinere Shrimps kürzer). Shrimps abtropfen lassen, das Kochwasser aufheben.
3. Öl in einer großen, schweren, nichthaftenden Pfanne erhitzen und die Zwiebeln darin in etwa 8 Minuten goldbraun braten. Dabei ständig rühren, damit nichts anbrennt. Den Knoblauch eine weitere halbe Minute mitrösten. Die Wärmezufuhr drosseln und gemahlenen Mohn, Kreuzkümmel, Koriander und Paprika rasch einrühren. Mit der Hälfte der Flüssigkeit, in der die Shrimps gegart wurden, aufgießen. Die Hitze auf höchste Stufe schalten und offen 10 Minuten stark kochen lassen. Die restliche Flüssigkeit zugießen und

alles in etwa 20 Minuten zu einer dicken Sauce einkochen lassen. Gelegentlich umrühren. Joghurt, Salz und Chilischoten oder Cayennepfeffer zugeben und unter Rühren 2—3 Minuten weiterkochen. Gekochte Shrimps einrühren. Wärmezufuhr reduzieren und die Shrimps einige Minuten lang in der Sauce schmoren lassen. Vom Herd nehmen und Crème fraîche unterziehen. Mindestens 1 Stunde ziehen lassen. Vor dem Servieren gut durchwärmen. Mit Salz abschmecken und mit gehackten Korianderblättern bestreut servieren.

Anmerkung: Einige Stunden Ruhezeit lassen den feinen Geschmack dieses Gerichts noch deutlicher hervortreten. Dieses Gericht läßt sich problemlos einfrieren. Es muß allerdings vor dem Erhitzen vollkommen aufgetaut sein.
Hierzu paßt besonders gut eine Gemüsebeilage. Einige Vorschläge: Blumenkohl mit Ingwer (S. 228) oder Broccoli in Knoblauchöl (S. 226). Als Nachspeise empfehle ich Mangofrüchte mit Rahm (S. 364) oder Safran-Mandel-Pudding (S. 353).

Garnelen in Kokosmilch

(Yerra Moolee)

Kokosmilch verliert nie ihren charakteristischen süßen Geschmack, egal was man darin kocht oder welche Gewürze man hinzufügt. Dieses Rezept stammt aus Kerala, einem Staat an der Südwestküste Indiens. Die Mengen sind bewußt gering gehalten, damit sich das Aroma der Shrimps mit dem der Kokosmilch ideal verbinden kann.

Für 6 Personen

900 g Garnelen (mittelgroß bis groß)
7 EL helles Pflanzenöl
3 mittelgroße Zwiebeln, feingehackt
2 TL feingehackter Knoblauch
$1\frac{1}{2}$ EL gemahlene oder zerstoßene frische Ingwerwurzel
2 grüne Chilischoten (nach Geschmack), entkernt und feingehackt
$\frac{1}{4}$ TL Kurkuma
2 EL gemahlener Koriander
$\frac{3}{4}$ l Kokosmilch (siehe S. 49)
$\frac{3}{4}$ TL Salz
2 EL feingehackte, frische Korianderblätter (oder ersatzweise 1 EL getrocknete Korianderblätter)

1. Garnelen aus der Schale lösen und den Darmstrang entfernen. Gründlich waschen.
2. Öl in einem großen, schweren Topf erhitzen und die Zwiebeln darin auf großer Flamme goldgelb rösten (etwa 10 Minuten). Dabei ständig rühren, damit nichts anbrennt. Die Wärmezufuhr reduzieren, Knoblauch, Ingwer und Chilischoten zugeben und weitere zwei Minuten mitrösten. Kurkuma und Koriander rasch einrühren, Kokosmilch zugießen. Salzen. Die Sauce offen in etwa 10 Minuten andicken lassen. Dabei häufig umrühren.
3. Garnelen zugeben, gut verrühren, auf kleine Flamme zurückschalten und zugedeckt 5—7 Minuten leise köcheln lassen. Nicht zu lange schmoren lassen, sonst werden sie zäh. Mit Salz abschmecken, die feingehackten Korianderblätter einrühren und servieren.

Anmerkung: Dieses Gericht läßt sich bis zu 24 Stunden im voraus zubereiten, eignet sich aber nicht zum Einfrieren. Kokosmilch gerinnt während des Tiefgefrierens. Aufgetaut wird die Sauce dünn und wäßrig und verliert den Wohlgeschmack.

Dieses Gericht kommt mit viel Sauce auf den Tisch. Reis ist deshalb eine ideale Beilage. Als Gemüse kommen Grüne Bohnen mit Kokosnuß und Senfkörnern (S. 234), Blumenkohl mit Frühlingszwiebeln (S. 230) oder Glasierte Rote Bete mit Senfkörnern (S. 224), als Nachtisch Kokosnuß-Pudding (S. 354) oder Safran-Mandel-Pudding (S. 353) in Frage.

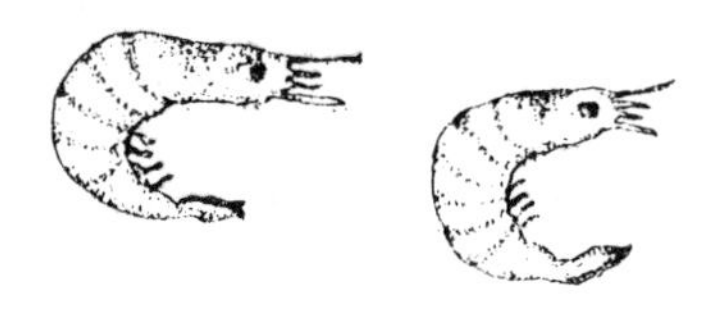

Shrimps in Rahm-Sauce

(Jheenga Malai Khasa)

Malai bedeutet Rahm, nicht nur Milchrahm, sondern auch Kokosnußrahm. Dieses Gericht wird wie das vorstehende mit Kokosnuß zubereitet, schmeckt jedoch ganz anders, da man dafür trockene Kokosnuß, die geröstet und gemahlen wird, verwendet. Sie verleiht der Sauce ein würziges, nußartiges Aroma. Getrocknete Kokosflocken, wie sie in fast jedem Supermarkt zu haben sind, sind geeignet, wenn sie noch intensiv nach Kokos riechen. Alte Kokosflocken schmecken ranzig und ein damit zubereitetes Gericht auch. Die ungemahlenen Gewürze — Zimt, Nelken und Kardamom — werden nicht mitgegessen.

Für 6 Personen

80 g getrocknete, ungesüßte Kokosflocken
knapp 1/4 l Joghurt
2 TL feingehackter Knoblauch
1 EL feingehackte, frische Ingwerwurzel
2 grüne Chilischoten, entkernt
900 g Shrimps, mittel bis groß
1/8 l leichtes Pflanzenöl
1 Zimtstange, 7 cm lang
8 ganze Nelken
8 grüne Kardamomkapseln
1 mittelgroße Zwiebel, feingehackt
3 EL gemahlene, blanchierte Mandeln
3/4 TL Salz
2 EL feingehackte, frische Korianderblätter

1. Pfanne auf mittlerer Stufe erhitzen und Kokosflocken darin unter ständigem Rühren karamelbraun rösten (etwa 5—8 Minuten), dann zusammen mit Joghurt, Knoblauch, Ingwer und den grünen Chilischoten in der Küchenmaschine pürieren.
2. Shrimps auslösen, den Darmstrang entfernen und gründlich waschen.
3. Öl in einer flachen Pfanne erhitzen, Zimt, Nelken und Kardamom leicht anbräunen (etwa 1/2 Minute), dann die Zwiebeln darin auf hoher Hitze in etwa 10 Minuten goldbraun braten. Dabei ständig rühren. Gemahlene Mandeln zugeben, rasch einrühren und das Kokospüree zugeben. Die Masse offen schmoren lassen, bis sich das Öl von der Sauce absetzt (nach ca. 3 Minuten).
4. Mit 3/8 l kochendem Wasser aufgießen und salzen. Hitze reduzieren und zugedeckt 5 Minuten schmoren. Die Shrimps zugeben und durch Rühren gleichmäßig verteilen. Zugedeckt weitere 5—7 Minuten schmoren. Nicht zu lange kochen, sonst werden die Shrimps zäh. Mit Salz abschmekken und mit gehackten Korianderblättern bestreut servieren.

Anmerkung: Das Gericht läßt sich im Kühlschrank bis zu zwei Tage aufheben, eignet sich jedoch nicht sehr gut zum Einfrieren.

Dieses mild gewürzte Garnelengericht sollte mit einem einfachen aromatischen Pilaw, beispielsweise Patiala-Pilaw (S. 278) oder Pilaw Benares (S. 280) oder einem anderen Safran-Pilaw zu Tisch gebracht werden. Als Vorspeise eignen sich Gefüllte Tomaten (S. 88) oder Malabar-Krabbencocktail (S. 83) sehr gut.

Hummer in Zwiebel-Sauce

(Bara Jheenga Do-piaza)

In weiten Teilen Indiens ist Hummer unbekannt, aber die Bengalen kennen viele interessante Zubereitungsarten. Hier ist mein Lieblingsrezept:

Für 6 Personen:

1/8 l leichtes Pflanzenöl
2 mittelgroße Zwiebeln, geschält und in dünne Scheiben geschnitten
2 mittelgroße Zwiebeln, feingehackt
2 TL feingehackter Knoblauch
1 EL feingehackte, frische Ingwerwurzel
1 EL gemahlener Koriander
1/2 TL Kurkuma
1/4 TL Fenchelsamen, zerstoßen
1/2 TL Cayennepfeffer (nach Geschmack)
1 1/2 TL Paprika
3 Tomaten, gewürfelt
3/4 TL Salz
700 g gekochtes Hummerfleisch, gewürfelt
5 EL Crème fraîche
2 EL feingehackte, frische Korianderblätter

1. Öl in einer großen, flachen, möglichst nichthaftenden Pfanne erhitzen. Die Zwiebelscheiben darin in ca. 9 Minuten dunkelbraun braten. Achtgeben, daß sie nicht anbrennen. Mit einem Schaumlöffel herausnehmen und auf Küchenpapier abtropfen lassen.
2. Im gleichen Öl auch die feingehackten Zwiebeln in ca. 15 Minuten hellbraun braten, dabei ständig rühren. Knoblauch und Ingwer zugeben und weitere 2 Minuten mitbra-

ten. Die Hitze auf mittlere Stufe reduzieren und Koriander, Kurkuma, Fenchel, Cayennepfeffer und Paprika zugeben. Einige Sekunden schnell umrühren, dann die Tomaten zugeben. Offen zu einer dicken Sauce einkochen lassen, bis sich das Öl von der Sauce abzusetzen beginnt. Mit ½ l Wasser aufgießen und salzen. Wenn die Sauce zu dünn ist, die Wärmezufuhr steigern und einkochen lassen. (Die Sauce kann vorbereitet und im Kühlschrank bis zu vier Tage aufbewahrt werden.)
3. Das Hummerfleisch zugeben und die Sauce erhitzen. Die Crème fraîche und die gehackten Korianderblätter unterziehen. Abschmecken und auf eine Servierplatte geben. Mit gebratenen Zwiebeln und Korianderblättern servieren.

Menüvorschläge wie bei Gewürzte Shrimps (S. 185).

Seezungenfilet mit Adiowan

(Bhoni Machi)

Das Panieren von Fischfilet ist eine relativ neue Technik in der indischen Küche. Da sie aus dem Westen kommt, ist diese Zubereitungsart in den Städten und in den besseren Restaurants beliebter als auf dem Land.
Die Fischfilets werden erst in Zitronensaft mariniert. Dadurch verkürzt sich die Garzeit, und die Filets bleiben zart und saftig. Das typische Aroma verleihen ihnen Knoblauch und Adiowan. Der Geschmack dieser Marinade ist so gut, daß man den Fisch ohne weitere Vorbereitung braten oder grillen kann.
Fisch braucht nur eine sehr kurze Garzeit. Daher nie zu lange kochen oder braten, da er sonst zerfällt oder zäh und trocken wird. Zur Garprobe an einem Ende mit einem Messer leicht einschneiden — der Fisch muß sich wie weiche Butter anfühlen.

Für 6 Personen

6 ganze enthäutete und entgrätete Seezungenfilets, je 150—200 g

Marinade:
½ TL Salz
2 EL Zitronensaft
1 EL feingehackter Knoblauch
½ TL Adiowansamen, zerstoßen

Paniermischung:
30 g Mehl
2 große Eier
200 g Semmelbrösel
¼ TL Salz
½ TL schwarzer Pfeffer
Erdnuß- oder Maisöl zum Ausbacken

1. Die Fischfilets in kaltem Wasser abspülen und mit Küchenpapier trockentupfen.
2. Den Fisch in eine große, flache Schüssel geben. Alle Zutaten für die Marinade zugeben und die Fischfilets darin wenden und damit einreiben. Zudecken und im Kühlschrank 24 Stunden (maximal 48 Stunden) durchziehen lassen.
3. Fischfilets zuerst in Mehl wälzen, dann in die verquirlten Eier tauchen und in den Semmelbröseln wenden. Auf Wachspapier legen.
4. Öl in einer Bratpfanne sehr heiß werden lassen (180° bis 190°) und 2—3 Filets einlegen, aber nicht mehr, da sie sonst ungleichmäßig bräunen. Auf jeder Seite drei Minuten ausbacken. Auf Küchenpapier kurz abtropfen lassen und im Backofen warmstellen, solange Sie die restlichen Fischfilets backen. Heiß servieren.

Anmerkung: Dazu genügt für eine leichte Mahlzeit oder einen ersten Gang ein Tomaten-Chutney (S. 340) und ein Glas gekühlter Weißwein. Als Gemüsebeilage eignen sich Kartoffeln mit Schalotten (S. 242). Statt der Gemüsebeilage können Sie aber auch ein Gemüsereisgericht wie etwa Gebratener Reis (S. 276), als Nachtisch Mango-Creme (S. 364) oder Mango mit Rahm (S. 364) anbieten. Sie werden von Ihren Gästen bestimmt gelobt werden.

Ausgebackener Fisch

(Tali Machi)

Tali bedeutet im Fett schwimmend ausgebacken. Der einzigartige Geschmack dieses Gerichts entsteht durch den Ausbackteig aus Kichererbsenmehl und Kreuzkümmel. Man kann den Fisch auch in dünne Streifen schneiden, ausbakken und als Appetithappen anbieten.

Anmerkung: Besonders knusprig wird die Kruste, wenn man das Backpulver wegläßt.
Übriggebliebenen Backteig können Sie dazu verwenden, Kartoffeln und Zwiebeln darin auszubacken. Beides paßt gut zum ausgebackenen Fisch.

Für 6 Personen

Teig:
200 g ungesiebtes Kichererbsenmehl (Besan)
2 TL durchgepreßter Knoblauch
2 EL leichtes Pflanzenöl
gut $\frac{1}{4}$ l warmes Wasser
2 TL gemahlener Kreuzkümmel
$\frac{1}{2}$ TL schwarzer Pfeffer
$\frac{1}{2}$ TL Kurkuma
$\frac{3}{4}$ TL Backpulver (nach Belieben)
$\frac{3}{4}$ TL Salz

6 ganze Seezungenfilets, enthäutet und entgrätet oder anderes, festes Fischfilet (je 160—200 g)
Erdnuß- oder Maisöl zum Ausbacken

1. Alle Zutaten für den Teig in einer Schüssel mit dem Schneebesen verrühren. Zudecken und eine halbe Stunde ruhen lassen.
2. Die Fischfilets unter fließendem, kaltem Wasser abspülen und mit Küchenpapier trockentupfen. Jedes Filet der Länge nach halbieren.
3. Öl in einem Kadhai, einer Friteuse oder einem hohen Topf erhitzen. Ein Filet in den Teig tauchen und gut abtropfen lassen. In das heiße Öl einlegen. Nicht mehr als 3—4 Filets auf einmal backen. Auf jeder Seite etwa 3 Minuten

backen. Auf Küchenpapier abtropfen lassen und im vorgeheizten Backofen warmhalten. Heiß mit Tomaten-Chutney (S. 340) oder Minz-Chutney (S. 336) servieren.

Zu einer leichten Mahlzeit fehlt nur noch ein Glas gut gekühlter Chablis. Ist der Hunger größer, kann ein Pilaw dazukommen — Patiala Pilaw (S. 278) oder ein Süßer Safran-Pilaw (S. 281). Auch Hülsenfrüchtegerichte passen gut dazu. Als Vorspeise empfehle ich Ausgebackenen indischen Käse oder Mungobohnenklöße mit Spinat.

Fisch in Joghurt-Sauce
(Dahi Machi)

Dahi Machi ist in Begalen sehr beliebt. Achten Sie bei der Zubereitung darauf, daß der Fisch keinesfalls zergart wird. Er wird dann entweder zäh oder zerfällt in der exquisiten Sauce. Die fertiggegarten Fischfilets brechen sehr leicht, deswegen verwenden viele Köche nicht entgräteten Fisch, um beim Garen weniger Vorsicht walten lassen zu müssen. Allerdings ist es ebenso kompliziert wie unangenehm, nachher beim Essen kleine und kleinste Gräten aus der Sauce zu fischen, und man hat wenig Muße, sich an dem herrlichen Geschmack zu erfreuen.

Für 4 Personen

450 g enthäutete, entgrätete Schellfischfilets
8 EL leichtes Pflanzenöl
40 g Mehl
3 mittelgroße Zwiebeln, feingehackt
1½ EL feingehackte, frische Ingwerwurzel
⅛ TL Kurkuma
½ TL Salz
je eine Prise gemahlener Zimt und gemahlene Nelken
knapp ¼ l Joghurt
2 EL feingehackte, frische Korianderblätter
2—4 frische, grüne Chilischoten, entkernt und feingehackt

1. Die Filets in kaltem Wasser abspülen, mit Küchenpapier trockentupfen und in 3×6 cm große Stücke schneiden.
2. 3 bis 4 EL Öl in einer großen, flachen, möglichst nichthaftenden Pfanne erhitzen. Den Fisch leicht mit Mehl bestäuben und in das Öl geben (nicht zu viele Stücke auf einmal einlegen). Auf jeder Seite etwa 1 Minute braten. Jede Portion auf eine Platte geben. Mit den übrigen Fischstücken ebenso verfahren.
3. Das restliche Öl in die Pfanne geben und die Zwiebeln darin goldbraun braten (etwa 15 Minuten). Ständig rühren, damit nichts anbrennt. Ingwer zugeben und eine weitere Minute braten. Kurkuma, Salz, Zimt und Nelken beifügen, etwa 15 Sekunden rasch umrühren, dann den Joghurt zugeben. Vom Herd nehmen.
4. Die Zwiebelmischung in der Küchenmaschine pürieren, wieder in die Pfanne geben und bei milder Hitze köcheln lassen. Die gebratenen Fischstücke vorsichtig in die Sauce gleiten lassen und zugedeckt bei schwacher Hitze etwa 3—4 Minuten leise köcheln lassen. Nicht zu lange kochen! Mit Salz abschmecken und mit gehackten Korianderblättern und Chilischoten bestreut servieren.

Zum milden Geschmack dieses Gerichts paßt nichts stark Gewürztes. Nehmen Sie einfachen, gekochten Reis und als Kontrast eine pikante Vorspeise wie Zwiebeln im Ausbackteig (S. 93), Gefüllte Tomaten (S. 88) oder Kalte Kartoffelvorspeise (S. 86).

Gemüse, Käse und Hülsenfrüchte

(Sabzi, Paneer aur Dal)

Gemüse (Sabzi) und **Käse** (Paneer)

Hülsenfrüchte (Dal)

Blumenkohl, Erbsen und Kartoffeln in gewürzter Sauce

(Gobhi Matar Rasedar)

Dieses Gericht ist für Auge und Gaumen ein Hochgenuß. Statt der angegebenen Gemüse können Sie auch grüne Paprikaschoten, grüne Bohnen, Zucchini und/oder Champignons nehmen. Die Konsistenz sollte die einer dünnen Gemüsesuppe sein. Vorsichtig umrühren, damit die zarten Blumenkohl- und Kartoffelstücke nicht zerbrechen.

Anmerkung: Diese Spezialität der Brahmanen aus Kanuj, einer Stadt im Staat Uttar Pradesh, ist ein typisches Beispiel ihrer knoblauch- und zwiebelfreien Küche. Der Tradition nach gehört es zu jedem Hochzeitsessen. Dazu gibt es Kachauri (S. 320), das würzig gefüllte Brot.

Für 8 Personen

1 kleiner Kopf Blumenkohl
2 mittelgroße Kartoffeln (etwa 220 g)
1/8 l Usli Ghee (geklärte Butter, S. 52) oder leichtes Pflanzenöl
2 TL Kreuzkümmel
1 TL gemahlener Kreuzkümmel
2 EL gemahlener Koriander
1 TL Kurkuma
1/2—1 TL Cayennepfeffer
1 Packung Tiefkühlerbsen (ca. 280 g) oder die entsprechende Menge frische Erbsen
3 mittelgroße, frische, reife Tomaten, püriert oder feingehackt
2 TL Salz
3 EL feingehackte, frische Korianderblätter (oder 1 1/2 EL getrocknete)

1. Blumenkohl unter fließendem Wasser waschen und in kleine Röschen zerteilen.
2. Kartoffeln schälen und in je 6 Stücke schneiden.

3. Alle Gewürze abmessen und mit dem Gemüse bereitstellen.
4. Die geklärte Butter in einem schweren Topf erhitzen. Kreuzkümmel darin in etwa 20 Sekunden dunkelbraun rösten. Gemahlenen Kümmel, Koriander, Kurkuma und Cayennepfeffer zugeben und umrühren. Blumenkohl, Kartoffeln und frische Erbsen (mit tiefgekühlten noch warten) beifügen und etwa 5 Minuten anschmoren. Tomatenpüree zugeben und weiterschmoren, bis die Sauce andickt und das Fett sich abzusetzen beginnt. Mit ¾ l Wasser aufgießen und salzen. Die Wärmezufuhr reduzieren und das Gemüse zugedeckt weichkochen (etwa 15 Minuten). Wenn Sie Tiefkühlerbsen verwenden, diese jetzt zugeben und 5 Minuten garen. Vom Herd nehmen und mit gehackten Korianderblättern bestreut servieren.

Anmerkung: Dieses Gemüsegericht sollte in kleinen Schüsseln serviert werden. Es ähnelt in der Konsistenz einer Minestrone. Traditionsgemäß werden 2—3 EL Pflanzenfett oder Ghee drübergegossen, ehe die Korianderblätter drübergestreut werden. Das Gericht läßt sich im Kühlschrank bis zu vier Tage aufheben und auch gut einfrieren. Vor dem Erhitzen ganz auftauen lassen. Vor dem Servieren noch etwas gemahlenen, gerösteten Kümmel und gehackte Korianderblätter zugeben.
Dazu paßt gut das eingangs erwähnte gefüllte Brot, aber auch jedes andere. Wenn das Mahl vegetarisch bleiben soll, serviere ich dazu ein Hülsenfrüchtegericht, einen erfrischend kühlen Joghurtsalat, Pickles und ein Chutney. Als Vorspeise empfehle ich Mungobohnenklöße mit Spinat (S. 99), Kalte Kartoffelvorspeise (S. 86) oder Gebackenen Käse (S. 96).

Kartoffeln in würziger Joghurt-Sauce
(Dum Aloo)

Inder lieben Kartoffeln, nicht etwa, weil sie billig und das ganze Jahr über erhältlich sind, sondern weil sie einen milden, fast neutralen Geschmack haben, der das Aroma von Gewürzen voll aufnimmt.

Für 6—8 Personen

12 gleichgroße, kleine, festkochende Kartoffeln (zusammen etwa 900 g)
7 EL indisches Pflanzenfett oder leichtes Pflanzenöl
2 mittelgroße Zwiebeln, feingehackt
1 EL feingehackte, frische Ingwerwurzel
2 TL gemahlener Kreuzkümmel
4 TL gemahlener Koriander
1 TL Kurkuma
½—1 TL Cayennepfeffer
1 TL Mughal Garam Masala (S. 41)
4 frische Tomaten, kleingewürfelt oder püriert
knapp ¼ l Joghurt
2 TL Salz
knapp ¼ l Crème fraîche, besser dicke süße Sahne

1. Kartoffeln schälen und mit einem dünnen Spieß oder Messer an 4—5 Stellen einstechen. Bis zum Gebrauch in eine Schüssel mit kaltem Wasser legen.
2. 5 EL Fett in einer großen, nichthaftenden Kasserolle erhitzen. Wenn das Fett sehr heiß ist, die Kartoffeln abtrocknen und im Fett braten. Dabei ständig wenden, damit sie gleichmäßig anbräunen. (Das Anbräunen verhindert, daß die Kartoffeln beim Garen auseinanderfallen.) Mit dem Schaumlöffel herausnehmen.
3. Das restliche Fett und die Zwiebeln in die Kasserolle geben. Zwiebeln goldgelb braten (in etwa 15 Minuten), dabei ständig rühren, damit nichts anbrennt. Ingwer zugeben und eine weitere halbe Minute mitbraten. Kreuzkümmel, Koriander, Kurkuma, Cayennepfeffer und Mughal Garam Masala zugeben und 15 Sekunden rasch einrühren. Tomaten, Joghurt, Salz und die angebratenen Kartoffeln (in einer Lage!) in die Kasserolle geben und aufkochen. Die Wärmezu-

fuhr drosseln und Gemüse in der zugedeckten Kasserolle in 35 Minuten garen. Während der Garzeit nachsehen, ob nichts anbrennt. Die Sauce soll dickflüssig sein.
4. Crème fraîche oder Sahne einrühren und erhitzen. Soll das Gericht milder schmecken, können Sie noch etwas Fett oder Öl einrühren. Abschmecken und servieren.

Anmerkung: Dieses Gericht gewinnt an Geschmack, wenn Sie ihm einige Stunden Zeit zum Ziehen lassen. Im Kühlschrank hält es sich ohne geschmackliche Einbuße bis zu vier Tage.
Dazu schmeckt ein Pilaw oder ein würziges Hülsenfrüchtegericht.

Kartoffeln in duftender Sauce

(Tari Aloo)

Man muß beileibe kein Vegetarier sein, um diese würzige, goldgelbe Delikatesse zu schätzen. Ursprünglich kommt sie aus Südindien, hat aber mittlerweile ihren Weg über das ganze Land gefunden, weil sie einfach und gleichzeitig köstlich ist. Die Zwiebeln werden hier nicht als Gewürz, sondern als Gemüse verwendet. Tari Aloo wird meist mit Brot als spätes sonntägliches Frühstück oder als leichtes Mittagessen serviert.

Für 8 Personen

1/8 l leichtes Pflanzenöl
1 TL schwarze Senfkörner
2 TL gelbe halbe Erbsen (Channa Dal) (nach Belieben)
2 EL frische Ingwerwurzel, in winzige Würfel geschnitten
1—2 grüne Chilischoten, entkernt und kleingeschnitten, oder 1/4—1/2 TLCayennepfeffer
1 EL gemahlener Koriander
1 TL Kurkuma
1/2 TL Paprika
6 mittelgroße Kartoffeln (etwa 700 g)
4 mittelgroße Zwiebeln (etwa 500 g), grob gehackt
2 TL Salz
2 TL Zitronensaft
3—4 EL gehackte, frische Korianderblätter (oder ersatzweise 2 EL getrocknete)

1. Kartoffeln in der Schale weichkochen. Wasser abgießen, Kartoffeln abschrecken, pellen und in 1 cm große Stücke schneiden.
2. Alle Gewürze abmessen und mit dem Gemüse bereithalten.
3. Öl in einem hohen Topf erhitzen. Wenn das Öl richtig heiß ist, die Senfkörner hineingeben. Einen Deckel bereithalten, da die Senfkörner beim Erhitzen springen.
4. Wenn die Senfkörner sich grau verfärben, die gelben halben Erbsen (nach Belieben) zugeben. Hellbraun rösten und dabei ständig rühren.
5. Die Hitzezufuhr auf mittlere Stufe reduzieren, Ingwer und Chilischoten in 2 Minuten anbräunen (wenn Sie Cayennepfeffer verwenden, diesen zusammen mit den trockenen Gewürzen zufügen). Korianderpulver, Kurkuma und Paprika einrühren, dann Kartoffeln und Zwiebeln in 10 Minuten unter häufigem Rühren hellbraun anbraten.
6. Mit 1 l heißem Wasser aufgießen, salzen und aufwallen lassen. Die Wärmezufuhr drosseln und zugedeckt 15 Minuten sehr weich kochen. Mit der Rückseite eines Löffels einige Kartoffeln zerdrücken. Dadurch wird die Sauce leicht angedickt. Sehr heiß in Schalen oder einer Terrine anrichten. Nach Wunsch mit etwas Paprika oder Cayennepfeffer bestreuen.

Anmerkung: Das Gericht läßt sich bis zu 48 Stunden im Kühlschrank aufheben und auch gut einfrieren. Ist die Sauce zu dick geworden, einfach mit Wasser verdünnen. Noch einmal mit Salz abschmecken und nach Wunsch noch einige gewiegte Korianderblätter und etwas Cayennepfeffer darüberstreuen.
Zu Tari Aloo paßt frisches Brot und Kardamomtee. Als Appetitanreger würde ich einen Joghurtdrink empfehlen.

Kohlrouladen mit Kartoffelfülle in Ingwer-Zitronen-Sauce

(Aloo Bhare Bandh Gobhi)

Kohlrouladen bereitet man in Indien mit den verschiedensten Füllungen zu, wobei die mit Kartoffeln die beliebteste ist.

Für 4—6 Personen

1 kleiner Kohlkopf (etwa 700—900 g)
3 EL leichtes Pflanzenöl
2 mittelgroße Zwiebeln, in dünne Scheiben geschnitten
3 frische, reife Tomaten, kleingewürfelt
1 EL frische Ingwerwurzel, geraspelt
1 Zitrone, geschält, entkernt und in dünne Scheiben geschnitten
1 TL Salz
¼ TL schwarzer Pfeffer
1 Rezept Kartoffelfülle (siehe Rezept Teigtaschen mit würziger Kartoffelfüllung, Aloo Samosa, S. 102)
2 EL gehackte frische Korianderblätter
2 grüne Chilischoten, entkernt und in Streifen geschnitten
½ TL Paprika

Folgen Sie dem Rezept Kohlrouladen mit Ingwer-Zitronen-Sauce (S. 152) und ersetzen Sie die Fleischfülle durch eine Kartoffelfülle. Vor dem Servieren mit gehackten Korianderblättern, grünen Chilischoten und Paprika bestreuen.

Bei der Menüauswahl darauf achten, daß die anderen Gerichte möglichst keine Kartoffeln enthalten.

Erbsen und indischer Käse in Tomaten-Sauce

(Matar Paneer)

Indischer Käse oder Quark, Paneer oder Chenna genannt, ist im ganzen Land, vor allem aber in den nördlichen Regionen, sehr beliebt. Seine Verwendung in der Küche ist beschränkt, aber die wenigen Speisen, die damit zubereitet werden, sind absolute Meisterwerke. Das bekannteste möchte ich Ihnen vorstellen.
Geschmack und Konsistenz des Käses sind von großer Wichtigkeit. Er muß sich fest, aber nicht hart anfühlen. Er muß feucht, darf aber nicht naß sein. Und er soll kompakt und nicht porös sein.

Für 6 Personen

Indischer Käse (Paneer) aus 2 l Milch (S. 54), in 1×1×3 cm große Würfel geschnitten
12 EL Usli Ghee (Geklärte Butter, S. 52) oder leichtes Pflanzenöl
3 mittelgroße Zwiebeln, feingehackt
1 TL feingehackter Knoblauch
2 EL feingehackte, frische Ingwerwurzel
2 EL gemahlener Koriander
1 TL Kurkuma
je 1/4—1/2 TL roter und schwarzer Pfeffer
1 TL Paprika
4 frische, reife Tomaten, feingewürfelt oder püriert
1 Packung Tiefkühlerbsen (etwa 280 g) oder die entsprechende Menge frische Erbsen
1 TL Salz
2 TL Garam Masala (S. 42)
4 EL feingehackte, frische Korianderblätter (oder 2 EL getrocknete)

1. Die Quarkstücke auf ein Stück Wachspapier legen und etwa 1/2 Stunde trocknen lassen.
2. 3 EL Ghee auf mittlerer Hitzestufe in einem großen, schweren, möglichst nichthaftenden Topf erhitzen. Die Käsestücke darin leicht anbraten. Vorsicht vor Wasserspritzern beim Erhitzen. Halten Sie einen Deckel bereit oder bestäu-

ben Sie die Käsestückchen mit ein wenig Mehl. Dann in eine Schüssel geben.

3. Die restliche geklärte Butter in den Topf geben und die Hitze erhöhen. Die Zwiebeln darin in etwa 5 Minuten hellbraun schmoren. Dabei ständig rühren, damit nichts anbrennt. Knoblauch und Ingwer zufügen und weitere 2 Minuten braten. Koriander, Kurkuma, roten und schwarzen Pfeffer und Paprika einrühren, unmittelbar danach die Tomaten zugeben. Die Sauce dick einkochen lassen, bis sich das Fett abzusetzen beginnt (etwa 10 Minuten).

4. Etwa ¾ l heißes Wasser zugießen und die Sauce aufwallen lassen. Dann die Hitze auf mittlere Stufe zurücknehmen und die Sauce zugedeckt 20 Minuten köcheln lassen. Kurz abkühlen, dann in der Küchenmaschine grob pürieren.

5. In den Topf zurückgießen, Erbsen, Salz und den gebratenen Käse zugeben. Mit ⅛ l heißem Wasser aufgießen und die Sauce zum Kochen bringen. Die Hitze reduzieren und die Erbsen zugedeckt gar schmoren (etwa 15 Minuten für frische und ca. 5 Minuten für Tiefkühlerbsen). Den Herd abstellen und das Gericht zugedeckt 1 Stunde ziehen lassen. Vor dem Servieren noch einmal erhitzen. Garam Masala und gehackte Korianderblätter unterziehen. Abschmekken und servieren.

Anmerkung: Dieses Gericht schmeckt am besten, wenn es einige Stunden Zeit zum Ziehen hat. Im Kühlschrank hält es bis zu 3 Tage.

Zu diesem auch farblich ansprechenden Gericht servieren Sie am besten Patiala-Pilaw (S. 278), Pilaw Benares (S. 280) oder Kaiserlichen Pilaw mit Morcheln (S. 286). Auch jede Art von Brot paßt dazu. Die Vorspeise sollte sehr mild sein.

Geschmortes Gemüse in Kardamom-Mandel-Sauce

(Shahi Sabz Korma)

Diese elfenbeinfarbene Köstlichkeit mit dem schimmernden Glanz ist eine wahrhaft königliche Speise, wie schon ihr indischer Name andeutet. Außer den Karotten werden nur helle Gemüse verwendet, die mit der Mandel-Joghurt-Sauce harmonieren. Die Gemüse werden sorgfältig in gleichgroße Stücke geschnitten. Wenn Sie es einmal eilig haben, können Sie den Paneer durch eine mittelgroße Kartoffel ersetzen, die Sie wie die anderen Gemüse schneiden. Zusammen mit einfachem, gekochtem Reis wird aus diesem Gericht die Königliche Gemüse-Reis-Kasserolle.

Für 6—8 Personen

2 mittelgroße Kartoffeln (etwa 200 g)
2 mittelgroße, weiße Rüben (etwa 200 g)
1 Karotte (etwa 15 cm lang)
12 EL leichtes Pflanzenöl
Indischer Käse (Paneer) aus 1 l Milch (S. 54), in ½×½×3 cm große Stücke geschnitten
1 EL feingehackter Knoblauch
1½ EL feingehackte, frische Ingwerwurzel
2 grüne Chilischoten, entkernt und fein geschnitten
12 grüne Kardamomkapseln
1 Stange Zimt (7 cm lang)
24 ganze Nelken
5 EL gemahlene, blanchierte Mandeln
¼ l Joghurt
5 EL frische grüne Erbsen (oder gut aufgetaute Tiefkühlware)
4 EL Crème fraîche
3 mittelgroße Zwiebeln, feingehackt

1. Kartoffeln, Rüben und Karotten schälen und in gleiche Stücke (½×½×3 cm) schneiden. In eine Schüssel mit kaltem Wasser legen.
2. 3 EL Öl in einer schweren, nichthaftenden Kasserolle erhitzen. Die Käsewürfel sehr vorsichtig in das heiße Öl gleiten lassen. Halten Sie einen Deckel bereit, denn der feuchte Käse spritzt, wenn er mit dem heißen Öl in Berührung

kommt. Um das zu vermeiden, können Sie die Käsewürfel vorher mit etwas Mehl bestäuben. Den Käse in 5 Minuten auf beiden Seiten unter häufigem Wenden leicht anbräunen. Den Käse in eine Schüssel geben.
3. Das restliche Öl in die Kasserolle geben und Zwiebeln, Knoblauch, Ingwer und Chilis darin auf starker Hitze (etwa 10 Minuten) hellbraun braten. Dabei häufig rühren, damit alles schön gleichmäßig bräunt. Kardamom, Zimt und Nelken zufügen und weitere 5 Minuten mitrösten. Dann die gemahlenen Mandeln noch 2 Minuten mitrösten.
4. 2 EL Joghurt zugeben und unter Rühren eindicken. Wenn er eingekocht ist, wieder 2 EL Joghurt zugeben und mit dem restlichen Joghurt ebenso verfahren. Ständig rühren, damit die Sauce nicht anbrennt.
5. Gemüse abtropfen lassen und in die Kasserolle geben. Frische, grüne Erbsen zugeben (wenn Sie Tiefkühlware verwenden, noch warten), salzen und mit ³⁄₈ l heißem Wasser aufgießen. Aufwallen lassen, die Wärmezufuhr auf mittlere Stärke reduzieren und zugedeckt etwa 30 Minuten garen. Die gebratenen Käsewürfel, Crème fraîche und, wenn Sie Tiefkühlware verwenden, jetzt die aufgetauten Erbsen beigeben. Offen 10 Minuten schmoren lassen. Die Sauce muß dick sein. Wenn sie das nicht ist, auf großer Hitze eindicken lassen. Ist sie zu dick, verdünnen Sie sie mit Milch oder Wasser. Abschmecken und servieren.

Anmerkung: Die Speise schmeckt kräftiger, wenn sie tags zuvor zubereitet wird und über Nacht im Kühlschrank ziehen kann. Sie hält sich ohne Geschmacksverlust im Kühlschrank bis zu drei Tage. Das Einfrieren bewirkt ein Andikken der Sauce, deshalb müssen Sie beim Erhitzen Milch oder Sahne zugießen. Um die geschmackliche Eigenart noch mehr zu betonen, kann man ½ TL Mughal Garam Masala zugeben.

Zu diesem Gericht paßt entweder Brot oder Reis. Als Vorspeise servieren Sie Ausgebackenen Blumenkohl (S. 94), Zwiebeln im Ausbackteig (S. 93) oder Gefüllte Tomaten (S. 88). Mulligatawnysuppe (S. 115) eignet sich hervorragend als erster Gang.

Kichererbsen in Tamarinden-Sauce
(Khatte Channe)

Kichererbsen können eine echte Delikatesse sein, wenn sie richtig gekocht und gewürzt sind. Niemand beherrscht diese Kunst perfekter als die Pandschab-Bewohner, vor allem die Sikhs. Das folgende Rezept hat die Konsistenz einer ziemlich dicken Suppe. Die Tamarindenfrucht gibt dem Gericht den charakteristischen säuerlichen Geschmack und die bräunlich schwarze Farbe, die durch die Zugabe von braun gerösteten Zwiebeln noch intensiviert wird.

Für 6—8 Personen

2 × 280 g Kichererbsen aus der Dose oder die entsprechende Menge gekochte Kichererbsen mit ¼ l Flüssigkeit
1 walnußgroße Kugel Tamarindenfruchtfleisch
⅛ l leichtes Pflanzenöl
2 mittelgroße Zwiebeln, in dünne Ringe geschnitten
2 TL Knoblauch, kleingehackt
½ TL Kurkuma
½ TL Cayennepfeffer
2 frische Tomaten, gewürfelt
1 EL frische Ingwerwurzel, gerieben
1¼ TL Garam Masala (S. 42)
1¼ TL gemahlener, gerösteter Kreuzkümmel (S. 66)

Zum Garnieren:
1 mittelgroße Zwiebel, geschält und in dünne Ringe geschnitten
1—2 grüne Chilischoten, entkernt und in dünne Streifen geschnitten

1. Kichererbsen abtropfen lassen und die Dosenflüssigkeit zur späteren Verwendung aufheben.
2. Das Tamarindenfruchtfleisch in eine kleine Schüssel geben, ⅜ l kochendes Wasser zugießen und 15 Minuten weichen lassen. Das Fruchtfleisch mit der Rückseite eines Löffels oder mit den Fingern zerdrücken. Die Flüssigkeit durch

ein Sieb in eine andere kleine Schüssel abgießen, dabei das Fruchtfleisch so gut wie möglich auspressen und wegwerfen.

3. Öl in einer schweren Pfanne erhitzen und die Zwiebeln darin unter ständigem Rühren in etwa 20 Minuten hellbraun rösten. Knoblauch weitere 2 Minuten mitrösten. Kurkuma und Cayennepfeffer einrühren, dann die Tomaten und die Ingwerwurzel zugeben. Hitze auf mittlere Stufe reduzieren und köcheln lassen, bis sich das Fett abzusetzen beginnt (etwa 5 Minuten).

4. Tamarindensaft und die Flüssigkeit von den Kichererbsen zugießen. Zudecken und die Mischung 15 Minuten leise köcheln lassen.

5. Die abgetropften Kichererbsen, Garam Masala und den gerösteten Kreuzkümmel zugeben und weitere 10 Minuten köcheln. Abschmecken und auf einer vorgewärmten Platte anrichten. Mit Zwiebeln und Chilis garniert servieren.

Traditionell gehört Poori (S. 318), in Öl ausgebackenes Brot, dazu. Im allgemeinen werden zu Khatte Channe keine Gemüsebeilagen serviert. Ein Joghurtsalat und ein kühles Joghurtgetränk passen jedoch bestens. Als Abschluß der Mahlzeit empfehlen sich Mangofrüchte mit Rahm (S. 364) oder Mango-Creme (S. 364).

Kichererbsen in Ingwer-Sauce

(Safaid Channe)

Dieses Kichererbsengericht hat eine dünnere, aromatischere Sauce als das vorhergehende Khatte Channe. Es ist milder im Geschmack und somit ideal geeignet für einen sonntäglichen Brunch. Servieren Sie dazu Poori (S. 318) und viel Tee.

Für 6—8 Personen

2 × 280 g Kichererbsen aus der Dose mit Flüssigkeit oder die entsprechende Menge gekochte Kichererbsen und $\frac{1}{4}$ l Flüssigkeit
$\frac{1}{16}$ l leichtes Pflanzenöl
3 mittelgroße Zwiebeln, feingehackt
2 TL feingehackter Knoblauch
2 EL frische Ingwerwurzel, feingeschnitten
2 TL gemahlener Koriander
$\frac{1}{3}$ TL gemahlener Kardamom
$\frac{1}{2}$ TL Mangopulver oder $1\frac{1}{2}$ TL Zitronensaft
je $\frac{1}{4}$ TL roter und schwarzer Pfeffer
1 mittelgroße Tomate, feingehackt
$\frac{1}{2}$ TL Salz (nach Geschmack)

Zum Garnieren:
1 mittelgroße Zwiebel, geschält und in dünne Ringe geschnitten
1 grüne Chilischote, in dünne Streifen geschnitten

1. Kichererbsen abtropfen lassen. Flüssigkeit aufbewahren.
2. Öl in einem großen Topf erhitzen. Die Zwiebeln darin in etwa 5 Minuten hellbraun rösten. Ständig rühren, damit nichts anbrennt.
3. Knoblauch und Ingwer zugeben. Die Hitze zurücknehmen und weitere 2 Minuten braten. Koriander, Kardamom, Mangopulver und schwarzen Pfeffer zugeben, gut durchrühren und einen Moment mitrösten. Die Tomaten zugeben und kochen, bis sich das Öl von der Tomaten-Gewürz-Masse abzusetzen beginnt (etwa 6 Minuten).
4. Die Kichererbsenflüssigkeit, den Zitronensaft (falls Sie ihn verwenden), Salz und $\frac{1}{8}$ l Wasser zugeben. Zudecken

und bei schwacher Hitze zu einer dicken Sauce einkochen lassen. Die abgetropften Kichererbsen weitere 10 Minuten mitkochen. Vom Herd nehmen. Mit Salz abschmecken und in eine Servierschüssel geben. Mit Zwiebelringen und Chilischoten bestreut zu Tisch bringen.

Anmerkung: Dieses Gericht können Sie bis zu vier Tage vor dem Servieren im Kühlschrank aufbewahren. Es kann auch eingefroren werden, muß jedoch vor dem Servieren ganz aufgetaut sein. Dann noch mit ein wenig Garam Masala bestreuen und servieren.

Eine ideale Ergänzung hierzu ist Brot, beispielsweise Poori (S. 318) oder Paratha (S. 308). Im allgemeinen verzichtet man auf eine Gemüsebeilage, aber einen Joghurtsalat mit Gemüse können Sie ohne weiteres dazu reichen, dazu aromatisierten Tee. Dem Hauptgericht vorangehen sollte vielleicht ein erfrischendes Joghurtgetränk, und zum Abschluß bewirten Sie Ihre Gäste mit Mangofrüchten mit Rahm (S. 364).

Rosenkohl und grüne Bohnen in Linsenpüree

(Chaunk Gobhi aur Sem Sambaar)

Die Kombination von Hülsenfrüchten mit verschiedenen Gemüsen und Gewürzen ist typisch für die indische Küche. Der Süden hat die herrlichsten Variationen dieser Art hervorgebracht. Sambaar, ein Gericht aus Gemüse und gelben Linsen, ist das bekannteste. Es wird mit Sambaar Podi (Sambaarpulver) gekocht und ist sehr scharf. Mischt man es mit den klassischen Zutaten Reis und Usli Ghee, entsteht daraus eine vegetarische Köstlichkeit.

Für 4—6 Personen

400 g gelbe Linsen (Toovar Dal) oder gelbe halbe Erbsen
1/3 TL Kurkuma
450 g Rosenkohl
100 g frische, grüne Bohnen, geputzt und in 3 cm lange Stücke geschnitten
1 walnußgroße Kugel Tamarindenfruchtfleisch oder statt dessen eine große Tomate + 1 TL Zitronensaft
3 EL leichtes Sesamöl oder leichtes Pflanzenöl
3/4 TL schwarze Senfkörner
1/4 TL Bockshornkleesamen
2 TL gehackter Knoblauch
1 EL Sambaarpulver (in Ostasienläden erhältlich)
1 TL Salz
6—8 Kariblätter (frisch oder trocken) oder 2 EL frische, gehackte Korianderblätter

1. Linsen verlesen und waschen (siehe S. 249).
2. Linsen mit Kurkuma und 1 l kaltem Wasser in einem 3-Liter-Topf zum Kochen bringen. Hitze reduzieren und die Linsen in ca. 30 Minuten gar kochen. Einen knappen Viertelliter Wasser zugießen und auf kleiner Flamme weiterkochen, bis die Linsen zu einem feinen Püree verkocht sind. Vom Herd nehmen. Das Püree mit dem Schneebesen 1 Minute durchschlagen und beiseite stellen.
3. Während die Linsen garen, das Gemüse waschen und mit Küchenpapier abtrocknen. Den Strunk jedes Rosenkohlröschens mit einem scharfen Messer kreuzweise einschneiden.
4. Tamarindenfruchtfleisch in einer kleinen Schüssel mit 1/8 l kochendem Wasser übergießen und 15 Minuten weichen lassen. Das Fruchtfleisch mit dem Löffelrücken oder mit den Fingern zerdrücken. Die Flüssigkeit durch ein Sieb in eine andere kleine Schale abgießen, dabei das Fruchtfleisch gut ausdrücken. Die faserigen Rückstände wegwerfen. Wenn Sie Tomaten statt der Tamarindenfrucht verwenden, diese samt der Haut pürieren oder klein hacken. Dann mit Zitronensaft verrühren.
5. Öl in einem tiefen Topf erhitzen. Wenn das Öl sehr heiß ist, vorsichtig die Senfkörner zugeben. Mit einem Deckel

abdecken. Wenn sie sich nach ca. 15 Sekunden grau verfärbt haben, den Bockshornklee zugeben und mitrösten. Wenn dieser dunkel wird, Knoblauch und Sambaarpulver einrühren, dann Rosenkohl und Bohnen zugeben. Das Gemüse 2—3 Minuten unter Rühren anschmoren. Tamarindensaft (oder Tomatenpüree), Salz und 1/16 l warmes Wasser zugeben. Die Hitze etwas vermindern und das Gemüse zugedeckt in ca. 20 Minuten gar kochen.
6. Linsenpüree unterrühren und weiterkochen, bis das Gemüse zart ist (etwa 10—15 Minuten). Die Hitze wegnehmen und Kari- oder gehackte Korianderblätter einrühren. Abschmecken und servieren.

Anmerkung: Das Gericht läßt sich gut aufheben. Es kommt jedoch darauf an, welche Gemüse Sie verwenden. Kartoffeln, Zwiebeln und Schalotten können bis zu drei Tage im voraus gekocht werden, Zucchini, Rosenkohl, Frühlingszwiebeln und Kohl nicht länger als 24 Stunden.
Dazu gibt es traditionell einfachen, gekochten Reis. Wenn es ganz authentisch sein soll, reichen Sie in einer Schüssel 1/8 l Usli Ghee (geklärte Butter), die über das Gemüse und den Reis gegossen wird (2—3 Teelöffel pro Portion).

Dazu können Sie noch ein anderes Gemüsegericht anbieten. Da dieser Sambaar sehr scharf ist, serviert man gerne einfachen Joghurt dazu. Mir selbst schmeckt allerdings ein Joghurtsalat besser, dazu noch Pickles und Chutneys. Als Vorspeise eignen sich Seidige Bohnenklößchen (S. 100) mit Kokos-Chutney (S. 337), als Nachspeise Safran-Mandel-Pudding (S. 353) oder Kokosnuß-Pudding (S. 354).

Mungobohnen mit Blumenkohl

(Gobhi Moong)

Die Gewürze bleiben hier absichtlich im Hintergrund, damit der Geschmack der Mungobohnen und des Blumenkohls dominiert. Anstelle des Blumenkohls können Sie auch Gurken, Broccoli, Spinat oder Kohlrabi nehmen. Denken Sie jedoch daran, daß die Garzeiten je nach Gemüse unterschiedlich lang sind.

Für 6—8 Personen

400 g gelbe Mungobohnen (Moong Dal)
1 mittelgroße Zwiebel, feingehackt
1 EL frische Ingwerwurzel, gerieben
2 TL feingehackter Knoblauch
½ TL Kurkuma
3 mittelgroße Kartoffeln (etwa 350 g), geschält und geviertelt
⅓ von einem kleinen Blumenkohl, in Röschen zerteilt
½ EL Salz

Tadka:
12 EL Usli Ghee (S. 52) oder leichtes Pflanzenöl
1 TL Kreuzkümmel
2—4 grüne Chilischoten, entkernt und in feine Streifen geschnitten oder ¼—½ TL Cayennepfeffer
2 TL Zitronensaft
2—3 EL gehackte, frische Korianderblätter (oder 1—2 EL getrocknete Korianderblätter)

1. Mungobohnen verlesen und waschen (siehe Anleitung auf Seite 249).
2. Mungobohnen mit gehackten Zwiebeln, Ingwer, Knoblauch und ¾ l Wasser in einem tiefen Topf zum Kochen bringen. Kurkuma zugeben, die Wärmezufuhr drosseln und leicht abgedeckt 15 Minuten garen lassen. Die Mungobohnen sollen noch fest sein.
3. Kartoffeln, Blumenkohl, Salz und einen weiteren halben Liter Wasser zugeben und noch einmal 15 Minuten kochen lassen.

Im Kühlschrank hält sich das Gericht bis zu 2 Tage. Die Bohnen dicken normalerweise durch das Ziehen etwas ein, da die Kartoffeln Flüssigkeit aufnehmen. Gießen Sie gegebenenfalls etwas Wasser nach.
4. Die Zubereitung der Tadka:
Die Ghee in einer Pfanne erhitzen, Kreuzkümmel zugeben und in 15 Sekunden dunkelbraun rösten. Grüne Chilischoten und Cayennepfeffer einrühren und die Gewürz-Mischung über die gekochten Gemüse geben. Zitronensaft und gehackte Korianderblätter unterrühren. Abschmecken, auf eine vorgewärmte Servierplatte geben und anrichten.

Dieses einfache, aber sehr schmackhafte vegetarische Gericht ergibt mit einfachem gekochtem Reis oder frischem Brot eine delikate Hauptmahlzeit. Für eine größere Mahlzeit können Sie ein zweites kleines Gemüsegericht dazunehmen und Chutneys und Pickles auftragen.

Linsen mit Gemüse

(Gujrati Dal)

Dieses Gericht ist eine Spezialität der Küche des Gudscharat. Die Speisen der Dschainas aus dem Gudscharat stellen eine einzigartige Mischung aus nördlichen und südlichen Gewürzen dar. Die Zubereitungstechnik ist ähnlich wie beim Sambaar, mit dem Unterschied, daß die Hülsenfrüchte oft erst mit verschiedenen Ingredienzen gegart und danach zum Gemüse gegeben werden. Dieses Gericht enthält, wie alle Speisen aus dieser Gegend, keinen Knoblauch, aber wenn Sie Knoblauch mögen, können Sie ihn ohne weiteres dazutun — er verträgt sich ausgezeichnet mit den übrigen Zutaten.

Für 4—6 Personen

400 g Hülsenfrüchte — eine Mischung aus gelben (Toovar Dal) und rosa Linsen (Masar Dal), gelben halben Erbsen (Channa Dal) und gelben halben Mungobohnen (Moong Dal)
3 mittelgroße Tomaten
1 kleine Aubergine
1 mittelgroße Zucchini
½ TL Kurkuma
1 EL feingehackte, frische Ingwerwurzel
1 TL gehackter Knoblauch (nach Belieben)
2 grüne Chilischoten, entkernt und kleingeschnitten oder ⅓ TL Cayennepfeffer
4 EL Usli Ghee (S. 52)
¾ TL schwarze Senfkörner
¾ TL Kreuzkümmel
⅓ TL gemahlener Asant
1 TL Salz
8 Kariblätter (frisch oder getrocknet) oder 2 EL gehackte, frische Korianderblätter

1. Hülsenfrüchte verlesen und waschen (siehe Anleitung S. 249).
2. In eine Schüssel geben und gut mit Wasser bedecken. 2 Stunden weichen lassen. Das Wasser abgießen.
3. Die Tomaten blanchieren, enthäuten und in Stücke zerteilen. Aubergine und Zucchini in dicke kurze Stäbchen schneiden.
4. Die eingeweichten Hülsenfrüchte mit Kurkuma, Ingwer, Knoblauch, Chilischoten und ¾ l kaltem Wasser in einem tiefen Topf zum Kochen bringen. Die Wärmezufuhr reduzieren und die Hülsenfrüchte halb zugedeckt garen lassen (45 Minuten). Vom Herd nehmen. Leicht abkühlen lassen und pürieren. Püreemasse abmessen: es sollten 8 Tassen sein. Ist das nicht der Fall, gießen Sie Wasser zu. (Das Püree kann auf Vorrat zubereitet und bis zu 4 Tage im Kühlschrank aufbewahrt werden. Es läßt sich auch tiefkühlen. Vor der Weiterverwendung ganz auftauen.)
5. Alle Gewürze und Gemüse bereitstellen. Die geklärte Butter (Usli Ghee) in einem tiefen Topf stark erhitzen. Senfkörner vorsichtig zugeben. Nach etwa 5 Sekunden, wenn sie sich grau verfärbt haben, den Kreuzkümmel zugeben. Wenn dieser (nach 5—10 Sekunden) dunkel angelaufen ist,

noch 1—2 Sekunden den vorbereiteten Asant einrühren. Schließlich die Tomaten zugeben. Aubergine und Zucchini beifügen und weitere drei Minuten schmoren.
6. Püree und Salz zugeben und aufkochen lassen. Die Wärmezufuhr reduzieren und das Gemüse zugedeckt 20 Minuten weichkochen lassen. Abschmecken und servieren.

Anmerkung: Dieser Eintopf hält sich im Kühlschrank bis zu zwei Tage.

Menüvorschläge finden Sie bei Mungobohnen mit Blumenkohl (S. 213).

Mungobohnen-Klöße in würziger Sauce
(Mungaude ki Bhaji)

Obgleich dieses Rezept ein wenig aufwendig ist, weil Sie die Klöße erst zubereiten müssen, wird Sie das Ergebnis für Ihre Mühe reichlich belohnen.

Für 6 Personen

1 Rezept Mungobohnen-Klöße mit Spinat (S. 99)
1/8 l leichtes Pflanzenöl oder die entsprechende Menge indisches Pflanzenfett
4 TL feingehackter Knoblauch
2 EL feingehackte, frische Ingwerwurzel
3 mittelgroße Zwiebeln, in dünne Ringe geschnitten
1 TL Kurkuma
1/4—1/2 TL Cayennepfeffer
2 frische, reife Tomaten, gewürfelt
3/4 TL Salz
1 TL gemahlener, gerösteter Kreuzkümmel (S. 66)
1 TL gemahlener, gerösteter Koriandersamen (S. 66)
1/4—1/2 TL schwarzer Pfeffer
2—3 EL feingehackte Korianderblätter

1. Klöße in eine Schüssel geben, kaltes Wasser zugießen und 1 Minute weichen lassen. Abtropfen lassen, leicht ausdrücken, aber dabei nicht zerdrücken.

2. Fett oder Öl in einer Pfanne mit schwerem, nichthaftendem Boden erhitzen und den Knoblauch darin etwa 15 Sekunden sautieren. Die Ingwerwurzel zugeben und eine weitere Minute mitschmoren. Dann Zwiebeln darin in etwa 20 Minuten hellbraun rösten. Ständig rühren, damit nichts anbrennt.
3. Kurkuma und Cayennepfeffer unterrühren und Tomaten zugeben, bis die Tomaten zu einer dicken Sauce eingekocht sind und das Öl sich abzusetzen beginnt (etwa 10 Minuten). Wenn die Sauce sich am Topfboden anlegt, etwas Wasser zugießen, salzen und zum Kochen bringen.
4. Die Klöße zugeben und die Sauce bei mittlerer Hitze offen in 8—10 Minuten auf die halbe Menge einkochen lassen. Zugedeckt auf kleiner Flamme weitere 15 Minuten köcheln lassen. Hitze wegnehmen. Kreuzkümmel, Koriander, schwarzen Pfeffer und gehackte Korianderblätter einrühren. Mit Salz abschmecken und servieren.

Anmerkung: Dieses Gericht kann bis zu 24 Stunden im voraus zubereitet werden. Sie sollten jedoch vor dem Wiedererhitzen noch etwas Kreuzkümmel, Koriander und gehackte Korianderblätter zugeben.

Soll es eine leichte Mahlzeit sein, schlage ich einfachen, gekochten Reis oder einfaches Brot dazu vor, eventuell noch eine Gemüsebeilage. Wollen Sie etwas aufwendiger speisen, dann reichen Sie noch einen Joghurtsalat und diverse Chutneys dazu.

Kichererbsen-Klößchen in Joghurt-Sauce

(Kadhi)

Bei diesem Gericht wird Besan, Kicherebsenmehl, mit Joghurt zu einem dicken Teig vermischt, den man eßlöffelweise in heißem Öl ausbäckt. Dann werden die Klöße in Joghurtsauce geschmort, bis sie locker und weich aufgegangen sind. Diese nordindische Spezialität wird häufig mit gekochtem Reis als sonntägliches Mittagessen serviert.

Anmerkung: Der verwendete Joghurt sollte mittelsauer sein. Wenn er zu sauer ist, wird das Gericht unangenehm sauer, ist er dagegen zu mild, schmeckt es fade. Die Klößchen bei sehr milder Hitze garen lassen — sie werden sonst nicht weich. Die Sauce legt sich gerne am Topfboden an, das Rühren also nicht vergessen.

Will man den Teig so herstellen, wie das seit Generationen überliefert ist, so muß man ihn lange und mühsam mit der Hand schlagen. Mit der Küchenmaschine geht das in einem Bruchteil der Zeit, und das Resultat ist mindestens genauso gut — wenn nicht sogar besser.

Für 6—8 Personen

Klößchenteig:
300 g Kichererbsenmehl (Besan)
2 TL gemahlener Koriander
1/8 TL Cayennepfeffer
1/2 TL Salz
5 EL einfacher Joghurt
1/8 l warmes Wasser
ein Prise Natron
Erdnuß- oder Maisöl zum Ausbacken

Sauce:
2 Becher einfacher Joghurt
1 1/2 l kaltes Wasser
100 g Kichererbsenmehl
1/2 TL Kurkuma
1/2 TL Cayennepfeffer
1/2 EL Salz
1/16 l leichtes Pflanzenöl
1/2 TL schwarze Senfkörner
1 TL Kreuzkümmel
2 TL gemahlener Koriander
2 mittelgroße Zwiebeln, geschält und in 8 Stücke zerteilt
1 mittelgroße Kartoffel, geschält und in 8 Stücke geschnitten
1/16 l Usli Ghee (Geklärte Butter, S. 52)

1. Die Teigherstellung von Hand: Mehl in eine große Schüssel geben. Alle anderen Zutaten für die Klößchen (außer dem Natron) zugeben und mit dem Kochlöffel etwa 15 Minuten kräftig durchschlagen. Der Teig muß sehr dick sein. Zudekken und mindestens zwei Stunden an einem warmen Ort gehen lassen. Dadurch wird der Teig noch lockerer. (Zur Probe etwa 1/2 TL Teig in kaltes Wasser legen. Wenn er nach oben steigt, ist er fertig zur Weiterverarbeitung. Wenn er zu

Boden sinkt, muß er noch einmal gründlich geschlagen werden.)

Die Teigherstellung in der Küchenmaschine: Joghurt, Wasser und Natron miteinander verrühren. Mehl, Koriander, Cayennepfeffer und Salz in den Aufsatz geben und 10 Sekunden durcharbeiten. Maschine laufen lassen und die Joghurtmischung zugießen. Die Masse wird jetzt zu einer dikken Paste. Weitere 4 Minuten durcharbeiten, dabei alle 15—20 Sekunden abschalten. Der Teig muß leicht und lokker wie Kuchenteig sein (Probe siehe oben).

2. Öl in einem Kadhai, einer Friteuse oder einer hohen Bratpfanne erhitzen (160° C). Etwa 1½ l kaltes Wasser in einer Schüssel bereitstellen.
3. Vor dem Ausbacken das Natron in den Teig einrühren. Einen gehäuften TL Teig abstechen und mit Hilfe eines anderen Teelöffels in das heiße Öl gleiten lassen. Ärgern Sie sich nicht, wenn Ihre Klößchen die seltsamsten Formen haben, das macht gar nichts. Etwa 16 Klößchen können auf einmal ausgebacken werden. In etwa 4-5 Minuten goldgelb backen, mit einem Schaumlöffel herausnehmen und in die Schüssel mit Wasser gleiten lassen. Während die nächste Portion ausbäckt, die vorhergehende aus dem Wasser nehmen und abtropfen lassen. In eine andere Schüssel geben. Mit dem restlichen Teig ebenso verfahren.
4. Die Zubereitung der Sauce: Joghurt, Wasser, Erbsenmehl, Kurkuma, Cayennepfeffer und Salz in einer Schüssel gut vermischen (Sie können das natürlich auch mit dem Mixer machen).
5. 4 EL Öl in einem tiefen emaillierten 5-Liter-Topf erhitzen und die Senfkörner zugeben. Einen Deckel bereithalten, falls die Senfkörner springen. Sobald sie anfangen, sich grau zu verfärben (nach ca. 1—2 Sekunden), sofort die Wärmezufuhr reduzieren und den Kreuzkümmel in ca. 10 Sekunden braun rösten. Dann rasch das Korianderpulver einrühren, gleich darauf die Zwiebeln und die Kartoffeln zugeben. 5 Minuten unter Rühren gleichmäßig anbräunen.
6. Die Joghurtmischung zugeben und aufkochen lassen.

Ständig rühren, damit der Joghurt nicht gerinnt und klumpig wird.

7. Die Klößchen vorsichtig unterrühren. Die Hitze reduzieren und offen 45 Minuten köcheln lassen. Oft umrühren und nachsehen, ob nichts anbrennt. Abschmecken und in eine vorgewärmte Servierschüssel füllen. Usli Ghee einrühren und sofort servieren.

Anmerkung: Dieses Gericht kann bis zu 3 Tage vor dem Verbrauch im Kühlschrank aufbewahrt werden. In diesem Fall sollten Sie die Butter aber erst vor dem Servieren zugeben.

Dazu paßt einfacher, gekochter Reis oder Brot. Als Getränk empfehle ich ein (alkoholisches oder alkoholfreies) Obstsaftgetränk oder ein Joghurtgetränk (Rezepte Seiten 380/381).

Beilagen

Gemüse
(Sabzi)

Glasierte rote Bete mit schwarzen Senfkörnern (Chukandar ki Sabzi)
Broccoli in Knoblauchöl (Hare Gobhi ki Sabzi)
Kohl, in Butter geschmort (Bandh Gobhi ki Sabzi)
Blumenkohl mit Ingwer (Gobhi Sabzi)
Blumenkohl mit Frühlingszwiebeln (Gobhi Kari)
Würziges Auberginengemüse (Baigan Masaledar)
Geröstete Auberginen mit Koriander (Bharta)
Grüne Bohnen mit Kokosnuß und schwarzen Senfkörnern (Beans Kari)
Pfannengerührte Okra (Bhindi Sabzi)
Okra, knusprig gebraten (Bhoni Bhindi)
Gefüllte Okra (Bhindi Bharva)
Geröstete Zwiebeln (Bhone Piaz)
Kurkuma-Kartoffeln (Peele Aloo)
Kurkuma-Kartoffeln mit grünen Paprikaschoten (Aloo Mirch)
Kartoffeln mit Schalotten (Aloo Piaza)
Gekochter Spinat (Obla Saag)
Blattgemüse in Butter (Saag)

Eine indische Küche ohne Gemüse ist undenkbar, denn in Indien lebt die größte Zahl von Vegetariern auf der ganzen Welt. Einige davon essen das Fleisch nur deshalb nicht, weil sie es sich nicht leisten können (Fleisch kostet achtmal soviel wie Gemüse), andere verzichten aus Gesundheitsgründen auf Fleisch. Die meisten leben jedoch aus religiösen Gründen streng vegetarisch. Frauen, vor allem unverheirateten und verwitweten, ist der Genuß von Fleisch verboten. Ältere Leute verzichten auf den Genuß von Fleisch als Geste der Vorbereitung auf das Jenseits.

Es ist also verständlich, daß man in Indien die meisten Gemüsesorten der Welt anbaut und sie zu unübertroffener Qualität kultiviert hat. Die Zubereitung dieser Gemüse ist eine Kunstform für sich und hat sich einen besonderen Ruf in der kulinarischen Welt erobert.

In Indien kennt man kaum Gemüse in Dosen oder aus der Tiefkühltruhe. Die indischen Zubereitungstechniken verlangen, ähnlich wie die chinesischen, frische Produkte. Deshalb sind die Inder auch besonders heikel: Sie verbringen Stunden im Gemüseladen, um die Qualität der grünen Bohnen oder Okra aufs genaueste zu prüfen.

Gemüse werden auch heute noch wie vor Jahrhunderten auf Märkten unter freiem Himmel verkauft. Hier werden Gemüse noch wie Gemüse behandelt — welch ein Unterschied zu den in Plastik gehüllten, vollhygienischen kunstgedüngten Gemüsen, die uns hierzulande angeboten werden.

Die indische Küche weiß mehr mit Gemüse anzufangen, als nur Beilagen daraus zu machen. Gemüse wird zu Appetithappen, zu Chutney, zu Brot, zu Getränken und zu Nachspeisen verarbeitet. Die Zubereitungstechniken sind ebenso vielfältig. Die beliebteste Methode heißt Bhojia, was soviel wie »zweimal schmoren« bedeutet. Das geht schnell und ist sehr einfach. Zuerst werden die Gewürze im heißen Öl angeröstet, dann kommen die Gemüse dazu und werden unter Rühren auf großer Hitze mitgeschmort. Einige Gewürze so wie Kurkuma, Cayennepfeffer, Ingwer- und Mangopulver werden erst mit oder nach dem Gemüse zugegeben, weil sie so leicht verbrennen. Dann wird die Hitze zurück-

genommen, und das Gemüse wird im eigenen Saft geschmort. Schließlich wird die Hitze wieder verstärkt, und das Gemüse wird zum zweitenmal angeschmort, damit es eine schöne braune Farbe annimmt und wie glasiert aussieht. So gegartes Gemüse schmeckt wie im Ofen gebakken, ist sehr weich und fällt doch nicht auseinander.
Einige Gemüsearten wie Kartoffeln oder rote Bete werden vor dem Schmoren noch gekocht. Das geschieht, um das Aroma der Gewürze zu erhalten.
Eine letzte Anmerkung: Kaufen Sie nur einwandfreies Gemüse, das weder verwelkt noch angefault ist. Denken Sie daran, daß der natürliche Geschmack des Gemüses ebenso wichtig ist wie das Aroma der Kräuter und Gewürze.
Die nun folgenden Gemüse-Rezepte sollen Ihnen einen kleinen Eindruck von der Vielfalt der Zubereitungsmethoden der verschiedenen indischen Regionen vermitteln.

Glasierte rote Bete mit schwarzen Senfkörnern

(Chukandar ki Sabzi)

Rote Bete wird in Indien nur selten für Saucengerichte verwendet, weil ihre rote Farbe in jeder Sauce hervorsticht. Rote Bete sautiert man gewöhnlich nur kurz mit einigen Gewürzen, die ihren lieblichen Geschmack noch intensivieren. Im Norden Indiens kocht man auch die grünen Blätter mit.
Dieses delikate Rezept kommt aus dem südwestlichen Indien.

Für 4—6 Personen

6 mittelgroße, frische rote Beten (etwa 700 g)
½ TL Kurkuma
2 EL leichtes Pflanzenöl
½ TL schwarze Senfkörner
½ TL Salz
1 TL Zucker

1. Stengel und Blätter abschneiden (sie können als Blattgemüse verwendet werden, siehe Saag, S. 244).

2. Rote Bete unter fließendem Wasser waschen und mit Küchenpapier trockentupfen. In ½ cm dicke Stäbchen schneiden.
3. Mit Kurkuma in einen tiefen Topf geben, mit Wasser bedecken und zum Kochen bringen. Offen 5—10 Minuten sprudelnd kochen, bis sie zwar gar, aber noch fest sind. (Die Garzeit hängt von der Qualität und der Frische der roten Bete sowie von der Dicke der Stäbchen ab.) Wasser abgießen.
4. Öl in einer großen Pfanne stark erhitzen. Die Senfkörner zugeben. Einen Topfdeckel bereithalten, weil die Senfkörner im heißen Fett springen. Wenn die Senfkörner nach 5 Sekunden sich grau verfärben, die abgetropfte rote Bete zugeben und gut mit dem senfaromatisierten Öl überziehen. Mit Salz und Zucker bestreuen und eine weitere Minute schmoren. Vom Herd nehmen. Mit Salz abschmecken und heiß, warm oder gut gekühlt servieren.

Anmerkung: Dieses Gericht hält sich im Kühlschrank bis zu 4 Tage.

Glasierte rote Bete ist, kalt serviert, ein ausgezeichneter Salat und rundet viele Mahlzeiten der südindischen Küche ausgezeichnet ab. Servieren Sie sie zu Vendaloo (S. 155) oder Garnelen in Kokosmilch (S. 187). Reis gehört eigentlich zu jeder Mahlzeit, bei der rote Bete aufgetragen wird.

Broccoli in Knoblauchöl

(Hare Gobhi ki Sabzi)

Obgleich Broccoli kein in Indien beheimatetes Gemüse ist, läßt er sich durch indische Gewürze ganz ausgezeichnet verfeinern. Hier ist ein ausgesprochen einfaches und schnelles Rezept aus der klassischen Küche des Nordens, wo grünes Gemüse mit Gewürzen in Öl kurz angebraten und dann im eigenen Saft geschmort wird. Wählen Sie ganz frischen Broccoli und wenden Sie beim Schälen und Schneiden größte Sorgfalt auf, damit die Stücke gleichmäßig garen.

Für 4—6 Personen

Etwa 700 g Broccoli
3 EL leichtes Pflanzenöl
8—10 Knoblauchzehen, geschält
1/3 TL Kurkuma
1/2 TL Salz

1. Broccoli zerteilen, dabei einen langen Stiel an den Röschen lassen. Den Stiel vorsichtig (er bricht leicht ab) schälen. Unter fließendem Wasser spülen. 5 Minuten abtropfen lassen.

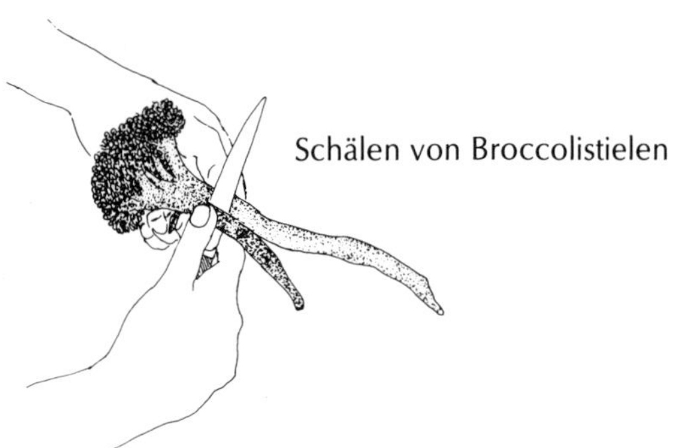

Schälen von Broccolistielen

2. Öl in einer großen Pfanne erhitzen. Wenn das Öl heiß ist, den Knoblauch darin etwa 1—2 Minuten goldgelb sautieren. Kurkuma zugeben und gleich darauf den Broccoli in

der Pfanne so verteilen, daß er in einer Lage liegt. Eine Minute schmoren lassen. Salzen, dann den Broccoli vorsichtig umdrehen und noch einmal 1 Minute schmoren.
3. Die Hitze reduzieren und zugedeckt 8—10 Minuten garen. Der Broccoli muß gar, aber noch knackig und dunkelgrün sein. Den Deckel abnehmen und weiterschmoren, bis die gesamte Flüssigkeit verkocht ist und die Broccolistiele mit Knoblauchöl überzogen sind. Abschmecken und sofort servieren.

Dieser knoblauchduftende Broccoli paßt besonders gut zu mild gewürzten Lammgerichten.

Kohl, in Butter geschmort
(Bandh Gobhi ki Sabzi)

Das milde Sautieren in Butter läßt die natürliche Süße des Kohls deutlicher zutage treten. Für gewöhnlich fügt man noch ein wenig Kurkuma zu, um Aroma und Farbe zu verstärken.
In diesem Rezept wird der Kohl mit Kreuzkümmel und Ingwer aromatisiert.

Für 6—8 Personen

1 kleiner Kohlkopf (etwa 700—900 g)
2 EL Usli Ghee (S. 52) oder leichtes Pflanzenöl
1½ TL Kreuzkümmel
¼ TL gemahlener Asant (nach Belieben)
¼ TL Kurkuma
1 EL feingehackte, frische Ingwerwurzel
1 große, frische Tomate, gewürfelt
2 grüne Chilischoten, entkernt und kleingehackt, oder ¼ TL Cayennepfeffer
1 TL Salz
1—2 EL grobgehackte, frische Korianderblätter (oder 1 EL getrocknete Korianderblätter)

1. Kohl vierteln und den Strunk herausschneiden. Den Kohl in feine Streifen schneiden. Die geklärte Butter in einem

großen, möglichst nichthaftenden Topf erhitzen, Kreuzkümmel darin 10—15 Sekunden dunkelbraun rösten, dann (nach Belieben) den gemahlenen Asant und den Kohl zugeben. Kurkuma drüberstreuen und unter Rühren etwa 5 Minuten sautieren.
2. Ingwer, Tomate und Chilischoten (oder Cayennepfeffer) zufügen und weitere 5 Minuten schmoren. Salzen und ¼ l heißes Wasser zugießen. Dann auf mittlere Hitze zurückschalten und garen, bis das Wasser verkocht ist (etwa 20 Minuten). Oft umrühren, damit nichts anbrennt. Die gehackten Korianderblätter einrühren, abschmecken und servieren.

Anmerkung: Dieses Gericht läßt sich gut vorbereiten und braucht vor dem Servieren nur aufgewärmt zu werden.

So zubereiteter Kohl eignet sich gut als erster Gang. Er ist saftig; Brot ist daher ein idealer Begleiter. Als Beilage paßt dieses Gericht ebensogut zu Huhn wie zu Lamm und Fisch.

Blumenkohl mit Ingwer

(Gobhi Sabzi)

Inder lieben Blumenkohl — sie scheinen nie genug davon zu bekommen. Deshalb haben sie auch besondere Zubereitungstechniken entwickelt, um diesem besonderen Gemüse gerecht zu werden. In Indien kocht man Blumenkohl niemals in großen Mengen Wasser. Wenn er in Flüssigkeit gekocht wird, dann ist auch die Brühe Bestandteil des Gerichts. Meistens wird er jedoch angeschmort und dann im eigenen Saft gegart, wie in diesem Gericht, einem Klassiker aus den Staaten Pandschab und Uttar Pradesh.
Variante: Ersetzen Sie einen Teil des Blumenkohls durch Kartoffeln oder grüne Erbsen oder beides. Bei Kartoffeln müssen Sie die Garzeit entsprechend verlängern.

Für 4—6 Personen

1 kleiner Blumenkohlkopf
4 EL leichtes Pflanzenöl
1 TL Koriandersamen oder
½ TL Kreuzkümmel
1½ EL frische Ingwerwurzel, geraspelt
1—2 grüne Chilischoten (entkernt und kleingehackt) (nach Belieben)
½ TL Kurkuma
Prise Salz
1 TL Zitronensaft
2 EL gehackte, frische Korianderblätter

1. Blumenkohl in Röschen zerteilen, waschen und abtropfen lassen. Alle Gewürze, den Blumenkohl und etwas heißes Wasser bereitstellen.
2. 3 EL Öl bei mittlerer Hitze in einem Kadhai, einer großen Pfanne oder einer Kasserolle erhitzen. Koriander oder Kreuzkümmel darin etwa 10 Sekunden dunkelbraun rösten. Ingwer und Chilischoten (wenn Sie sie verwenden) zugeben und einige Sekunden rühren. Gleich darauf Kurkuma hinzufügen, Salz und dann den Blumenkohl. Gut umrühren, damit die Gewürze verteilt werden und nicht anbrennen. Das heiße Wasser zugießen, die Wärmezufuhr reduzieren und den Blumenkohl zugedeckt weich (aber noch mit Biß) schmoren lassen (etwa 20—25 Minuten). Während dieser Zeit ein- bis zweimal umrühren.
3. Die Hitze verstärken und unter Rühren schmoren, damit die Flüssigkeit verkocht und der Blumenkohl leicht anbräunt (etwa 5—10 Minuten). Vorsichtig umrühren, da gekochter Blumenkohl sehr leicht zerbricht. Wenn das Gemüse trokken aussieht, rühren Sie das restliche Öl ein. Zitronensaft und gehackte Korianderblätter zugeben und vorsichtig vermischen. Abschmecken und sofort servieren.
Dieses Gericht paßt wunderbar zu allen mit Kardamom zubereiteten Speisen. Auch Gerichte mit Rahm und Joghurt nehmen sich als Konstrast zu der gelblichen Farbe des Blumenkohls gut aus.

Blumenkohl mit Frühlingszwiebeln

(Gobhi Kari)

Bei uns verwendet man die Frühlingszwiebel eher als Würzmittel. In Indien dagegen gilt sie als eigenständiges Gemüse oder wird anderen Gemüsen, wie in unserem Fall dem Blumenkohl, beigemischt. Gobhi Kari ist eine Spezialität der südlichen und südwestlichen Regionen.

Für 4—6 Personen

1 kleiner Blumenkohlkopf
2 Bund Frühlingszwiebeln
4 EL leichtes Pflanzenöl
½ TL schwarze Senfkörner
½ TL Kurkuma
1 TL weiße halbe Bohnen (Urad Dal) (nach Belieben)
1—2 grüne Chilischoten, gehackt, oder ¼ TL Cayennepfeffer
¾ TL Salz
6—8 frische oder getrocknete Kariblätter, leicht zerstoßen (nach Belieben)

1. Den Blumenkohl in sehr kleine Röschen zerteilen. Waschen und abtropfen lassen.
2. Die Frühlingszwiebeln putzen und samt den grünen Teilen kleinschneiden.
3. Gewürze, Gemüse und ⅛ l heißes Wasser bereitstellen.
4. 3 EL Öl in einer großen Pfanne oder einer Kasserolle erhitzen. Wenn das Öl sehr heiß ist, vorsichtig die Senfkörner zugeben und mit einem Deckel abdecken. Nach 15 Sekunden (die Senfkörner haben eine graue Farbe angenommen) Urad Dal zugeben und anbräunen. Dann Kurkuma, Chili, Salz und Frühlingszwiebeln zugeben und kräftig umrühren. Kurz sautieren, dann den Blumenkohl zugeben. Alles gut durchrühren, dann das heiße Wasser zugießen. Die Hitze auf mittlere Stufe zurücknehmen und zugedeckt in 15—20 Minuten den Blumenkohl weichkochen. Den Deckel abnehmen, die Hitze verstärken und unter Rühren schmoren, bis die Flüssigkeit verkocht und der Blumenkohl leicht angebräunt ist. Während dieses Vorgangs den restlichen EL Öl einrühren. Nach Belieben Kariblätter unterrühren. Mit Salz abschmecken und sofort servieren.

Die Menüvorschläge sind die gleichen wie beim Rezept für Glasierte rote Bete mit schwarzen Senfkörnern.

Würziges Auberginengemüse

(Baigan Masaledar)

Für dieses Rezept sollten Sie — falls erhältlich — ganz kleine Auberginen verwenden, die nur 5—8 cm groß und nicht schwerer als je 60 g sind. In Indien sind Zwergauberginen eine teure Delikatesse.

Für 2—4 Personen

8—10 sehr kleine Auberginen (etwa 450 g)

Fülle:
2 TL gemahlener Koriander
1 TL gemahlener Kreuzkümmel
1/4—1/2 TL Cayennepfeffer
1/2 TL Mangopulver oder
1 1/2 TL Zitronensaft
1/2 TL Garam Masala (S. 42)
1/2 TL Salz

2 EL helles Pflanzenöl
1/2 TL Kreuzkümmel
1/8 TL gemahlener Asant

1. Den Auberginenstengel abschneiden, die grünen Stengelansätze jedoch dranlassen. Vom Stengelansatz her kreuzweise einschneiden, etwa 1 1/2 cm vor dem Boden aufhören. Die Auberginenviertel müssen noch zusammenhängen. Dann in eine Schüssel mit kaltem Wasser legen und 15 Minuten weichen lassen. (Dadurch gehen die Auberginen wie Blütenknospen auf. Nicht zu lange weichen lassen, sonst öffnen sie sich zu weit.) Abtropfen lassen und außen mit Küchenpapier trockentupfen.
2. Alle Gewürze für die Fülle miteinander vermischen und gleichmäßig in die Auberginen verteilen. Vorsichtig wieder zudrücken. Es macht nichts, wenn dabei wieder etwas von der Fülle herausfällt. Sie können sie zum Würzen der Schmorflüssigkeit verwenden.
3. Öl in einer großen Pfanne erhitzen und den Kreuzkümmel darin etwa 10 Sekunden anrösten, dann den Asant und

die Auberginen zugeben. 10—15 Sekunden verrühren und die Hitze wieder verringern. Eventuell übriggebliebene Füllmischung darüberstreuen und 3—5 Minuten unter ständigem Rühren und Wenden schmoren. Die Hitze auf mittlere Stufe erhöhen und die Auberginen in ca. 5 Minuten leicht anschmoren. 2—3 EL Wasser zugießen, Hitze auf kleinste Stufe zurückdrehen und zugedeckt etwa 20 Minuten schmoren lassen. Aufpassen, daß nichts anbrennt und vorsichtig umrühren, da die Auberginen geschmort sehr zerbrechlich sind. Den Deckel abnehmen, die Hitze etwas erhöhen und weitergaren, bis alle Flüssigkeit verdampft ist und die Auberginen speckig-glänzend aussehen (etwa 5—10 Minuten). Mit Salz abschmecken und servieren.

Anmerkung: Dieses Gericht kann vorbereitet im Kühlschrank aufgehoben werden. Vorsichtig, aber gründlich aufwärmen.
Diese Auberginen passen ausgezeichnet zu mild gewürzten Lamm- oder Hühnergerichten. Bei einer einfachen Mahlzeit genügt es, die Auberginen mit Reis als Pilaw zu servieren oder einfaches Brot zu reichen. Dazu empfehle ich einen gut gekühlten Chablis oder ein kühles Joghurtgetränk. Ein Joghurtsalat paßt ebenso gut dazu.

Geröstete Auberginen mit Koriander
(Bharta)

Dies ist ein weiteres Beispiel der vielen Zubereitungsmethoden, die man in Indien für Auberginen kennt.
Die Besonderheit bei diesem nordindischen Rezept besteht darin, daß die Auberginen erst über einer Flamme geröstet werden und einen besonderen rauchigen Geschmack bekommen. Dann werden die Auberginen püriert und weiterverarbeitet. Je länger der Röstvorgang, desto aromatischer werden die Auberginen. Deshalb röstet man in Indien die Frucht in der Asche eines heruntergebrannten Holzfeuers gute zwei Stunden. Auf einer elektrischen Kochplatte läßt sich dieser spezielle Röstvorgang natürlich nicht bewerkstelligen. Ich

röste die Auberginen über einer offenen Gasflamme, was ein ganz passables Ergebnis bringt, aber das verführerische Raucharoma natürlich nicht ersetzen kann.

Für 6 Personen

2 mittelgroße Auberginen (je etwa 450 g)
50 g frische oder Tiefkühlerbsen
9 EL leichtes Pflanzenöl
1 TL feingehackter Knoblauch
1 EL geriebene frische Ingwerwurzel
2 mittelgroße Zwiebeln, feingehackt
3 Tomaten, kleingewürfelt
2 grüne Chilischoten, entkernt und kleingehackt (nach Belieben)
1 TL Salz
2—3 EL feingehackte Korianderblätter

1. Auberginen waschen und trockenreiben.
2. Auberginen über kleiner Flamme oder in der sehr heißen Backröhre ringsherum rösten, bis die Haut Blasen wirft und der Saft austritt (etwa 20—30 Minuten).
3. Kurz abkühlen lassen. Die verkohlte Schale ablösen. Auberginen in eine Schüssel geben und mit einem Stück Küchenpapier und leichtem Druck auf die Auberginen den austretenden Saft abtupfen. Das Fruchtfleisch grob würfeln, dann mit einer Gabel zerdrücken.
4. Die frischen oder tiefgekühlten Erbsen etwa 5 Minuten in wenig Wasser (oder nach Packungsvorschrift) kochen. Wasser abgießen.
5. Öl in einer flachen Pfanne möglichst mit nichthaftender Oberfläche erhitzen. Knoblauch und Ingwer darin unter Rühren 1 Minute braten, dann die Zwiebeln in ca. 8 Minuten goldgelb rösten (ständig rühren — nicht braun werden lassen). Kochplatte auf mittlere Stufe zurückschalten. Auberginenpüree zufügen und weitere 8 Minuten unter häufigem Rühren schmoren.
6. Tomaten und Chilischoten (nach Belieben) zufügen und ca. 10 Minuten braten. Erbsen zugeben und schmoren, bis das Püree wie glasiert aussieht und das Fett sich abzusetzen beginnt (etwa 5 Minuten). Die Hitze abstellen und das Salz

einrühren. Vor dem Servieren abschmecken und die gehackten Korianderblätter einrühren.

Anmerkung: Dieses Gericht läßt sich im Kühlschrank bis zu 3 Tage aufheben und eignet sich auch gut zum Einfrieren. Vor dem Erhitzen ganz auftauen lassen.

Dieses samtige Auberginenpüree, das so unvergleichlich nach Ingwer, Koriander und vor allem nach gerösteten Auberginen schmeckt, sollte am besten zu Gerichten aus Nordindien gereicht werden. Dazu einige Beispiele: Rindfleisch in würziger Spinat-Sauce (S. 141), Lammcurry mit Zwiebeln (S. 132), Königliches Huhn in Mandel-Sauce (S. 166) oder Huhn in Zwiebel-Tomaten-Sauce (S. 161).

Grüne Bohnen mit Kokosnuß und schwarzen Senfkörnern

(Beans Kari)

Kari ist die Bezeichnung für die in Südindien übliche Zubereitungsmethode für frisches Gemüse. Ein nach dieser Technik zubereitetes Gericht heißt ebenfalls Kari. Diesem Bohnenkari wird während der letzten Garminuten frisch geriebene Kokosnuß beigefügt. Allein der optische Kontrast — die weiße Kokosnuß, die grünen Bohnen und die schwarzen Senfkörner — macht dieses Gericht zu einer Attraktion.

Für 4 Personen

450 g frische grüne Bohnen
1/3 TL Kurkuma
1/2 TL Salz
2 EL leichtes Sesamöl oder anderes leichtes Pflanzenöl
1/2 TL schwarze Senfkörner
50 g geriebene Kokosnuß
1—2 grüne Chilischoten, entkernt und kleingehackt, oder 1/4 TL Cayennepfeffer
1 EL feingehackte, frische Korianderblätter
1 TL weiße halbe Bohnen (Urad Dal) (nach Belieben)

1. Bohnen putzen und in 2,5 cm große Stücke schneiden.
2. Bohnen zusammen mit Kurkuma, Salz und ½ l Wasser zum Kochen bringen. Die Bohnen gerade so weich kochen, daß sie noch Biß haben. Das Wasser abgießen.
3. Das Öl in einer großen Pfanne erhitzen und die Senfkörner zugeben. Einen Deckel bereithalten, wenn die Körner im heißen Öl springen. Urad Dal zugeben und anbräunen.
4. Geriebene Kokosnuß und grüne Chilischoten (oder Cayennepfeffer) zugeben und 1—2 Minuten einrühren. Grüne Bohnen hinzufügen und 5 Minuten unter Rühren schmoren lassen. Die Hitze wegnehmen, gehackte Korianderblätter zugeben und gut untermischen. Mit Salz abschmecken und sofort servieren.

Dazu passende Menüvorschläge finden Sie bei Glasierte rote Bete mit schwarzen Senfkörnern (S. 224).

Pfannengerührte Okra
(Bhindi Sabzi)

Kaum eine andere Gemüseart wird so fehleingeschätzt wie Okra. Dabei ist diese Frucht, richtig zubereitet, eine ausgesprochene Delikatesse. Leider passiert es immer wieder, daß einem statt dessen ein zerkochtes, schleimiges Etwas vorgesetzt wird. Okra wird nur dann schleimig, wenn sie mit Wasser in Berührung kommt. In der indischen Küche wird Okra deshalb auch nie mit Wasser gekocht.

Anmerkung: Beim Einkaufen sollten Sie auf dunkelgrüne, makellose Schoten achten, deren Spitze elastisch zurückschnellt, wenn man sie umbiegt. Beim Kochen immer an zwei Dinge denken: Die gewaschenen Okra gründlich abtrocknen, ehe Sie sie zerschneiden. Gesalzen wird erst nach dem Garen, da das Salz der Okra Wasser entzieht.

Für 4 Personen

450 g frische Okra
2 grüne Chilischoten (nach Belieben)
3 EL leichtes Pflanzenöl
¼ TL Salz

1. Okra unter fließendem Wasser waschen und mit Küchenpapier gründlich trockenreiben. Beide Enden abschneiden und Okra in ½ cm dicke Scheiben schneiden. Die Chilischoten entkernen und ebenfalls in ½ cm dicke Scheiben schneiden.
2. Öl in einer großen Pfanne erhitzen. Okra und Chilis darin in einer Lage ausbreiten und ohne Rühren einige Minuten anschmoren. Hitze auf mittlere Stufe reduzieren. Okra offen 20 Minuten schmoren lassen. Dabei öfter umrühren, damit das Gemüse gleichmäßig gart. Hitze auf hohe Stufe stellen und Okra in 5 Minuten unter raschem Rühren anbraten. Kochplatte abstellen und das Gemüse salzen.

Anmerkung: Okra läßt sich vorbereiten und im Kühlschrank aufbewahren. Auf kleiner Flamme erhitzen. Wenn Ihnen das Gemüse etwas zu trocken vorkommt, geben Sie während des Erhitzens 1 EL Öl zu.
Okra paßt eigentlich zu jedem Hauptgericht. Ich selbst serviere Okra gerne als Beilage zu Hülsenfrüchtegerichten, zusammen mit einfachem, gekochtem Reis.

Okra, knusprig gebraten

(Bhoni Bhindi)

Bei diesem Rezept werden Okra in Öl knusprig gebraten. Man läßt sie abtropfen und verwendet sie weiter, beispielsweise zu Okra-Pilaw (S. 285), Okra-Joghurt-Salat (S. 263) oder gemischt mit Gebratenem würzigem Hackfleisch (S. 126).

Für 1—2 Personen

450 g frische Okra
6 EL leichtes Pflanzenöl

1. Okra unter fließendem Wasser waschen und mit Küchenpapier trockentupfen. Beide Enden abschneiden und Okra in sehr dünne Scheiben schneiden.
2. Öl in einer großen Pfanne stark erhitzen und Okra in einer Schicht in das heiße Öl einlegen. Eine Minute braten lassen, dann auf mittlere Hitze zurückgehen. Unter Rühren und Wenden in etwa 20 Minuten knusprig braun braten. Mit einem Schaumlöffel herausnehmen und zum Abtropfen und Abkühlen auf Küchenpapier auslegen.

Anmerkung: Okra kann bereits einige Stunden vor dem Verzehr zubereitet werden.

Gefüllte Okra

(Bhindi Bharva)

Diese Zubereitungstechnik ist vor allem bei Vegetariern in Uttar Pradesh beliebt. Dazu gibt es frisches Brot — und schon ist eine leichte Mahlzeit komplett.

Für 4—6 Personen

450 g frische Okra (möglichst gleichgroße Schoten)
2 TL Fenchelsamen, zerstoßen
1 EL gemahlener Kreuzkümmel
1 EL gemahlener Koriander
¼ TL roter oder schwarzer Pfeffer
¾ EL Mangopulver oder 2 TL Zitronensaft
2—3 TL helles Pflanzenöl
¾ TL Salz

1. Okra waschen und abtrocknen. Oberes Ende abschneiden. Jede Schote der Länge nach mit einem scharfen, spitzen Messer bis auf ½ cm aufschlitzen.
2. Fenchel, Kreuzkümmel, Koriander, roten oder schwarzen Pfeffer und Mangopulver (Zitronensaft noch nicht verwenden) in einer kleinen Schüssel miteinander vermischen.
3. Mit dem Daumen den Schlitz in der Okraschote etwas auseinanderziehen und mit einem Teelöffel etwa ¼—½ TL

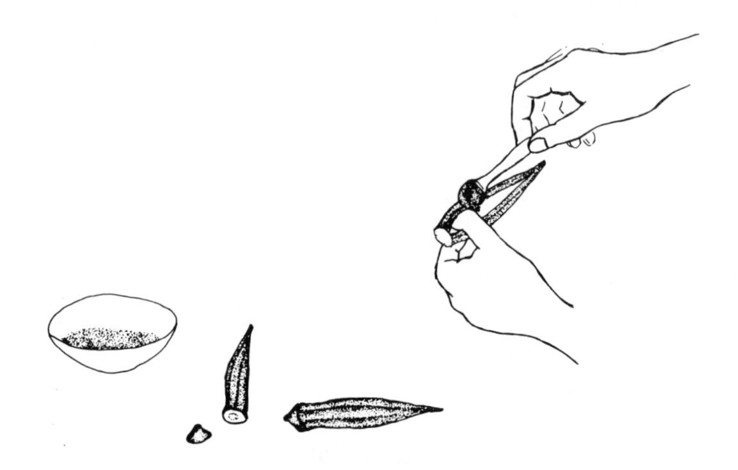

Gewürzmischung in die Frucht füllen. Okra gut zudrücken. Die übrigen Okraschoten auf die gleiche Weise füllen. (Das können Sie bereits mehrere Stunden, bevor Sie die übrigen Arbeitsgänge ausführen, erledigen.)

4. Öl in einer großen Pfanne stark erhitzen. Okra einlegen (in einer Schicht) und 1 Minute ohne Umrühren anbraten lassen. Hitze auf mittlere Stufe reduzieren. Mit einem Spatel die Okraschoten vorsichtig wenden.

5. Die Hitze weiter drosseln, die Pfanne mit einem Deckel verschließen und 10 Minuten garen lassen. Deckel abnehmen und weiterkochen, bis alle Flüssigkeit verdampft und die Okra braungebraten sind (ca. 15 Minuten).

6. Vom Herd nehmen, Okra mit Salz bestreuen. Wenn Sie statt Mangopulver Zitronensaft verwenden, diesen jetzt einrühren. Sofort servieren.

Anmerkung: Gefüllte Okraschoten lassen sich gut vorbereiten. Salz und Zitronensaft dann erst vor dem Aufwärmen zugeben.

Gefüllte Okras sind eine ausgezeichnete Beilage zu Huhn in Zwiebel-Tomaten-Sauce (S. 161), Fleischcurry (S. 135), Rindfleisch in würziger Tomaten-Sauce (S. 136) und Hummer in Zwiebel-Sauce (S. 190).

Geröstete Zwiebeln

(Bhone Piaz)

Ein sehr einfaches, aber nichtsdestoweniger köstliches Rezept, Zwiebeln zuzubereiten. Machen Sie Ihren ersten Versuch mit großen spanischen Gemüsezwiebeln.

Für 6 Personen

1 große spanische Gemüsezwiebel (etwa 450 g)
1 EL leichtes Pflanzenöl
2 EL grobgehackte Korianderblätter (nach Belieben)

1. Zwiebel schälen, halbieren und in ½ cm dicke Scheiben schneiden und die Ringe voneinander trennen.
2. In einer großen, gußeisernen Pfanne Öl sehr heiß werden lassen. Zwiebeln zugeben und zunächst ohne Rühren ½ Minute anbraten. Dann so lange rühren, bis sie glasig und leicht gebräunt sind (etwa 2 Minuten). Die fertigen Zwiebeln sollen einen festen Biß haben und süßlich schmecken. Korianderblätter unterziehen und auf eine Servierplatte geben.

Anmerkung: Für diese Zubereitungsart ist eine große, schwere Pfanne, die die Hitze gleichmäßig verteilt, unerläßlich. Ansonsten verbrennen die Zwiebeln anstatt gleichmäßig zu bräunen.
Bhone Piaz ist eine traditionelle Beilage zu Tandoori-Huhn (S. 171).

Kurkuma-Kartoffeln
(Peele Aloo)

Die Kartoffeln werden zuerst gekocht, mit Kurkuma gewürzt und dann gebraten. Die gekochten Kartoffeln müssen gut auskühlen.

Für 6—8 Personen

8 mittelgroße Kartoffeln
1 TL Salz
1¼ TL Kurkuma
3—4 EL leichtes Pflanzenöl
1—2 grüne Chilischoten, entkernt und kleingeschnitten (nach Belieben)

1. Kartoffeln in der Schale nicht zu weich kochen. Mit kaltem Wasser abschrecken und schälen. In 2 cm große Würfel schneiden und in einer Schüssel mit Salz und Kurkuma bestreuen und gut vermischen.
2. Öl bei mittlerer Hitze in einer großen Pfanne erhitzen, Kartoffeln zugeben und unter Wenden 5 Minuten braten. Chilischoten und 2—3 EL Wasser zugeben und vorsichtig umrühren. Die Pfanne zudecken und die Kartoffeln bei milder Hitze 10 Minuten dämpfen. Deckel entfernen und unter häufigem Wenden Flüssigkeit verkochen lassen. Die Kartoffeln sollen hellbraun und außen knusprig sein. Das kann je nach Wassergehalt zwischen 3 und 10 Minuten dauern. Abschmecken und servieren.

Anmerkung: Kurkuma-Kartoffeln können Sie als Beilage zu jedem Hauptgericht, das ohne Kartoffeln zubereitet ist, verwenden.

Kurkuma-Kartoffeln mit grünen Paprikaschoten

(Aloo Mirch)

Dieses im Norden Indiens sehr populäre Gericht läßt sich wie folgt abwandeln: nehmen Sie statt der Paprikaschoten Kohl, Blumenkohl oder grüne Erbsen.

Für 8 Personen

8 mittelgroße, festkochende Kartoffeln (etwa 900 g)
4 mittelgroße, grüne Paprikaschoten (etwa 450 g)
3—4 EL leichtes Pflanzenöl
1½ TL Kurkuma
½ EL Salz

1. Kartoffeln in der Schale nicht zu weich kochen. Mit kaltem Wasser abschrecken, schälen und in 2 cm große Würfel schneiden. Die Paprikaschoten vierteln, Kerne und Stengel entfernen und in 2 cm große Stücke schneiden.
2. Öl in einer großen Pfanne erhitzen. Wenn das Öl sehr heiß ist, Kurkuma und sofort Kartoffeln und Paprikaschoten zugeben. Salzen und unter Wenden 3—4 Minuten braten. 2—3 EL Wasser drüberträufeln, die Hitze reduzieren und zugedeckt schmoren lassen, bis der Paprika weich, aber noch knackig und leuchtend grün ist (etwa 5—10 Minuten).
3. Den Deckel abnehmen und unter Rühren braten, bis alle Flüssigkeit verdampft und das Gemüse angebräunt ist (in ca. 5 Minuten). Abschmecken und servieren.

Menüvorschläge wie bei Kurkuma-Kartoffeln (S. 240).

Kartoffeln mit Schalotten

(Aloo Piaza)

In Indien werden Schalotten immer als Gemüse verwendet, niemals als Gewürz, wie man das bei uns tut. Meistens werden sie zusammen mit Kartoffeln zubereitet. Im Süden des Landes, wo dieses Rezept herstammt, kennt man dieses Gericht noch viel schärfer, als ich es im folgenden Rezept angebe. Wenn Sie wollen, können Sie mehr grüne Chilischoten zugeben.

Für 4 Personen

4 mittelgroße, mehlige Kartoffeln (etwa 700 g)
4 EL Usli Ghee (S. 52) oder leichtes Pflanzenöl
100 g Schalotten, feingehackt
½ TL Salz
eine Prise weißer oder schwarzer Pfeffer

1. Kartoffeln schälen und in 1 cm dicke Stäbchen schneiden. In eine Schüssel mit kaltem Wasser geben.
2. Geklärte Butter in einer großen schweren Pfanne, die die Kartoffeln in einer Lage aufnehmen kann, erhitzen. Die Kartoffeln darin leicht anbräunen (5 Minuten). Mit einem Schaumlöffel herausnehmen und in eine Schüssel geben.
3. Jetzt die Schalotten in der Pfanne anbräunen. Ständig rühren, damit sie nicht anbrennen. Die Kartoffeln wieder in die Pfanne geben und gleichmäßig salzen. Etwa 3 EL Wasser über die Kartoffeln träufeln und die Pfanne zudecken. Die Hitze drosseln und die Kartoffeln 20—25 Minuten dämpfen. Während des Dämpfens gelegentlich nachsehen, ob noch genügend Feuchtigkeit in der Pfanne vorhanden ist. Bei Bedarf noch etwas Wasser zugeben (aber nicht zuviel!).
4. Den Deckel abnehmen und die Hitze erhöhen, damit die Kartoffeln anbräunen, dabei fleißig rühren. Vom Herd nehmen und das Gericht nach Geschmack mit Pfeffer und Salz abschmecken und servieren.

Anmerkung: Lesen Sie die Menüvorschläge zu Kurkuma-Kartoffeln (S. 240) nach. Darüber hinaus sind Kartoffeln mit Schalotten eine ausgezeichnete Beilage zu Seezungenfilet mit Adiowan (S. 191). Für eine einfache vegetarische Mahlzeit können Sie dazu Tomaten-Joghurt-Salat (S. 262) oder Okra-Joghurt-Salat (S. 263) anbieten.

Gekochter Spinat

(Obla Saag)

Dieses Rezept ist ein Grundrezept für die Zubereitung von Spinat, wie er für Rindfleisch in würziger Spinat-Sauce (S. 141), Spinatcremesuppe (S. 117), Spinat-Joghurt-Salat (S. 261) und Spinat-Brot (S. 315) verwendet wird.

Ergibt 3 Suppentassen

1400 g frischer Spinat oder drei 280-g-Packungen Tiefkühlblattspinat

1 EL Salz

1. Spinat verlesen und putzen.
2. Spinat gründlich waschen, dabei mehrere Male das Wasser wechseln.
3. Ca. 8 l gesalzenes Wasser in einem tiefen Topf zum Kochen bringen. Spinat in das sprudelnd kochende Wasser werfen. Wenn das Wasser wieder aufwallt, die Hitze reduzieren und den Spinat 5 Minuten offen kochen. (Wenn Sie tiefgekühlten Blattspinat verwenden, diesen ganz auftauen lassen, eventuell die Blattstiele entfernen und 3 Minuten in Salzwasser kochen.)
4. In einen Durchschlag schütten, mit kaltem Wasser abschrecken, damit die frische grüne Farbe erhalten bleibt.
5. Spinat gut ausdrücken.
6. Je nach Rezept grob oder fein hacken.

Anmerkung: Der gehackte Spinat hält sich im Kühlschrank bis zu 24 Stunden.

Blattgemüse in Butter
(Saag)

In Indien beherrscht man die Kunst, durch langsames Schmoren in Butter den ganz individuellen Eigengeschmack jeden Gemüses zu betonen. Wenn die beigegebenen Gewürze zu dominierend sind, fügt man zum Ausgleich Kartoffeln zu. Dieses Gericht kann mit jeder erdenklichen Art von Blattgemüse zubereitet werden, solange die Hälfte davon Spinat ist.

Für 6—8 Personen

450 g frischer Spinat oder 1 280-g-Packung Tiefkühlspinat
450 g frischer Grünkohl, Spitzkohl oder Rote-Bete-Blätter (oder die entsprechende Menge Tiefkühlkohl)
8 kleine oder 4 mittelgroße festkochende Kartoffeln (etwa 450 g)
5 EL Usli Ghee (geklärte Butter) oder leichtes Pflanzenöl
1 TL Kreuzkümmel
1 TL feingehackter Knoblauch
2 grüne Chilischoten, entkernt und feingehackt, oder ¼ TL Cayennepfeffer (nach Belieben)
½ TL Ingwerpulver
¾ TL Salz
¾ TL Garam Masala (S. 42)

1. Blattgemüse verlesen, putzen und gründlich waschen, dabei das Wasser öfters wechseln. Mit Küchenpapier abtrocknen, dann grob hacken. Tiefkühlgemüse auftauen und gut ausdrücken, bis kein Wasser mehr herausgepreßt werden kann.
2. Kartoffeln schälen und halbieren bzw. die größeren vierteln.
3. Die geklärte Butter in einer großen Pfanne mit nichthaftendem Boden erhitzen. Kreuzkümmel darin 10 Sekunden lang dunkelbraun rösten, dann den Knoblauch und nach Belieben Chili oder Cayennepfeffer rasch einrühren. Kartoffeln zugeben, Hitze auf mittlere Stufe reduzieren und die

Kartoffeln in ca. 5—8 Minuten leicht anbräunen. Einen kleinen Teil des Blattgemüses etwa ½ Minute mitschmoren, bis es zusammenfällt, dann die nächste Portion zugeben, bis alles in der Pfanne Platz gefunden hat. Mit Ingwerpulver und Salz bestreuen und gut verrühren. Gut ¼ l kochendes Wasser zugießen, die Hitze reduzieren und zugedeckt in etwa 20—25 Minuten die Kartoffeln weichkochen. Den Deckel entfernen und weiterkochen, bis die Flüssigkeit verdampft ist (nach ca. 15 Minuten). Sehr vorsichtig umrühren, damit die Kartoffeln nicht zerfallen. Auf mittlere Hitze schalten und schmoren, bis die Kartoffeln und das Blattgemüse fast trocken aussehen und von einer dünnen Schicht Butter überzogen sind (nach etwa 5 Minuten). Garam Masala einrühren und vom Herd nehmen. Mit Salz abschmecken und servieren.

Anmerkung: Dieses Gemüsegericht kann einige Stunden vor dem Servieren zubereitet werden. Im Kühlschrank hält es sich ohne Geschmackseinbuße bis zu 4 Tage.

Blattgemüse ist sowohl vom Geschmack wie auch von den Zutaten her ein bäuerliches Gericht. Es paßt gut zu herzhaften Speisen wie etwa Rindfleisch in würziger Tomaten-Sauce (S.136) oder Eiern in Tomaten-Sauce (S. 181).

Hülsenfrüchte — Linsen, Erbsen und Bohnen
(Dal)

Gewürzte Erbsen (Masala Dal)
Linsen mit Knoblauch-Butter (Masar Dal)
Mungobohnen mit schwarzen Senfkörnern (Moong Dal)
Scharf-saure Linsen (Lakhnawi Khatti Dal)
Bohnen mit gewürzter Butter (Kali Dal)

Kichererbsen
(Channa)

Gelbe Linsen
(Toor Dal)

Schwarze Mungobohnen
(Sabat Urad Dal)

Gelbe halbe Erbsen
(Channa Dal)

Gelbe Mungobohnen
(Moong Dal)

Rote Feuerbohnen
(Badi Rajma)

Gelbe und grüne Erbsen, braune Linsen und die verschiedensten Bohnenarten gibt es heute in jedem Supermarkt. Und doch ist das nur ein ganz geringer Teil aus der großen Familie der Hülsenfrüchte. Je nach Klima und Bodenbeschaffenheit sieht sogar ein und dieselbe Art Hülsenfrucht hier so aus und dort ganz anders, Unterschiede, die auch auf den Geschmack zutreffen.
Wenn ich in den Kochbüchern namhafter Autoren blättere, bin ich über das, was diese berühmten Kochkünstler über Hülsenfrüchte zu sagen haben, immer ein wenig enttäuscht. Ich lese von deutscher Erbsensuppe, französischem Cassoulet, ägyptischem Hummus, mexikanischen Bohnengerichten und kubanischer Bohnensuppe. Erwähnt wird auch die Bedeutung der Sojabohne für die chinesische Küche. Aber die eminent wichtige Rolle, die die Hülsenfrüchte in der indischen Kochtradition spielen, findet mit keinem Wort Erwähnung. Aber gerade in Indien wußte man um die Bedeutung der Hülsenfrüchte lange, ehe die anderen Kulturen überhaupt davon hörten. Hülsenfrüchte sind für viele Inder, besonders für die vielen Vegetarier, die wichtigste Eiweißquelle.
Die indische Küche kennt drei Grundzubereitungsarten für Hülsenfrüchte: Man kocht sie, mit oder ohne Kräuter und Gewürze, einfach im Wasser, püriert sie und vermischt sie sodann mit aromatisierter Butter (Tadka, S. 67). Das Püree wird meist mit Brot gestippt oder mit Reis vermischt verzehrt. Zum zweiten kann man sie kurz einweichen und dann gewürzt in Butter schmoren. Drittens werden aus ihnen zusammen mit anderen Zutaten wie Gemüse, Fleisch, Fisch, Geflügel, Nüssen und sogar Reis herzhafte Eintöpfe gezaubert.
Darüber hinaus werden Hülsenfrüchte für Suppen, Brotfüllen, Puddings und Nachspeisen verwendet. Man kann sie auch zu Mehl mahlen und zu Ausbackteig und Gebäck wie auch für Zuckerwerk verarbeiten. Sie werden eingeweicht und zu Paste verrührt, aus der man die köstlichsten Klöße zu pikanten Saucen macht. Mit Kräutern und Gewürzen vermischt, werden aus Hülsenfrüchten Pfannkuchen, Brötchen und Brote.

Einteilung der Hülsenfrüchte

Hülsenfrüchte lassen sich in drei große Kategorien einteilen: Linsen, Erbsen und Bohnen. In Indien verwendet man vor allem zwei Linsenarten: Gelbe (Toovar Dal) und rosa Linsen (Masar Dal); zwei Bohnenarten: Mungobohnen (Moong Dal) und schwarze Mungobohnen (Urad Dal) und gelbe, halbe Erbsen (Channa Dal). Man bekommt sie in allen Indien- und Ostasienläden. Hülsenfrüchte haben die vorteilhafte Eigenschaft, daß sie unbegrenzt haltbar sind.
Linsen variieren in der Farbe von Gelb bis Walnußbraun. Die Hälfte der Weltproduktion und des Verbrauchs konzentriert sich auf Indien. Linsen sind die leichtverdaulichsten Hülsenfrüchte. Die gelbe Linse (Toovar Dal oder Toor Dal oder Arhar Dal) ist der Samen der Pflanze Cajanus cajan. Die Samen werden enthülst und geben die goldgelben Linsen frei. Diese gelben Linsen können nicht durch die bei uns üblichen Linsen ersetzt werden. Letztere ergeben nämlich nur ein schmutzigbraunes Püree und nicht ein goldgelbes.
Die rosa Linse (Masar Dal oder Masoor Dal) ist der Samen der Pflanze Lens culinaris. Die winzigen braunen Samenhüllen enthalten die lachsfarbene Linse. Die in den Spezialitätenläden für Lebensmittel aus dem Nahen Osten erhältlichen roten Linsen sind ein guter Ersatz. Rosa Linsen werden im gekochten Zustand blaßgelb. Rosa Linsen sind den gelben Linsen sehr ähnlich (in den meisten Rezepten kann man sie gegeneinander austauschen), nur ist das Püree nicht ganz so dick und cremig. Die Garzeit beträgt auch nur etwa die Hälfte.
Mungobohnen (Moong Dal), auch grüne Mungobohnen genannt, sind die Samen der Pflanze Phaseolus aureus. Wenn man von Mungobohnen spricht, meint man meistens die enthülste und gespaltene gelbe Bohne. Sie ist in dieser Form sehr leicht verdaulich und wird mit Reis zu einer Art Brei, dem Khichari, zusammen gekocht, der vor allem kranken Menschen verabreicht wird. (Das in Großbritannien so beliebte Reis-Fisch-Gericht »Kedgeree« stammt nicht aus Indien, sondern wurde von in Indien lebenden Engländern erfunden.) Die intakte Frucht ist dunkelgrün, heißt Sabat

Moong und ist in den nördlichen und westlichen Regionen Indiens sehr beliebt.
Die schwarze Mungobohne (Urad Dal) ist der Samen der Pflanze Phaseolus mungo. Der Name Urad Dal bezieht sich auf den enthülsten und gespaltenen elfenbeinfarbenen Samen. Die ungeschälte Bohne ist schwarz und vor allem im Norden, besonders im Pandschab, beliebt, wo man sie mit Zwiebeln, Ingwer, Kräutern und Butter kocht und ein cremiges Püree daraus macht, das man Kali Dal nennt.
Erbsen können eine echte Delikatesse sein, wenn man sie entsprechend zubereitet — eine Kunst, die man besonders im Pandschab zur Vollendung gebracht hat. Die bekannteste Erbsenart in Indien ist die gelbe halbe Erbse (Cicer arietinum).
Kichererbsen (Kabuli Channa oder Safaid Channa) kann man im Lebensmittelhandel getrocknet und auch gekocht in Dosen kaufen. In Indien kennt man noch eine weitere Sorte, die schwarze Kichererbse, die besonders in Delhi geschätzt wird. Man kocht sie in einer säuerlichen Sauce aus Granatäpfeln und Tamarinde und serviert sie mit Kartoffelbrot.
Viele der bei uns heimischen Bohnenarten eignen sich für die Zubereitung indischer Gerichte.

Behandlung von Hülsenfrüchten

Verlesen: Hülsenfrüchte jeder Art, die aus Indien kommen, müssen verlesen werden, weil oft kleine Steinchen, Holzstückchen oder sogar Erdklumpen dazwischen zu finden sind.
Schütten Sie die Hülsenfrüchte in kleinen Mengen auf die Arbeitsfläche. Ausbreiten und alle Fremdkörper aussortieren. Die verlesenen Hülsenfrüchte zur Seite schieben.

Waschen: Hülsenfrüchte in ein feinmaschiges Sieb geben. Etwa 30 Sekunden unter fließendem, kaltem Wasser abspülen, dabei das Sieb gelegentlich schütteln.

Wieviel Hülsenfrüchte rechnet man pro Person? Es gibt dafür keine feste Regel, aber man kann etwa 170—250 g gekochter Hülsenfrüchte pro Person für eine reichliche Beilage und 250—340 g für ein Hauptgericht ansetzen.

Wie serviert und ißt man Hülsenfrüchte? Mit wenigen Ausnahmen (Kali Dal, S. 256, ist eine) bekommt man Hülsenfrüchte in Indien immer als Püree vorgesetzt. Man serviert sie am besten in kleinen Schüsselchen mit einem Löffel oder in einer Suppenterrine. Trockene Hülsenfrüchtegerichte werden mit Reis und Brot, pürierte nur mit Reis gereicht.

Anmerkung: Hülsenfrüchte verursachen bei manchen Menschen Völlegefühl, Magendrücken und Blähungen. Dem sollte man Rechnung tragen und in einem solchen Fall nur mäßige Portionen (nicht mehr als 100—200 g pro Person) servieren. Verdauungsfördernde Gewürze wie Asant und frische Ingwerwurzel sollten dann vermehrt verwendet werden.

Gewürzte Erbsen

(Masala Dal)

In der indischen Küche werden halbe Erbsen traditionell mit Brot, Linsen und Reis serviert. Das einzigartige Aroma dieses Gerichts — es wird mit Zwiebeln und Kreuzkümmel gewürzt — läßt Reis oder Brot ausgezeichnet damit harmonieren.

Für 4—6 Personen

600 g gelbe halbe Erbsen
1/3 TL Kurkuma
1 TL Salz

Tadka:
1/8 l leichtes Pflanzenöl
1 TL Kreuzkümmel
2 mittelgroße Zwiebeln, feingehackt
1/4 TL Cayennepfeffer (nach Belieben)
2 EL feingehackte Korianderblätter

1. Erbsen waschen und in eine Schüssel mit heißem Wasser geben. Eine Stunde weichen lassen und dann das Wasser abgießen.

2. Erbsen und Kurkuma in einem tiefen Topf mit gut 1 l Wasser zum Kochen bringen. Gut umrühren. Die Hitze auf mittlere Stufe zurücknehmen und die Erbsen halb zugedeckt in 45 Minuten weichkochen. Ab und zu umrühren, damit sie sich nicht am Boden anlegen. Vom Herd nehmen und mit einem Schneebesen oder einem hölzernen Kochlöffel die Erbsen zu einem feinen Püree schlagen. (Das Püree kann bis zu vier Tage im Kühlschrank aufbewahrt werden. Es läßt sich auch einfrieren, muß allerdings vor der Weiterverarbeitung ganz aufgetaut werden.)
3. Vor dem Servieren auf kleiner Flamme erhitzen. Ist das Püree zu dick geworden, Wasser zugeben. Das Püree in eine vorgewärmte Servierschüssel geben und die Tadka zubereiten.
4. Öl in einer Pfanne erhitzen. Kreuzkümmel darin etwa 20 Sekunden dunkelbraun rösten. Zwiebeln zugeben und ebenfalls dunkelbraun rösten (etwa 20 Minuten). Dabei ständig umrühren, damit sie nicht anbrennen. Nach Belieben Cayennepfeffer einrühren und die Tadka mit Gewürzen und Zwiebeln über das Erbsenpüree gießen. Mit gehackten Korianderblättern bestreuen und in kleinen Schüsselchen servieren.
Dieses Hülsenfrüchtegericht paßt gut zu Hauptgerichten, zu denen Reis gereicht wird, wie beispielsweise Kohlrouladen mit Ingwer-Zitronen-Sauce (S. 152), Lammkroketten in Kartoffelhülle (S. 154), Seezungenfilet mit Adiowan (S. 191), Ausgebackenem Fisch (S. 193), Kartoffeln in würziger Joghurt-Sauce (S. 199) oder Kohlrouladen mit Kartoffelfülle in Ingwer-Zitronen-Sauce (S. 202).

Linsen mit Knoblauch-Butter

(Masar Dal)

Unter den Linsengerichten schätze ich dieses am höchsten — ein glattes, seidiges Püree aus rosa Linsen, die man Masar Dal nennt. Als Variante können Sie einen TL Kreuzkümmel in Öl anrösten, ehe Sie den Knoblauch zugeben.

Für 4—6 Personen

600 g rosa Linsen (Masar Dal) oder gelbe Linsen (Toovar Dal)
¾ TL Kurkuma
1 TL Salz

Tadka:
5 EL leichtes Pflanzenöl
5—6 große Knoblauchzehen, geschält und der Länge nach in Scheiben geschnitten

1. Linsen verlesen und waschen.
2. Linsen mit Kurkuma und 1¼ l Wasser in einem tiefen Topf zum Kochen bringen. Dabei oft umrühren, da sich die Linsen in diesem Stadium gern zusammenklumpen. Auf mittlere Hitze reduzieren und die Linsen in 25—45 Minuten (je nach Linsenart) weichkochen. Ab und zu umrühren. Vom Herd nehmen und die Linsen mit einem Schneebesen oder einem Holzkochlöffel zu einem glatten Püree schlagen. Salz einrühren. (Das Linsenpüree läßt sich vorbereiten und im Kühlschrank bis zu 3 Tage aufheben. Es eignet sich auch gut zum Einfrieren. Vor der Weiterverarbeitung ganz auftauen lassen.)
3. Vor dem Servieren das Püree auf kleiner Flamme erhitzen. Falls es durch das Aufheben zu dick geworden ist, mit Wasser verdünnen. Es soll etwa die Konsistenz einer mäßig dicken Cremesuppe haben. Püree warmhalten, während Sie das Knoblauchöl zubereiten.
4. Öl in einer kleinen Pfanne erhitzen und darin den Knoblauch hellbraun braten (in etwa 1—2 Minuten). Das Knoblauchöl über das Linsenpüree gießen. Einrühren und in kleinen Schüsseln servieren.

Menüvorschläge wie bei Gewürzten Erbsen (S. 250).

Mungobohnen mit schwarzen Senfkörnern

(Moong Dal)

Ein sehr leichtes Hülsenfrüchtegericht, das dank der frischen Korianderblätter und des Zitronensafts sehr erfrischend schmeckt. Es handelt sich um ein klassisches Rezept aus dem Staat Maharashtra und gehört zu den knoblauchfreien Gerichten der dortigen Brahmanen.

Für 4 Personen

400 g gelbe, halbe Mungobohnen
1/4 TL Kurkuma
1/2 TL geriebene frische Ingwerwurzel
1/2 TL Salz
2 TL Zitronensaft

Tadka:
3 EL Usli Ghee (S. 52) oder leichtes Pflanzenöl
1/2 TL schwarze Senfkörner
1—2 grüne Chilischoten, entkernt und kleingeschnitten (oder 1/4—1/2 TL schwarzer Pfeffer)
2 EL gehackte Korianderblätter

1. Mungobohnen verlesen und gründlich waschen.
2. Bohnen mit Kurkuma und Ingwerwurzel in einem schweren Topf mit 1 l Wasser zum Kochen bringen. Dabei öfter umrühren, da die Bohnen sich in diesem Stadium gerne zusammenklumpen. Auf mittlere Hitze reduzieren und in etwa 30 Minuten die Bohnen weichkochen. Ab und zu umrühren. Vom Herd nehmen und die Bohnen mit einem Schneebesen oder einem hölzernen Kochlöffel zu einem dicken Püree schlagen. (Das Püree hält sich bis zu 2 Tage im Kühlschrank.)
3. Vor dem Servieren auf kleiner Flamme erhitzen und Salz sowie Zitronensaft einrühren. Püree warmhalten, während Sie die aromatische Butter zubereiten.
4. Usli Ghee in einer kleinen Pfanne erhitzen. Wenn die Butter sehr heiß geworden ist, vorsichtig die schwarzen Senfkörner zugeben. Einen Deckel oder Spritzschutz bereithalten, da die Senfkörner herumspringen können. Wenn die

Senfkörner sich grau verfärben, die Chilischoten beziehungsweise den schwarzen Pfeffer zugeben. Rasch einrühren und die Hitze wegnehmen. Ghee mit den Gewürzen über das Bohnenpüree gießen. Die gehackten Korianderblätter unterheben. Mit Salz abschmecken und sofort servieren.

Die Menüvorschläge entsprechen denen bei Masala Dal (S. 250). Diese Beilage schmeckt ausgezeichnet zu fast jedem vegetarischen oder Käse-Hauptgericht.

Scharf-saure Linsen

(Lakhnawi Khatti Dal)

Dieses klassische Rezept kommt aus der Stadt Lakhnaw im Unionsstaat Uttar Pradesh. Das Typische daran ist der Tamarindensaft, der das Aroma der Linsen unterstreicht und dem Gericht seinen säuerlichen Geschmack gibt.

Für 6 Personen

600 g rosa Linsen
1 EL feingehackte, frische Ingwerwurzel
½ TL Kurkuma
1 walnußgroße Kugel Tamarindenfruchtfleisch oder 1 TL Mangopulver oder 1 EL Zitronensaft
¼ l kochendes Wasser
1 TL Salz

Tadka:
5 EL indisches Pflanzenfett oder leichtes Pflanzenöl
1 TL schwarzer Kreuzkümmel oder ½ TL weißer Kreuzkümmel
1 EL feingehackter oder zerdrückter Knoblauch
¼—½ TL Cayennepfeffer

1. Linsen verlesen und gründlich waschen.
2. Dann zusammen mit Kurkuma, Ingwer und 1¼ l Wasser in einem tiefen Topf zum Kochen bringen. Dabei oft umrühren, da sich die Linsen gerne zusammenklumpen. Hitze auf mittlere Stufe reduzieren und 25 Minuten unter gelegentlichem Umrühren halb zugedeckt garen.

3. Während die Linsen köcheln, das Tamarindenfruchtfleisch in einer kleinen Schüssel mit ¼ l kochendem Wasser übergießen und 15 Minuten ziehen lassen. Dann das Fruchtfleisch mit der Rückseite eines Löffels oder mit den Fingern zerdrücken. Die Flüssigkeit durch ein Sieb in eine andere Schüssel abgießen, dabei soviel Saft wie möglich ausdrücken. Die faserigen Rückstände wegwerfen.
4. Tamarindensaft zu den gekochten Linsen geben und weitere 15 Minuten kochen lassen (wenn Sie Mangopulver oder Zitronensaft verwenden, jetzt noch nicht hinzugeben). Die Hitze wegnehmen und die Linsen mit einem Schneebesen oder einem hölzernen Kochlöffel zu einem dicken Püree schlagen. Wenn Sie Mangopulver oder Zitronensaft verwenden, dies jetzt zusammen mit dem Salz hinzufügen. (Das Linsenpüree kann vorbereitet werden und hält sich im Kühlschrank bis zu drei Tage. Außerdem läßt sich problemlos einfrieren. Vor der Weiterverwendung muß es allerdings gründlich aufgetaut sein.)
5. Vor dem Servieren das Püree auf kleiner Flamme erhitzen. Wenn das Püree zu dick geworden ist, mit etwas Wasser verdünnen. Abschmecken und in eine Servierschüssel geben.
6. Fett oder Öl in einer kleinen Pfanne erhitzen und den Kreuzkümmel darin einige Sekunden anrösten. Die Pfanne von der Kochplatte nehmen, Cayennepfeffer und den zerdrückten Knoblauch zugeben und 10 Sekunden rasch einrühren, bis der Knoblauch seinen rohen Geruch verliert. Das mit den Gewürzen aromatisierte Fett über das Püree gießen. Einrühren und unverzüglich in kleinen Schüsseln servieren.

Menüvorschläge wie bei Masala Dal (S. 250).

Bohnen mit gewürzter Butter

(Kali Dal)

Kali Dal ist eines der feinsten Hülsenfrüchtegerichte, ein Klassiker aus der Mogulenküche. Traditionell werden die Bohnen in der Restwärme des Tandoor gegart. Wichtige Zutaten sind Butter und Sahne. Sie geben dem Gericht den seidigen Glanz und die samtweiche Konsistenz. Ein so aufwendiges Gericht mit teuren Zutaten kommt in Indien nicht jeden Tag auf den Tisch.

Anmerkung: Kali Dal muß auf sehr kleiner Flamme etwa 5 Stunden gekocht werden. Es ist jedoch nicht nötig, daß Sie die ganze Zeit über dabeistehen. Das Ergebnis wird Sie überraschen und für den Zeitaufwand mehr als entschädigen.

Für 8 Personen

400 g schwarze Bohnen (Sabat Urad Dal oder Kali Dal)
2 EL rote Bohnen

2 mittelgroße Zwiebeln, feingehackt
2 EL feingehackte, frische Ingwerwurzel
1 frische Tomate, klein gewürfelt
1 Becher Joghurt
½ TL gemahlener Kardamom
1 EL gemahlener Koriander
½ TL Cayennepfeffer
1 TL Salz
8 EL Butter oder 6 EL Usli Ghee (S. 52)

Tadka:
4 EL Usli Ghee oder leichtes Pflanzenöl
1½ TL Kreuzkümmel
2 mittelgroße Zwiebeln, feingehackt
⅛ l Crème fraîche, besser dicke süße Sahne
5 EL frische Korianderblätter, gehackt

1. Bohnen verlesen und gründlich waschen.
2. Rote und schwarze Bohnen in einem hohen Topf mit 1 l Wasser zum Kochen bringen. Die Hitze abstellen und die Bohnen zugedeckt zwei Stunden stehen lassen. Das Wasser nicht abgießen.

3. Alle Zutaten (außer denen für Tadka) zugeben und einrühren. Aufkochen lassen, dann auf kleinster Flamme und zugedeckt 4½—5 Stunden köcheln lassen. Jede halbe Stunde sehr behutsam umrühren. (Die Bohnen dürfen auf gar keinen Fall stark kochen.)
5. Etwa ein Drittel der gekochten Bohnen in der Küchenmaschine oder mit dem Pürierstab pürieren. Das Püree wieder in den Topf geben. Weiter leise köcheln lassen, während Sie Ihr Tadka zubereiten.
6. Usli Ghee oder Öl in einer Pfanne erhitzen. Kreuzkümmel darin etwa 10 Sekunden anbräunen, dann die Zwiebeln unter ständigem Rühren in etwa 10 Minuten hellbraun rösten. Den gesamten Pfanneninhalt über die leise köchelnde Bohnenmasse gießen. Crème fraîche oder Sahne und gehackte Korianderblätter zugeben und gut unterrühren. Gut durcherhitzen. Abschmecken und servieren.

Dieses Gericht kann so vorbereitet bis zu 4 Tage im Kühlschrank auf Vorrat aufgehoben werden. Es eignet sich auch gut zum Einfrieren, muß aber vor dem Erhitzen gut aufgetaut sein. Dann auf sehr kleiner Flamme erhitzen. Oft, aber sehr behutsam rühren. Abschmecken. Vor dem Servieren gerösteten Kreuzkümmel und frischgehackte Korianderblätter zugeben.

Dieses Hülsenfrüchtegericht gehört traditionell zu allen Tandoori-Speisen. Wegen seiner sämigen Konsistenz wird Kali Dal mit Brot oder mit Reis serviert. Kali Dal ist ein ideales vegetarisches Hauptgericht, paßt aber genauso gut zu Lamm-Pilaw aus Lammbratenresten (S. 147), Lamm-Pilaw (S. 148) Kaiserlichem Safran-Pilaw mit Lammfleisch (S. 150), Hühner-Pilaw (S. 176) oder Königlicher Gemüse-Reis-Kasserolle (S. 292).

Joghurtsalate
(Raita)

Eine indische Mahlzeit, besonders eine vegetarische, ist ohne eine Joghurtspeise nicht komplett, die gleichzeitig eine wichtige Eiweißquelle ist. Es gibt keine delikatere Art, Joghurt zu servieren, als in einem Salat, in dem alle Nährwerte noch voll enthalten sind. Indischer Joghurt ist dick, rahmig und süß, fast wie Quark. Das kommt daher, daß dieser Joghurt aus Büffelmilch gemacht wird, die einen hohen Fettgehalt hat. Wenn Sie Joghurtsalat anmachen, sollten Sie möglichst hausgemachten Vollmilchjoghurt verwenden. Handelsüblicher Joghurt ist jedoch ein guter Ersatz. Probieren Sie aber unbedingt vor Verwendung, ob er nicht zu sauer ist. Falls ja, geben Sie noch etwas Rahm (Sauerrahm oder Crème fraîche) zur Geschmacksverbesserung zu. Allerdings gibt es jetzt auch bei uns schon milden Vollmilchjoghurt zu kaufen.
Joghurtsalate werden in Indien das ganze Jahr über gerne gegessen. Die Gewürze variieren von Region zu Region. Doch können wir drei große Kategorien unterscheiden:

1. Raitas mit rohen Gemüsen: Rohe Gemüse werden geschält, gerieben oder gewürfelt und dann mit gewürztem Joghurt vermischt.
2. Raitas mit gekochten Gemüsen: Das Gemüse wird gekocht und vor dem Servieren mit dem gewürzten Joghurt vermischt.
3. Raitas mit Klößen, Früchten, Nüssen und ähnlichem. Diese Salate sind oft sehr süß. Da sie entweder eine besondere Zubereitungstechnik oder teure Zutaten verlangen, werden sie meist nur bei Hochzeiten, offiziellen Einladungen und sonstigen festlichen Gelegenheiten angeboten.
Viele dieser Joghurtsalate, besonders diejenigen mit gekochtem Gemüse und Klößen, sind, mit Brot und Pilaw serviert, schon wieder eine kleine Zwischendurchmahlzeit.
Eine Anleitung für hausgemachten Joghurt finden Sie auf S. 50.

Gurkensalat mit Joghurt

(Kheere ka Raita)

Dieser kühle, erfrischende Salat ist schnell und leicht gemacht. Verwenden Sie möglichst junge, frische Gurken.

Für 4—6 Personen

2 mittelgroße Gurken (etwa 600 g)
1 mittelgroße, reife Tomate
1 grüne Chilischote, entkernt und kleingeschnitten (nach Belieben)
1½ Becher Joghurt
½ Becher Sauerrahm
½ TL gemahlener, gerösteter Kreuzkümmel (S. 66)
2 EL feingehackte, frische Minze oder 2 TL getrocknete Minzblätter (nach Belieben)
¼ TL Salz

1. Die Gurken schälen und halbieren. Die Kerne mit einem Löffel herausschaben und wegwerfen. Die Gurke raspeln oder mit dem Gurkenhobel dünn schneiden.
2. Tomate waschen, vierteln und mit einem Löffel das Fruchtfleisch herausschälen, das Sie anderweitig verwenden können. Den Rest dünn schneiden und zu den Gurken geben.
3. Chili aufschlitzen und entkernen. In dünne Streifen schneiden und zugeben.
4. Joghurt, Sauerrahm, Kreuzkümmel und Minze oder Koriander in einer anderen Schüssel gut vermischen. (Die Gemüse- und die Joghurtmischung können schon mehrere Stunden im voraus zubereitet und im Kühlschrank bis zur späteren Verwendung aufgehoben werden. Wenn Sie getrocknete Minzblätter verwenden, ist die Kühlung sogar notwendig, damit der Joghurt den Minzgeschmack voll aufnehmen kann.)
5. Vor dem Servieren Salz und Gemüse in die Joghurtmischung einrühren. Abschmecken und in eine Schüssel zum Servieren umfüllen. Nach Wunsch noch mit etwas Kreuzkümmel bestreuen.

An einem heißen Sommertag gehört ein kühler, erfrischender Joghurtsalat einfach zu einer Mahlzeit. Das Hauptgericht sollte dann aber möglichst keinen Joghurt enthalten. Für eine leichte Mahlzeit genügt ein Joghurtsalat mit Blumenkohl-Brot (S. 311), Spinat-Brot (S. 315) oder Brot mit Kartoffelfülle (S. 314). Dazu paßt eine duftende Tasse Tee — beispielsweise Kardamom-Tee (S. 379).

Spinat-Joghurt-Salat

(Palak Raita)

Dies ist ein ebenso einfach zuzubereitender wie schmackhafter Salat mit gekochtem Spinat. Der gekochte Spinat wird mit den Gewürzen und Joghurt vermischt. Statt des Spinats können Sie auch gekochte Kartoffeln, Erbsen, Mischgemüse oder geröstetes Auberginenfruchtfleisch nehmen.

4—6 Personen

450 g Spinat, gekocht nach dem Rezept auf Seite 243
1½ Becher Joghurt
½ Becher Sauerrahm
1 TL gemahlener, gerösteter Kreuzkümmel (S. 66)
1 TL gemahlener, gerösteter Koriander (S. 66)
je ¼ TL schwarzer und roter Pfeffer
¼ TL Salz
Paprika (nach Belieben)

1. Gekochten Spinat grob hacken.
2. Joghurt, Sauerrahm, Kreuzkümmel, Koriander, roten und schwarzen Pfeffer in einer Schüssel gründlich miteinander vermischen. (Sie können den Salat bis hierher vorbereiten und im Kühlschrank einige Stunden bis zur Verwendung aufbewahren.)
3. Vor dem Servieren Salz und Spinat in den angemachten Joghurt einrühren und in eine Servierschüssel umfüllen. Nach Belieben noch mit zusätzlichem Kreuzkümmel, Koriander und etwas süßem Paprika bestreuen.

Menüvorschläge wie bei Gurkensalat mit Joghurt.

Tomaten-Joghurt-Salat

(Tamato Pachadi)

Dieser einfache Salat erfreut sich allgemeiner Beliebtheit. Sie brauchen dafür ganz reife, feste Tomaten mit süßlich-aromatischem Fruchtfleisch. Wenn die Tomaten nicht fest sind, vermischt sich der Joghurt mit dem Fruchtfleisch und macht den Salat unansehnlich.

Für 4—6 Personen

4 mittelgroße, reife Tomaten
1½ Becher Joghurt
½ Becher Sauerrahm
¼ TL Salz
2 EL leichtes Sesamöl oder ein anderes leichtes Pflanzenöl
⅓ TL schwarze Senfkörner
1 grüne Chilischote, entkernt und kleingeschnitten (nach Belieben)

1. Tomaten waschen und abtupfen. In 1-cm-Würfel schneiden.
2. Joghurt, Sauerrahm und Salz in einer Schüssel vermischen. Tomaten zugeben, aber nicht umrühren. Zudecken und bis zum Verbrauch kühlstellen. (Bis zu diesem Arbeitsgang kann der Salat vorbereitet und mehrere Stunden im Kühlschrank aufgehoben werden.)
3. Öl in einer kleinen Pfanne stark erhitzen. Senfkörner zugeben. Einen Deckel bereithalten, da die Senfkörner herumspringen. Wenn sie sich grau verfärben, Chilischoten zugeben. Rasch einrühren und alles zusammen über die Tomaten-Joghurt-Mischung schütten. Vorsichtig umrühren. Nicht zu lange vermischen — der Salat soll nicht breiig werden. Sofort servieren.

Meine Menüvorschläge entsprechen denen zum Rezept für Gurkensalat mit Joghurt (S. 260), mit der Einschränkung, daß Sie zu diesem Salat Spezialitäten aus den südlichen oder den südwestlichen Landesteilen servieren sollten wie beispielsweise Vendaloo (S. 155), Rosenkohl und grüne Bohnen in Linsenpüree (S. 210) oder Linsen mit Gemüse (S. 214).

Okra-Joghurt-Salat
(Bhindi Pachadi)

Ob Sie nun Okra mögen oder nicht, dieser Salat mit knusprig gebratenen Okra schmeckt Ihnen bestimmt. Sie müssen lediglich darauf achten, daß Sie die gebratenen Okra erst unmittelbar vor dem Servieren unter den Joghurt mischen. Okragemüse wird lappig, wenn es zu lange im Joghurt zieht und gibt ihm ein braunes, unappetitliches Aussehen.

Für 4—6 Personen

1½ Becher einfacher Joghurt
½ Becher Sauerrahm
¼ TL Salz
1 EL Öl, vorzugsweise leichtes Sesamöl
⅓ TL schwarze Senfkörner
1 grüne Chilischote, entkernt und feingeschnitten
1 Rezept Okra, knusprig gebraten (S. 236)

1. Joghurt, Sauerrahm und Salz in einer Schüssel gut miteinander vermischen.
2. Öl in einer kleinen Pfanne erhitzen. Senfkörner vorsichtig zugeben. Einen Deckel bereithalten, da die Senfkörner herumspringen, wenn sie ins heiße Öl kommen. Sofort, wenn sie eine leichte graue Färbung angenommen haben, die Chilischoten zugeben und rasch einrühren. Alles zusammen über das Joghurtgemisch schütten. Die knusprig gebratenen Okra untermischen. Sofort servieren.

Menüvorschläge dazu können Sie bei Gurkensalat mit Joghurt (S. 260) nachlesen. Außerdem passen zu diesem Salat mit Senfkörnern gewürzte Speisen wie beispielsweise Rosenkohl und grüne Bohnen in Linsenpüree (S. 210), Vendaloo (S. 155) oder Linsen mit Gemüse (S. 214).

Bohnenklößchen in Joghurt

(Dahi Bhalle)

Ich stelle Ihnen nachfolgend das klassische Rezept für Dahi Bhalle vor. Die Variationen dieses Gerichts unterscheiden sich geschmacklich von Staat zu Staat. Es stammt aus dem Pandschab, wo man zur Aromabereicherung Kreuzkümmel, Koriander, frische Ingwerwurzel und duftend frische Korianderblätter verwendet. Die Vorbereitung nimmt etwas Zeit in Anspruch, weil Sie zuerst die Bohnenklößchen machen müssen. Das Ergebnis wird Sie jedoch für Ihre Mühe reichlich entlohnen.

Für 8—12 Personen

24 Seidige Bohnenklößchen (Bade, S. 100)
3½ Becher Joghurt
½ Becher Sauerrahm
⅛ l kaltes Wasser
1¼ TL gemahlener, gerösteter Kreuzkümmel (S. 66)
¼ TL schwarzer Pfeffer
¼ TL Cayennepfeffer
½ TL Salz
2 grüne Chilischoten, feingehackt
2 EL frische, gehackte Korianderblätter

1. Die Bohnenklößchen in einer Schüssel mit Wasser bedecken. 15 Minuten weichen lassen, dann das Wasser abgießen. Jedes Klößchen einzeln zwischen den Handflächen vorsichtig ausdrücken. Darauf achten, daß die Klößchen nicht auseinanderfallen.
2. Joghurt, Sauerrahm und Wasser mit einer Gabel in einer Schüssel miteinander verschlagen. 1 TL Kreuzkümmel, je ⅛ TL schwarzen und Cayennepfeffer sowie Salz zugeben und verrühren.
3. Jedes Klößchen einzeln in den Joghurt tauchen und in eine flache Servierschale legen. Den restlichen Joghurt drübergießen. Zugedeckt mindestens 4 Stunden stehen lassen (während dieser Zeit saugen sich die Klößchen mit Joghurtsauce voll).
4. Vor dem Servieren den restlichen Kreuzkümmel sowie

den schwarzen und den Cayennepfeffer drüberstreuen. Mit kleingeschnittenen Chilischoten und Korianderblättern bestreuen und nach Belieben mit Tamarinden-Chutney (S. 342) servieren.

Da in diesem Joghurtsalat Hülsenfrüchte mitverarbeitet sind, sollte das Hauptgericht möglichst nicht auch noch Hülsenfrüchte enthalten. Dahi Bhalle ist ziemlich üppig und ausgiebig. Reichen Sie dazu gefüllte Brote (siehe im entsprechenden Rezeptteil) oder einfaches Brot.

Bananen-Joghurt-Salat

(Keela Raita)

Dieser köstliche Joghurtfruchtsalat ist in Indien besonderen Anlässen vorbehalten. Normalerweise werden Bananen verwendet, Sie können jedoch auch Ananas, Pfirsiche, Aprikosen oder Trauben nehmen. Denken Sie dann nur daran, entsprechend mehr zu süßen, da alle diese Früchte säuerlicher als Bananen sind.

Für 4—6 Personen

2 EL Mandelsplitter
2 EL Rosinen
1 Becher Joghurt
1 Becher Sauerrahm
3—4 EL Honig oder Zucker
1/8 TL gemahlener Kardamom oder geriebene Muskatnuß
1 reife Banane, in dünne Scheiben geschnitten

1. Mandeln und Rosinen in einer kleinen Schüssel mit ca. 1/8 l kochendem Wasser übergießen, 15 Minuten einweichen, dann das Wasser abgießen.
2. Mandeln und Rosinen mit Joghurt, Sauerrahm, Honig oder Zucker und Kardamom oder Muskatnuß in einer Schüssel miteinander vermischen. Die Bananenscheiben vorsichtig unterheben. Zudecken und vor dem Servieren

gut kühlen. Nach Wunsch zusätzlich noch mit Kardamom oder Muskatnuß bestreuen.

Dieser Joghurtsalat mit dem süßen, nussigen Geschmack ist ein idealer Begleiter zum Kaiserlichen Safran-Pilaw mit Lammfleisch (S. 150), zum Süßen Safran-Pilaw (S. 281) und zu Safran-Pilaw mit Pfirsichen (S. 283).

Reis und Brot

Reis
(Chawal)

Reis, in würziger Fleischbrühe gegart (Yakhni Chawal)
Indischer gebratener Reis (Ghee Chawal)
Reis mit Kreuzkümmel und Kurkuma (Peele Chawal)
Patiala-Pilaw (Patiala Pullao)
Pilaw Benares (Banarasi Pullao)
Süßer Safran-Pilaw (Zarda)
Safran-Pilaw mit Pfirsichen (Zaffani Pullao)
Okra-Pilaw (Bhindi Pullao)
Kaiserlicher Pilaw mit Morcheln (Badshahi Pullao oder
Gochian Pullao)
Minz-Pilaw (Hari Chutney ka Pullao)
Gemüse-Reis-Kasserolle (Tahari)
Königliche Gemüse-Reis-Kasserolle (Shahi Sabz Biriyani)

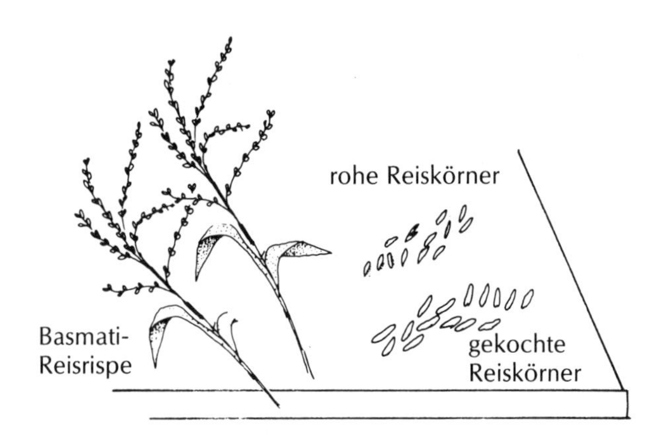

Reis ist eines der ältesten Nahrungsmittel der Menschheit. In Indien ist er seit etwa sechstausend Jahren Kulturpflanze. Heute ist Reis das Hauptnahrungsmittel von über zwei Dritteln der indischen Bevölkerung. Diese lange und enge Beziehung drückt sich in den unzähligen schmackhaften Reisgerichten aus, die die indische Küche hervorgebracht hat.
Allein schon die Kunst, Reis zu garen, ist in Indien zu höchster Perfektion entwickelt worden.
Man kann Reis auch zu Mehl mahlen oder zu Flocken rösten und dann zu Pfannkuchen, Broten, Kuchen, Klößen, Waffeln, Appetithappen, Nachspeisen, Puddings und Konfekt verarbeiten.
In Wasser aufgelöstes Reismehl gilt als heilig und dient zur Bemalung bei religiösen Festen und anderen Feierlichkeiten. Reiskörner werden als Symbol der Fruchtbarkeit über Neuvermählte gestreut — ein Brauch, den viele andere Völker übernommen haben.
Obgleich es unzählig viele Reissorten auf der ganzen Welt gibt, lassen sich zwei von der Form her unterscheiden: Langkorn- und Rundkornreis. Rundkornreis ist vor allem in südeuropäischen Ländern, im östlichen China, in Japan und Korea beliebt. Er ist Grundelement des italienischen Risotto und der spanischen Paella. Auch eignet er sich vorzüglich für Pudding und Kuchen. Langkornreis ist die Sorte, die am meisten auf der ganzen Welt gegessen wird. Im gekochten Zustand ist er locker und klebt nicht. In Indien werden mehrere Arten von Langkornreis (Arwa Chawal) in klimatisch begünstigten Anbaugebieten im Süden und im Osten des Landes kultiviert. Im allgemeinen ist dort die Zubereitungsweise auch einfach — Reis wird ohne Zutaten gekocht oder gedämpft.
Im Norden ißt man weniger Reis und dafür mehr Brot. Dort kennt man hingegen die raffiniertesten Reisgerichte. Er wird mit duftenden Gewürzen wie Zimt, Kardamom und Safran und oft auch mit Gemüse oder Fleisch gekocht.
Am Fuße des Himalaja im Norden wächst in begrenzter Menge eine Reisart, die als die beste der Welt gilt. Ihr Name ist Basmati. Gekochter Basmati-Reis hat lange, dünne Körner, ist zart und weich und strömt ein nussig-milchiges

Aroma aus. So hat auch ganz schlicht gekochter Basmati-Reis das Aroma, den Geschmack und die Struktur eines exquisiten Pilaw. Die beiden üblichen Varianten von Basmati-Reis sind Patna Basmati aus dem Staat Bihar und Dehradun Basmati aus dem Staat Uttar Pradesh. Dehradun Basmati ist der unerreichte Spitzenreis. Jeder Basmati-Reis wird vorbehandelt und dann nach dem Prozentsatz der ganzen, ungebrochenen Reiskörner klassifiziert. Reis der ersten Qualität enthält keine gebrochenen Körner. Basmati-Reis wird mehrere Jahre in Silos gelagert. Während dieser Zeit intensiviert sich sein Aroma und sein Geschmack. Der beste Reis, der heute in Indien zu haben ist, ist immer sehr lange gelagert, wie Dehradun Basmati, der leider bei uns nicht erhältlich ist. Basmati-Reis guter Qualität bekommen Sie jedoch in Ostasienläden und neuerdings auch in den Lebensmittelabteilungen großer Kaufhäuser.
Das Kochen von Basmati-Reis erfordert keine besonderen Vorkenntnisse. Er braucht wie jeder andere Langkornreis etwa das Doppelte des eigenen Volumens an Wasser und etwa 25 Minuten Garzeit. Es gibt jedoch bei der Zubereitung einen grundlegenden Unterschied zwischen normalem Langkornreis und Basmati-Reis. Basmati-Reis wird immer vor dem Kochen in kaltem Wasser eingeweicht, damit er besonders weich und locker wird.

Wie man Basmati-Reis zum Kochen vorbereitet

Reinigen: Meist finden sich im Basmati-Reis wie bei Hülsenfrüchten auch ungeschälte Reiskörner, kleine Steinchen und kleine Holzteilchen. Deshalb müssen Sie den Reis verlesen. Sie breiten dazu den Reis in kleinen Portionen großflächig aus, so daß die Fremdkörper gut sichtbar sind. Letzere entfernen und mit dem restlichen Reis ebenso verfahren.
Waschen: Gleich welche Art Basmati-Reis Sie verwenden — er muß gewaschen werden. Dabei werden auch die letzten, oft ganz kleinen Fremkörper herausgeschwemmt und außerdem die Stärke, die den gekochten Reis klebrig und zäh macht. Geben Sie den Reis in eine große Schüssel und füllen Sie sie mit kaltem Wasser. Den Reis einige Sekunden

setzen lassen, dann das Wasser mit obenauf schwimmenden Fremdkörpern abgießen. Diesen Vorgang 8—9 mal wiederholen, bis sich das Wasser nicht mehr milchig verfärbt.
Einweichen: Dies ist ein wichtiger Punkt der Vorbehandlung, den man nur bei Basmati-Reis beachten muß. Während des Einweichens saugt das Reiskorn Feuchtigkeit auf und »lockert« sich, ehe es gekocht wird.
Geben Sie zu dem rohen Reis die doppelte Menge kaltes Wasser und lassen Sie den Reis genau ½ Stunde weichen. Das Wasser in einen anderen Topf umgießen und aufheben. (In der indischen Küche wird der Reis, wenn nicht anders angegeben, immer in dem Wasser gekocht, in dem er eingeweicht wurde.) Der eingeweichte Reis ist kalkweiß und sehr brüchig und muß daher behutsam behandelt werden.

Kochen von Basmati-Reis

Basmati-Reis kann auf dreierlei Art und Weise zubereitet werden: gedünstet, gekocht oder gebacken. Bei allen drei Zubereitungsmethoden ist das Ergebnis das gleiche: es schmeckt ausgezeichnet. Basmati-Reis kann mit Fett oder Öl, Gewürzen, Kräutern, Gemüsen und allen Arten von Fleisch und Käse zubereitet werden.

Gedünsteter Basmati-Reis:
Der Reis wird in seinem Einweichwasser so lange gekocht, bis er fast weich ist und das ganze Wasser aufgenommen hat. Dann wird er auf kleinster Flamme fertiggegart. Die Reiskörner dürfen nicht zusammenkleben und müssen körnig und locker sein.

1. Das Einweichwasser in einem schweren Topf mit Deckel zum Kochen bringen. Den vorgeweichten Reis mit einer Gabel oder einem Messer einrühren (die Reiskörner dürfen dabei nicht zerdrückt werden), bis das Wasser zum zweiten Mal aufkocht. Gut umrühren, damit sich der Reis nicht am Topf festsetzt oder sich zusammenklumpt.
2. Hitze auf kleine Stufe schalten und den Reis halb zugedeckt garen lassen, bis das Wasser fast verkocht ist und sich

oben auf dem Reis kleine Wasserdampfkrater bilden (10 bis 15 Minuten). Bis dahin braucht der Reis nicht umgerührt zu werden. Wenn Sie es trotzdem tun wollen, tun Sie es mit einer Gabel oder einem Messer.
3. Den Topf gut mit einem Deckel verschließen, auf niedrigstmögliche Hitze stellen und den Topf mit Hilfe einer Küchenzange oder einem chinesischen Wokring, die zwischen Kochplatte und Topfboden geschoben werden, 2 cm höher plazieren. Lassen Sie den Reis so 10 Minuten dämpfen.

Gekochter Basmati-Reis:
Der Basmati-Reis wird innerhalb kurzer Zeit bei starker Hitze in viel Wasser fast weich gegart. Dann wird das Wasser abgegossen, der Reis durchgespült, in den Topf zurückgegeben und bei sehr geringer Hitze fertiggegart. Das Wasser, in dem der Reis eingeweicht wurde, wird bei dieser Zubereitungsart nicht verwendet.

1. Eine große Menge Wasser (etwa 6—7mal soviel wie der zuzubereitende Reis) in einem großen Topf zum Kochen bringen. Den vorgequollenen Reis zugeben und ½ Minute vorsichtig rühren, damit die Reiskörner nicht zerbrechen. Das Wasser noch einmal aufkochen lassen und den Reis darin zwei Minuten kochen.
2. Den gesamten Topfinhalt in einen Durchschlag über dem Küchenausguß schütten. 3—5 Sekunden kaltes Wasser durch den Reis laufen lassen. Den Durchschlag schütteln, damit das Wasser gut abläuft.
3. Den Reis in den Topf zurückgeben und den Topf gut abdecken. Einen chinesischen Wokring auf die Flamme und den Reistopf darauf stellen. Den Reis auf niedrigster Stufe 10 Minuten quellen lassen.

Gebackener Basmati-Reis:
Bei dieser Zubereitungsart wird der Reis zuerst fast gar gekocht, das Wasser weggeschüttet und der Reis im Backofen fertiggebacken. Dazu gibt man ein wenig Butter in Öl. So zubereiteter Reis geht ganz auf, und die Körner sind am Schluß ein bißchen trocken.

1. Ofen auf 150° C vorheizen.
2. Eine große Menge Wasser (etwa 6—7mal soviel wie Reis) zum Kochen bringen. Den eingeweichten Reis zugeben und ½ Minute rühren. Dadurch setzt sich der Reis nicht am Boden fest. Behutsam vorgehen, damit die Reiskörner nicht brechen. Das Wasser noch einmal aufkochen lassen und den Reis zwei Minuten kochen.
3. Den gesamten Topfinhalt in ein Sieb über dem Küchenausguß ausgießen und den Reis gut abtropfen lassen.
4. Den Reis in eine schwere, ofenfeste Kasserolle mit gutschließendem Deckel schütten und etwas Fett oder Öl zum Reis geben. Die Kasserolle mit Alufolie abdecken und den Deckel aufsetzen.
5. Den Reis auf dem mittleren Einschub des Backofens 25 Minuten backen.

Basmati-Reis muß ruhen

Egal, welcher Kochtechnik Sie den Vorzug geben, Basmati-Reis muß zugedeckt auf der Feuerstelle oder im noch warmen Ofen ca. 5 Minuten ruhen. Während dieser Zeit darf der Deckel nicht geöffnet und der Reis auf keinen Fall umgerührt werden. Frisch gekochter Reis ist ebenso wie frischer Braten feucht und sehr brüchig. Läßt man ihn nicht ruhen, wird er klebrig und matschig. Unmittelbar vor dem Servieren sollte der Reis mit einer Gabel oder einem Messer gelockert werden. Gekochter Reis bleibt zugedeckt etwa 25 Minuten warm.

Vorbereiten und Aufwärmen:
Außer für Biriyani und bestimmte Pilaws sollten alle Reisgerichte immer frisch zubereitet werden, weil das Aroma der Gewürze so viel intensiver wirkt. Selbst wenn Reis im Kühlschrank aufgehoben wird, sind immer große geschmackliche Einbußen festzustellen. Allerdings lassen sich Reisgerichte auf dem Herd oder im Ofen gut aufwärmen.

Das Aufwärmen im Backofen:
Den Reis auf ein großes Stück dicke Alufolie schütten und vorsichtig etwas kaltes Wasser darübersprengen. Die Folie

über dem Reis zusammenschlagen und gut verschließen. Im vorgeheizten Rohr bei 150° C ca. 25—30 Minuten erhitzen.

Das Aufwärmen auf dem Herd:
Den Reis in einen schweren Topf geben. Einige Eßlöffel kaltes Wasser zugeben und unter ständigem Rühren erhitzen, bis sich genug Dampf gebildet hat. Den Topf gut zudecken, die Wärmezufuhr reduzieren und den Reis in ca. 10 Minuten durchwärmen.

Wieviel Reis pro Person?

In westlichen Ländern wird viel weniger Reis gegessen als in Indien, und in Indien selbst wird im Süden und im Osten mehr Reis gegessen als im Norden. Die Vorliebe für Reis ist nicht nur von Kultur zu Kultur verschieden, sondern auch in Indien Geschmackssache. Viele Menschen mögen den Geschmack von Reis an sich. Andere würden Reis gerne essen, halten sich aber zurück, weil sie ihn für pure Stärke halten. Es bleibt also Ihnen überlassen, wieviel Reis Sie kochen. Bleibt Ihnen etwas übrig, ist das kein Problem, da es in den nächsten Tagen auf verschiedenste Art verwendet werden kann.
Generell kann man sagen, daß etwa 4 Tassen roher Reis 6 großzügig bemessene oder 8 normale Portionen ergeben.

Was tun, wenn kein Basmati-Reis zu bekommen ist?

Um es vorwegzunehmen: einen gleichwertigen Ersatz für Basmati-Reis gibt es nicht. Zur Not können Sie normalen Langkornreis verwenden. Denken Sie aber daran, daß Langkornreis ganz anders schmeckt, riecht und aussieht wie Basmati-Reis. Außerdem müssen Sie bei der Zubereitung folgendes beachten:

1. Handelsüblicher Langkornreis braucht nicht gereinigt zu werden, da er vor der Verpackung bereits verlesen wird.
2. Das Waschen und anschließende Einweichen ist nicht

erforderlich, da normaler Langkornreis nicht mehr mit Stärke überzogen ist.
3. Normaler Langkornreis braucht etwas längere Garzeit (teils weil die Basmati-Reiskörner viel dünner sind, teils weil diese ja bereits eingeweicht worden sind, was einem Vorkochen entspricht).

Reis, in würziger Fleischbrühe gegart

(Yakhni Chawal)

Ein einfaches und schnelles Rezept für schmackhaften Reis. Sie brauchen dazu lediglich eine sehr kräftige Fleischbrühe (Yakhni). Der Reis wird statt in Wasser in Fleischbrühe gegart.
Dieser Reis wird traditionell für die Zubereitung des Kaiserlichen Safran-Pilaws (S. 150) verwendet, schmeckt aber natürlich auch zu allen anderen Lamm- und Rindfleischgerichten.

Für 8—10 Personen

450 g Basmati-Reis
4 EL Usli Ghee (S. 52) oder leichtes Pflanzenöl
gut 1¼ l hausgemachte Fleischbrühe (Yakhni, S. 46)
1 TL Salz

1. Basmati-Reis nach der Anleitung auf S. 270 waschen.
2. Reis in einer Schüssel gut mit Wasser bedecken. Eine halbe Stunde quellen lassen. (Die Reiskörner werden dabei undurchsichtig und kalkweiß.) Wasser abgießen und wegschütten.
3. Die geklärte Butter (Usli Ghee) bei mittlerer Hitze in einer schweren Pfanne erhitzen. Den abgetropften Reis darin unter Rühren 3 Minuten glasig anrösten. Mit Brühe aufgießen, salzen und vorsichtig umrühren, damit der Reis nicht zusammenklumpt. Aufkochen lassen.
4. Hitze auf kleine Stufe zurückschalten und zugedeckt etwa 12—15 Minuten quellen lassen.

5. Den Topf gut zudecken und die Wärmezufuhr auf die kleinste Stufe reduzieren. Wenn möglich, den Topf 3 cm über der Kochplatte plazieren, indem Sie ihn auf einen chinesischen Wokring stellen. 10 Minuten so dämpfen lassen. Die Hitze wegnehmen und den Reis noch fünf Minuten ziehen lassen. Während dieser Zeit nicht umrühren, weil die Reiskörner noch sehr zerbrechlich sind. Der Reis bleibt zugedeckt 20 Minuten heiß.

Indischer gebratener Reis

(Ghee Chawal)

Dieser köstliche gebratene Reis braucht nur wenige Minuten Vorbereitungszeit. Zuerst werden die Zwiebeln und der Blumenkohl zubereitet, dann erst der Reis zugegeben. Ghee Chawal ist eine südindische Spezialität. Sie können sie auch mit Erbsen, grünen Paprikaschoten, Frühlingszwiebeln, Schalotten und Kartoffeln variieren.

Für 8 Personen

3 EL leichtes Pflanzenöl
2 mittelgroße Zwiebeln, grob gehackt
1 kleiner Blumenkohlkopf, in Röschen zerteilt
4 Tassen gekochter Reis (Basmati oder handelsüblicher Langkornreis)
2 TL gemahlener, gerösteter Kreuzkümmel (S. 66)
1 TL gemahlener, gerösteter Koriander (S. 66)
¾ TL Salz
2—3 EL feingehackte, frische Korianderblätter

1. Öl in einer großen Pfanne oder einem großen Topf erhitzen und Zwiebeln sowie Blumenkohl zugeben. Unter ständigem Rühren etwa 5 Minuten braten, bis die Zwiebeln und der Blumenkohl hellbraun sind. ½ Tasse kaltes Wasser zugießen, Topf zudecken und 15 Minuten schmoren. Es soll noch etwas Wasser im Topf sein, und das Gemüse soll gar sein, aber noch Biß haben.
2. Den gekochten Reis hineinrühren, den Topf wieder zu-

decken und weitere 2 Minuten auf den Herd stellen, bis der Reis heiß ist.
3. Mit Kreuzkümmel, Koriander, Salz und den gehackten Korianderblättern bestreuen und gut durchmischen.

Sie können diesen Reis als eigenständige Mahlzeit servieren und dazu ein kühles Joghurtgetränk (S. 380/381) oder einen Joghurtsalat (S. 258—266) reichen. Für eine ausgedehntere Mahlzeit können Sie diesen Reis zu Ausgebackenem Fisch (S. 193), Seezungenfilet mit Adiowan (S. 191), Lammkroketten in Kartoffelhülle (S. 154) oder Ausgebackenen Shrimps (S. 97) servieren.

Reis mit Kreuzkümmel und Kurkuma

(Peele Chawal)

Im Pandschab schätzt man Reis in seiner natürlichen weißen Form. Diese herzhafte, bäuerliche Spezialität ist die Ausnahme von der Regel. Das wunderschöne Goldgelb kommt vom Kurkuma.

Für 4—6 Personen

2 mittelgroße Kartoffeln
225 g Basmati-Reis oder handelsüblicher Landkornreis
4 EL indisches Pflanzenfett oder leichtes Pflanzenöl
1 TL Kreuzkümmel
¾ TL Kurkuma
1 TL Salz (nach Geschmack)

1. Kartoffeln schälen und in 1 cm große Würfel schneiden. In eine Schüssel mit kaltem Wasser legen.
2. Basmati-Reis nach der Anleitung auf S. 270 waschen.
3. Den Reis in einer Schüssel mit ¾ l Wasser übergießen, ½ Stunde quellen lassen, dann das Wasser abgießen und aufheben. (Dieser Vorgang entfällt, wenn normaler Langkornreis verwendet wird.)
4. Fett oder Öl in einem schweren Topf erhitzen und den Kreuzkümmel darin etwa 10 Sekunden dunkelbraun rösten.

Kartoffeln und Kurkuma zugeben und die Kartoffeln etwa 3 Minuten leicht anbräunen. Reis etwa 2 Minuten mitrösten. Dabei ständig rühren. Das Einweichwasser zugießen (oder ¾ l kaltes Wasser bei normalem Langkornreis) und salzen. Alle Zutaten miteinander verrühren und aufkochen lassen. Hitze auf mittlere Stufe reduzieren und 10 Minuten zugedeckt quellen lassen (bei normalem Langkornreis 15 Minuten), bis fast das ganze Wasser verkocht ist.

5. Die Hitze auf niedrigste Stufe einstellen und den Topf auf einen chinesischen Wokring stellen, so daß er ca. 3 cm über der Hitzequelle steht. Den Reis 10 Minuten dämpfen lassen. Die Hitzezufuhr abstellen und den Reis zugedeckt 5 Minuten ziehen lassen. Den Reis während dieser letzten 15 Minuten nicht umrühren. Er bleibt zugedeckt ca. 20 Minuten warm.

Peele Chawal wird gewöhnlich als leichte Mittagsmahlzeit mit einem Joghurtsalat serviert. Für eine ausgedehntere Mahlzeit können Fisch im Ausbackteig (S. 193) oder Mogul-Kebabs mit Rosinenfülle (S. 89) dazukommen.

Patiala-Pilaw

(Patiala Pullao)

Obgleich man in ganz Nordindien Pilaw macht, kommt doch den Bewohnern des Pandschab der Verdienst zu, dieses Gericht zur Perfektion verfeinert zu haben. Kein Wunder also, daß der beste Pilaw Patiala-Pilaw heißt (Patiala ist eine Stadt im Staate Pandschab).

Traditionell wird dieser Pilaw samt den Gewürzen auf den Tisch gebracht, weil dies das Gericht optisch sehr attraktiv macht. Die Gewürze — außer Kreuzkümmel — werden nicht mitgegessen.

Für 6—8 Personen

3 mittelgroße Zwiebeln
4 Tassen Basmati-Reis
6 EL leichtes Pflanzenöl
1 TL schwarzer (oder weißer) Kreuzkümmel
2 TL feingehackter Knoblauch
3 schwarze (oder 6 grüne) Kardamomkapseln
1 Zimtstange, etwa 7 cm lang
8 ganze Nelken
2 Lorbeerblätter
1 TL Salz

1. Die Zwiebeln schälen und eine davon fein hacken. Die beiden anderen in ganz feine Streifen schneiden.
2. Basmati-Reis nach Anleitung auf Seite 270 waschen.
3. Den Reis in 1 l kaltem Wasser ½ Stunde quellen lassen. Das Wasser abgießen, nicht wegschütten.
4. Öl in einer schweren Pfanne erhitzen und die beiden in Streifen geschnittenen Zwiebeln darin in ca. 20 Minuten dunkelbraun braten. Mit einem Schaumlöffel herausheben und auf Küchenpapier abtropfen lassen. Wenn sie abgekühlt sind, werden sie knusprig. Zum Garnieren aufheben.
5. Hitze auf mittlere Stufe schalten. Wenn Sie weißen Kreuzkümmel verwenden, diesen jetzt zugeben und in 10 Sekunden dunkelbraun rösten. Dann die gehackte Zwiebel etwa 4 Minuten mitrösten, bis sie hellbraun ist. Ständig rühren, damit nichts anbrennt. Den Knoblauch eine weitere Minute mitrösten. Alle Gewürze zugeben und ca. ½ Minute leicht anbräunen. Reis hinzufügen und in etwa 2—3 Minuten glasig anlaufen lassen. Mit dem Einweichwasser aufgießen, salzen, aufkochen lassen und dabei ständig umrühren, damit sich der Reis nicht anlegt.
6. Hitze reduzieren und halb zugedeckt etwa 10—12 Minuten garen lassen.
7. Den Topf fest verschließen, die Hitze auf niedrigste Stufe stellen und den Topf mit Hilfe einer Küchenzange oder eines chinesischen Wokrings etwa 3 cm über der Flamme plazieren. Reis 10 Minuten dämpfen lassen. Die Hitze wegnehmen und den Reis weitere 5 Minuten ruhen lassen. Den Reis während dieser letzten 15 Minuten nicht umrühren. Er

bleibt zugedeckt etwa 20 Minuten warm. Mit gerösteten Zwiebeln bestreuen und servieren.

Dieser elegante Pilaw paßt zu allen nordindischen und mogulischen Gerichten.

Pilaw Benares

(Banarasi Pullao)

Am Fluß Ganges liegt Benares, die heilige Stadt der Hindus. Die Menschen halten sich hier streng an die hinduistischen Speisegesetze. Das bedeutet unter anderem den Verzicht auf Zwiebeln und Knoblauch. Der Pilaw Benares erhält sein Aroma von verschiedenen Gewürzen und frischer Ingwerwurzel.
Auch bei diesem Gericht werden die Gewürze im Reis belassen, jedoch nicht mitgegessen.

Für 6—8 Personen

300 g Basmati-Reis
3 EL indisches Pflanzenfett oder leichtes Pflanzenöl
4 schwarze (oder 8 grüne) Kardamomkapseln
10 ganze Nelken
1 Lorbeerblatt
1 Zimtstange, etwa 7 cm lang
24 schwarze Pfefferkörner (nach Belieben)
2 TL geriebene, frische Ingwerwurzel
1 TL Salz

1. Basmati-Reis nach Anleitung auf S. 270 waschen.
2. Den Reis in einer Schüssel mit 1 l kaltem Wasser ½ Stunde weichen lassen (die Reiskörner werden in dieser Zeit undurchsichtig und kalkweiß). Wasser abgießen und aufheben.
3. Das Fett in einem schweren Topf erhitzen und alle Gewürze außer dem Ingwer darin in etwa 2 Minuten hellbraun rösten. Reis zugeben und anrösten, bis er glasig anläuft. Dabei ständig rühren, damit nichts anbrennt.

4. Das Einweichwasser zugießen, Ingwer und Salz zugeben, gut umrühren und aufkochen lassen. Die Hitze drosseln und halb zugedeckt 10 Minuten garen lassen.
5. Topf gut abdecken, Hitze auf kleinste Stufe schalten und mittels eines chinesischen Wokrings den Topf ca. 3 cm über der Flamme plazieren. Den Reis dort 10 Minuten dämpfen lassen. Die Hitze abschalten und den Reis zugedeckt 5 Minuten ruhen lassen. Während dieser letzten 15 Minuten nicht umrühren. Der Reis bleibt zugedeckt etwa 20 Minuten warm.

Hier gelten dieselben Menüvorschläge wie beim Patiala-Pilaw (S. 278).

Süßer Safran-Pilaw

(Zarda)

Zarda wird seit jeher von den indischen Moslems zu ihrem religiösen Fest Muharram zubereitet. Viele Köche färben den Reis aus Sparsamkeitsgründen mit gelber Lebensmittelfarbe, doch nur echter Safran gibt dem Gericht sein individuelles Aroma.
Dieser Pilaw ist leicht süß. Die Gewürze sollten nicht mitgegessen werden, aber es passiert Ihnen nichts, wenn Sie es doch tun.

Für 6—8 Personen

300 g Basmati-Reis
1 TL Safranfäden
4 EL Usli Ghee (S. 52) oder leichtes Pflanzenöl
10 ganze Nelken
8 grüne Kardamomkapseln
1 Zimtstange, etwa 7 cm lang
5 EL Rosinen
50 g Zucker
¾ TL Salz

1. Basmati-Reis nach der Anleitung auf S. 270 waschen.
2. Reis in einer Schüssel mit 1 l kaltem Wasser eine halbe Stunde quellen lassen. Das Wasser abgießen und aufheben.

3. Die Safranfäden in eine kleine Schüssel legen und mit der Rückseite eines Löffels oder mit den Fingerspitzen zerreiben. 2 EL Wasser zugeben und den Safran vollständig auflösen.
4. Usli Ghee in einem schweren Topf erhitzen und darin die Nelken, Zimt und Kardamom etwa 1 Minute leicht anbräunen. Den Reis zugeben und etwa 3 Minuten unter Rühren ebenfalls anbräunen.
5. Mit dem Einweichwasser aufgießen, Safranwasser, Rosinen, Zucker und Salz zugeben und gut umrühren. Aufkochen lassen, die Wärme reduzieren und halb zugedeckt etwa 10 Minuten garen lassen.
6. Den Topf ganz zudecken, die Wärme auf die kleinste Stufe schalten und den Topf mittels eines chinesischen Wokrings etwa 3 cm über der Hitzequelle plazieren. Den Reis dort 10 Minuten dämpfen lassen, dann die Flamme abstellen. Den Topf zugedeckt 5 Minuten ruhen lassen. Während dieser letzten 15 Minuten nicht umrühren. Der Reis bleibt zugedeckt 20 Minuten warm.

Dieser Pilaw mit dem wundervollen Safranaroma paßt ausgezeichnet zu Tandoori-Huhn (S. 171) oder zu Lammlende in Joghurt-Kardamom-Sauce (S. 133). Wenn Sie Ihren Gästen einen Kontrast bieten möchten, empfehle ich Seezungenfilet mit Adiowan (S. 191) oder Ausgebackenen Fisch (S. 193).

Safran-Pilaw mit Pfirsichen

(Zaffrani Pullao)

Wieder ein mogulischer Klassiker, diesmal sehr aufwendig mit Rosinen, Mandeln und Pistazien zubereitet und in einem Ring von butterglasierten Pfirsichen serviert.

Für 6—8 Personen

300 g Basmati-Reis
3—4 frische, reife Pfirsiche (etwa 450 g) oder die entsprechende Menge Dosenpfirsiche
6 EL Usli Ghee (S. 52) oder leichtes Pflanzenöl
2 EL Mandelsplitter
2 EL ungesalzene, blanchierte Pistazien
1 kleine, feingehackte Zwiebel
1 Zimtstange, etwa 7 cm lang
½ TL gemahlener Kardamom
1 TL Safranfäden, zerrieben
¾ TL Salz
5 EL Rosinen
¼ l Milch

1. Basmati-Reis entsprechend der Anleitung auf S. 270 waschen.
2. Reis in einer Schüssel mit ¾ l kaltem Wasser eine halbe Stunde einweichen lassen. Das Wasser abgießen und aufheben.
3. Die frischen Pfirsiche in sprudelnd kochendem Wasser ½ Minute blanchieren, danach in kaltem Wasser abschrekken und die Haut abziehen. In 1 cm dicke Scheiben schneiden. Wenn Sie Dosenpfirsiche verwenden, wässern Sie diese in kaltem Salzwasser etwa ½ Stunde. Auf diese Weise entziehen Sie den Pfirsichen die übermäßige Süße. Das Wasser abgießen und die Pfirsiche trockentupfen.
4. Usli Ghee in einem großen, schweren Topf erhitzen. Die Pfirsichscheiben darin in etwa 2—3 Minuten hellbraun sautieren. Mit einem Schaumlöffel herausnehmen und in eine Schüssel geben.
5. Mandelsplitter in der Butter ebenfalls sautieren (etwa 1—2 Minuten). Auf Küchenpapier abtropfen lassen. Danach

die Pistazien anrösten lassen und ebenfalls zur Garnierung bereitstellen.
6. Die Wärmezufuhr erhöhen und die feingehackte Zwiebel unter Rühren in der Butter in etwa 2 Minuten glasig anschwitzen. Zimt zugeben und 1 weitere Minute rösten. Abgetropften Reis zugeben und braten, bis der Reis mit Butter überzogen ist und anfängt, braun zu werden. Kardamom, Safran, Salz, Rosinen, Milch und das beiseite gestellte Wasser zugeben, aufkochen lassen und dabei kräftig rühren, damit sich der Reis nicht anlegt. Die Hitze reduzieren und halb zugedeckt 10 Minuten garen lassen, bis die meiste Flüssigkeit aufgesogen ist.
7. Den Topf zudecken, die Hitze auf niedrigste Stufe stellen und den Topf mittels eines chinesischen Wokrings ca. 3 cm über der Hitzequelle plazieren. Den Reis so 10 Minuten dämpfen lassen. Die Hitze abstellen und den Reis zugedeckt 5 Minuten ruhen lassen. Während dieser letzten 15 Minuten nicht umrühren. Zugedeckt bleibt er ca. 20 Minuten warm. Auf einer Seriverplatte anrichten. Mit einem Ring aus Pfirsichscheiben umgeben, mit Mandeln und Pistazien bestreuen und servieren.

Menüvorschläge finden Sie bei Safran-Pilaw (S. 281).

Okra-Pilaw

(Bhindi Pullao)

Okra-Pilaw schmeckt erstens gut und ist zweitens einfach herzustellen. Die knusprig gebratenen Okras werden zu dem bereits gekochten und gewürzten Reis gegeben. Man kann sie aber auch um den Reis herum arrangieren. Außer Kreuzkümmel sind die Gewüze nicht zum Mitessen gedacht, aber wenn Sie es doch tun, schadet Ihnen das nicht.

Für 6—8 Personen

300 g Basmati-Reis
3 EL leichtes Pflanzenöl
1 mittelgroße Zwiebel, feingehackt
1½ TL feingehackter Knoblauch
1½ TL feingehackte, frische Ingwerwurzel
1 TL schwarzer (oder weißer) Kreuzkümmel
3 schwarze (oder 6 grüne) Kardamomkapseln
1 Zimtstange, etwa 7 cm lang
6 ganze Nelken
2 Lorbeerblätter
12 schwarze Pfefferkörner (nach Belieben)
1 TL Salz
450 g Okra, knusprig gebraten nach Rezept auf S. 236

1. Basmati-Reis nach der Anleitung auf S. 270 waschen.
2. Den Reis in einer Schüssel mit 1 l kaltem Waser eine halbe Stunde quellen lassen. Das Wasser abgießen und aufheben.
3. Zwiebeln, Knoblauch, Ingwerwurzel und Gewürze zur späteren Verwendung bereitstellen.
4. Öl bei mittlerer Wärmezufuhr in einem schweren Topf erhitzen. Wenn Sie weißen Kreuzkümmel verwenden, diesen jetzt in etwa 10 Sekunden dunkelbraun rösten. Zwiebel, Knoblauch und Ingwerpulver zugeben und rösten, bis die Zwiebeln goldgelb angelaufen sind. Dabei ständig rühren und nicht zu dunkel werden lassen. Schwarzen Kreuzkümmel, Kardamom, Zimt, Nelken, Lorbeerblätter und Pfefferkörner weitere 2 Minuten mitrösten. Abgetropften

Reis beigeben und in etwa 2—3 Minuten leicht anbräunen. Mit dem Einweichwasser aufgießen und salzen. Rasch umrühren, damit sich der Reis nicht am Boden anlegt. Aufwallen lassen.
5. Die Wärme reduzieren und den Reis halb zugedeckt etwa 10—12 Minuten garen lassen.
6. Den Topf zudecken, auf kleinste Hitzestufe stellen und Topf auf einen ca. 3 cm hohen chinesischen Wokring über die Hitzequelle stellen. Den Reis 10 Minuten garen lassen. Herd abschalten und den Reis zugedeckt 5 Minuten ruhen lassen. Während der letzten 15 Minuten nicht umrühren. Der Reis bleibt zugedeckt etwa 15 Minuten warm. Auf einer vorgewärmten Servierplatte zusammen mit dem knusprig gebratenen Okragemüse servieren.

Reichen Sie diesen Pilaw zu Bohnenklößchen in Joghurt (S. 264) oder Spinat-Joghurt-Salat (S. 261) und kredenzen Sie dazu ein Glas gut gekühlten Wein. Dieser Pilaw paßt auch zu allen Gerichten mit einer rötlichbraunen Sauce wie beispielsweise Rindfleisch in würziger Tomaten-Sauce (S. 136), Hummer in Zwiebel-Sauce (S. 190) oder Gewürzte Shrimps (S. 185).

Kaiserlicher Pilaw mit Morcheln

(Badshahi Pullao oder Gochian Pullao)

Wenn man hierzulande an indische Küche denkt, fallen einem Pilze wohl zuletzt ein. Und doch wächst in Indien einer der delikatesten Pilze, nämlich die Morchel (Gochian). Morcheln findet man in der Region Kaschmir, und sie sind sehr teuer, der Hauptgrund, warum sie nur bei besonderen Gelegenheiten auf den Tisch gebracht werden. Man kann indische Morcheln bei uns nicht kaufen, aber die französischen sind im Geschmack sehr ähnlich.
Außer dem Kreuzkümmel werden die Gewürze nicht mitgegessen.

Für 6—8 Personen

24 getrocknete Morcheln oder andere getrocknete Pilze oder 200 g frische Champignons
4 mittelgroße Zwiebeln
300 g Basmati-Reis oder gewöhnlicher Langkornreis
8 EL indisches Pflanzenfett oder leichtes Pflanzenöl
1½ TL schwarzer (oder weißer) Kreuzkümmel
1½ TL feingehackter Knoblauch
3 schwarze (oder 6 grüne) Kardamomkapseln
6 ganze Nelken
1 Zimtstange, 6 cm lang
1 Lorbeerblatt
1 TL Salz

1. Getrocknete Pilze in einer Schüssel mit kochendem Wasser übergießen und 1 Stunde einweichen lassen. Wasser abgießen und die Pilze mehrmals gut abspülen. Die großen Pilze halbieren. Wenn Sie frische Pilze verwenden, diese mit einem sauberen, feuchten Tuch abwischen und in dicke Scheiben schneiden.
2. Die Zwiebeln schälen, zwei davon fein hacken, die restlichen beiden in sehr dünne Streifen schneiden.
3. Den Basmati-Reis nach Anleitung auf S. 270 waschen.
4. Reis in eine Schüssel mit 1 l kaltem Wasser ½ Stunde quellen lassen. Wasser abgießen und aufheben (wenn Sie normalen Langkornreis verwenden, erübrigt sich dieser Arbeitsgang).
5. Fett in einem schweren Topf erhitzen und die beiden in feine Streifen geschnittenen Zwiebeln dunkelbraun rösten (etwa 20 Minuten). Dabei ständig rühren, um ein gleichmäßiges Bräunen zu erreichen. Die Zwiebeln mit einem Schaumlöffel herausnehmen und auf Küchenpapier zum Abtrocknen legen. Wenn die Zwiebeln abkühlen, werden sie knusprig. Für die Garnierung aufheben.
6. Wärmezufuhr erhöhen und den Kreuzkümmel im Topf etwa 12 Sekunden anrösten. Die beiden feingehackten Zwiebeln in etwa 15—20 Minuten goldgelb rösten, dabei ständig rühren. Den Knoblauch eine weitere halbe Minute mitrösten. Die Morcheln beigeben und drei Minuten leicht

anbraten. (Frische Pilze brauchen etwas länger, weil erst das in ihnen enthaltene Wasser verkochen muß.) Kardamom, Nelken, Zimt und Lorbeerblatt zugeben und mitbraten.

7. Den abgetropften Reis einrühren und sobald er zu bräunen beginnt, das Einweichwasser (oder 1 l kaltes Wasser, wenn Sie normalen Langkornreis verwenden) aufgießen. Salzen, rasch umrühren und aufwallen lassen. Die Wärmezufuhr reduzieren und halb zugedeckt 10 Minuten garen lassen (15 Minuten bei normalem Langkornreis), bis das Wasser fast verkocht ist.

8. Den Topf fest verschließen, die Wärmezufuhr auf niedrigste Hitze schalten und den Topf auf einen chinesischen Wokring stellen, so daß er etwa 3 cm von der Hitzequelle entfernt ist. Den Reis 10 Minuten dämpfen lassen. Hitzezufuhr jetzt ganz abstellen und den Reis zugedeckt weitere 5 Minuten ruhen lassen. Während dieser letzten 15 Minuten nicht umrühren. Der Reis bleibt zugedeckt eine halbe Stunde warm. Auf eine vorgewärmte Servierplatte geben, mit gerösteten Zwiebelstreifen garnieren und sofort servieren.

Menüvorschläge wie bei Okra-Pilaw (S. 285).

Gochian

Minz-Pilaw

(Hari Chutney ka Pullao)

Dieser aromatische Pilaw mit der blaßgrünen Farbe ist eine Spezialität aus Hyderabad, einer Stadt im südlichen Unionsstaat Andra Pradesh. Er wird mit frisch geriebener Kokosnuß und grünen Chilischoten zubereitet und nach mogulischer Kochtradition mit Zimt, Nelken und Minze gewürzt.

Für 6—8 Personen

2 mittelgroße Kartoffeln
300 g Basmati-Reis
⅛ l Wasser
1 Tasse frisch geriebene Kokosnuß (S. 48)
8 EL frische Minzblätter
2 grüne Chilischoten
⅓ TL gemahlene Nelken
½ TL gemahlener Zimt
8 EL Usli Ghee (S. 52) oder leichtes Pflanzenöl
½ EL Salz

1. Kartoffeln schälen und in 1 cm große Würfel schneiden. In eine Schüssel mit Wasser legen.
2. Basmati-Reis entsprechend der Anleitung auf S. 270 waschen.
3. Reis in 1 l kaltem Wasser ½ Stunde quellen lassen. Wasser abgießen, aber zur späteren Verwendung aufheben.
4. ⅛ l Wasser, die geriebene Kokosnuß, Minze, Chilis, Nelken und Zimt in der Küchenmaschine fein pürieren.
5. Usli Ghee in einem schweren Topf, möglichst mit nichthaftendem Boden, erhitzen. Wasser von den Kartoffeln abgießen, diese trockentupfen und etwa 7—10 Minuten unter ständigem Rühren anbraten. Herausnehmen und in eine Schüssel geben.
6. In den gleichen Topf das Kokos-Minze-Püree geben und leicht anbraten, bis sich das Fett abzusetzen beginnt (8—10 Minuten), Reis zugeben und etwa 3 Minuten mitbraten, bis die Reiskörner vom Kräuterpüree überzogen sind. Ständig rühen. Mit dem Einweichwasser aufgießen. Salz und gebratene Kartoffeln zugeben. Umrühren, damit sich der Reis nicht anlegt, und aufkochen lassen.

7. Die Wärmezufuhr reduzieren und halb zugedeckt 10 Minuten garen lassen.
8. Den Topf fest zudecken, die Wärmezufuhr auf die niedrigste Stufe schalten und zwischen Flamme und Topf einen chinesischen Wokring geben, so daß der Topf etwa 3 cm über der Hitzequelle steht. Den Reis so 10 Minuten dämpfen lassen, dann die Kochplatte abdrehen. Zugedeckt weitere 5 Minuten ruhen lassen. Den Reis während dieser letzten 15 Minuten nicht umrühren. Der Reis bleibt zugedeckt etwa 20 Minuten warm.

Dieser Pilaw ist, wie die meisten Speisen aus Hyderabad, sehr scharf, deshalb werden Ihnen Ihre Gäste für einen kühlen Joghurtsalat dankbar sein. Wenn Sie die Mahlzeit ganz authentisch gestalten wollen, können Sie dazu Scharfes Tomaten-Chutney aus Hyderabad (S. 341) oder Scharfe Zitronen-Pickles (S. 347) auf den Tisch bringen. Kredenzen Sie dazu ein Glas gekühlten trockenen Weißwein.

Gemüse-Reis-Kasserolle

(Tahari)

Tahari, eine Spezialität aus Uttar Pradesh, ist eine würzige, leuchtendgelbe Kasserolle aus Reis, Kartoffeln und Erbsen. Die Zugabe von Kreuzkümmel, Garam Masala, grünen Chilischoten und frischen Korianderblättern macht dieses Gericht würziger als einen Pilaw. Die leuchtendgelbe Farbe kommt vom Kurkuma.
Tahari ist bei indischen Vegetariern sehr beliebt und wird gerne mit einem Gurkensalat mit Joghurt (S. 260) aufgetragen.

Für 4—6 Personen

150 g Basmati-Reis oder normaler Langkornreis
2 EL indisches Pflanzenfett oder leichtes Pflanzenöl
¾ TL weißer Kreuzkümmel
1 mittelgroße Kartoffel, geschält und in 1 cm große Würfel geschnitten
150 g frische oder tiefgekühlte Erbsen
½ TL Kurkuma
¾ TL Garam Masala (S. 42)
⅛—¼ TL Cayennepfeffer
1 TL Salz
2 EL gehackte, frische Korianderblätter
1 grüne Chilischote, entkernt und in Streifen geschnitten (nach Belieben)

1. Basmati-Reis nach Anleitung auf S. 270 waschen.
2. Reis in einer Schüssel mit gut ½ l kaltem Wasser ½ Stunde quellen lassen. Das Wasser abgießen, aber nicht wegschütten. (Diesen Arbeitsgang können Sie überspringen, wenn Sie handelsüblichen Langkornreis verwenden.)
3. Fett oder Öl bei mittlerer Hitze in einem schweren Topf erhitzen, den Kreuzkümmel darin in etwa 10 Sekunden dunkelbraun rösten, Kartoffeln und Erbsen zugeben und drei Minuten unter ständigem Rühren anbraten. Den Reis beigeben und eine weitere Minute mitschmoren. Kurkuma, Garam Masala, Cayennepfeffer, Salz und das Einweichwasser (oder gut ½ l kaltes Wasser bei Verwendung von normalem Langkornreis) zugeben. Gut umrühren, damit sich der Reis nicht anlegt, und aufwallen lassen. Die Wärmezufuhr auf mittlere Stufe reduzieren und zugedeckt 10 Minuten (15 Minuten bei normalem Langkornreis) garen.
4. Auf niedrigste Hitze schalten und zwischen Flamme und Topf einen ca. 3 cm hohen chinesischen Wokring schieben. Den Reis 10 Minuten quellen lassen, dann das Feuer ganz abdrehen. Zugedeckt 5 Minuten ruhen lassen. Den Reis während der letzten 15 Minuten nicht umrühren. Er bleibt zugedeckt etwa ½ Stunde warm. Auf eine vorgewärmte Servierplatte geben und mit gehackten Korianderblättern und streifig geschnittenen Chilis bestreut servieren.

Königliche Gemüse-Reis-Kasserolle
(Shahi Sabz Biriyani)

Dieses Gericht trägt den Namen »königlich« zu Recht — und dabei ist es auf einfache Weise zuzubereiten, indem man ein Gemüse-Korma mit gekochtem Reis vermischt.

Für 6—8 Personen

Alle Zutaten für Geschmortes Gemüse in Kardamom-Mandel-Sauce (S. 205)
300 g Basmati-Reis oder normaler Langkornreis
2—3 EL feingehackte, gemischte Nüsse (z. B. Mandeln, Pistazien, Cashewnüsse und Walnüsse)

1. Geschmortes Gemüse in Kardamom-Mandel-Sauce nach Rezept auf S. 205 zubereiten.
2. Das Backrohr auf 150° C vorheizen.
3. Basmati-Reis nach Anleitung auf S. 270 waschen.
4. Reis in einer Schüssel mit kaltem Wasser ½ Stunde quellen lassen. Das Wasser abgießen und aufbewahren. (Dieser Arbeitsgang entfällt, wenn Sie normalen Langkornreis verwenden.)
5. Etwa 3 l Wasser in einem tiefen Topf zum Kochen bringen. Reis zuschütten und rasch umrühren, damit er nicht ansetzt. Noch einmal aufwallen und 2 Minuten kochen lassen (bei normalem Langkornreis beträgt die Kochzeit 10 Minuten).
6. Den Topfinhalt durch einen Durchschlag abgießen. Unter fließendem Wasser aus dem Reis die noch verbliebene Reisstärke herauswaschen.
7. Den Reis in eine ofenfeste Kasserolle geben. Das Gemüse vorsichtig untermischen. Mit einem Stück Alufolie abdekken und mit einem Deckel fest verschließen.
8. 30 Minuten im Ofen backen, bis der Reis gegart, aber noch fest ist. Die Hitze ganz abschalten und die Kasserolle noch 10 Minuten im geschlossenen Rohr ziehen lassen. Der Reis bleibt ½ Stunde warm. (Dieser Pilaw hält sich, wenn

man ihn mit frischem Korma zubereitet, im Kühlschrank bis zu 4 Tage. Er schmeckt nach 1—2 Tagen am besten. In der gut zugedeckten Kasserolle im Backofen erhitzen.)

9. Vor dem Servieren mit den gehackten Nüssen bestreuen.

Biriyanis sind gewöhnlich eine eigenständige Mahlzeit. Reichen Sie dazu ein Glas gekühlten trockenen Weißwein.

Brot
(Roti)

Gebackenes Vollkornbrot (Chapati oder Roti)
Aufgegangenes Vollkornbrot (Phulka)
Kichererbsen-Brot (Besan ki Roti)
Blätteriges Vollkornbrot (Paratha)
Blumenkohl-Brot (Phool Gobhi Paratha)
Brot mit Kartoffelfülle (Aloo Paratha)
Spinat-Brot (Palak Paratha)
Fritiertes Brot (Poori)
Fritiertes Brot mit würziger Füllung (Kachauri)

Es gibt nichts Verführerischeres als die hausgemachten Brote Indiens. Die natürlichen Zutaten und die einfache Zubereitungstechnik machen sie mit zu den besten der Welt.
In den indischen Bäckereien wird Brot im Tandoor, dem Lehmofen, gebacken, und man ist verständlicherweise auch hier bedacht, große Mengen in kurzer Zeit herzustellen. Dies ist auch das Brot, das man in indischen Restaurants gewöhnlich serviert bekommt.
Hausgemachte Brote hingegen sind eine Qualitätsklasse für sich. Wenn Sie sie einmal probiert haben, werden Sie ihnen

auf der Stelle verfallen sein. Sie sind leichter und schmekken unvergleichlich besser als kommerziell hergestelltes Brot. Es gibt eine Vielzahl von Brotsorten, denen eines gemeinsam ist: sie sind unkompliziert und deshalb schnell zuzubereiten. Die meisten der in indischen Haushalten täglich gegessenen Brote werden aus Vollkornmehl ohne Zusatz von Treibmitteln hergestellt. Hefebrot bäckt man nur zu besonderen Gelegenheiten. Brot kann zu allen Gerichten gereicht werden.
Hausgemachtes Brot läßt sich in drei Kategorien einteilen:

Gebackenes Brot:
Diese Art der Zubereitung ist die beliebteste. Vollkorn-, Mais-, Kichererbsen- und Hirsemehl bilden die Grundlage. Aus Wasser und Mehl wird ein Teig geknetet, der in einer flachen Blechpfanne oder über offener Flamme gebacken wird. Diese Art von Brot wird traditionell noch warm gegessen, solange das Brot noch frischgebacken duftet.

Gebratenes Brot:
Brot zum Braten wird aus Vollkornmehl hergestellt. Der Teig wird gewöhnlich gesalzen und mit ein wenig Fett angereichert. Die Brote werden zudem mit Fett oder Öl bestrichen und mehrmals gefaltet, ehe sie ausgerollt und in der Pfanne gebraten werden. Kräuter, Gewürze, gekochtes Gemüse, gehacktes Blattgemüse, Linsen und Fleisch sind häufige Beimischungen zum Teig.

Fritierte Brote:
Diese Brotvariante besticht durch ihr ausgefallenes Aussehen und ihren feinen Geschmack. In indischen Restaurants sind sie häufig auf der Karte zu finden. Der Teig ähnelt dem für gebratenes Brot, mit dem Unterschied, daß diese Brote nicht in der Pfanne gebraten, sondern im Öl schwimmend ausgebacken werden, wodurch sie wie Ballons aufgehen.

Diese Brote sehen nicht nur gut aus, sondern sie schmekken auch herrlich und sind sehr lange haltbar. Sie bleiben bei Zimmertemperatur mehrere Tage lang frisch. Man nennt sie in Indien auch »Reisebrote«, weil man sie auf langen Reisen auch der Hitze aussetzen kann, ohne daß sie ihren Geschmack verlieren oder austrocknen. Fritiertes Brot wird seit jeher bei Hochzeitsbanketten und anderen festlichen Gelegenheiten aufgetragen.

Mehl

In Indien verwendet man zur Herstellung von hausgemachtem Brot Vollkornmehl, das anders ist als das hier erhältliche Vollkornbrot. In Indien mahlt man das ganze Weizenkorn zu einem sehr feinen beigefarbenen Pulver, das vollkommen locker ist und nicht aneinander klebt. Gewöhnlich wird es noch durch ein sehr feines Sieb gesiebt, damit die gröberen Flocken ausgeschieden werden. Das Mehl heißt nach diesen Arbeitsgängen Aata und ist unter der Bezeichnung »Chapati-Mehl« in Ostasiengeschäften erhältlich. Der daraus hergestellte Teig hat eine seidig-glatte Struktur und läßt sich leicht kneten und ausrollen.
Das normale, bei uns erhältliche Vollkornmehl genügt jedoch nach einigen kleinen Veränderungen vollkommen, um ein ausgezeichnetes indisches Brot damit zu backen. Dazu müssen Sie entweder das Mehl durch ein sehr feines Sieb sieben, um die Kleie zu entfernen. Wenn Ihnen das als Verschwendung vorkommt, sollten Sie einen Teil des Vollkornmehls durch normales, vorzugsweise ungebleichtes Weizenmehl ersetzen. Im allgemeinen bringt ein Mischungsverhältnis von 2:1 ein sehr gutes Ergebnis.
Vollkornmehl wird ranzig, wenn es an einem warmen Ort gelagert wird. Stellen Sie es deshalb in einem luftdichten Behälter in den Kühlschrank. Allerdings müssen Sie es vor Verwendung auf Zimmertemperatur bringen.

Utensilien zum Brotbacken

Der Paraath ist eine große Metallplatte mit hohem Rand, auf dem die Zutaten miteinander vermischt und geknetet werden. Manche Ostasienläden führen Paraaths in verschiedenen Größen und aus verschiedenen Metallen. Sie können aber auch genausogut Ihr normales Nudelbrett und Ihre Rührschüssel verwenden.
Gebackene Brote werden in Indien in einer gußeisernen Pfanne, der »Tava«, zubereitet. Eine bei uns erhältliche gußeiserne, schwere Pfanne, die die Hitze gut verteilt, ist ein akzeptabler Ersatz. Zur Not tut es auch eine andere schwere Pfanne.
Zum Ausbacken in Öl eignet sich am besten ein Kadhai oder ein Wok (siehe S. 62). Auch hierfür gibt es Ersatz: Nehmen Sie eine hohe Pfanne oder eine Friteuse. Allerdings ist im Kadhai der Ölverbrauch am geringsten.
Mit einer Küchenzange aus Metall heben Sie das Brot heraus und drehen es um. Ein Schaumlöffel hilft beim Ausbakken im schwimmenden Öl.

Vorbereitung des Teigs

Die Vorbereitung des Teigs ist für alle hausgemachten Brote, ob in der Pfanne gebraten oder fritiert, gleich. Es ist jedoch wichtig, die Technik genau zu verstehen und den Anleitungen genau zu folgen, damit das Brot gelingt.

Mischen des Teigs:

Das ist der wichtigste Teil des Arbeitsprozesses. Anders als bei europäischen Brotteigen, denen die Flüssigkeit eher grob geschätzt beigemengt wird (weil man durch Zugabe von Mehl wieder korrigieren kann), muß die Wassermenge beim indischen Brot ziemlich genau eingehalten werden. Das bedeutet nicht, daß das Wasser auf den Tropfen genau abgemessen und dann hinzugefügt wird, sondern vielmehr,

daß man so lange Wasser zugibt, bis man einen festen, knetbaren Teig erhält. Das ist wichtig, denn wenn zuviel Wasser zugegeben wird, wird der Teig klebrig und läßt sich nicht mehr kneten. Anstatt wie bei uns etwas Mehl zuzugeben wird beim indischen Brotteig etwas Wasser eingeknetet. Wenn Sie andererseits zu vorsichtig sind und anfangs zu wenig Wasser hinzufügen, bekommen Sie einen viel zu festen Teig, der sich auch nicht mehr durch spätere Zugabe von Wasser kneten läßt.
Achten Sie deshalb beim Mischen des Teigs sehr genau darauf, wie sich der Teig anfühlt.
Der Arbeitsvorgang: Mehl in eine Schüssel geben. Wasser zunächst rasch zugießen und dabei gleichzeitig das Mehl mit den Fingern der anderen Hand in kreisenden Bewegungen so befeuchten, daß sich eine Masse bildet. Sobald sich Klumpen zu bilden beginnen, Wasser immer vorsichtiger zugießen, bis der Teig gerade so fest geworden ist, daß er sich noch gut kneten läßt. In den meisten Fällen kommen Sie sicher mit der im Rezept angegebenen Wassermenge aus. Geben Sie aber ruhig einige Löffel mehr zu, wenn Sie glauben, daß der Teig zu trocken ist. Auch die Ruhezeit vor dem Ausrollen wird den Teig noch weicher und feuchter machen. Den Teig zu einer Kugel formen, auf die Arbeitsfläche legen und die Hände reinigen.

Kneten des Teigs:

Die indische Knetmethode unterscheidet sich von allen anderen auf der Welt dafür gebräuchlichen Techniken. Es wird hauptsächlich mit dem Handgelenk gearbeitet.
Der Arbeitsvorgang: Etwa 4 EL Wasser in eine kleine, flache Schüssel geben und neben der Arbeitsfläche mit dem Teig bereitstellen. Eine Faust machen und die Handknöchel in das Wasser eintauchen. Mit den Knöcheln den Teig durcharbeiten und dabei rund ausformen. Zusammenfalten und weiterkneten. Von Zeit zu Zeit die Knöchel wieder mit Wasser benetzen. Ca. 10—15 Minuten kneten, bis ein weicher, elastischer Teig entstanden ist (Sie haben bis dahin etwa 1 EL Wasser in den Teig eingearbeitet). Wenn der Teig

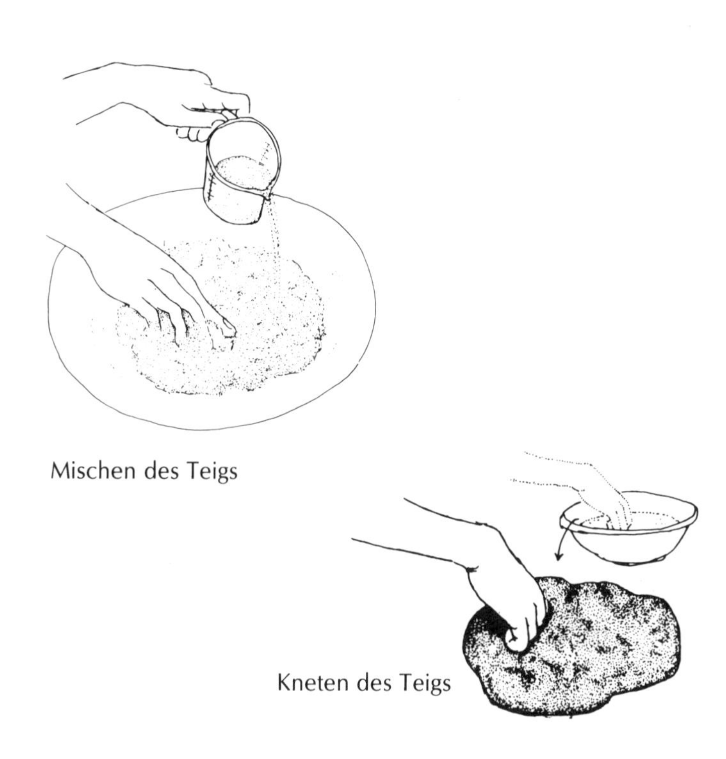

Mischen des Teigs

Kneten des Teigs

auf Zeigefingerdruck nachgibt, aber elastisch seine ursprüngliche Form wieder annimmt, ist er fertig. In die Schüssel zurückgeben.

Anmerkung:

1. Anstatt die Handknöchel in das Wasser zu tauchen, können Sie auch den Teig zu einer Platte aufformen und Wasser daraufspritzen.
2. Anstelle der Handknöchel können Sie auch die Handflächen zum Kneten benützen.
3. Sie können auch die Küchenmaschine zum Teigkneten benützen. Kneten Sie bei mittlerer Stufe 3—4 Minuten. Vorsicht, die meisten Küchenmaschinen kneten nur einen Teig von einem Pfund Mehl oder mehr. Wollen Sie weniger Teig vorbereiten, müssen Sie ihn von Hand machen.

Mischen und Kneten des Teigs in der Küchenmaschine:

Aus der Erfahrung habe ich gelernt, daß man die Flüssigkeit nicht auf einmal mit den trockenen Zutaten zusammengeben darf und Fette und Öle vor der Flüssigkeit beigegeben werden müssen. Der Zeitaufwand mit der Küchenmaschine beträgt 40—50 Sekunden. Es ist auch nicht erforderlich, während des Knetens weitere Flüssigkeit zuzufügen. Alles in allem ist das Resultat so zufriedenstellend, daß ich die Küchenmaschine zur Teigherstellung nur empfehlen kann.
Der Arbeitsvorgang: Zum Mischen des Teigs das Metallmesser einsetzen und das Mehl (oder die Kombination von verschiedenen Mehlsorten) sowie die Gewürze (nach Wahl) in den Behälter geben. Behälter zudecken und etwa 10 Sekunden durchmischen. Fett oder Öl und eventuell (je nach Rezept) Blattgemüse und Kräuter zugeben und weitere 10 Sekunden durchmischen. Jetzt mit der Zugabe von Wasser beginnen. Etwa die Hälfte der angegebenen Wassermenge zugeben. Die Maschine alle 5—10 Sekunden abschalten und das Wasser nur zugeben, wenn die Maschine läuft. Wenn das Mehl zusammenzuklumpen beginnt, die Wasserzugabe verlangsamen. Wasserzugabe stoppen, sobald sich eine Teigkugel geformt hat.
Den Teig dann in der Küchenmaschine 40—50 Sekunden durchkneten. Die Maschine dabei in Intervallen von 5—10 Sekunden abschalten. Wenn die Teigmasse für Ihre Küchenmaschine zu groß ist, den Teig halbieren. Der Teig ist fertig, wenn er glatt und glänzend ist und sich weich und elastisch anfühlt. Mit den Händen herausnehmen und in eine Schüssel geben.

Ruhen des Teigs

Diese letzte Stufe der Vorbereitung ist sehr wichtig. Die Raumtemperatur in indischen Küchen beträgt meist zwischen 50° und 60° C, für den Menschen fast unerträglich, für den Teig jedoch ideal. Der Teig geht vollkommen auf und wird locker und luftig, das fertige Brot dadurch saftig und weich.

Und so gehen Sie vor: Schüssel mit dem Teig mit einem feuchten Handtuch oder einem Stück Folie abdecken und mindestens ½ Stunde ruhen lassen. Der Teig kann einen Tag im voraus zubereitet und mit Folie abgedeckt im Kühlschrank aufbewahrt werden. Etwa 30 Minuten vor der Weiterverarbeitung aus dem Kühlschrank nehmen.
Das Backen von indischem Brot erfordert eine Fertigkeit, die man nur mit Übung und Geduld erlernt. Der Arbeitsvorgang ist, wie schon eingangs erwähnt, gar nicht schwer. Wichtig ist, Erfahrung zu bekommen, und das kann man eben nur in der Praxis.

Gebackenes Vollkornbrot

(Chapati oder Roti)

Dieses Brot wird in Nordindien in jedem Haushalt täglich frisch gebacken. Der Teig wird zu Kreisen von etwa 10 bis 20 cm Durchmesser (von Gegend zu Gegend verschieden) ausgerollt und auf der Pfanne gebacken. Man braucht etwas Übung, um den Teig richtig auszurollen. Auch wenn die ersten Fladen nicht ganz rund sind, schmecken wird das Brot auf alle Fälle.

Für 6—8 Personen

420 g Chapati-Mehl (oder 280 g Vollkornmehl mit 140 g Weizenmehl vermischt)

¼ l warmes Wasser (etwa 30—40° C)

70—90 g Chapati- oder normales Mehl zu Bestäuben

1. Chapati-Mehl (oder Vollkornmehl mit Weizenmehl vermischt) in eine Schüssel geben. Wasser zuerst rasch zugießen, bis sich das Mehl zu einem Klumpen verbindet. Dann behutsam weiter Wasser zugeben, bis sich ein knetbarer Teig gebildet hat (siehe Anleitung »Mischen und Kneten des Teigs«, S. 297 ff.).
2. Den Teig 10—15 Minuten mit der Hand kneten (oder entsprechend kürzer in der Küchenmaschine, siehe S. 300). Der

Teig ist nun sehr weich und elastisch und fühlt sich leicht klebrig an. Den Teig in die Schüssel zurückgeben, mit einem feuchten Handtuch oder Plastikfolie abdecken und mindestens ½ Stunde an einem warmen Platz stehen lassen. (Der Teig kann am Tag zuvor vorbereitet und im Kühlschrank gut verpackt aufbewahrt werden. Etwa 30 Minuten vor dem Ausrollen aus dem Kühlschrank nehmen.)

Ausrollen der Brote:

3. Den Teig noch einmal 1 Minute durchkneten und in 2 gleiche Teile teilen. Jede Hälfte zu einer Rolle formen und diese in 12 gleiche Teile schneiden. 12 kleine Bällchen daraus formen. Leicht mit Mehl bestäuben, damit sie nicht aneinander kleben, und wieder zurück in die Schüssel geben. Die Schüssel mit einem feuchten Tuch oder Folie abdecken, damit der Teig nicht austrocknet.

4. Die Bratpfanne (möglichst eine gußeiserne Pfanne verwenden) auf mittlerer Stufe erhitzen. Die Teigbällchen einzeln flachdrücken und auf beiden Seiten mit Mehl bestäuben. Das überschüssige Mehl herunterklopfen.

5. Die Teigstücke zu sehr dünnen, etwa 18 cm großen Kreisen ausrollen. Das Nudelholz mit einer kräftigen Vorwärtsrückwärts-Bewegung führen und den Teig auf diese Weise drücken und dehnen. Von Zeit zu Zeit mit Mehl bestäuben, damit der Teig nicht anklebt.

Das Backen des Brotes:

6. Teigfladen vorsichtig in die heiße Pfanne einlegen und backen, bis auf der Unterseite braune Flecken zu sehen sind. Mit einer Küchenzange umdrehen und auch die andere Seite backen. Wenn die Temperatur richtig ist, dauert die erste Seite 20—30 Sekunden, die zweite 8—10 Sekunden. (Bei zu großer Hitze wird das Brot sehr rasch verbrennen. Hingegen wird das Brot trocken und ledrig, wenn die Hitze zu niedrig ist.) Die Brotfladen herausnehmen und nach Belieben mit geklärter Butter oder Fett bepinseln. In einen Behälter geben, der mit einem Küchentuch ausgelegt ist, und zudecken. Mit dem restlichen Teig ebenso verfahren. Die fertigen Fladen in dem Behälter übereinander stapeln. (Der

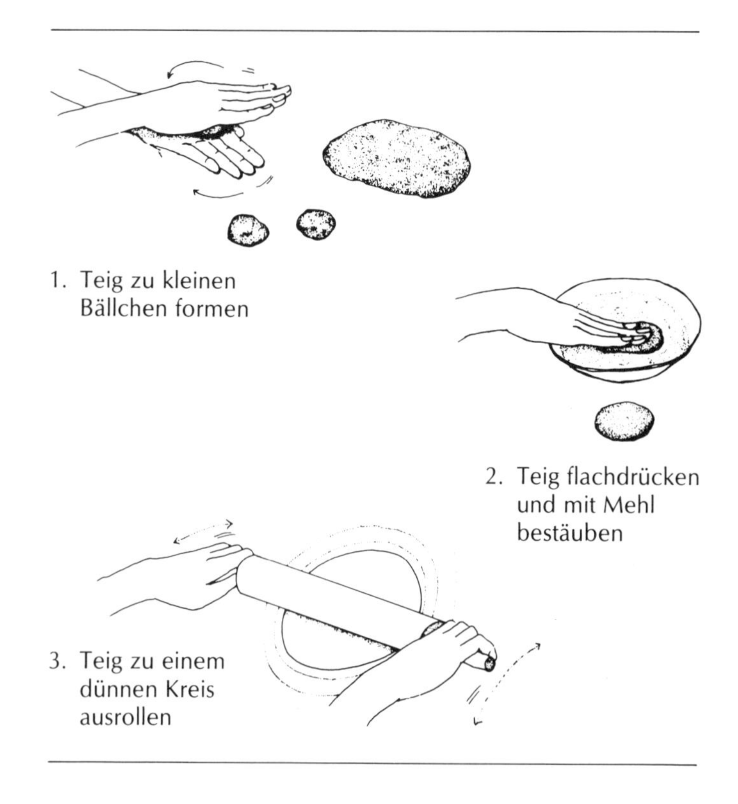

Behälter wird mit einem Küchentuch ausgelegt, weil die frischgebackenen Fladen Dampf abgeben, wodurch die anderen Brote weich werden können. Das Küchentuch verhindert dies, indem es die Feuchtigkeit aufsaugt.)

Anmerkung: Wenn die Brotfladen sofort serviert werden, legen Sie sie auf eine dicke Serviette in einen runden Brotkorb. Die Serviette über dem Brot zusammenfalten. (Chapati kann mehrere Stunden vorher zubereitet und in Folie eingewickelt im vorgeheizten Rohr bei 150° C 12 Minuten aufgebacken werden.)
Chapatis passen zu jedem Gericht. Ganz besonders gerne bietet man sie zu gehaltvollen Speisen an.

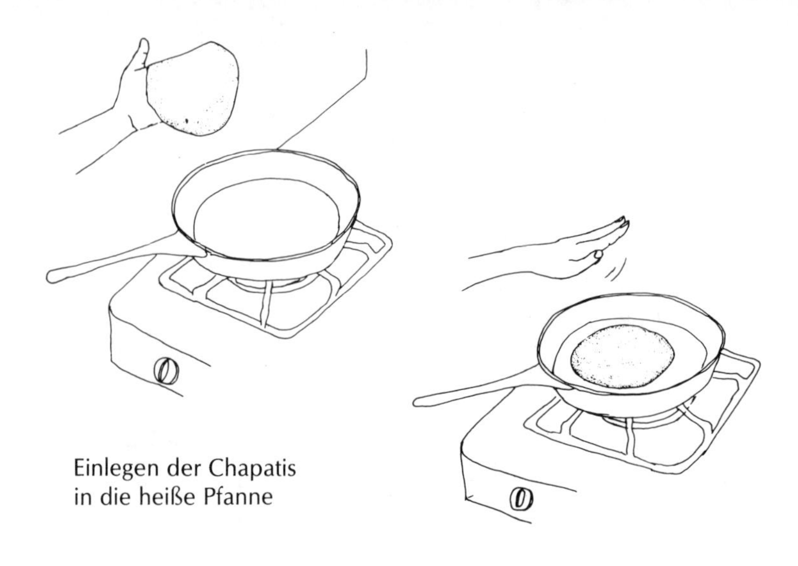

Einlegen der Chapatis
in die heiße Pfanne

Aufgegangenes Vollkornbrot

(Phulka)

Der Teig für Phulkas ist der gleiche wie für Chapatis, aber Phulkas werden noch ein zweites Mal über offener Flamme geröstet, nachdem sie in der Pfanne gebacken wurden. Da diese Brote dicker ausgerollt werden als Chapatis, muß dem Backvorgang in der Pfanne ein zweiter über offener Flamme folgen. Haben Sie keine Angst davor: Das Brot verbrennt nicht, sondern geht auf wie ein Ballon.

Für 6—8 Personen (24 Phulkas von etwa 15 cm Durchmesser)

420 g Chapati-Mehl (oder 280 g Vollkornmehl mit 120 g Weizenmehl vermischt

¼ l warmes Wasser (30—40° C)

70—90 g Chapati- oder Weizenmehl zum Bestäuben

1. Folgen Sie den Arbeitsvorgängen 1—6 des vorhergehenden Rezepts, mit der Ausnahme, daß Sie die Fladen aus der Pfanne nehmen und direkt über eine offene große Flamme halten und in etwa 5—10 Sekunden schön aufgehen lassen. Umdrehen und auch die andere Seite aufgehen lassen, bis das Brot überall braune Flecken hat.

Anmerkung: Der Teig für Phulka wird etwas dicker ausgerollt als der für Chapati. Das Brot muß während des Ausrollens und des Backens sorgfältig behandelt werden, damit der Teig weder Sprünge noch Risse bekommt, die das Aufgehen verhindern.
Phulkas sollten möglichst frisch gegessen werden. Man kann sie aber auch in Folie verpackt (vorher mit Butter oder Fett bepinseln) im Ofen bei 150° C in 12 Minuten aufbakken.

Menüvorschläge wie bei vorhergehendem Rezept.

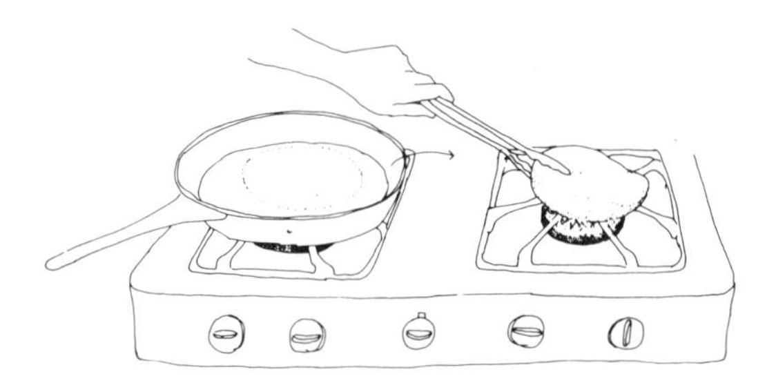

Phulka über die offene Flamme halten

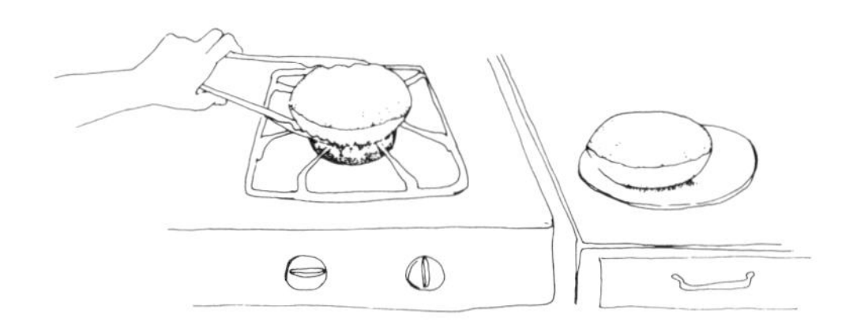

Aufgegangene Phulka

Kichererbsen-Brot

(Besan ki Roti)

Kichererbsen-Brot duftet angenehm aromatisch. Es wird zuerst in der Pfanne und dann über der offenen Flamme geröstet. Da Kichererbsenmehl gehaltvoll und schwer verdaulich ist, vermischt man es mit Vollkornmehl.

Für 8—12 Personen (24 Fladen von etwa 15 cm Durchmesser)

280 g Vollkornmehl
140 g Weizenmehl
45 g Kichererbsenmehl (Besan)
¼—½ TL Cayennepfeffer (nach Belieben)
¼ TL Salz
gut ¼ l warmes Wasser (oder mehr) (30—40° C)
70 g Weizenmehl zum Bestäuben

1. Vollkornmehl, 140 g Weizenmehl und Kichererbsenmehl zusammen in eine Schüssel geben. Cayennepfeffer (nach Belieben) und Salz einmischen. Wasser zunächst rasch zugießen, mischen, bis das Mehl sich zu einem Kloß zusammenballt. Dann Wasser langsamer zugießen, bis ein knetbarer Teig entstanden ist (siehe Tips zum Mischen und Kneten von Teig auf S. 297 ff.).
2. Den Teig auf der Arbeitsfläche 10—15 Minuten kneten (oder in der Küchenmaschine [siehe S. 300]). Der Teig muß sich weich, elastisch und leicht klebrig anfühlen. Zudecken und ½ Stunde ruhen lassen. (Der Teig kann einen Tag im voraus zubereitet und im Kühlschrank aufbewahrt werden. 30 Minuten vor der Weiterverarbeitung aus dem Kühlschrank nehmen.)
3. Das Mehl zum Bestäuben in eine Schüssel geben und neben der Arbeitsfläche zur späteren Verwendung bereitstellen.
4. Den Teig noch einmal eine Minute durchkneten und in 2 Teile teilen. Jede Teighälfte zu einer Rolle formen und in 12 gleiche Teile schneiden. Zu glatten Bällchen formen,

leicht mit Mehl bestäuben und mit einem feuchten Tuch oder mit Folie abdecken.
5. Eine schwere Bratpfanne auf mittlerer Stufe erhitzen. Die Teigbällchen nacheinander auf der Arbeitsfläche zu Kreisen mit 15 cm Durchmesser ausrollen. Mit Mehl bestäuben, damit der Teig nicht an der Arbeitsfläche oder am Nudelholz kleben bleibt.
6. Brotfladen vorsichtig in die heiße Pfanne einlegen und die Unterseite backen, bis einige braune Stellen zu sehen sind (nach etwa ½ Minute). Die Fladen umdrehen und die andere Seite etwa 15—20 Sekunden backen.
7. Das Brot mit einer Küchenzange herausnehmen und flach über eine offene Flamme halten. 10 Sekunden backen, dann umdrehen und die andere Seite 10 Sekunden backen. (Der Teig aus Kichererbsenmehl geht nicht so gut auf wie Chapati-Teig. Wichtig ist, daß man dem fertiggebackenen Kichererbsen-Brot ansieht, daß es über offener Flamme ein zweites Mal gebacken wurde.)
Diese Brote werden üblicherweise mit geklärter Butter oder Fett bepinselt und serviert. Sie schmecken am besten ganz frisch, wenn das Kichererbsenaroma noch voll zu Geltung kommt. Kichererbsen-Brot ist zum Aufbacken nicht geeignet, weil es dadurch trocken und ledrig wird.
Kichererbsen-Brot schmeckt auch für sich allein gut, aber besonders beliebt ist es als Beilage zu Kebabs und Braten. Es ist außerdem ein idealer Begleiter vegetarischer Gemüsegerichte, ergänzt von einem Joghurtsalat.

Blättriges Vollkornbrot

(Paratha)

Dieses Brot hat einen gewissen Blätterteigcharakter. Der Teig wird dreimal gefaltet, dazwischen immer wieder eingefettet. Beim Backen trennen sich dann die einzelnen Schichten voneinander wie bei einem Blätterteig.

Für 6—8 Personen (16 Parathas von etwa 18 cm Durchmesser)

280 g Chapati-Mehl oder Vollkornmehl
140 g Weizenmehl
½ TL Salz
¼ TL Adiowan (nach Belieben)
3 EL indisches Pflanzenfett oder leichtes Pflanzenöl
¼ l warmes Wasser (30—40° C)
70 g Mehl zum Bestäuben
⅛ l zerlassenes indisches Pflanzenfett oder Öl zum Bepinseln

1. Chapati-Mehl oder Vollkornmehl mit 140 g Weizenmehl vermischt, Salz und Adiowan in einer Schüssel vermengen. Etwa 1 TL Fett zurückbehalten, den Rest in das Mehl hineinreiben (siehe Anleitung S. 102). Wasser zuerst rasch zugießen, bis sich das Mehl zu einem Klumpen zusammenballt. Dann in kleinen Mengen zugeben, bis ein knetbarer Teig entstanden ist. (Tips zum Mischen und Kneten von Teig auf S. 297 ff.).
2. Arbeitsfläche und Finger mit dem restlichen TL Fett bepinseln und den Teig auf der gefetteten Arbeitsfläche 10 bis 15 Minuten kneten (oder in der Küchenmaschine, siehe S. 300). Der Teig muß sehr weich und elastisch sein. In die Schüssel zurückgeben, mit einem feuchten Tuch oder Folie abdecken und an einem warmen Ort mindestens ½ Stunde ruhen lassen. (Der Teig kann einen Tag vorher zubereitet und im Kühlschrank aufbewahrt werden. 30 Minuten vor der Weiterverarbeitung aus dem Kühlschrank nehmen.)
3. Fett zum Bepinseln und Mehl zum Bestäuben bereithalten.
4. Den Teig noch einmal durchkneten und in 2 gleiche

1. Ausgerollte Paratha mit Fett bepinseln

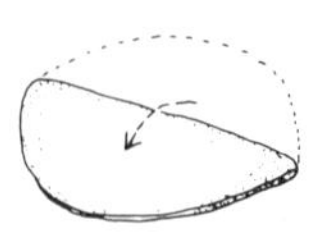

2. Paratha zusammenklappen

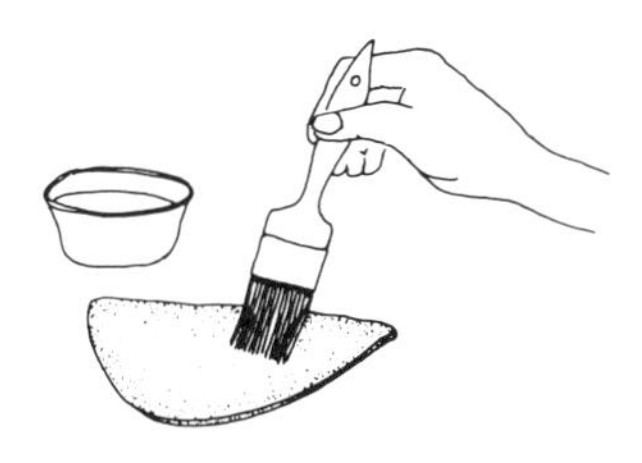

3. Zusammengefaltete Paratha mit Fett bepinseln

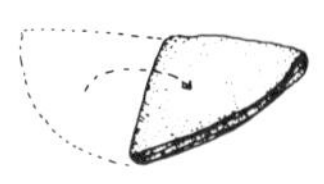

4. Zweimal gefaltete Paratha

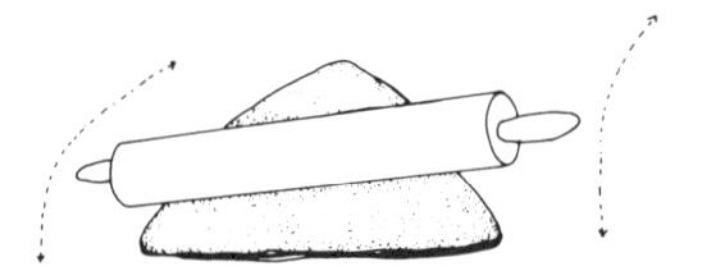

5. Die zweimal gefaltete Paratha ausrollen

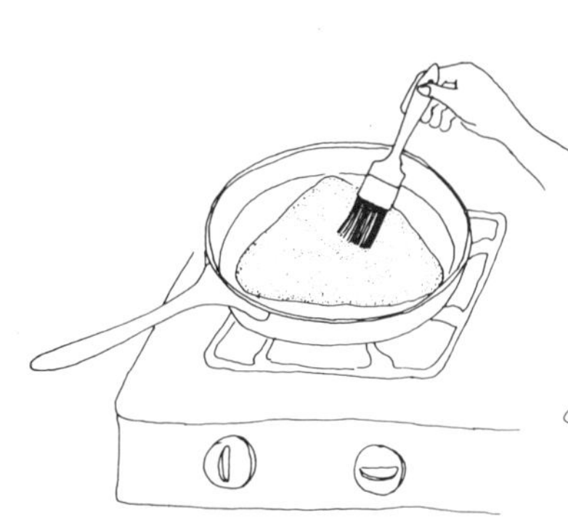

Die gebratene Seite der Paratha mit Fett bepinseln

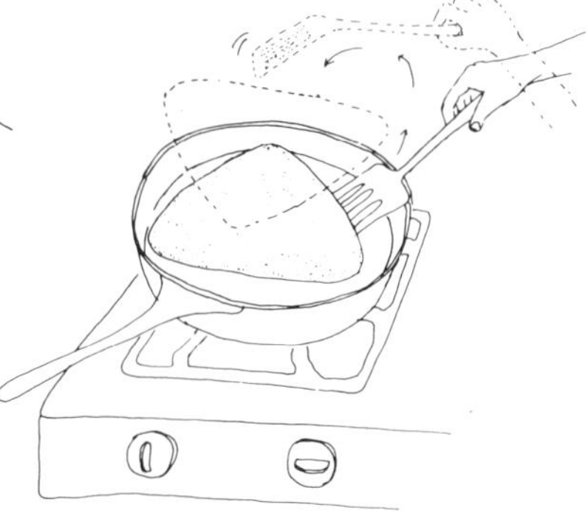

Die Paratha umdrehen und die gebratene Seite noch einmal braten

Stücke teilen. Aus jedem eine Rolle formen und diese jeweils in 8 gleiche Stücke zerteilen. Diese zu glatten Kugeln formen, mit Mehl bestäuben und in der Schüssel abgedeckt aufheben.

5. Die Teigkugeln eine nach der anderen in Mehl flachdrücken, das überschüssige Mehl abklopfen und die Teigstücke auf der Arbeitsfläche zu 13 cm großen Kreisen ausrollen. Die Oberfläche mit zerlassenem Fett bepinseln und den Fladen zusammenfalten. Den zusammengefalteten Fladen wiederum mit Fett bepinseln und noch einmal zusammenklappen. Sie haben jetzt ein Teigdreieck. Dieses auf beiden Seiten mit Mehl bestäuben. Dann wieder auf der Arbeitsfläche zu einem Dreieck mit ca. 18 cm Schenkellänge ausformen. Von Zeit zu Zeit mit Mehl bestäuben, damit der Teig nicht anklebt. (Diese Brote dürfen nicht länger als höchstens 1 Stunde im voraus zubereitet werden. Der Teig muß dabei abgedeckt werden, damit er nicht austrocknet. Niemals die Brote übereinanderschichten, da sie sonst zusammenkleben und nicht mehr zu trennen sind.)

6. Eine Bratpfanne zwei Minuten erhitzen. Einen Brotfladen einlegen und etwa 2 Minuten braten, bis sich an der Unterseite braune Stellen zeigen. Wenden und die andere Seite 10—15 Sekunden braten.

7. Die jetzt oben liegende Seite noch einmal mit Fett bepinseln, das Brot noch einmal umdrehen und ½ Minute braten. Diesen Vorgang mit der anderen Seite wiederholen. Herausnehmen und warmhalten. Mit den übrigen Broten ebenso verfahren und heiß servieren.

Anmerkung: Paratha kann mehrere Stunden im voraus zubereitet und lose abgedeckt im vorgeheizten Ofen bei 150° C in 10—12 Minuten aufgebacken werden.

Paratha paßt ideal zu Gerichten mit rotbraunen Saucen. Traditionell gehört es zu Rührei mit Kreuzkümmel und Koriander (S. 180). Auch ein vegetarisches Hauptgericht oder eine kleine Gemüsespeise gewinnen durch Paratha als Beilage.

Blumenkohl-Brot

(Phool Gobhi Paratha)

Dies ist ein klassisches Rezept für gefülltes Brot. Der Teig wird mit Blumenkohl und Ingwerstreifen gefüllt, ehe er ausgerollt und gebacken wird.

Für 6 Personen (12 gefüllte Brote von etwa 18 cm Durchmesser)

Blumenkohlfülle:
1 kleiner Blumenkohlkopf
3 EL indisches Pflanzenfett oder leichtes Pflanzenöl
1 TL feingehackte oder geriebene frische Ingwerwurzel (nach Belieben)
½ TL Cayennepfeffer
½ TL Salz

Brotteig:
280 g Chapati-Mehl oder Vollkornmehl mit 140 g Weizenmehl vermischt
½ TL Salz
3 EL indisches Pflanzenfett oder leichtes Pflanzenöl
¼ l warmes Wasser (30—40° C)
70 g Mehl zum Bestäuben
⅛ l zerlassenes indisches Pflanzenfett oder leichtes Pflanzenöl zum Bepinseln

1. Den Blumenkohl waschen, putzen und trockentupfen. Dann grobhacken.
2. Das Fett auf mittlerer Stufe erhitzen und den Blumenkohl darin etwa 5 Minuten sautieren. Hitze abstellen. Die übrigen Füllezutaten gut untermischen und alles beiseite stellen. (Die Fülle kann vorbereitet und im Kühlschrank aufbewahrt werden. Sie braucht nicht erwärmt zu werden.)
3. Chapati-Mehl oder Vollkornmehl mit 140 g Weizenmehl und Salz in einer Schüssel miteinander vermischen. Etwa 1 TL Fett zurückbehalten, den Rest in das Mehl hineinreiben (nach Anleitung auf S. 102). Das Wasser zunächst rasch zugießen, bis das Mehl sich zu einem Kloß zusammenballt. Dann nur mehr behutsam Wasser zugeben, bis der Teig eine knetbare Konsistenz angenommen hat (siehe Tips zum Mischen und Kneten von Teig auf S. 297 ff.).

4. Die Arbeitsfläche und die Finger mit dem beiseite gestellten TL Fett bespinseln. Den Teig auf der glatten Arbeitsfläche 10—15 Minuten kneten (oder entsprechende Zeit in der Küchenmaschine, siehe S. 300). Der Teig soll sehr weich und elastisch sein. In die Schüssel zurückgeben, mit einem feuchten Tuch oder mit Folie abdecken und an einem warmen Ort mindestens ½ Stunde ruhen lassen. (Der Teig kann vorbereitet und in Folie eingewickelt im Kühlschrank einen Tag aufbewahrt werden. 30 Minuten vor der Weiterverarbeitung herausnehmen.)
5. Fett zum Bepinseln, Mehl zum Bestäuben und Fülle bereithalten.

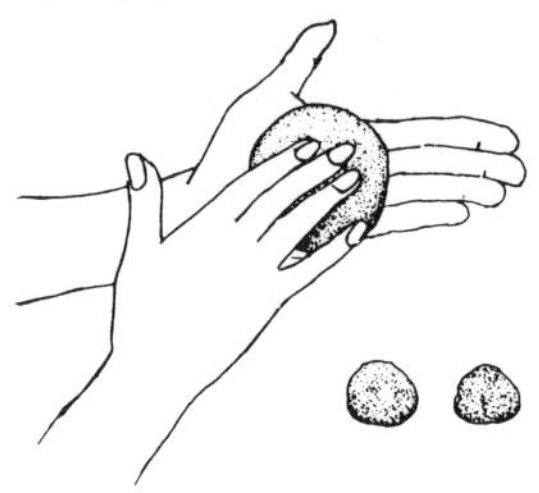

1. Teigkugeln flachdrücken

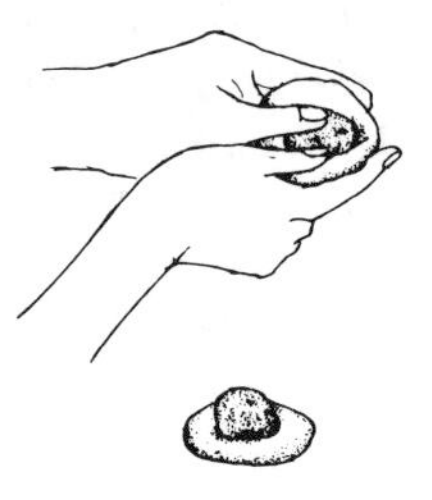

2. Teigstücke füllen

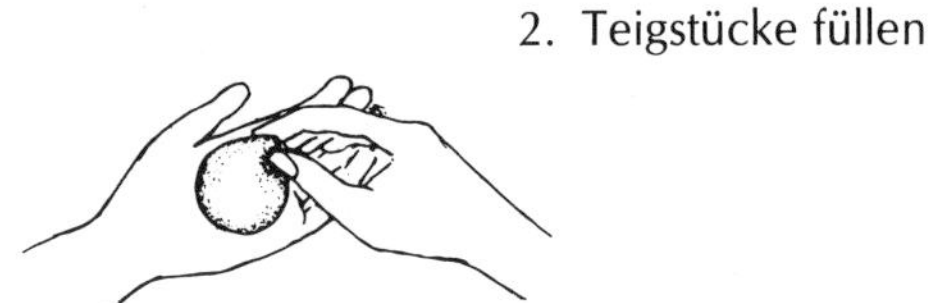

3. Teigstücke verschließen

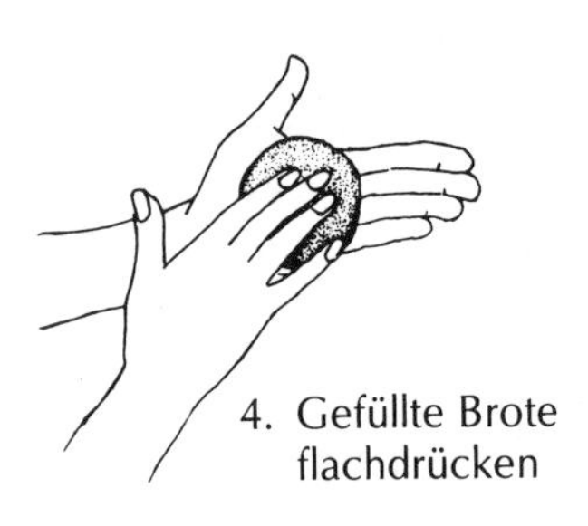

4. Gefüllte Brote flachdrücken

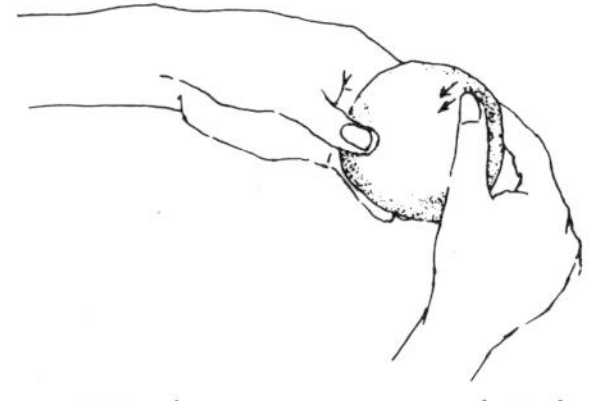

5. Ränder zusammendrücken, damit die Fülle nicht herausquellen kann

6. Den Brotteig und die Fülle in 12 gleiche Portionen teilen. Ein Teigstück flachdrücken, in der Mitte eine kleine Mulde machen und die Fülle hineingeben. Zudrücken und die Brötchen wieder flachdrücken. Die Ränder leicht mit den Fingern zusammendrücken, damit die Fülle in der Mitte bleibt und nicht herausquillt. Mit den restlichen Teigstücken ebenso verfahren und mit Plastikfolie oder einem feuchten Handtuch abdecken, damit sie nicht austrocknen.
7. Die gefüllten Brote auf beiden Seiten mit Mehl bestäuben und auf die Arbeitsfläche legen.
8. Die Brote mit dem Nudelholz vorsichtig flachklopfen. (Dadurch bleibt die Fülle am Teig haften und wird beim Ausrollen gleichmäßig verteilt.) Die Brote zu einem 15 cm großen Kreis ausrollen. Von Zeit zu Zeit mit Mehl bestäuben, damit der Teig nicht klebt. (Die gefüllten Brote können eine Stunde vorher vorbereitet werden. Bis zur Weiterverarbeitung gut abdecken. Die Brote nicht übereinanderstapeln, da sie sonst zusammenkleben.)
9. Eine Bratpfanne (möglichst aus Gußeisen) erhitzen und jeweils ein Brot darin braten, bis sich an der Unterseite braune Flecken zeigen (nach 2 Minuten). Umdrehen und auf der anderen Seite 30 Sekunden braten.
10. In der Zwischenzeit die geröstete Seite leicht mit zerlassenem Fett oder Öl bepinseln und das Brot noch einmal wenden. Noch einmal eine halbe Minute braten. Dann mit der gegenüberliegnden Seite ebenso verfahren.

Anmerkung: Diese gefüllten Brote können mehrere Stunden vor dem Verzehr vorbereitet und lose abgedeckt bei 150° C im vorgeheizten Ofen in 10—12 Minuten aufgebakken werden.

Blumenkohl-Brot eignet sich, in kleine, mundgerechte Happen aufgeteilt, ausgezeichnet als Beilage zu Cocktails. Zusammen mit einem Chutney ist es ein sättigendes Frühstück, mit einem Joghurtsalat ein leichtes Mittagessen und mit einem Fleisch- oder Hühnergericht oder mit Kebabs eine ausgiebige Mahlzeit.

Brot mit Kartoffelfülle

(Aloo Paratha)

Im Unterschied zum vorhergehenden Rezept besteht hier die Fülle nicht aus Blumenkohl, sondern aus Kartoffeln.

Für 6 Personen (12 gefüllte Brote von etwa 18 cm Durchmesser)

Kartoffelfülle:
4 mittelgroße Kartoffeln
½ TL Cayennepfeffer
1 TL gemahlener Kreuzkümmel
1 TL gemahlener Koriander
½ TL Salz
3 EL gehackte, frische Korianderblätter

Brotteig:
280 g Chapati-Mehl oder Vollkornmehl, vermischt mit 140 g Weizenmehl
3 EL indisches Pflanzenfett oder leichtes Pflanzenöl
½ TL Salz
¼ l warmes Wasser
70 g Mehl zum Bestäuben
⅛ l zerlassenes indisches Pflanzenfett oder leichtes Pflanzenöl zum Bepinseln

1. Kartoffeln in der Schale sehr weich kochen. Schälen und gründlich zerstampfen. Die übrigen Zutaten gut einmischen. (Diese Fülle kann vorbereitet und im Kühlschrank einen Tag aufbewahrt werden. Sie braucht vor der Weiterverarbeitung nicht erhitzt zu werden.)
2. Für die Teig- und Brotzubereitung folgen Sie dem vorhergehenden Rezept ab dem Arbeitsgang Nummer 3.

Die Menüvorschläge sind die gleichen wie für das vorhergehende Rezept.

Spinat-Brot

(Palak Paratha)

Spinat-Brot wird mit einer anderen Fülltechnik zubereitet als die beiden vorangegangenen Rezepte. Hier wird die Fülle mit dem Teig vermischt, ehe das Brot ausgerollt wird. Da das Brot mehrere Male eingefettet und gefaltet wird, ist es lockerer als andere gefüllte Brote.

Ergibt 8 Brote

210 g Weizenmehl
100 g Vollkornmehl
½ TL Kreuzkümmel, leicht zerstoßen
½ TL Salz
3 EL indisches Pflanzenfett oder leichtes Pflanzenöl
280 g gekochter Spinat (S. 243)
¼ l 30—40° C warmes Wasser
70 g Mehl zum Bestäuben
⅛ l zerlassenes indisches Pflanzenfett oder leichtes Pflanzenöl zum Bepinseln

1. Den Spinat fein hacken. (Wenn Sie den Teig in der Küchenmaschine machen, können Sie diesen Arbeitsgang überspringen.)
2. Weizenmehl, Vollkornmehl, Kreuzkümmel und Salz in einer Schüssel vermischen. 2 EL Öl oder Fett nach der Anleitung auf S. 102 hineinreiben. Den Spinat zugeben und gut einmischen. Soviel Wasser zugeben, bis sich aus dem Teig eine feste Kugel formen läßt. (Der Teig ist sehr klebrig. Versuchen Sie noch nicht, ihn zu kneten.) Die Hände säubern und Finger und Handknöchel mit dem noch verbliebenen Öl befetten. Auch die Arbeitsfläche leicht einölen. Den Teig ca. 10 Minuten gut durchkneten und, wenn nötig, die Hände wieder einölen. Alles Öl einarbeiten und den Teig in eine Schüssel geben.
In der Küchenmaschine: Das Messer einsetzen. Die beiden Mehlsorten, Kreuzkümmel und Salz 10 Sekunden durchmischen. 2 EL Öl und Spinat in weiteren 20 Sekunden einarbeiten. Die Küchenmaschine dabei in 5—10-Sekunden-

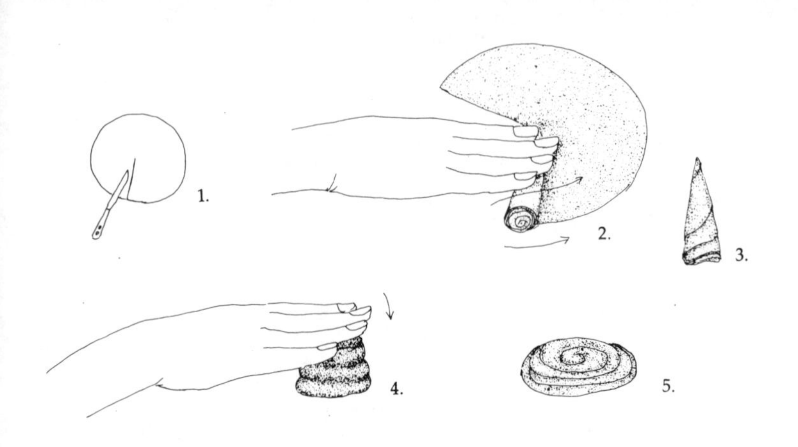

Zubereitung von Spinat-Brot

Intervallen ab- und wieder anschalten. Eßlöffelweise nach und nach Wasser zugießen. Wenn sich der Teig zusammenklumpt, kein Wasser mehr zugeben.

Den Teig 40—50 Sekunden kneten, dabei die Küchenmaschine wieder in 5—10-Sekunden-Intervallen ab- und anschalten. Während des Knetens den restlichen EL Öl zugeben. Der Teig ist fertig, wenn er glatt und glänzend aussieht und sich sehr weich und seidig anfühlt. Vorsichtig herausnehmen und in eine Schüssel geben.

3. Schüssel mit einem feuchten Tuch oder mit Folie abdekken und den Teig ½ Stunde ruhen lassen. (Der Teig kann einen Tag im voraus zubereitet und gut zugedeckt im Kühlschrank aufbewahrt werden. 30 Minuten vor dem Weiterverarbeiten aus dem Kühlschrank nehmen.)

4. Öl zum Bepinseln und Mehl zum Bestäuben bereitstellen.

5. Den Teig noch einmal eine Minute durchkneten und in 8 gleiche Teile teilen.

6. Jedes Teigstück gut bemehlen und zu einem Kreis von 15 cm Durchmesser ausrollen. Dabei von Zeit zu Zeit mit Mehl bestäuben. Die Oberfläche mit Öl (etwa 1 TL) bepinseln.

7. Den Teigkreis von der Mitte zum Rand hin einschneiden (1). Dann zu einer Spitztüte zusammenrollen (2). Mit der Spitze nach oben aufstellen (3) und von oben her sanft flachdrücken (4). Gut mit Mehl bestäuben und zu einer Scheibe von 18 cm Durchmesser ausrollen. (Dieser Arbeitsvorgang kann 1 Stunde vorher ausgeführt werden. Dann bis zur Weiterverarbeitung den Teig gut mit einem feuchten Tuch oder mit einer Folie abdecken.) Die Teigstücke nicht übereinander legen, da sie sonst zusammenkleben.

8. Eine gußeiserne Bratpfanne auf mittlerer Stufe 2 Minuten erhitzen. Brote einzeln darin braten, bis auf der Unterseite braune Flecken erscheinen (etwa 2 Minuten). Das Brot wenden und auch die andere Seite etwa 10—15 Sekunden braten.

9. Die gebratene Seite mit Öl bepinseln und das Brot noch einmal wenden. Eine halbe Minute braten, dann wieder die Oberseite mit Öl bepinseln und eine weitere ½ Minute braten. Aus der Pfanne nehmen und warm halten. Mit den übrigen Broten ebenso verfahren. Heiß servieren.

Anmerkung: Spinat-Brot kann mehrere Stunden im voraus zubereitet und dann lose abgedeckt im vorgeheizten Rohr bei 150° C in 10—12 Minuten aufgebacken werden.

Menüvorschläge wie bei Blumenkohl-Brot (S. 311).

Fritiertes Brot

(Poori)

Pooris sehen wie Phulkas aus und werden hauptsächlich bei festlichen Gelegenheiten, bei Parties und Hochzeiten aufgetischt.
Planen Sie Ihre Essensvorbereitungen sehr sorgfältig, wenn Sie Pooris auf den Tisch bringen wollen. Da Sie etwa 20 bis 30 Minuten brauchen, um die Pooris auszurollen und zu backen, sollten Sie danach keine anderen Speisen mehr vorzubereiten haben, denn sind die Pooris gebraten, müssen sie sofort serviert werden.

Für 6—8 Personen (16 Pooris von etwa 12 cm Durchmesser)

140 g Chapati-Mehl und
70 g Weizenmehl oder
100 g Vollkornmehl und
100 g Weizenmehl
eine Prise Salz
2 EL und 1 TL leichtes Pflanzenöl
⅛ l 30—40° C warmes Wasser
70 g Mehl zum Bestäuben
Erdnuß- oder Maisöl zum Ausbacken

1. Chapati-Mehl und Weizenmehl (oder Vollkornmehl und Weizenmehl) in einer Schüssel miteinander vermischen. 2 EL Öl hineinreiben (Anleitung siehe S. 102). Wasser rasch zugießen, bis ein fester, formbarer Teig entsteht (siehe Tips zum Mischen und Kneten des Teigs auf S. 297 ff.).
2. Finger und Handknöchel mit dem restlichen TL Öl befetten und den Teig auf der Arbeitsfläche 10 Minuten kneten. Der Teig muß glatt und seidig sein. (Wenn Sie die Küchenmaschine benützen, finden Sie entsprechende Tips auf S. 300.)
3. Teig mit einem feuchten Tuch oder Folie abdecken und ½ Stunde ruhen lassen. (Der Teig kann einen Tag im voraus zubereitet und gut abgedeckt im Kühlschrank aufbewahrt werden. 30 Minuten vor der Weiterverarbeitung aus dem Kühlschrank nehmen.)
4. Mehl zum Bestäuben bereitstellen.

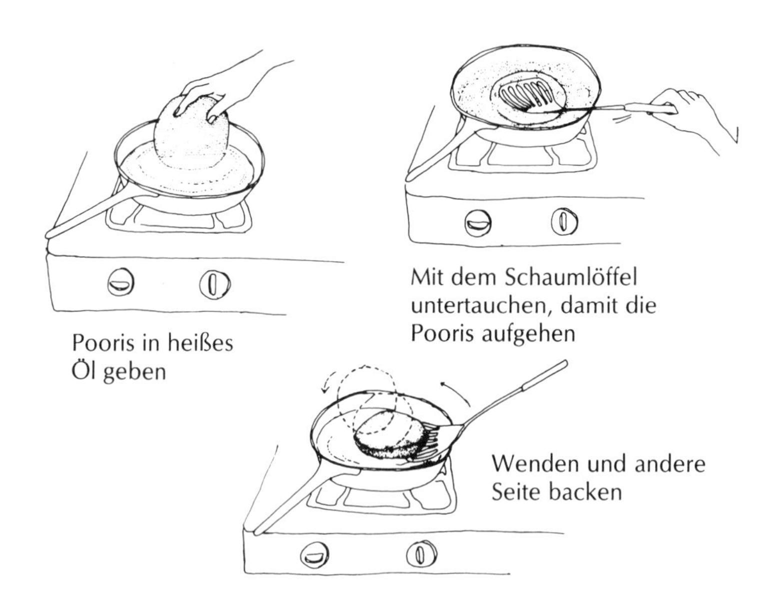
Pooris in heißes Öl geben

Mit dem Schaumlöffel untertauchen, damit die Pooris aufgehen

Wenden und andere Seite backen

5. Den Teig noch einmal 1 Minute durchkneten und in zwei Hälften teilen. Jede Hälfte zu einer Teigrolle ausrollen, in 8 gleiche Stücke schneiden. Die Stücke zu glatten Bällchen formen und diese leicht bemehlen. Mit einem feuchten Tuch abdecken, damit sie nicht austrocknen.
6. Eine Teigkugel nach der anderen gut mit Mehl bestäuben und zu einem Fladen von 12 cm Durchmesser ausrollen. Falls nötig, weiter mit Mehl bestäuben. (Sie können alle Brote schon vorher ausrollen und bis zum Ausbacken mit einem feuchten Tuch bedecken.)
7. Während Sie die letzten Pooris ausrollen, Öl in einem Kadhai oder in einer Friteuse auf 200° C erhitzen. Ein Brot in das Öl einlegen und mit einem Schaumlöffel unter der Oberfläche halten. Wenn es nach 3—5 Sekunden zischend zur Oberfläche steigt, 2—3 Sekunden mit dem Schaumlöffel behutsam niederdrücken. Dadurch geht das Brot auf. Nicht zu stark drücken, sonst reißt das Brot und saugt sich voll Öl. Fritieren, bis das Zischen aufhört und die Unterseite leicht braun ist. Wenden. Der Backvorgang dauert ca. 15

Sekunden pro Seite. Die Brote herausnehmen und auf Küchenpapier abtropfen lassen.
Mit den restlichen Broten ebenso verfahren. Sofort servieren.

Pooris passen zu fast allen vegetarischen Hauptgerichten, allen Beilagen und Fleisch- und Geflügelspeisen, die eine rotbraune Sauce haben. Traditionell gehören Pooris zu Kartoffeln in duftender Sauce (S. 200) und zu Rinderhack in Cashewnuß-Sauce (S. 129).

Fritiertes Brot mit würziger Füllung

(Kachauri)

Diese Brote ähneln den Pooris, haben jedoch eine würzige Bohnenfülle.

Für 8 Personen (16 Brote von etwa 15 cm Durchmesser)

Fülle:
8 EL weiße halbe Bohnen
4 TL Usli Ghee (S. 52) oder leichtes Pflanzenöl
1/8 TL gemahlener Asant
1/4 TL Cayennepfeffer
1/4 TL Kreuzkümmel, leicht zerstoßen
1/2 TL Salz

Brotteig:
100 g Vollkornmehl
100 g Weizenmehl
2 EL und 1 TL leichtes Pflanzenöl
1/8 l 30—40° C warmes Wasser
70 g Mehl zum Bestäuben
Erdnuß- oder Maisöl zum Ausbacken

1. Bohnen nach der Anleitung auf S. 249 verlesen und waschen.

2. Bohnen in einer Schüssel mit kaltem Wasser 24 Stunden einweichen. Das Wasser abgießen und wegschütten.
3. Die Bohnen in der Küchenmaschine zu einer feinen Paste mahlen (wenn nötig, etwas Wasser zugeben, aber nicht zuviel, da die Paste ziemlich dick sein muß).
4. Usli Ghee in einer Bratpfanne erhitzen. Den Asant darin kurz anrösten und sofort die Bohnenpaste zugeben. Die Wärmezufuhr etwas drosseln und solange braten, bis die Bohnenmasse etwas trocken aussieht (etwa 3—5 Minuten). Die übrigen Zutaten gut untermischen. Hitze abschalten.
5. Vollkornmehl und Weizenmehl in einer Schüssel miteinander vermischen und 2 EL Öl hineinreiben. Das Wasser zunächst rasch zugießen, dann etwas behutsamer zugeben, bis ein form- und knetbarer Teig entstanden ist (Tips zum Mischen und Kneten des Teigs auf S. 297 ff.).
6. Finger und Handknöchel mit dem restlichen TL Öl einfetten und den Teig 10 Minuten durchkneten. Der Teig muß glatt und seidig sein. Er kann auch in der Küchenmaschine geknetet werden (siehe S. 300).
7. Die Schüssel mit einem feuchten Tuch abdecken und den Teig ½ Stunde ruhen lassen. (Der Teig kann einen Tag vorher zubereitet und gut abgedeckt im Kühlschrank aufbewahrt werden. 30 Minuten vor dem Weiterverarbeiten aus dem Kühlschrank nehmen.)
8. Mehl zum Bestäuben bereitstellen.
9. Teig noch einmal durchkneten und in 2 gleiche Teile teilen. Jeden Teil zu einer Rolle formen und in 8 gleiche Stükke schneiden. Diese zu kleinen Kugeln formen, mit Mehl bestäuben und wieder in die Schüssel geben. Mit einem feuchten Tuch abdecken, damit sie nicht austrocknen.
10. Die Fülle in 16 gleiche Portionen aufteilen. Die Teigkugeln auf der bemehlten Arbeitsfläche zu einem runden Fladen mit 10 cm Durchmesser ausrollen. In die Mitte eine Mulde drücken und eine Portion Fülle hineingeben. Die Teigränder über der Füllung zusammenschlagen und leicht andrücken, damit die Fülle in der Mitte bleibt. Mit den anderen Teigkugeln ebenso verfahren und alle mit einem feuchten Tuch abdecken.
11. Jedes gefüllte Brot auf beiden Seiten bemehlen und zu

einem runden Fladen von 10 cm Durchmesser ausrollen. (Die Brote können 1 Stunde vorher vorbereitet und mit einem feuchten Tuch abgedeckt werden. Nicht übereinander stapeln, da sie sonst zusammenkleben.)

12. Öl in einem Kadhai oder in einer Friteuse auf 200° C erhitzen. Ein Brot einlegen und den Schaumlöffel unter die Oberfläche drücken (5—8 Sekunden). Dadurch geht das Brot auf. Eine halbe Minute fritieren. Wenden und auch die andere Seite ½ Minute fritieren. Herausheben und auf Küchenpapier abtropfen lassen. Mit den restlichen Broten ebenso verfahren. Sofort servieren.

Kachauris schmecken auch für sich alleine köstlich, passen aber besonders gut zu Gemüsegerichten. Als leichte Mahlzeit servieren Sie sie mit Joghurtsalat.

Traditionelle Beilagen einer indischen Mahlzeit

Eine indische Mahlzeit ist nicht komplett ohne Beilagen. Ihre Bedeutung ist in anderen Ländern meist gründlich mißverstanden worden. Viele halten Beilagen bloß für Garnierungen und servieren geriebene Kokosnuß, gehackte Nüsse, Kardamomkapseln, gehackte Zwiebeln und Kräuter — etwas, das man in einem indischen Haushalt nie tun würde. Die traditionell gereichten Beilagen dienen dazu, einem Gericht den besonderen Pfiff zu geben und das Aroma hervorzuheben. Man will durch einen säuerlichen, bitteren oder scharfen Geschmack Kontraste setzen oder indem man etwas Knuspriges mit einer samtigen Sauce kombiniert. Sicherlich sind diese Beilagen nicht unbedingt wichtig, aber wenn man einmal an die würzigen Pickles, die knusprigen Papads oder die pikanten Chutneys gewöhnt ist, dann fehlt einem einfach etwas, wenn sie nicht auf dem Tisch stehen.

Indische Waffeln

(Papad aur Phool Badi)

Linsenwaffeln (Papad oder Appalam)
Aufgetriebene Linsenwaffeln (Pappadam)
Schneeflocken oder Sagowaffeln (Phool Badi)

Diese knusprigen Fladen sind auch für sich allein ein Genuß. Gewöhnlich werden sie aber zu einer Mahlzeit gereicht, um ein geschmackliches Gegengewicht zu setzen. Da sie leicht zubereitet werden können, serviert man sie auch oft als Appetithappen zu Cocktails. Alle hier erwähnten Fladenvarianten bekommen Sie in Ostasienläden und in manchen Kaufhäusern oder Delikatessengeschäften.
Die beliebtesten Fladen sind die Papads. Sie sind landläufig unter dem Namen Linsenfladen bekannt, obwohl dies eine nicht ganz zutreffende Bezeichnung ist. Diese Fladen werden mit Sago, Kartoffeln, Reis sowie Bohnen gemacht. Allen sind zwei Dinge gemeinsam: ihre Herstellung dauert entsetzlich lange und die Backzeit ist extrem kurz — nicht mehr als 2—3 Sekunden. Da die Herstellung so zeitraubend ist, überläßt man sie heute ländlichen Kooperativen, die Experten in der Massenproduktion geworden sind.
Die Fladen werden zubereitet, indem man eingeweichte Bohnen zu einem Brei mahlt und den zu einem elastischen Teig verarbeitet, der geknetet und ausgerollt werden kann. Nach Zugabe von verschiedenen Gewürzen wird ein papierdünner Teig ausgerollt und dieser mehrere Tage oder sogar Wochen im Schatten getrocknet. Diese getrockneten Scheiben heißen Papad und halten sich in luftdichten Behältern unbegrenzt lang.

Papads sind groß, meist haben sie 18—25 cm Durchmesser. Ein Pappadam dagegen ist nur 6—8 cm groß. Papads enthalten wenig Backpulver und reichlich Salz, Pappadams hingegen reichlich Backpulver und nur eine winzige Prise Salz. Das Backpulver verleiht dem Pappadam sein charakteristisches Aroma und die leicht poröse Struktur. Der Teig für Papads wird papierdünn ausgerollt, der etwas dickere der Pappadams geht beim Backen auf, wodurch sie Pooris (S. 318) nicht unähnlich sehen. Viele Leute verwechseln sie auch damit und servieren sie deshalb auch wie Brot — ein großer Irrtum. Poori ist ein weiches Brot, das Teil einer Mahlzeit ist und mit dem man Fleischstückchen und Gemüse aufstippt. Pappadam hingegen ist ein knuspriger Fladen, der als Kontrastbeilage zu einer Speise serviert wird.
Phool Badi wird hergestellt, indem man Sago und Reismehl zu einem sehr dicken Brei verkocht, dem etwas Salz und einige gehackte grüne Chilischoten beigegeben werden, ehe er auf ein großes Tuch ganz dünn aufgestrichen wird. Diese dünnen Platten trocknen dann mehrere Tage in der Sonne. Das fertige Produkt ist knusprig und bricht leicht. Auch diese Waffeln halten sich in luftdichten Behältern unbegrenzt lange.

Linsenwaffeln

(Papad oder Appalam)

Für 8 Personen

8 Linsenwaffeln (Papads oder Appalams)	*Erdnuß- oder Maisöl zum Ausbacken*

1. Öl in einem Kadhai oder in einer Friteuse auf 175 bis 190° C erhitzen. Mit einer Küchenzange vorsichtig einen Fladen in das heiße Öl einlegen und während der gesamten Backzeit unter die Oberfläche drücken. Der Fladen geht bis zum Doppelten seiner ursprünglichen Größe auf. Die Backzeit beträgt nicht mehr als 3—5 Sekunden. Den Fladen heraus-

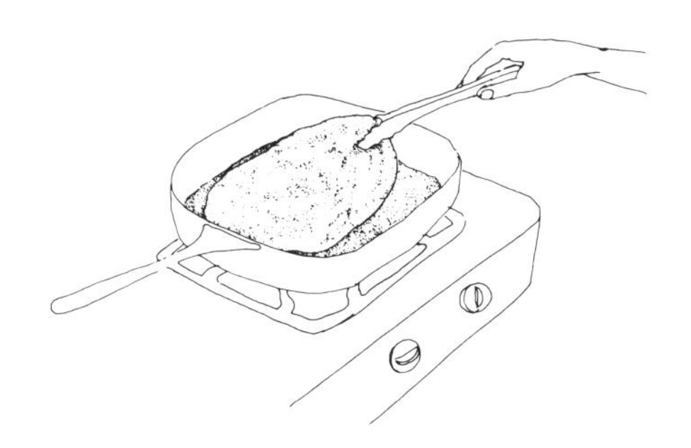

Ausbacken einer Linsenwaffel

nehmen und auf mehreren Schichten Küchenpapier abtropfen lassen. Mit den übrigen Fladen ebenso verfahren.
So ausgebackene Fladen sind leicht fett und dadurch gehaltvoller und schwerer verdaulich. Ich habe mir eine Methode ausgedacht, ihnen Fett zu entziehen.

Entfetten der Fladen:
1. Zwei bis drei Lagen Küchenpapier bereitlegen und zusätzlich eine weitere dicke Lage herrichten.
2. Den ausgebackenen Fladen auf das Küchenpapier legen und mit der zweiten dicken Lage abdecken. Mit leichtem Druck das überschüssige Öl aufsaugen. Nicht zu kräftig drücken, sonst zerbricht der Fladen. Dieses zusätzliche Entfetten muß unmittelbar, nachdem die Fladen aus dem hei-

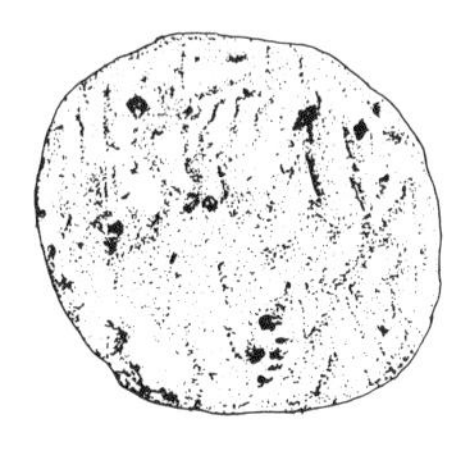

Linsenwaffel
vor dem Backen

Linsenwaffel
nach dem Backen

ßen Fett genommen wurden, ausgeführt werden, denn die Fladen kühlen schon nach 5 Sekunden ab und werden dann brüchig.
Die Waffeln können zubereitet und im vorgeheizten Ofen bei 190° C in 2 Minuten aufgebacken werden. Zum Warmhalten den Backofen abdrehen und bis zum Verzehr innerhalb der nächsten Stunde dort belassen. Wenn es in der Küche feucht ist, etwa durch Kochdämpfe, dann können die Fladen leicht lappig werden. Dann entweder in luftdichten Behältern oder in Folie verpackt aufbewahren.

Aufgetriebene Linsenwaffeln

(Pappadam)

Für 8 Personen

8 große (12 cm Durchmesser) oder 16 kleine (8 cm Durchmesser) Pappadams

Erdnuß- oder Maisöl zum Ausbacken

Pappadams werden ebenfalls nach der im vorhergehenden Rezept beschriebenen Methode ausgebacken. Da diese Fladen beim Backen viel stärker aufgehen, können Sie die dort beschriebene Methode zum Entfetten der Fladen jedoch nicht anwenden.

Schneeflocken oder Sagowaffeln
(Phool Badi)

Für 8 Personen

16 Sagowaffeln

Erdnuß- oder Maisöl zum Ausbacken

Folgen Sie dem Rezept für Linsenwaffeln (S. 326). Die dort beschriebene Methode zum Entfetten der Fladen kann wegen der unebenen Struktur der Sagowaffeln nicht angewendet werden.

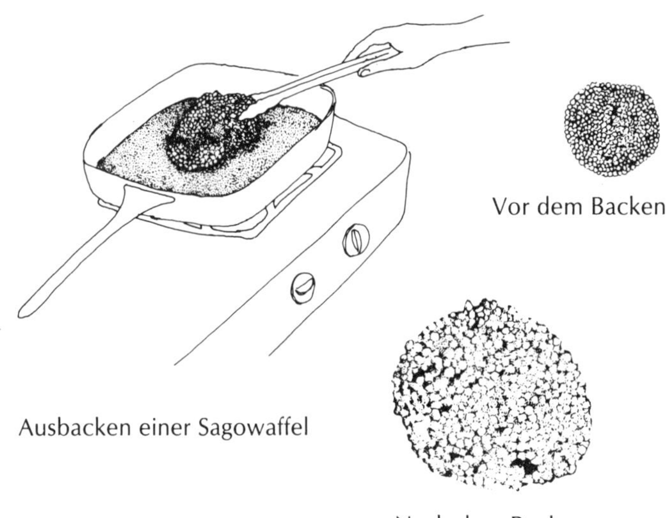

Vor dem Backen

Ausbacken einer Sagowaffel

Nach dem Backen

Chutneys

Gemüsechutneys

Chutneys aus rohen Zwiebeln (Kache Piaz)
Zwiebel-Gemüse-Chutney (Kachoomar)
Zwiebel-Chutney mit geschmorten Tomaten (Tamatarwale Piaz)
Chutney aus geraspelten Gurken (Kheere ke Lache)
Karotten-Chutney (Koosmali)

Kräuterchutneys

Minz-Chutney (Podina Chutney)
Minz-Koriander-Chutney (Dhania-Podina Chutney)
Kokosnuß-Chutney (Narial Chutney)
Mango-Chutney (Aam Chutney)

Eingelegte Chutneys

Tomaten-Chutney (Tamatar Chutney)
Scharfes Tomaten-Chutney aus Hyderabad (Hyderabadi Tamatar Chutney)
Tamarinden-Chutney (Imli Chutney)

Chutneys lassen sich in drei große Gruppen einteilen: Gemüsechutneys, Kräuterchutneys und eingelegte Chutneys.

Gemüsechutneys sind am schnellsten und einfachsten zuzubereiten. Es handelt sich dabei um kleingehacktes oder geriebenes Gemüse, das mit Salz, Pfeffer und Zitronensaft pikant angemacht wird. Manchmal kommt auch noch das eine oder andere Gewürz dazu. Gemüsechutneys sind für gewöhnlich sehr mild und nehmen oft den Platz eines grünen Salats ein. Sie werden meist erst unmittelbar vor dem Verzehr zubereitet.
Kräuterchutneys werden mit aromatischen Kräutern wie Minze, Koriander und Basilikum und mit rohen Mangos, geriebener Kokosnuß und Gewürzen gemacht. Sie können mild, aber auch sehr pikant oder scharf sein. Auch wenn man sie im Kühlschrank aufbewahrt, verlieren sie bereits nach einigen Tagen ihr Aroma und werden dunkel.
Eingelegte Chutneys werden aus Äpfeln, Birnen, Pfirsichen, Aprikosen, Bananen, Guaven und Mangos oder aus Karotten, Tomaten und Tamarinde gemacht. Die Früchte oder das Gemüse werden kleingehackt und mit Zucker, Essig und Gewürzen zu einer süß-sauren Konserve eingekocht. Diese Chutneys, besonders die mit Früchten, enthalten teure Zutaten und bleiben deshalb besonderen Gelegenheiten wie Hochzeiten vorbehalten. Da sie saucenartig sind, eignen sie sich vorzüglich als Beigabe zu Gebratenem, wie etwa zu Fischfilet oder Shrimps. Wenn sie richtig gekocht und in sterilisierte Gläser abgefüllt wurden, halten sich diese Chutneys bis zu einem Jahr. Geöffnete Gläser müssen im Kühlschrank aufbewahrt werden und sind zum alsbaldigen Verbrauch bestimmt.
Es gibt keine festen Regeln, welche Chutneys zu welchen Speisen gereicht werden sollen. Einige Kombinationen sind jedoch schon zu Klassikern geworden. Samosas (S. 102) werden für gewöhnlich mit Tamarinden-Chutney (S. 342) serviert, Gemüse im Ausbackteig (S. 93) mit Minz-Chutney (S. 336) oder Minz-Koriander-Chutney (S. 337) und Seidige Bohnenklößchen (S. 100) mit Kokosnuß-Chutney (S. 337). Einige der Gemüsechutneys sind so gehaltvoll, daß sie oft als Gemüsebeilage gereicht werden.

Chutney aus rohen Zwiebeln

(Kache Piaz)

In Indien werden zu den meisten »trockenen« Fleischgerichten wie Kebabs oder Tandoorispeisen rohe Zwiebeln gegessen, weil sie dem Fleisch, das ohne Sauce serviert wird, gewissermaßen Saftigkeit verleihen. Oft preßt man die Zwiebelscheiben leicht aus, damit der scharfe Geschmack ein bißchen abgeschwächt wird. Aus dem gleichen Grund spült man sie auch in Wasser. Sie können die Zwiebeln ½ Stunde in Salzwasser einweichen, anschließend abtropfen lassen. Sie werden staunen — so vorbehandelte Zwiebeln schmecken süß und Sie haben keinen Zwiebelgeschmack im Mund. Dieses Chutney wird noch aromatischer, wenn Sie zwei bis drei Stengel frische Korianderblätter hinzugeben.

Für 6—8 Personen

3 mittelgroße Zwiebeln, vorzugsweise rote
1 grüne Chilischote, entkernt und streifig geschnitten (nach Belieben)
Saft einer halben Zitrone oder 2 TL Apfelessig
Salz (nach Geschmack)

1. Die Zwiebeln schälen und in dünne Scheiben schneiden. Die Scheiben zerteilen und mehrfach in kaltem Wasser spülen. Dabei leicht ausdrücken. In eine Schüssel geben, Chilischoten zugeben und mit Zitronensaft oder Essig beträufeln. Salzen und gut durchmischen. Sofort servieren.

Zwiebel-Gemüse-Chutney

(Kachoomar)

Kachoomar ist ein klassischer Chutney aus Nordindien. Zwiebeln, Tomaten und grüne Paprikaschoten werden mit Zitronensaft, Korianderblättern und grünen Chilischoten vermischt. Etwas gerösteter, gemahlener Kreuzkümmel darübergestreut gibt dem Ganzen ein interessantes Aroma.

Für 6—8 Personen

2 mittelgroße Zwiebeln, vorzugsweise rote, oder
1 große spanische Gemüsezwiebel
½ TL Apfelessig (nach Belieben)
1 kleine, grüne Paprikaschote
1 kleine, reife Tomate
6 EL frische Korianderblätter
1—2 grüne Chilischoten
Saft einer kleinen Zitrone
Salz (nach Geschmack)

1. Zwiebeln schälen und halbieren. In dünne Scheiben schneiden. Mit Eiswasser in einer Schüssel übergießen. Essig zugeben und kühl stellen.
2. Grüne Paprikaschoten waschen, entkernen und die Scheidewände entfernen. In Streifen schneiden.
3. Die Tomate waschen, halbieren und die Kerne entfernen. Tomatenhälften in dünne Streifen schneiden und in die Schüssel zu den Paprikastreifen geben.
4. Korianderblätter grob hacken, Chilischoten entkernen und in Streifen schneiden. Beides zu der Tomate und den Paprikaschoten geben.
5. Die Gemüse nicht vermischen. Schüssel zudecken und bis zum Gebrauch kühlstellen (Gemüse und Zwiebeln können bis zu 2 Stunden im voraus zubereitet werden).
6. Die Zwiebel abtropfen lassen und zu dem anderen Gemüse geben. Die Zitrone darüber auspressen und nach Geschmack salzen. Kurz durchmischen und sofort servieren. Wenn das Kachoomar länger steht, verliert es seinen knakkigen Biß.

Zwiebel-Chutney mit geschmorten Tomaten

(Tamatarwale Piaz)

Dies ist mein Lieblingsrezept. Die Schwiegermutter meiner Schwiegermutter, von der ich das Rezept habe, bereitet es über der Asche eines Holzfeuers zu.

Für 6—8 Personen

2 mittelgroße Zwiebeln, vorzugsweise rote
1 mittelgroße, reife Tomate
Salz

1. Ofen auf 260° C vorheizen.
2. Zwiebeln schälen und halbieren, dann in dünne Scheiben schneiden. Diese mehrfach in kaltem Wasser spülen und dabei leicht ausdrücken. In einer Schüssel beiseite stellen.
3. Die Tomate waschen, abtrocknen und leicht mit Öl bepinseln. In einer kleinen ofenfesten Schüssel im Backofen 15 Minuten schmoren, bis die Haut runzelig und verkohlt ist. Herausnehmen und kurz abkühlen lassen. Dann sorgfältig die Haut abziehen. Das Fruchtfleisch mit einer Gabel oder einem Löffel grob zerdrücken.
4. Zwiebeln und Tomatenfruchtfleisch in einer kleinen Servierschüssel miteinander vermischen. Nach Geschmack salzen und servieren.

Chutney aus geraspelten Gurken

(Kheere ke Lache)

Dieses einfache und erfrischende Chutney aus geraspelten Gurken ist zu jeder Tageszeit ein willkommener Imbiß.

Für 6—8 Personen

3 mittelgroße Gurken
1 EL Zitronensaft
schwarzer Pfeffer (nach Geschmack)
Salz (nach Geschmack)

1. Gurken schälen und halbieren. Kerne herausschaben und wegwerfen. Die Gurken in eine Schüssel raspeln. Zudecken und kühlstellen. (Dies kann bis zu 4 Stunden im voraus gemacht werden.)
2. Vor dem Servieren Zitronensaft, Salz und schwarzen Pfeffer zugeben, gut vermischen und zu Tisch bringen.

Karotten-Chutney

(Koosmali)

Dieses Chutney ist im Süden und Südwesten Indiens sehr beliebt. Statt der geriebenen Karotten können Sie auch Gurken nehmen. Die Karotten werden kurz gedünstet, damit sie angenehmer schmecken.

Für 6—8 Personen

6 mittelgroße Karotten (etwa 450 g)
3 EL Usli Ghee (S. 52) oder Öl (vorzugsweise leichtes Sesamöl)
½ TL schwarze Senfkörner
1—2 grüne Chilischoten, entkernt und in Streifen geschnitten (nach Belieben)
6—8 frische oder getrocknete Kariblätter oder 2 Stengel frische Korianderblätter
Salz nach Geschmack

1. Karotten waschen, abschaben und trockentupfen. Raspeln oder in feine Streifen schneiden.
2. Usli Ghee in einer Pfanne erhitzen und die Senfkörner vorsichtig zugeben. Einen Deckel bereithalten, da die Senfkörner springen, wenn sie ins heiße Fett kommen. Sobald sie grau angelaufen sind, Chilis einrühren und anschließend sofort die geriebenen Karotten. Etwa 5 Minuten anschmoren und dabei ständig rühren. Die Hitze wegnehmen. Chutney mit Salz bestreuen. Leicht abkühlen lassen und in eine kleine Servierschüssel umfüllen. Kariblätter oder Korianderstengel mit den geriebenen Karotten bedecken. Zugedeckt kühlstel-

len. Vor dem Servieren Kariblätter oder Korianderstengel herausnehmen. Mit Salz abschmecken. Die geriebenen Karotten durchmischen und servieren.

Anmerkung: Dieses Chutney kann mehrere Stunden im voraus zubereitet und bis zum Servieren kühlgestellt werden.

Minz-Chutney

(Podina Chutney)

Dies ist das populärste Chutney Nordindiens. Es wird das ganze Jahr über zubereitet, denn die klimatischen Verhältnisse lassen Minze in Nordindien das ganze Jahr über gedeihen. Podina Chutney hat die Konsistenz von italienischem Pesto (Basilikumsauce) und wird zu gebackenen Speisen oder auch zu vegetarischen Gerichten gereicht.

Ergibt etwa 2 Tassen

ca. 150 g frische Minzblätter (ohne Stengel)
2—3 grüne Chilischoten, entkernt
3 EL feingehackte Zwiebeln
¾ TL geriebene, frische Ingwerwurzel
½ TL Salz
1½ TL Zucker
1½ EL Zitronensaft
3 EL Wasser

1. Alle Zutaten in der Küchenmaschine zu einem feinen Püree verarbeiten. Zudecken und vor dem Servieren sehr gut kühlen. Abschmecken und nach Wunsch noch Salz und Pfeffer zufügen.

Anmerkung: Dieses Chutney hält sich im Kühlschrank eine Woche. Es läßt sich auch gut einfrieren, wobei sich aber die Flüssigkeit von der festen Masse absetzt. Deshalb vor dem Servieren noch einmal gut durchrühren.

Minz-Koriander-Chutney

(Dhania-Podina Chutney)

Dieses Chutney aus Koriander und Minze wird mit Joghurt verdünnt, bis es die Konsistenz einer Sauce hat. Es ist eine ideale Tunke zu Gemüse und Ausgebackenem Fisch (S. 193).

Ergibt etwa 2 Tassen

⅓ Becher Joghurt
2 EL kaltes Wasser
1 EL feingehackte Zwiebel
⅓ TL feingehackte, frische Ingwerwurzel
1—2 grüne Chilischoten, entkernt
½ TL Salz
¾ TL Zucker
¼ grüne Paprikaschote, kleingehackt
1 Tasse frische Minzblätter (oder 2 TL pulverisierte, getrocknete Minzblätter)
1 Tasse frische Korianderblätter

1. Alle Zutaten in der Küchenmaschine oder mit dem Pürierstab zu einer cremigen Sauce pürieren. Mit Salz abschmecken und in eine kleine Schüssel gießen. Zudecken und vor dem Servieren gut kühlen.

Kokosnuß-Chutney

(Narial Chutney)

Dies ist das beliebteste Chutney in Südindien. Obgleich sein Geschmack von Staat zu Staat unterschiedlich ist, bleiben die wichtigsten Zutaten doch überall Kokosnuß und Senfkörner. Die Senfkörner werden in heißem Öl geröstet und dann zu der geriebenen Kokosnuß gegeben. In vielen indischen Küchen werden dazu gemahlene gelbe halbe Erbsen, in anderen wieder Tomaten zur Aromabereicherung hergenommen. Am erfrischendsten ist die Version aus Kerala, bei der gehackter, frischer Koriander zugegeben

wird. Das Chutney bekommt dadurch eine sehr attraktive, blaßgrüne Farbe.
Kokosnuß-Chutney wird hauptsächlich zu südlichen Spezialitäten gereicht. Servieren Sie es zu Seidigen Bohnenklößchen (S. 100) und zu anderen südlichen und südwestlichen vegetarischen Speisen, die typischerweise mit schwarzen Senfkörnern gewürzt werden.

Ergibt gut 2 Tassen

1½ Tassen frisch geriebene Kokosnuß
⅛ l Joghurt
2 EL feingehackte, frische Korianderblätter (nach Belieben)
2 grüne Chilischoten (oder ¼ grüne Paprikaschote und ¼ TL Cayennepfeffer)
¼ TL Salz
2 EL heißes Wasser
4 EL Usli Ghee (S. 52) oder Öl (vorzugsweise Sesamöl)
1 TL schwarze Senfkörner

1. Kokosnuß, Joghurt, Korianderblätter, Chilis, Salz und heißes Wasser in der Küchenmaschine fein pürieren. In eine kleine Schüssel gießen.
2. Usli Ghee oder Öl in einer kleinen Pfanne erhitzen. Senfkörner vorsichtig zugeben. Einen Deckel bereithalten, da die Senfkörner springen, wenn sie ins heiße Fett kommen. Wenn die Senfkörner grau anlaufen, Usli Ghee und Senfkörner über das Kokospüree schütten. Gründlich durchmischen, mit Salz abschmecken und servieren.

Anmerkung: Dieses Chutney kann auf Vorrat zubereitet und im Kühlschrank aufbewahrt werden. Mindestens 15 Minuten vor dem Servieren aus dem Kühlschrank nehmen.

Mango-Chutney
(Aam Chutney)

Wenn im Sommer die Saison der Mangos in Nordindien gekommen ist, findet man dieses Chutney überall als Beilage, vor allem zu vegetarischen Speisen. Das traditionelle Rezept ist ziemlich scharf, servieren Sie also nur einige Teelöffel pro Person.

Ergibt 3 Tassen

1—2 grüne, rohe Mangos (ca. 600 g)
80 g frische Minzblätter
2 TL gemahlener Kreuzkümmel
2 EL gemahlener Koriander
¼ TL Cayennepfeffer
¼ TL gemahlene Nelken
¼ TL geriebene Muskatnuß
¼ TL getrocknetes Ingwerpulver
1 TL Salz
3 EL Zucker oder Melasse

1. Mango schälen, entkernen und das Fruchtfleisch in 1 cm große Stücke schneiden.
2. Mango mit allen anderen Zutaten in der Küchenmaschine oder mit dem Pürierstab pürieren. Abschmecken und nach Belieben mehr Zucker und Salz zugeben. Das Chutney in eine kleine Servierschüssel umfüllen und vor dem Servieren gut kühlen.

Anmerkung: Dieses Chutney sollte nicht länger als einige Stunden vor dem Servieren zubereitet werden, da die Gewürze sonst ihr Aroma einbüßen.

Tomaten-Chutney
(Tamatar Chutney)

Dieses leuchtendrote Tomaten-Chutney wird mit Ingwer und Nelken aromatisiert. Es hat die Konsistenz von Ketchup und paßt ausgezeichnet zu Speisen, die in Öl ausgebacken werden.

Ergibt gut 3 Tassen

900 g rote, reife Tomaten, blanchiert, geschält und feingehackt
1 mittelgroße Zwiebel, geschält und feingehackt
1½ TL feingehackter Knoblauch
6 EL Apfelessig
¼ TL gemahlene Nelken (nach Belieben)
1½ TL Ingwerpulver
½ TL Paprika
¼–½ TL Cayennepfeffer
200 g Zucker
1 TL Salz

1. Tomaten, Zwiebel und Knoblauch in einem schweren, emaillierten Topf zum Kochen bringen. Die Hitze reduzieren und offen köcheln lassen, bis die Tomaten weich sind und sich zu einem dicken Püree eingekocht haben (in etwa 45 Minuten). Von Zeit zu Zeit umrühren, damit sie nicht anbrennen.
2. Das Püree durch ein Sieb streichen. Rückstände wegwerfen.
3. Püree wieder in den Topf geben, die übrigen Zutaten hinzufügen und wieder aufkochen lassen. Auf geringere Hitze schalten und offen 30 Minuten köcheln lassen, bis die Sauce dick und glänzend ist. Besonders während der letzten Minuten sehr häufig umrühren, da die Sauce sich leicht anlegt. Hitze abschalten. Das Chutney sofort in sterilisierte Gläser abfüllen und verschließen oder ganz abkühlen lassen, in Gefrierbehälter abfüllen und einfrieren. Dieses Chutney kann frühestens nach 2 Tagen gegessen werden. Nach dem Öffnen im Kühlschrank aufbewahren.

Anmerkung: Im Kühlschrank hält sich dieses Chutney mehrere Monate.

Scharfes Tomaten-Chutney aus Hyderabad

(Hyderabadi Tamatar Chutney)

Dieses fleischige, saucenähnliche Tomaten-Chutney ist pikant und schmeckt deftig nach Knoblauch. Als Spezialität der Stadt Hyderabad paßt es ausgezeichnet zu allen mogulischen Gerichten mit Rahm- oder Joghurt-Sauce. Nach Belieben können Sie es durch weitere Zugabe von Cayennepfeffer oder grünen Chilischoten (oder von beiden) noch schärfer machen.

Ergibt etwa 2 Tassen

4 mittelgroße, reife Tomaten (etwa 500 g)
½ Tasse leichtes Pflanzenöl
⅓ TL Kreuzkümmel
8 kleine Knoblauchzehen, geschält
6—8 grüne Chilischoten, aufgeschlitzt und entkernt
1—2 TL Cayennepfeffer
1 TL Paprika
½ TL Salz

1. Tomaten waschen und trockentupfen. In ½ cm dünne Schnitze zerteilen.
2. Öl in einem schweren, emaillierten Topf erhitzen. Wenn das Öl sehr heiß ist, den Kreuzkümmel darin in etwa 10 Sekunden dunkelbraun rösten, Knoblauch und ganze Chilischoten zugeben und 1 Minute braten. Tomatenstücke und die übrigen Zutaten einrühren und 2—3 Minuten schmoren. Die Wärmezufuhr reduzieren und die Tomaten offen etwa 1 Stunde zu einer dicken Sauce einkochen lassen. Gelegentlich umrühren, damit die Sauce nicht anbrennt. (Sehr vorsichtig und langsam umrühren, damit die Tomatenstücke nicht zerfallen.) Abkühlen lassen und bei Zimmertemperatur servieren.

Anmerkung: Dieses Chutney hält sich bei Zimmertemperatur gut einen Tag, im Kühlschrank eine Woche. Es läßt sich ohne weiteres einfrieren. Gut auftauen und vor dem Servieren Zimmertemperatur annehmen lassen.

Tamarinden-Chutney

(Imli Chutney)

Dieses Chutney ist süß-sauer und scharf und hat die Konsistenz einer Rahmsauce. Es paßt gut zu Samosas (S. 102) und zu Seidigen Bohnenklößchen (S. 100).

Ergibt etwa 4 Tassen

100 g Tamarinde
50 g Melasse oder brauner Zucker
50 g Rosinen
50 g entkernte, feingehackte Datteln
1½ TL gemahlener, gerösteter Kreuzkümmel
1 TL Mughal Garam Masala (S. 41) oder Garam Masala (S. 42)
1 TL Ingwerpulver
¼–½ TL Cayennepfeffer
1 TL Salz
1 TL schwarzes Salz (Kala Namak) (nach Belieben)

1. Tamarinde in einer Schüssel mit ¼ l kochendem Wasser übergießen. Zudecken und ½ Stunde weichen lassen. Fruchtfleisch mit der Rückseite eines Löffels oder mit den Fingern zu einer dicken Sauce zerdrücken. ⅜ l kochendes Wasser zugießen, gut verrühren und stehenlassen, bis es nur mehr lauwarm ist. Das Fruchtfleisch noch einmal 1 Minute durcharbeiten. Saft durch ein Sieb oder ein Stück Gaze in eine andere Schüssel drücken. Sehr gut auspressen und die faserigen Rückstände wegwerfen.
2. Die restlichen Zutaten einrühren. Zudecken und mindestens 4 Stunden bei Zimmertemperatur oder über Nacht im Kühlschrank stehenlassen.

Anmerkung: Dieses Chutney hält sich im Kühlschrank eine Woche und läßt sich gut einfrieren. Langsam und gründlich auftauen lassen.

Varianten:

Bananen-Tamarinden-Chutney: Halten Sie sich an vorstehendes Rezept und ersetzen Sie die Hälfte des Zuckers durch eine große, reife Banane, die Sie vorher in Scheiben geschnitten haben.

Ingwer-Tamarinden-Chutney: Halten Sie sich an das Rezept für Tamarinden-Chutney, lassen Sie jedoch die Datteln weg und geben Sie dafür 2—3 EL frisch geraspelte Ingwerwurzel und eine kleine, in dünne Scheiben geschnittene Zwiebel hinzu.

Pickles
(Achar)

Süßes Zitronen-Pickle mit Kreuzkümmel (Meetha Sabat Nimboo Achar)
Scharfes Zitronen-Pickle (Garam Nimbo ka Achar)
Mango-Ingwer-Pickle (Aam ka Achar)

Eine vegetarische Mahlzeit ohne ein oder zwei Pickles ist in Indien fast nicht denkbar. Bei den armen Bauern und Arbeitern besteht das Mittagessen oft nur aus Brot und aus mit Joghurt vermischtem Reis. Dazu gibt es würzige Pickles, die die Funktion einer Beilage übernehmen müssen. Pickles werden auch gerne zu Picknicks und auf lange Reisen mitgenommen.

Es gibt viele Inder, die sich weigern, Speisen zu essen, die nicht von Mitgliedern ihrer religiösen Sekte zubereitet wurden. Wenn sie zwei oder drei Tage verreisen, nehmen sie nur Brot und einige Pickles mit.
In Indien legt man praktisch alles ein: Gemüse, Fleisch, Obst, Nüsse und Beeren. Pickles können ebensogut sehr mild wie auch sehr scharf sein, aber alle werden mit aromatischen Gewürzen zubereitet. Manche Pickles brauchen bis zu einem Jahr, bis sie gereift sind. Deshalb werden die Zutaten ganz gelassen oder nur in große Stücke zerteilt.
Wesentlich bei der Zubereitung von Pickles ist, daß sie der Sonne ausgesetzt werden. Die Sonne tötet Bakterien und Schimmelpilze ab. Deswegen werden Pickles vornehmlich im Sommer hergestellt, was auch den Vorteil hat, daß es dann die meisten Gemüse auf dem Markt gibt.
Viele Ostasienläden führen ein großes Sortiment an Pickles aller Geschmacksrichtungen. Probieren Sie am besten einige aus und bleiben Sie dann bei denen, die Ihnen am besten zusagen.
Das Einlegen von Pickles ist das wohlgehütete Geheimnis der indischen Frauen; mit ihnen kann kein kommerzielles Unternehmen mithalten. Jede Familie hat ihre eigenen Rezepte und Zutaten, die an Außenstehende nicht verraten werden. Manchen Hausfrauen sagt man nach, daß sie eine besonders glückliche Hand beim Einlegen von Pickles haben. Was immer sie auch anfassen, es gelingt ihnen aufs beste. Diese begnadeten Menschen beliefern dann meist die gesamte Familie inklusive weitverzweigte Verwandtschaft mit Pickles.
Die Zitronen-Pickles in diesem Kapitel habe ich ganz besonders wegen der einfachen Herstellung und des köstlichen Aromas ausgesucht. In hübsche Gläser gefüllt, ergeben sie attraktive Geschenke.

Süßes Zitronen-Pickle mit Kreuzkümmel

(Meetha Sabat Nimboo Achar)

Ergibt etwa 1-Liter-Glas

9 Zitronen (etwa 700 g)
2 EL Salz
1 EL gemahlener Kreuzkümmel
1 EL schwarzer Pfeffer
600 g Zucker
2 EL Rosinen (nach Belieben)
1 TL schwarze Pfefferkörner (nach Belieben)
5—6 getrocknete, rote Chilischoten (nach Belieben)

1. Zitronen unter fließendem kaltem Wasser waschen und gut abtrocknen. (Wenn die Oberfläche der Zitrone noch feucht ist, verdirbt das Pickle.)
2. 6 Zitronen von oben bis auf 1 cm vierteln, so daß die Viertel noch miteinander verbunden sind. Den Saft der übrigen 3 Zitronen in eine kleine Schüssel pressen.
3. Salz, Kreuzkümmel und schwarzen Pfeffer miteinander vermischen und in die 6 aufgeschnittenen Zitronen hineinstreichen. Vorsichtig vorgehen, damit die Viertel nicht auseinanderbrechen. Leicht zusammendrücken und in ein Glas oder ein Keramikgefäß geben. (Die Zitronen müssen gut hineinpassen und dürfen nicht zerdrückt werden.) Den ausgepreßten Zitronensaft darübergießen. Den Behälter mit einem Stück Seihtuch abdecken und zubinden. Das poröse Seihtuch hält Staub und andere Fremdstoffe ab, erlaubt jedoch freie Luftzirkulation. Die Zitronen in Salz und Gewürzen 7 Tage marinieren lassen. Während dieser Zeit möglichst dem Sonnenlicht aussetzen (ein sonniges Fensterbrett ist ideal).
4. Am 8. Tag die Flüssigkeit aus dem Glas in einen emaillierten Topf gießen und die Zitronen leicht pressen. Zucker zugeben, auf kleiner Flamme auflösen und leise köcheln lassen. Oft umrühren, damit nichts anbrennt. Wenn sich der Zucker ganz aufgelöst hat, die Zitronen zugeben und 10 Minuten schwach kochen. Die Kochplatte abschalten und nach Belieben Rosinen, schwarze Pfefferkörner und Chili-

schoten einrühren. Alles in sterilisierte Gläser abfüllen. Gut abkühlen lassen und mit einem gutsitzenden Deckel verschließen. Mindestens 3 Wochen, besser aber 10 Wochen stehenlassen und erst dann servieren.

Scharfes Zitronen-Pickle

(Garam Nimboo ka Achar)

Ergibt etwa 1-Liter-Glas

1½ TL schwarze Senfkörner
1 TL Bockshornkleesamen
2 EL Cayennepfeffer
1 EL Kurkuma
½ TL gemahlener Asant
3 EL Salz
¼ l leichtes Sesam- oder Erdnußöl
6 Zitronen (etwa 450 g)

1. Eine kleine Bratpfanne auf mittlerer Kochstufe erhitzen. Senfkörner und Bockshornkleesamen darin anrösten, bis die Senfkörner grau und die Bockshornkleesamen dunkelbraun sind (etwa 5 Minuten). Dabei ständig rühren, damit letztere nicht ungleichmäßig bräunen. Cayennepfeffer, Kurkuma und Asant gleichzeitig zugeben und 10—15 Sekunden rasch rühren, damit die gemahlenen Gewürze leicht angeröstet sind. Die Gewürze in eine kleine Schüssel geben und kurz abkühlen lassen. Gewürze in der Kaffeemühle fein mahlen oder im Mörser fein zerstoßen. Gewürze wieder in die Schüssel geben, Salz einrühren und beiseite stellen.
2. Zitronen unter fließendem kalten Wasser abspülen und gut abtrocknen (es darf keine Feuchtigkeit auf den Zitronen zurückbleiben, da sonst das Pickle verdirbt). Jede Zitrone in 8 Scheiben schneiden und beiseite stellen.
3. Öl in einem emaillierten Topf stark erhitzen, dann die Kochplatte abdrehen. Gewürze zugeben, ein- bis zweimal umrühren und die Zitronenstücke hinzufügen. Alles gut umrühren, dann in sterilisierte Gläser abfüllen. Gut abkühlen lassen, dann die Gläser mit einem gutsitzenden Deckel verschließen. Mindestens 15 Tage stehenlassen, dabei einmal täglich umrühren.

Mango-Ingwer-Pickle

(Aam ka Achar)

Ergibt etwa 6 Tassen

2—3 sehr grüne, rohe Mangos
½ Tasse kleingeschnittene, frische Ingwerwurzel
½ EL Salz
1½ TL Cayennepfeffer
3 EL leichtes Sesam- oder anderes Pflanzenöl
1½ TL schwarze Senfkörner

1. Mangos unter fließendem kalten Wasser waschen und gut abtrocknen. (Es darf keine Feuchtigkeit mehr an den Mangos sein, sonst verdirbt das Pickle.)
2. Fruchtfleisch mit der Schale in 1 cm große Würfel schneiden und in eine Schüssel geben. Ingwerwurzel, Salz und Cayennepfeffer zugeben und gut verrühren.
3. Öl in einer kleinen Pfanne erhitzen und die Senfkörner darin anrösten, bis sie sich grau verfärben. Einen Deckel bereithalten, da die Senfkörner, wenn sie ins heiße Öl kommen, springen. Das Öl mit den Senfkörnern über die Mangowürfel gießen. Gut umrühren. ½ Stunde ruhen lassen und dann servieren.

Nachspeisen

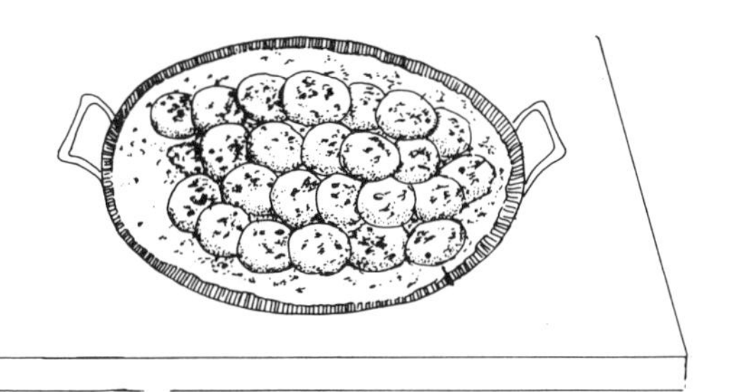

Nachspeisen
(Meetha)

Milch-Pudding (Basoondi)
Karotten-Pudding mit Kardamom und Pistazien (Gajar ki Kheer)
Safran-Mandel-Pudding (Badaam Kheer)
Kokosnuß-Pudding (Payasam)
Grieß-Rosinen-Pudding (Sooji Halwa)
Mandel-Reis-Dessert (Firni)
Indischer Pfannkuchen (Malpoora)
Quarkbällchen in Pistazien-Rahm-Sauce (Ras Malai)
Mangos mit Rahm (Malai Aam)
Mango-Creme

Indische Mahlzeiten schließen immer mit einer Nachspeise ab, die traditionell in kleinen Schüsselchen auf der Thali serviert wird. Indische Nachspeisen werden zumeist aus Milch gemacht und ähneln Sahnepuddings oder Cremes. Einige werden ganz frisch, noch warm, serviert, andere zu Eiscreme gefroren, die meisten jedoch ungekühlt oder gut gekühlt serviert.
Viele der ausgezeichneten Desserts sind hierzulande völlig unbekannt. Das liegt daran, daß indische Restaurants Desserts mit spektakulären Farben und Formen oder Konfekt als Nachtisch servieren, das sich besser bevorraten läßt. Zwar ist Konfekt auch ein beliebter indischer Nachtisch, aber ebenso typisch sind die Milchpuddings, die erst in jüngster Zeit in einigen guten Restaurants wieder in Mode gekommen sind.

Milch-Pudding
(Basoondi)

Basoondi ist im wesentlichen nichts anderes als gesüßter Rabadi (siehe S. 56), mit Pistazien und Mandeln verfeinert. In Indien wird dieses Dessert ungekühlt gegessen. Ich finde aber, daß es gut gekühlt noch feiner und milder schmeckt.

Für 4—6 Personen

2 l Milch
3 EL Honig oder Zucker
2 EL blanchierte Mandeln, fein gestiftelt
2 EL ungesalzene Pistazien, fein gestiftelt
2—3 Blätter Silberfolie (Vark), nach Belieben

1. Bereiten Sie nach der Anleitung auf S. 56 Eingedickte Milch (Rabadi) zu, kochen Sie jedoch die Milch nur auf gut ½ l ein.

2. Honig oder Zucker und je 1 EL Pistazien und Mandeln einrühren.
3. Pudding in Dessertschüsselchen abfüllen und mit den restlichen Pistazien und Mandeln garnieren. Wenn Sie Vark verwenden, dann jede Portion mit einem kleinen Stückchen dekorieren. Vor dem Servieren gut kühlen.
Als Variante können Sie Ananasstücke einrühren oder ½ TL zerstoßene Safranfäden.

Karotten-Pudding mit Kardamom und Pistazien

(Gajar ki Kheer)

Sie müssen kein Karottenfreund sein, um trotzdem Ihre Freude an diesem delikaten Pudding zu haben. Er gehört zu den Lieblingsdesserts der Pandschabis, ist aber darüber hinaus in ganz Nordindien beliebt. Geriebene Karotten werden mit dicker Milch eingekocht. Manchmal gibt man noch ein wenig Reis zu, um dem Gericht noch mehr Körper zu verleihen. Diese Nachspeise schmeckt gut gekühlt am besten.

Für 6—8 Personen

1 l Milch
2 EL Langkornreis
ca. 450 g Karotten, geschält und gerieben
100 g Zucker
2 EL Mandelsplitter
⅓ TL gemahlener Kardamom
1 TL Rosenwasser
⅛ l Crème fraîche, besser dicke süße Sahne
2 EL gehackte, rohe Pistazien

1. Milch in einem schweren 3-Liter-Topf zum Kochen bringen. Reis zugeben und umrühren. Die Hitze auf mittlere Stufe zurückschalten und die Milch 20 Minuten kochen lassen. Danach ist der Reis gar und die Milch um die Hälfte reduziert. Oft umrühren, damit sich keine Haut bildet.
2. Karotten zugeben und 15 Minuten kochen lassen, bis die

Karotten gekocht und fast die ganze Milch von den Karotten aufgenommen worden ist. Oft umrühren. Der Topfinhalt soll wie eine dicke Sauce aussehen.
3. Zucker und Mandeln zugeben und unter ständigem Rühren köcheln lassen, bis ein sehr dicker Pudding entstanden ist, der beginnt, sich am Topfboden anzulegen (etwa 10 Minuten). Vom Herd nehmen und den Pudding auf Zimmertemperatur abkühlen lassen.
4. Kardamom, Rosenwasser und Crème fraîche bzw. Sahne einrühren. Mit Plastikfolie abdecken und gut kühlen. Wenn der Pudding zu dick geworden ist, können Sie ihn mit etwas Milch verdünnen. In Dessertschälchen mit gehackten Pistazien garniert servieren.

Safran-Mandel-Pudding

(Badaam Kheer)

Dieser naturseidenfarbige Pudding hat die Konsistenz eines italienischen Zabaione. Er wird entweder heiß oder gut gekühlt serviert. Mir schmeckt er gut gekühlt am besten, weil der Safran- und der Mandelgeschmack im heißen Pudding zu intensiv sind.

Für 8 Personen

150 g blanchierte Mandeln
1⅛ l Milch
2 EL Usli Ghee (S. 52) oder leichtes Pflanzenöl
3 EL Mandelsplitter oder -stifte zum Garnieren (nach Belieben)
3—4 EL Grieß
150 g Zucker
½ TL Safranfäden

1. Mandeln in eine Schüssel geben, mit kochendem Wasser übergießen und mindestens 2 Stunden stehen lassen. Wasser abgießen und etwa ¼ l des Einweichwassers aufheben.
2. Mandeln mit diesem Wasser im Mixer pürieren. Milch zugeben und 1—2 Sekunden mixen.
3. Usli Ghee in einem hohen, emaillierten Topf erhitzen und die Mandelsplitter darin goldgelb sautieren. Mit einem

Schaumlöffel herausnehmen, auf Küchenpapier abtropfen lassen und zum Garnieren aufheben.
4. Grieß in den Topf geben und 5 Minuten unter Rühren gleichmäßig anbräunen. Mandelmilchmasse unter ständigem Rühren zugießen und zum Kochen bringen. Hitze reduzieren und zugedeckt 20 Minuten kochen lassen. Dabei häufig umrühren. Zucker beifügen und weitere 5 Minuten schwach kochen. Der Pudding soll jetzt die Konsistenz einer dünnen, körnigen Vanillesauce haben. Er dickt durch das Abkühlen aber beträchtlich an.
5. Safranfäden zwischen den Fingern zerdrücken und in den Pudding einrühren. Wenn er auf Zimmertemperatur abgekühlt ist, in den Kühlschrank stellen. Vor dem Servieren die Konsistenz prüfen. Ist er zu dick, mit etwas Milch verdünnen. In Dessertschälchen mit Mandelsplittern garniert servieren.

Anmerkung: Dieser Pudding kann im voraus zubereitet und bis zu 5 Tage im Kühlschrank aufbewahrt werden.

Kokosnuß-Pudding

(Payasam)

Dieses traditionelle Hochzeitsdessert wird in Indien (meist aus Mangel an Kühlmöglichkeit) warm gegessen. Ich mag den Pudding lieber gut gekühlt, weil dann die Kokosnuß süßer schmeckt und besser zur Geltung kommt.

Für 6—8 Personen

5 EL gelbe, halbe Mungobohnen (Moong Dal)
1 EL gelbe, halbe Erbsen (Channa Dal)
2 EL Usli Ghee (S. 52) oder Butter
½ l Milch
¼ l Kokosmilch (S. 49)
100 g brauner Zucker
¼ TL gemahlener Kardamom
2 TL Maisstärke, aufgelöst in 2 EL Milch oder Wasser

1. Mungobohnen und Erbsen nach der Anleitung auf S. 249 waschen und verlesen. Trocknen.
2. Usli Ghee oder Butter in einem schweren Topf erhitzen. Mungobohnen und Erbsen zugeben und 2 Minuten unter raschem Rühren sautieren. Mit gut ½ l kochendem Wasser aufgießen und leicht abgedeckt bei mittlerer Hitze 35 Minuten weichkochen. Öfters nachsehen, ob das Wasser nicht zu schnell verkocht.
3. Hitze verstärken, ¼ l Milch zugießen und offen weitere 5 Minuten kochen lassen. Gelegentlich umrühren. Vom Herd nehmen. Die Mischung kurz abkühlen lassen, dann mit dem Pürierstab oder in der Küchenmaschine glatt pürieren.
4. Das Püree in den Topf zurückgeben und Kokosmilch, braunen Zucker, Kardamom, den restlichen ¼ l Milch und die Maisstärkemischung gut einrühren. Leise köcheln lassen, bis der Pudding andickt. Ständig rühren, damit sich keine Klumpen bilden. Abkühlen lassen und im Kühlschrank kühlstellen. Es bildet sich eine Haut, die Sie mit dem Schneebesen unterrühren können. In Dessertschüsselchen servieren.

Anmerkung: Diese Nachspeise hält sich im Kühlschrank bis zu vier Tage. Danach bekommt die Kokosmilch einen ranzigen Geruch.

Grieß-Rosinen-Pudding

(Sooji Halwa)

Wenn dieser Pudding auch Halwa heißt, hat er mit dem türkischen oder griechischen Halwa nicht das geringste zu tun. Sooji Halwa sollte, wenn richtig zubereitet, wie tausende winzige Perlen mit Ghee und hellem Sirup benetzt aussehen. Diese fragile Masse hat die Farbe von Weizen und ist die Nachspeise, die in Indien am häufigsten auf den Tisch kommt.

Für 6—8 Personen

10 EL Zucker
gut ½ l Wasser
4 EL Rosinen
knapp ¼ l Usli Ghee oder indisches Pflanzenöl
150 g Grieß
¼ TL gemahlener Kardamom
⅛ l Crème fraîche, besser dicke süße Sahne (nach Belieben)

1. Zucker in einem schweren Topf mit dem Wasser bei milder Hitze unter Rühren auflösen. Rosinen einrühren und beiseite stellen.
2. Usli Ghee bei mittlerer Hitze in einer großen Pfanne mit nichthaftendem Boden erhitzen. Grieß zugeben und in etwa 10 Minuten goldbraun rösten. Dabei ständig rühren, damit der Grieß gleichmäßig bräunt. Rosinen-Zucker-Sirup zugießen, gut verrühren und aufkochen lassen. Die Wärmezufuhr drosseln und den Grieß offen 8—10 Minuten quellen lassen. Die Butter beginnt sich dann vom Pudding abzusetzen. Während dieser 10 Minuten häufig rühren. Kardamom zugeben, verrühren und vom Herd nehmen.

Dieser Pudding kann heiß, warm oder mit Zimmertemperatur serviert werden. Nach Belieben einige Löffel Crème fraîche bzw. Sahne drübergeben.

Anmerkung: Dieser Pudding hält sich im Kühlschrank mehrere Wochen. Er läßt sich auch gut einfrieren. Vor dem Aufwärmen ganz auftauen lassen.

Mandel-Reis-Dessert

(Firni)

Dieser Pudding ist von zurückhaltender Süße, mit Rosenduft aromatisiert, mit Mandelsplittern und Pistazien garniert und von einem rubinroten Granatapfelstück gekrönt.

Für 8 Personen

Mandelmilch:
50 g blanchierte Mandeln
knapp ¼ l kochendes Wasser

5 EL Reismehl
⅜ l Milch
½ l Sahne
10 EL Zucker
2 TL Rosenwasser
2 EL feingehackte oder gemahlene, ungesalzene Pistazien
2 EL feingehackte oder gemahlene blanchierte Mandeln
8 EL frisches Granatapfelfruchtfleisch oder 8 feste reife Erdbeeren

1. Die Zubereitung der Mandelmilch: Blanchierte Mandeln in einer Schüssel mit kochendem Wasser übergießen. Zudecken und mindestens 15 Minuten stehenlassen. Alles zusammen in der Küchenmaschine oder mit dem Pürierstab fein pürieren. Diese Masse durch eine doppelte Lage Seihtuch seihen und dabei soviel Mandelmilch wie möglich herauspressen (etwa ¼ l).
2. Reismehl in die Mandelmilch einrühren und beiseitestellen.
3. Milch, Sahne und Zucker in einem schweren Topf aufkochen lassen, dabei ständig rühren. Die Wärmezufuhr drosseln. Die Reis-Mandel-Mischung noch einmal durchrühren, dann zu der Milch und der Sahne geben und mit einem Schneebesen einrühren, damit die Masse nicht klumpt. Bei geringer Wärmezufuhr leicht andicken lassen. Die Masse wird beim Abkühlen noch dicker.
4. Die Masse gut abkühlen lassen. Gehen Sie sicher, daß keine Klümpchen darin sind. (Sollte dies der Fall sein, die Masse durch ein feines Sieb passieren. Auf keinen Fall in

die Küchenmaschine geben, sonst wird sie dünnflüssig.) Rosenwasser einrühren, zudecken und gut kühlen. Es wird sich eine Haut bilden, die aber mit dem Schneebesen unterrührt werden kann. Zum Servieren in Dessertschälchen verteilen, mit gehackten Mandeln und Pistazien garnieren und jeweils in die Mitte 1 TL Granatapfelfruchtfleisch oder eine reife Erdbeere geben.

Anmerkung: Dieses Dessert hält sich bis zu 4 Tage im Kühlschrank. Es läßt sich nicht einfrieren.

Indischer Pfannkuchen

(Malpoora)

Malpoorateig enthält normalerweise keine Eier und wird im schwimmenden Fett ausgebacken. Ich persönlich füge zur besseren Bindung des Teigs ein Ei zu und brate diese Pfannkuchen wie andere auch.
Das Ausbacken im schwimmenden Öl macht den Pfannkuchen zu fett und schwer. Außerdem sieht der Pfannkuchen aus der Pfanne schöner aus.

Für 6—8 Personen

70 g Vollkornmehl
70 g Weizenmehl
knapp ¼ l Crème fraîche, besser dicke süße Sahne
¼ l Milch
4—5 EL Zucker
1 großes Ei
1 TL zerstoßene Fenchelsamen
2 EL zerlassene Usli Ghee (S. 52), indisches Pflanzenfett oder Butter
eine Prise Salz
⅛ l Usli Ghee, indisches Pflanzenöl oder Butter zum Braten der Pfannkuchen

1. Alle Zutaten außer dem ⅛ l Usli Ghee mit dem Mixer zu einem Teig verrühren. Zudecken und ½ Stunde bei Zimmertemperatur oder 2 Stunden im Kühlschrank ruhen lassen. (Der Teig hält sich im Kühlschrank bis zu einem Tag.)
2. In einer Crêpepfanne oder normalen Bratpfanne 1 TL Usli Ghee heiß werden lassen und 2—3 EL Teig eingeben. Die Pfanne schwenken, damit sich der Teig verteilt, und ca. 2 Minuten braten. Wenden und ½ Minute braten. Herausnehmen und mit dem restlichen Teig ebenso verfahren.

Anmerkung: Diese Pfannkuchen können mehrere Stunden im voraus zubereitet und in der Pfanne kurz aufgewärmt werden.

Serviervorschläge:
- Die zusammengefalteten Pfannkuchen auf eine vorgewärmte Platte legen und mit etwas gemahlenem Kardamom und gehackten Pistazien bestreuen.
- Jeden Pfannkuchen leicht mit Melasse oder Honig bepinseln, dann zusammenfalten und mit Nüssen bestreuen.
- Die Pfannkuchen in Zuckersirup tauchen. Einmal zusammenfalten. Mit gehackten Pistazien bestreut servieren und Crème fraîche bzw. Sahne dazu reichen.

Zubereitung von Zuckersirup:
220 g Zucker mit 6 grünen Kardamomkapseln und ½ l Wasser aufkochen und offen 5 Minuten bei großer Hitze ko-

chen lassen. Den Sirup auf Zimmertemperatur abkühlen lassen; erst dann die Pfannkuchen eintauchen.

Quarkbällchen in Pistazien-Rahm-Sauce

(Ras Malai)

Ras Malai hat einen sehr raffinierten Geschmack, und dabei wird diese Nachspeise aus den einfachsten Zutaten — Milch und Zucker — zubereitet. Die Begalen und die Bewohner des Pandschab streiten sich um die Ehre, diese Köstlichkeit erfunden zu haben. Wie dem auch sei: Diese Quarkbällchen sind das eleganteste Dessert der indischen Küche.
Milch wird in zwei Formen verwendet: als Quark (Chenna) und als eingedickte Milch (Rabadi). Der Quark wird zu Bällchen geformt und behutsam in Sirup geköchelt. Danach werden die Quarkbällchen mit Pistazien und Mandeln bestreut. Ras Malai schmeckt gut gekühlt am besten.

Für 8 Personen

Rahmsauce:
1¼ l Milch

Milch in einem flachen Topf zum Kochen bringen. Die Hitze auf mittlere Stufe zurückschalten. Milch in 1¼ Stunden auf ⅜ l einkochen lassen. Ab und zu umrühren, damit die Milch sich nicht am Boden ansetzt und sich keine Haut bildet. (Die Haut verhindert, daß Dampf entweichen kann und verlangsamt das Einkochen.) Die eingedickte Milch kurz abkühlen lassen. Soll sie noch glatter sein, können Sie sie in der Küchenmaschine kurz durcharbeiten. In eine kleine Schüssel geben, zudecken und bis zum Gebrauch kühlstellen. Durch Abkühlen wird Rabadi noch dicker.

Quarkbällchen:
2 l Milch
3—4 EL Zitronensaft
2 TL Mehl
⅛ TL Backpulver

Sirup:

1600 g Zucker
$^1/_8$ TL Weinsteinsäure
$2^1/_4$ l Wasser
1 EL Maisstärke, aufgelöst in
2 EL Wasser

1. Milch in einem schweren Topf aufkochen lassen, dann die Wärmezufuhr drosseln und 3 EL Zitronensaft zugießen. Vorsichtig rühren, bis sich Quark bildet und Molke absetzt. Wenn kein Quark ausfällt, noch etwas Zitronensaft zugießen.
2. Den Quark durch 3—4 Lagen Seihtuch in einen Durchschlag geben. 10 Sekunden unter fließendem Wasser spülen. Die vier Ecken des Seihtuchs verknoten. So viel Wasser wie möglich herauspressen und den Quark $1^1/_2$ Stunden zum Abtropfen aufhängen. Es sollen etwa 300 g Quark entstehen.
3. Quark auf der Arbeitsfläche 5 Minuten mit leichtem Druck zu einer Art Teig kneten und dann zu einem dünnen Kreis formen. Mehl und Backpulver mehrmals miteinander durchsieben. Die Mehlmischung gleichmäßig über den Quark streuen und einarbeiten. Der geknetete Quarkteig ist sehr weich, feucht und klebrig.

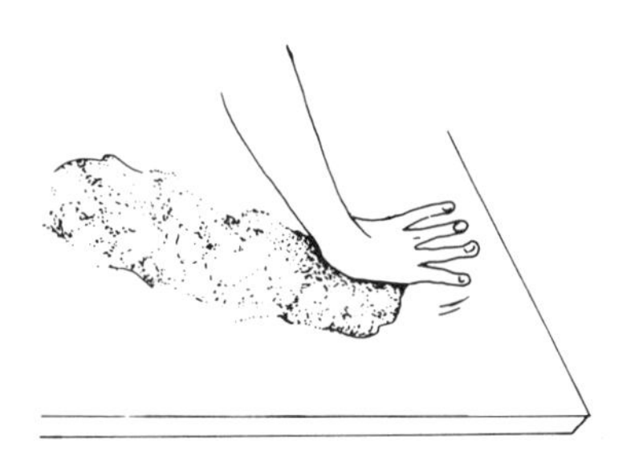

4. Den Quarkteig in 16 gleiche Portionen teilen und zu Bällchen formen. Mit der Hand flachdrücken und auf die Arbeitsfläche legen, während Sie den Sirup vorbereiten.
5. Zucker mit Weinsteinsäure und $2^1/_4$ l Wasser in einem schweren 5-Liter-Topf mit gutsitzendem Deckel zum Ko-

chen bringen. Ab und zu umrühren, damit sich der Zucker auflöst. Offen auf starker Hitze kochen, bis das Zuckerthermometer 110° C anzeigt. Unter raschem Rühren die aufgelöste Maisstärke zugießen. Wärmezufuhr verringern, bis der Sirup nur mehr schwach köchelt.

6. Die Quarkbällchen in den Sirup einlegen und offen ½ Minute köcheln lassen. (Dadurch werden die Bällchen so vorgekocht, daß sie beim folgenden Garprozeß nicht mehr auseinanderfallen.)

7. Hitze verstärken und Sirup zum Kochen bringen. Den Topf zudecken und die Quarkbällchen darin 20 Minuten kochen lassen. Die Kochtemperatur muß während dieser Zeit möglichst konstant bleiben, damit der Sirup nicht zu dick wird. Das erreicht man, indem alle 3 Minuten 3—4 EL kaltes Wasser zugegeben werden (insgesamt etwa ¼ l). Die gegarten Bällchen gehen auf und schwimmen an der Oberfläche. Vom Herd nehmen.

8. ⅜ l Sirup vorsichtig abschöpfen und in eine hohe Schüssel gießen. Mit ¾ l kaltem Wasser verdünnen. Die Bällchen in den Sirup geben, zudecken und kühl stellen.

Anrichten von Ras Malai:

16 Quarkbällchen in leichtem Sirup
gut ¼ l Rahmsauce
6 blanchierte Mandeln, gestiftelt oder gemahlen
1 EL Pistazien, ungesalzen, gestiftelt

Die Bällchen einzeln behutsam aus dem Sirup nehmen und leicht ausdrücken, damit der überschüssige Sirup ausgepreßt wird. In Rahmsauce eintunken und in einer Lage auf eine flache Servierschüssel legen. Die Mandeln in die restliche Rahmsauce geben und über die Quarkbällchen gießen. Zudecken und mindestens 2 Stunden gut durchkühlen lassen. Dabei die Bällchen öfter wenden. Vor dem Servieren mit Pistazien bestreuen.

Anmerkung: Ras Malai hält sich im Kühlschrank gut zugedeckt bis zu 5 Tage. Danach beginnt die Sauce sauer zu schmecken. Außerdem dickt sie durch das Aufheben ein. Bei Bedarf 2—3 EL Sirup oder Milch zugießen.

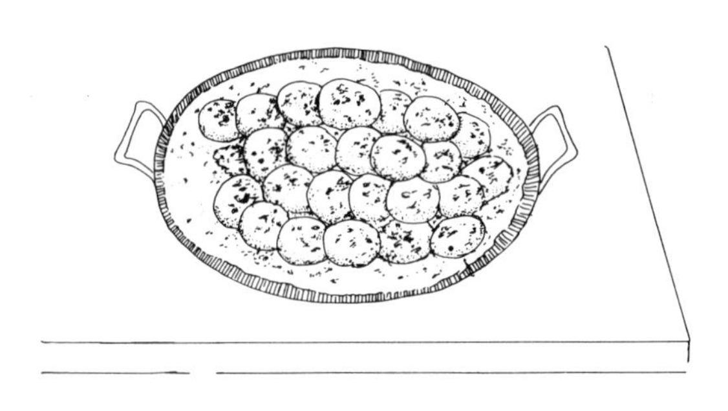

Ras Malai

Mango mit Rahm

(Malai Aam)

Malai Aam ist eine leichte und erfrischende Nachspeise nach dem sonntäglichen Brunch oder Mittagessen, ganz besonders, wenn Sie ohnehin gerne Mangos essen.

Für 8 Personen

2 große, reife Mangos (je etwa 700—900 g) oder die entsprechende Menge Mangoscheiben aus der Dose

3 EL gehackte, ungesalzene Pistazien oder Walnüsse
¼ l eingedickte Milch (Rabadi, S. 56)
2 EL Zucker

1. Mangos schälen, das Fruchtfleisch in große Stücke schneiden und in eine flache Schüssel geben. (Wenn Sie Mangos aus der Dose verwenden, diese abtropfen lassen und in eine flache Schüssel geben.) Mit Pistazien oder Walnüssen bestreuen, mit Plastikfolie abdecken und gut kühlen.
2. Rabadi und Zucker in der Küchenmaschine zu einer glatten Sauce vermischen. In eine kleine Schüssel geben, zudecken und gut kühlen. Mangoscheiben servieren und dazu Rabadi reichen.

Variante:
Statt Rabadi ⅛ l Sauerrahm mit 4 EL Obstsaft aus der Dose vermischen und mit 2 EL Zucker süßen.

Mango-Creme

Diese Nachspeise wird traditionell nur mit Mangos, Milch oder Rahm und Zucker gemacht. Ihre Konsistenz variiert zwischen der eines dünnen Milchshake und der einer dikken, puddingähnlichen Creme. Dieses Rezept ist so ausgelegt, daß wir am Schluß die Konsistenz einer dünnen Vanillesauce erreichen. Im allgemeinen enthält dieses Rezept keinen Alkohol, doch durch die Zugabe von Pfirsich- oder

Aprikosenbrandy kommt der Mangogeschmack viel besser zur Geltung.

Für 8 Personen

Fruchtfleisch einer großen Mango (ca. 1 kg)
¼ l Milch
3 EL Zucker
1½ EL Maisstärke in 3 EL Milch oder Wasser aufgelöst
¼ l dicke Schlagsahne
½ TL Mandelessenz
4 EL Aprikosen- oder Pfirsichbrandy
1 EL Zitronensaft
8 kleine Mangostücke zum Garnieren

1. Kleingeschnittenes Mangofruchtfleisch durch ein feines Sieb drücken und die faserigen Rückstände wegwerfen.
2. Milch und 2 EL Zucker bei mittlerer Hitze in einem kleinen Topf aufkochen. Wenn die Milch aufwallt, die aufgelöste Maisstärke einrühren und so lange kochen, bis die Milch andickt (etwa 2 Minuten). Gut abkühlen lassen. Das Fruchtfleisch einrühren und gut untermischen. (Sowohl das Mangofruchtfleisch wie auch die Creme können vorbereitet werden und, zusammen oder getrennt, bis zu zwei Tage im Kühlschrank aufbewahrt werden.)
3. Die Schlagsahne steifschlagen, dann die Mandelessenz und den restlichen EL Zucker einrühren. Zudecken und bis zum Gebrauch kühl stellen.
4. Brandy und Zitronensaft in die Mango-Creme rühren. Vorsichtig die Schlagsahne unterheben. Auf 8 Dessertschüsselchen aufteilen. (Sie können auch nur die Hälfte Schlagsahne unterheben und die restliche Hälfte als Häubchen daraufsetzen.) Mit einem Stück Mango garnieren. Vor dem Servieren gut kühlen.

Anmerkung: Mango-Creme kann zwei Stunden vor dem Servieren zubereitet werden.

Konfekt und Getränke

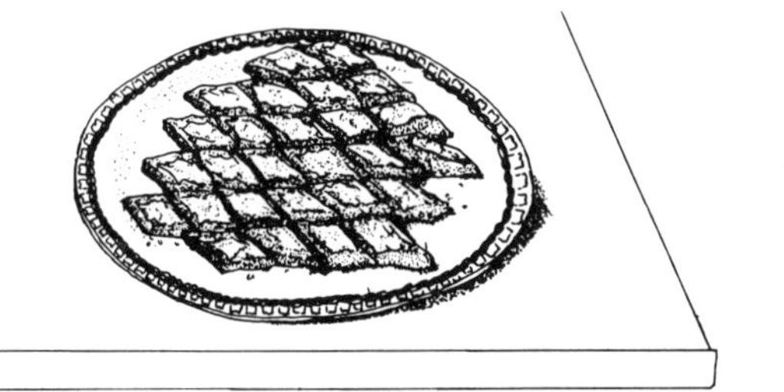

Alle Inder scheinen als Leckermäuler auf die Welt zu kommen. Ein Tag ohne Süßigkeiten ist undenkbar. Inder sind nicht darauf versessen, weil sie Zucker so gerne mögen, sondern weil indische Süßigkeiten absolut unwiderstehlich sind.
Es gibt unzählige Varianten von indischem Konfekt: Mit frischen und getrockneten Früchten, Nüssen und Gemüse und sogar Hülsenfrüchten. Viele davon werden mit Milchkonzentrat (Khoya, S. 57) hergestellt. Aromatisiert wird mit Safran, Kardamom, Rosenwasser, dekoriert mit Silberfolie (Vark), gehackten Nüssen und Zuckerglasur. Da die meisten Konfektarten fondantartige Beschaffenheit haben, halten sie sich auch über einen längeren Zeitraum.
Um die Süße etwas zu mildern, wird zu indischem Konfekt meist ein Getränk gereicht, manchmal als Kontrast auch eine würzige Vorspeise wie Samosas (S. 102).
Dieses Hin- und Herwechseln zwischen Speisen ganz verschiedenen Charakters ist ein beliebter Zeitvertreib der Inder. Man ist dabei an keine festen Tischzeiten gebunden; man ißt eben, wenn man Lust und Laune hat und das kann zu jeder Tageszeit sein.

Konfekt
(Mithai)

Kokosnuß-Konfekt (Narial Barfi)
Cashewnuß-Konfekt (Kajoo Barfi)
Mandel-Milch-Konfekt (Badaam Barfi)
Quark-Pedas (Gokul ke Pede)
Sesam-Karamellen (Gajjak)

Barfi

In Indien ißt man Barfi, ein fondantähnliches Konfekt, wie hierzulande Bonbons oder Plätzchen. Und so, wie man bei uns Pralinen mitnimmt, wenn man jemanden besucht, bringt man in Indien Barfi mit. Barfi kann mit verschiedenen Zutaten hergestellt werden — aus Nüssen, Gemüse, Obst, Linsen, Mehl und Milch. Die geriebenen oder gemahlenen Zutaten werden mit Zucker und manchmal auch mit Fett zu einer fondantartigen Konsistenz eingedickt, mit Gewürzen aromatisiert und auf ein gefettetes Blech gestrichen. Dann läßt man das Zuckerwerk abkühlen, dekoriert mit Silberfolie und schneidet die Masse in gleichmäßige Rechtecke oder Rauten. Barfi mit Nüssen ist normalerweise weniger süß als die anderen Arten. Die folgenden Rezepte stellen drei verschiedene Arten der Zubereitung vor.

Kokosnuß-Konfekt

(Narial Barfi)

Die schwammkuchenartige Beschaffenheit dieses Konfekts erreicht man, indem man geröstete Kokosflocken locker mit sehr dickem Sirup vermischt. Diese Technik ist vor allem im Süden Indiens sehr beliebt.

Anmerkung: Verwenden Sie nur frischgeriebene Kokosnuß. Die im Handel erhältlichen, abgepackten Kokosflocken schmecken nicht gut genug und sind deshalb ungeeignet. Als Variante können Sie 2 EL geröstete, ungesalzene, kleingehackte Cashewnüsse zu den Kokosflocken mischen.

Ergibt etwa 36 Stück

Fruchtfleisch einer mittelgroßen Kokosnuß, gerieben
400 g Zucker
eine Messerspitze Weinsteinsäure (nach Belieben)
¼ TL gemahlener Kardamom
2 EL Usli Ghee (S. 52) oder leichtes Pflanzenöl

1. Eine viereckige, flache Backform oder ein Stück Wachspapier einfetten und auf der Arbeitsfläche bereitlegen.
2. Einen großen, schweren Topf mit nichthaftendem Boden 1 Minute erhitzen. Die geriebene Kokosnuß zugeben und unter ständigem Rühren etwa 5—7 Minuten rühren, bis die Flocken trocken aussehen. Die Kokosflocken müssen schneeweiß bleiben. In eine Schüssel umfüllen.
3. Zucker, Weinsteinsäure (nach Belieben) und ¼ l kaltes Wasser im Topf unter Rühren zum Kochen bringen. Sirup offen bei mittlerer Hitze 7—10 Minuten eindicken lassen. Kokosflocken und Kardamom einrühren und 3—5 Minuten kräftig rühren. Usli Ghee zugeben und weiter kochen, bis die Masse zu schäumen und sich am Boden anzulegen beginnt (nach etwa 1 Minute). Auf keinen Fall dürfen Sie in dieser letzten Phase das Rühren unterbrechen, sonst kristallisiert der Zucker, und die Masse wird hart.
4. Die Masse sofort in die Backform oder auf das gefettete Wachspapier aufstreichen und mit einem Gummispatel gleichmäßig verteilen. (Nicht fest aufdrücken, sonst wird das Konfekt zu kompakt. Es soll leicht und locker sein.) Drei Minuten abkühlen lassen und in kleine Rechtecke schneiden.

Anmerkung: Dieses Konfekt hält sich in luftdicht abgeschlossenen Behältern monatelang frisch.

Cashewnuß-Konfekt

(Kajoo Barfi)

Dieses Konfekt wird aus Cashewnüssen gemacht, die in Wasser eingeweicht, dann zu Brei gemahlen und mit Zukker zu einer Masse gekocht werden, die an weiche Karamelbonbons erinnert.

Anmerkung: Statt der Cashewnüsse können Sie auch Mandeln, Pistazien oder Walnüsse nehmen.

Ergibt etwa 36 Stück

200 g Cashewnußkerne
150 g Zucker
1 EL Butter
2 TL Rosenwasser
3 7×7 cm große Stücke Silberfolie (Vark) (nach Belieben)

1. Cashewnußkerne in einer Schüssel mit kochendem Wasser übergießen und 1 Stunde stehen lassen. Das Wasser abgießen und die Nüsse in der Küchenmaschine oder mit dem Pürierstab des Mixers zu einer feinen Paste pürieren (falls nötig, etwas Wasser oder Milch zugeben).
2. Eine kleinere rechteckige Backform einfetten.
3. Eine nichthaftende Pfanne auf mittlerer Flamme 2 Minuten erhitzen. Die Nußcreme und den Zucker zugeben. Hitze etwas reduzieren und unter ständigem Rühren 20 Minuten kochen lassen, bis die Masse dick und klebrig ist. Butter einrühren.
4. Konfektmasse in die gefettete Backform geben, glattstreichen und gut abkühlen lassen.
5. Die Oberfläche mit Rosenwasser bepinseln und kurz antrocknen lassen. Die Silberfolie darüberpressen und die Konfektmasse mit einem in kaltes Wasser getauchten Messer in Rechtecke oder Rauten schneiden.

Anmerkung: Dieses Konfekt hält sich gut verpackt bei Zimmertemperatur 3 Wochen und mehrere Monate im Kühlschrank.

Mandel-Milch-Konfekt

(Badaam Barfi)

Ergibt etwa 48 Stück

450 g blanchierte Mandeln
½ l Milch
150 g Zucker
2 EL Usli Ghee (S. 52) oder indisches Pflanzenfett oder Butter
2 7×7 cm große Stücke Silberfolie (Vark) (nach Belieben)

1. Mandeln in der Küchenmaschine oder mit dem Pürierstab fein pürieren und bereitstellen.
2. Ein 20×20 cm großes Backblech einfetten (oder Wachspapier verwenden).
3. Milch in einem schweren, nichthaftenden Topf zum Kochen bringen. Bei großer Hitze offen 10 Minuten kochen, bis sie die Konsistenz von dickem Rahm hat. Dabei ständig rühren.
4. Wärmezufuhr auf mittlere Stufe stellen, Zucker zugeben und auflösen. Den Mandelbrei und die geklärte Butter zugeben. Kräftig und ständig rühren, bis die Masse fest wird und am Löffel klebt. Drei Minuten weiterkochen.
5. Barfi in die Mitte der gefetteten Fläche gießen und rasch glattstreichen. Wenn Sie Silberfolie benützen, auflegen und leicht andrücken. Solange die Masse noch warm ist, mit ei-

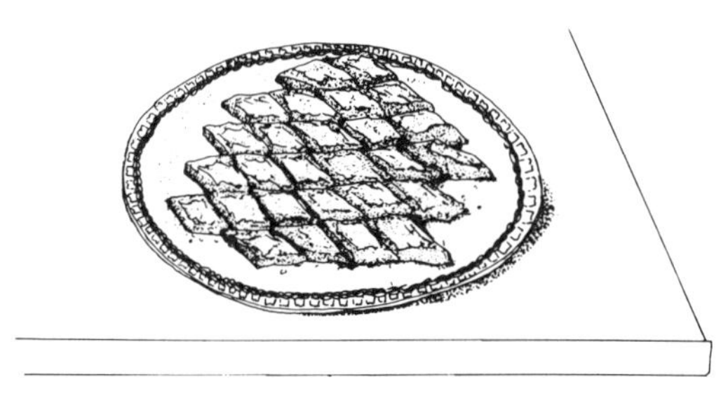

Barfi mit Silberfolie

nem in kaltes Wasser getauchten Messer in gleichmäßige Rauten schneiden.

Anmerkung: Badaam Barfi hält sich gut verpackt 3 Wochen bei Zimmertemperatur, im Kühlschrank mehrere Monate.

Quark-Peda

(Gokul ke Pede)

Peda wird normalerweise mit Milchkonzentrat (Khoya) hergestellt, aber Quark (Chenna) empfinde ich als erfrischende Abwechslung. Diese Nachspeise ist eine Spezialität aus Uttar Pradesh, hat eine grobkörnige Struktur und ist sehr leicht.

Ergibt etwa 24 Stück

2 l Milch
3 EL Essig mit 3 EL Wasser vermischt
100 g Zucker
1/8 TL Kardamompulver
70 g Puderzucker
2—3 TL Milch
1 TL Usli Ghee (S. 52) oder leichtes Pflanzenöl
2 EL feingehackte oder gemahlene, ungesalzene Pistazien

1. Aus 2 l Milch und Essigwasser nach der Anleitung auf S. 54 Quark (Chenna) herstellen.
2. Quark in einer großen flachen Schüssel kneten, bis ein glatter Teig entstanden ist. Zucker zugeben und noch einmal einige Minuten einarbeiten. Beiseite stellen.
3. Eine nichthaftende Pfanne bei mittlerer Wärmezufuhr erhitzen. Den Quark zugeben (er wird zu einem dicken Brei schmelzen) und zum Kochen bringen. Den blubbernden Brei unter ständigem Rühren 5 Minuten kochen, bis er trokken und krümelig aussieht. Wärmezufuhr etwas drosseln und weitere drei Minuten köcheln lassen, bis die Masse sehr trocken und körnig aussieht.
4. Die Masse in die Schüssel zurückgeben und den Puderzucker sowie das Kardamompulver darüberstreuen. Abküh-

len lassen und dann mit den Händen kräftig kneten. Während des Knetens Milch darübergießen, um die Masse etwas anzufeuchten. Gerade so viel Milch zugießen, daß die Masse zusammenhält und sich formen läßt.
5. Die Hände gründlich waschen, abtrocknen und mit Ghee oder Öl einfetten, damit die Quarkmasse nicht an den Fingern hängen bleibt. Mit einem Eßlöffel Stücke abstechen und zu einer glatten Kugel formen. Zu einem Laibchen flachdrücken. In der Mitte eine kleine Vertiefung machen und etwas von den gehackten Pistazien hineinpressen. Auf eine Platte legen und mit der restlichen Masse ebenso verfahren.

Anmerkung: Dieses Dessert hält sich luftdicht verpackt bei Zimmertemperatur 3 Wochen und im Kühlschrank mehrere Monate.

Sesam-Karamellen
(Gajjak)

Ein einfaches und sehr beliebtes Konfekt. Ich nehme ungeröstete Sesamsamen, denn sie geben ein köstliches Aroma und dem Konfekt den richtigen Biß.

Ergibt etwa 72 Stück

200 g weißen Sesamsamen, ungeröstet
1 EL Wasser
1 EL Butter
100 g Zucker
½ TL Zitronensaft

1. Sesamsamen in der Kaffeemühle feinpulverig mahlen.
2. Eine etwa 20×20 cm große Fläche auf einer Marmorplatte oder einem Holzbrett einfetten. Ein gleichgroßes Stück Wachspapier gut einfetten und beiseite legen.
3. Wasser und Butter bei mittlerer Stufe in einem Emailletopf erhitzen. Wenn die Butter zerlaufen ist, Zucker zugeben und kochen, bis er Karamelfarbe angenommen hat (et-

wa 10—15 Minuten). Dabei ständig rühren, damit nichts anbrennt.

4. Zitronensaft zuschütten und 5 Sekunden rasch einrühren, dann das Sesampulver zuschütten. 15 Sekunden kräftig untermischen, dann sofort auf die gefettete Oberfläche gießen. Das Wachspapier (mit der befetteten Seite nach unten) darüberlegen und mit einem Nudelholz die Masse auf 1 cm Dicke ausrollen. Solange die Masse noch warm ist, das Wachspapier abziehen und die Masse mit einem scharfen Messer in 2 cm große Quadrate oder Rauten schneiden. (Der gesamte Vorgang — vom Gießen der Masse auf das Arbeitsbrett bis zum Zerteilen — muß so rasch wie möglich und ohne Unterbrechung geschehen. Wenn die Masse abgekühlt ist, bröckelt sie und läßt sich nicht mehr verarbeiten.)

5. Wenn die Masse abgekühlt ist, die Stücke einzeln in Vark wickeln oder einfach in einen luftdichten Behälter geben. Gajjak ist unbegrenzt haltbar.

Getränke
(Thanda-Garam)

Gewürzter Tee (Masala Chah)
Kardamom-Tee (Ilaichi Chah)
Joghurtgetränk mit Rosenaroma (Lassi)
Minz-Joghurt-Erfrischungsgetränk (Mattha)
Indischer Sommerpunsch (Thandai)

Indische Getränke sind etwas Besonderes. Sie duften nach Zimt und Kardamom, Basilikum oder Rosenwasser. Getränke werden in Indien zu jeder Tageszeit gereicht und sind ständige Begleiter von Konfekt und Appetithappen.

Gewürzter Tee

(Masala Chah)

Inder lieben es, alles was sie essen und trinken, zu aromatisieren. Am häufigsten nimmt man Zimt, Kardamom und Nelken, um Tee zu aromatisieren, aber auch schwarzer Pfeffer, Ingwerwurzel, Koriander und Fenchel sind nicht ungewöhnlich. Die Menschen in den klimatisch kühleren Landesteilen Indiens verwenden Gewürze als Zusatz, nicht nur um den Tee zu aromatisieren, sondern auch um Körperwärme zu erzeugen. Gewürzte Tees sind besonders nach einer indischen Mahlzeit willkommen, da sie den richtigen Abschluß zu den kunstvoll gewürzten Speisen bilden. Eine Tasse einfacher Tee oder Kaffee schmeckt, meiner Meinung nach, im Vergleich dazu gerade schal.

Für 8 Personen

1½ l kaltes Wasser
⅛ l Milch (oder mehr, nach Geschmack)
1 Zimtstange, 7 cm lang
6 grüne Kardamomkapseln
4 ganze Nelken
12 schwarze Pfefferkörner (nach Belieben)
12 TL Zucker (nach Geschmack mehr oder weniger)
6 gehäufte TL Tee oder 9 Teebeutel (Orange Pekoe)

1. Wasser und Milch in einem hohen Topf zum Kochen bringen. Gewürze und Zucker zugeben. Umrühren und die Hitze abschalten. Topf mit Deckel verschließen und die Gewürze mindestens 10 Minuten ziehen lassen.
2. Tee(beutel) zugeben und das Wasser noch einmal aufwallen lassen. Die Wärmezufuhr drosseln und den Tee zugedeckt 5 Minuten schwach köcheln lassen. Den Deckel abnehmen und den Tee kosten. Nach Belieben noch Milch oder Zucker zugeben. Den Tee durch ein Teesieb in die vorgewärmte Kanne gießen und sofort servieren.

So wird der indische aromatisierte Tee traditionell zubereitet. Sie können jedoch Milch oder Zucker oder beides weglassen. In diesem Fall können Sie die Teemenge auf 2 gehäufte TL oder 3 Teebeutel reduzieren.

Kardamom-Tee

(Ilaichi Chah)

Dieser Tee ist geschmacklich etwas milder als Masala-Tee. Die Zugabe von grünem Kardamom macht ihn angenehm süß.

Ergibt 8 Portionen

1½ l kaltes Wasser
12 grüne Kardamomkapseln
6 gehäufte TL Teeblätter oder 9 Teebeutel (Orange Pekoe)
1 Stück Zitronen-, Limonen- oder Orangenschale (2,5 × 1 cm)
Aufgewärmte Milch und Zucker

1. Wasser mit Kardamom in einem hohen Topf zum Kochen bingen. Die Hitzezufuhr drosseln und zugedeckt 5 Minuten leicht kochen lassen. Den Topf von der Kochplatte nehmen und zugedeckt 10 Minuten stehen lassen.
2. Währenddessen die Teekanne mit kochendem Wasser ausspülen. Die Teeblätter und die Zitrusfrucht-Schale zugeben.
3. Das Kardamomwasser zum Kochen bringen und mit dem Kardamom in die Kanne mit dem Tee gießen. 2—3 Minuten ziehen lassen und mit Milch und Zucker servieren: So liebt man in Indien den Kardamom-Tee. Nach Geschmack können Sie auch Milch und Zucker weglassen, sollten aber dann die Teemenge auf 2 gehäufte Teelöffel oder 3 Teebeutel reduzieren.

Joghurtgetränk mit Rosenaroma

(Lassi)

In den Sommermonaten sind die Straßen von Delhi erfüllt mit dem rhythmischen Klingeln der Eiswürfel in den Krügen der Lassi-Verkäufer. Lassi kann ohne Übertreibung als das gesündeste und nahrhafteste Getränk auf der ganzen Welt bezeichnet werden.
Für die klassische Zubereitung ist die Qualität des verwendeten Joghurts von größter Bedeutung. Er sollte leicht säuerlich und auch in der Verdünnung noch typisch nach Joghurt schmecken. Der Joghurt sollte auch cremig sein. Joghurt, wie Sie ihn bei uns üblicherweise bekommen, muß noch durch Zugabe von etwas Sahne oder Crème fraîche verfeinert werden. Lassi schmeckt am besten an einem heißen Sommernachmittag zu einem sonntäglichen Essen oder vor einem indischen Frühstück.

Für 2 Personen

400 g einfacher Joghurt
3 EL dicke Sahne oder Crème fraîche
1 EL Rosenwasser
6 EL Zucker
9—10 Eiswürfel, normale Größe

Joghurt, Sahne, Rosenwasser und Zucker im Elektromixer etwa ½ Minute verquirlen, bis sich der Zucker aufgelöst hat. Eiswürfel zugeben und noch einmal 1 Minute mischen, bis das Joghurtgetränk schaumig ist. (Die Eiswürfel sollen sich nicht vollständig auflösen.) Zusammen mit den Eiswürfeln in zwei große Gläser geben und servieren.

Anmerkung: Lassi läßt sich gut vorbereiten und hält sich 2—3 Tage im Kühlschrank. Vor dem Servieren im Mixaufsatz Ihrer Küchenmaschine noch einmal schaumig aufquirlen. Keine Eiswürfel mehr zugeben, sonst wird das Getränk zu wäßrig.

Minz-Joghurt-Erfrischungsgetränk
(Mattha)

Mattha bedeutet, wörtlich übersetzt, »Buttermilch«. Indische Buttermilch unterscheidet sich jedoch von der hierzulande erhältlichen sowohl im Geschmack wie auch in ihrer Konsistenz. Sie ist dünnflüssiger, eher wie Magermilch, und schmeckt nach Butter und Joghurt. Mattha hat einen so ausgeprägten Geschmack, daß sie oft ohne weitere Zutaten serviert wird. Sie wird aber auch gerne mit etwas Salz, zerstoßenem Kreuzkümmel oder Kräutern verfeinert. Mattha ist ein probates Mittel gegen die Sommerhitze und wird in Indien oft schon vor dem Frühstück angeboten. Der verwendete Joghurt sollte säuerlich sein.

Für 2 Personen

250 g einfacher Joghurt
knapp ¼ l kaltes Wasser
12 frische Minzblätter
½ TL gerösteter, gemahlener Kreuzkümmel (S. 66)
¼ TL Salz
8—9 Eiswürfel, normale Größe

1. Joghurt, Wasser und 8 Minzblätter im Aufsatz der Küchenmaschine ½ Minute mixen, bis die Minze gut zerkleinert ist.
2. Kreuzkümmel, Salz und Eiswürfel zugeben und im Mixer eine weitere halbe Minute verquirlen, bis die Flüssigkeit schaumig ist (die Eiswürfel lösen sich nicht ganz auf). Mit den Eisstücken auf 2 Gläser verteilen. Die vier restlichen Minzblätter leicht zwischen den Fingern quetschen, damit der Duft frei wird — dann die Blätter als Garnierung auf die Schaumkrone des Getränks setzen. Sofort servieren.

Anmerkung: Dieses Joghurtgetränk kann bereits am Vortage vorbereitet werden. Vor dem Servieren noch einmal durchschlagen, bis es wieder schaumig ist. Keine weiteren Eiswürfel zufügen, damit das Getränk nicht verwässert wird.

Indischer Sommerpunsch

(Thandai)

Den Begriff Thandai verbinde ich mit glücklichen Erinnerungen an meine Kindheit in Kanpur. Die Sommerferien waren immer eine besondere Zeit — in diesen Tagen wurden verschiedenes Zuckerwerk zubereitet und die delikatesten Sachen eingelegt. Jeden Tag wurde für uns Kinder ein anderes Getränk zubereitet, während wir im sonnigen Hof spielten. Eines der besten Getränke, die es damals gab, war Thandai, ein Mandelmilchgetränk mit Kardamomaroma. Es ist eine Spezialität aus dem Uttar Pradesh, und seine Zubereitung ist in einem indischen Haushalt ein langwieriger Prozeß. Zuerst wurden verschiedene Nüsse und Kerne abgewogen, dann einzeln gereinigt und blanchiert, dann gemischt und mit etwas Milch oder Wasser in einem Mahlstein zu einem feinen Brei gemahlen. Schließlich mit Milch vermischt, mit Zucker gesüßt und in Gläser mit gestoßenem Eis abgefüllt, ergab das ein herrliches Sommergetränk.
Heute läßt sich Thandai mit Hilfe der modernen Küchentechnik ohne großen Aufwand zubereiten. Das Getränk ist ideal für schwüle Sommertage und besonders empfehlenswert, wenn Sie einen besonders guten alkoholfreien Drink servieren möchten.

Anmerkung: Thandai muß nicht unbedingt mit Milch zubereitet werden. Zwar mildert die Milch die Würze und gibt dem Getränk einen besonders feinen Geschmack, aber Sie können auch frisches, kaltes Wasser nehmen.

Ergibt 1 l Thandai-Konzentrat (8 Portionen)

2 EL Fenchelsamen
Samenkörner aus 8 grünen Kardamomkapseln
6 ganze Nelken
12 Pfefferkörner
90 g blanchierte Mandeln
200 g rohe, geschälte Sonnenblumen-, Kürbis- oder Papayakerne
Kochendes Wasser
200 g Zucker
1 l Milch oder Wasser

1. Fenchel, Kardamom, Nelken und Pfefferkörner fein mahlen oder zerstoßen.
2. Mandeln und Kerne in eine Schüssel geben und mit kochendem Wasser übergießen. 1/2 Stunde weichen lassen. Wasser abgießen.
3. Mandeln und Kerne mit 1/2 l kochendem Wasser in der Küchenmaschine zu einem feinen Brei pürieren. Zucker und Gewürzmischung zugeben und weitermischen, bis sich der Zucker ganz aufgelöst hat (etwa 1/2 Minute).
4. In eine Schüssel geben. Einen weiteren halben Liter kochendes Wasser durch die Maschine laufen lassen, damit die Reste herausgewaschen werden. Zu der Punschmischung gießen und gut verrühren.
5. Die Mischung durch ein dreilagiges Seihtuch seihen und so viel Flüssigkeit wie möglich herauspressen. Dieses Konzentrat in eine Flasche oder einen Krug abfüllen und gut kühlen. Zum Servieren im Verhältnis 1:1 mit Milch oder Wasser verdünnen, gut umrühren, 3—4 Eiswürfel zugeben und servieren.

Anmerkung: Das Thandaikonzentrat hält sich im Kühlschrank eine Woche und läßt sich einfrieren. Es muß jedoch ganz auftauen, bevor es mit Milch oder Wasser vermischt wird.

Glossarium

Aam	reife Mango
Aata	Mehl; Vollkornmehl
Achar	Pickle; Eingemachtes
Adrak	frische Ingwerwurzel
Agni	Gott des Feuers, von den wedischen Indern verehrt
A-himsa	Gewaltlosigkeit; Anhänger dieser Doktrin töten weder Tiere noch Insekten
Ajwain	Adiowan (Gewürz)
Akhroot	Walnuß
Aloo	Kartoffel
Amchoor	Mangopulver, aus rohen, sauren Mangos hergestellt
Anardana	getrocknete, eßbare Frucht des Granatapfelbaums
Anda	Ei
Appalam	Linsenwaffeln
Arbi	indische, stärkehaltige Wurzelgemüse
Arhar Dal	Linsen
Arwa Chawal	Langkornreis
Aur	und
Badaam	Mandel
Badaami	Fleisch oder Geflügel, mit gemahlenen Mandeln und Gewürzen zubereitet
Bade	kleine Bohnenklößchen
Badi Elaichi	schwarze Kardamomkapseln
Badshahi	des Kaisers, kaiserlich
Bag Bazaar	berühmter Markt in Kalkutta
Bagda Jheengari	Riesengarnelen
Baghar	mit Gewürzen aromatisierte Butter für Hülsenfrüchte, Joghurtsalate, Chutneys

	und einige Fleisch- und Geflügelgerichte
Baigan	Aubergine
Bakara oder Bakari	Ziege
Bakare ka Gosht	Ziegenfleisch
Bandh Gobhi	Kohl
Bara Jheenga	Hummer
Barfi	fondantähnliches Zuckerwerk
Barista	knusprig gebratene Zwiebelstückchen, in der moslemischen Küche beliebt
Barra Kabab	dünne Streifen von ausgelöstem Lenden- und Rippenfleisch, die mariniert auf Spieße gesteckt und gegrillt werden
Basoondi	Dessert aus Rabadi, mit Honig und Zucker gesüßt und mit Nüssen dekoriert
Basmati	Gattungsname einer indischen Langkornreisart
Besan	Kichererbsenmehl
Bhara	gefüllt
Bharta	geröstete Auberginen mit Zwiebeln, Tomaten und Kräutern
Bharva	siehe Bhara
Bhatoora	Hefeteig mit Joghurt, Kartoffeln und Mehl, ausgerollt und im Fett schwimmend ausgebacken
Bhindi	Okra
Bhojia	Gemüse, mit Gewürzen geschmort
Bhonao	die Technik, Zwiebeln und Fleisch zu braten
Bhone Piaz ke Lachee	knusprig gebratene Zwiebelstücke, mit denen Pilaws dekoriert werden
Bhorji	Rührmasse, meist Rührei
Biriyani	ein sehr aufwendiger Pilaw, bei dem zuerst das Fleisch zubereitet und dann der Reis zugegeben wird
Biswa Tulsi	Basilikum

Bombil oder Bombay Duck	kleiner, durchsichtiger Fisch (von der Westküste Indiens), der in der Sonne getrocknet als Imbißhappen genossen wird
Boti Kabab	Fleisch, mariniert, auf Spieße gesteckt und gegrillt
Brahma	der oberste Gott in der Hindu-Religion, Schöpfer des Universums
Brahmin	Priesterkaste, die oberste der vier Hindukasten
Chah	Tee
Chakki	Getreidemühle
Chakko	Messer
Chakla	Marmor- oder Holzbrett zum Ausrollen von Brot
Chalni	Durchschlag, Sieb
Channa	getrocknete Kichererbsen, auch ein Kichererbsengericht mit Gewürzen
Channa Dal	gelbe halbe Erbsen
Chapati	dünne Vollkornbrotfladen
Chapli Kabab	gewürztes Hackfleisch, zu Laibchen geformt und gebraten
Chat	kalte Vorspeisen aus Gemüse, Früchten und Gewürzen
Chaunk	siehe Baghar
Chaunk Gobhi	Rosenkohl
Chawal	Reis
Chenna	indischer Quark
Chimta	Küchenzange
Choolha	indischer Lehmofen, mit Kohle oder Holz zu beheizen
Chota Piaz	Schalotte
Choti Elaichi	grüner Kardamom; auch weißer, gebleichter Kardamom
Chotoo Jheengari	große Garnele
Chukandar	rote Bete

Dahi Bhalle	gebratene Bohnenklöße in würzigem Joghurt, eine Spezialität aus dem Pandschab
Dal	Hülsenfrüchte
Dalchini	Zimt
Deghi Mirch	indischer Paprika, aus milden Kaschmir-Paprikaschoten
Dhakkan	Deckel
Dhania	Koriander
Dhan-sak Masala	Gewürzmischung zur Herstellung von Dhan-sak, einem Hühner-Linsen-Gemüseeintopf
Dhooli Urad	weiße halbe Bohnen
Doodh	Milch
Doodhwala	Milchmann
Do-piaza	wörtlich übersetzt: Fleisch, Geflügel oder Fisch, in der doppelten Menge Zwiebeln zubereitet
Ducan	Laden
Dum	indische Brattechnik
Durga Pooja	Fest zu Ehren der Göttin Durga, im September und Oktober
Elaichi	Kardamom
Eleesh	fettreicher Fisch aus dem Hoogli-Fluß in Kalkutta, Bengalen
Firni	Pudding aus Reismehl, Mandeln und sahniger Milch
Gajar	Karotte
Gajjak	Sesam-Karamelle
Ganth Gobhi	Kohlrabi
Garam	warm, heiß
Garam Masala	hocharomatische Gewürzmischung, die vor allem in der nordindischen Küche verwendet wird
Geela Masala Bhoonana	das Bräunen von Zwiebeln, Knoblauch und Ingwerwurzel

Geela Masala Tayyar Karana	die Vorbereitung von Zwiebeln, Knoblauch und Ingwerwurzeln zum Braten
Ghara	Steinzeug- oder Metallkrug für Wasser
Ghee	Fett
Gingelly	leichtes Sesamöl
Gobhi oder Phool Gobhi	Blumenkohl
Gochian	Kaschmir-Morcheln
Gol	rund
Golda Jheengari	Hummer
Gosht	Fleisch
Gujjia	hörnchenförmiges Gebäck, mit Nüssen und Kokos gefüllt
Gulab	Rose
Gulab Jal	Rosenwasser
Gulkand	Rosenblätter, in dicken Sirup eingelegt
Haldi	Kurkuma
Halwa	Gemüse, Linsen, Nüsse und Obst, mit Fett und Zucker zu einer dicken Masse eingekocht
Halwai	Zuckerbäcker
Halwai ki Ducan	Konditorei
Hara Dhania	frische Korianderblätter
Hara Piaz	Frühlingszwiebeln
Hara Chutney ka Pullao	Pilaw mit frischer Minze, Kokos und Gewürzen — eine Spezialität aus Andra Pradesh
Hari Gobhi	Broccoli
Hari Mirch oder Simla Mirch	grüne Paprikaschoten
Heeng	Asant
Hussaini Kabab	Hackfleischwürstchen, mit Nüssen und Rosinen gefüllt und gebraten oder gegrillt
Imli	Tamarinde

Jaiphul	Muskatnuß
Jal Toori	eine Fischart
Javitri	Macisblüte
Jeera	Kreuzkümmel
Jheenga oder Jheengari	Krabbe, Garnele
Kabab	Kebab, Kabab
Kabab Masala	Gewürzmischung für Kababs
Kacha	roh
Kachauri	Brot, gefüllt mit würziger Bohnenmischung
Kachoomar	gehackte oder in Ringe geschnittene Zwiebeln, Tomaten und grüne Paprika, mit Zitronensaft gewürzt
Kaddoo-kas	Gemüsereibe
Kadhi	Klöße aus Erbsenmehl, in Joghurt mit Gewürzen und Gemüsen gegart
Kadhai	indisches Küchengerät, einem chinesischen Wok ähnlich, zum Braten
Kajoo	Cashewnuß
Kala	schwarz
Kala Channa	kleine, schwarze Kichererbsen, aus denen auch Mehl gemacht wird
Kala Namak	schwarzes Salz
Kalaunji	Nigella (Zwiebelsamen)
Kali Dal	reichhaltige Speise aus schwarzen Bohnen mit Butter, Gewürzen und frischen Kräutern
Kali Mirch	schwarzer Pfeffer
Karchi	Rührlöffel
Kari	Curry, auch die süß-aromatischen Blätter der Karipflanze
Kari Podi	Currypulver
Kashmiri Pandit	Hindu aus Kaschmir
Kasoori Mathari	Würzkräcker aus gehaltvollem Teig mit getrockneten Bockshornkleeblättern
Kasoori Methi	trockene Bockshornkleeblätter
Katch	Lamm

Katoori	kleine Metallschüssel zum Servieren von Einzelportionen
Keema	Hackfleisch; auch ein Hackfleischgericht mit Sauce
Kekada	Krebs
Kesar	Safran
Kewra	Schrauben-, Pandanuspalme
Khansaama	Koch, Küchenchef
Khara	einfach, nicht aufwendig, mit wenigen Gewürzen
Khas-khas	weißer Mohn
Khasa	spezial
Khatte	sauer
Kheer	Pudding, Reispudding
Kheera	Gurke
Khichari	ein Brei aus Reis, gelben, halben Mungobohnen und gewürzter Butter
Khoobani	Aprikose
Khoshboo	Aroma
Khoya	Milchkonzentrat
Kofta	Hackfleischbällchen mit Sauce
Koosmali	Chutney aus rohen, geriebenen Karotten und gerösteten schwarzen Senfkörnern
Korma	schmoren, geschmort
Kulfi	indische Eiscreme aus eingedickter Milch, die in speziellen Formen eingefroren wird
Lobhia	schwarzgefleckte Bohnen
Lal Mirch	Cayennepfeffer
Lassan	Knoblauch
Lassi	Joghurt, mit Wasser verdünnt, gesüßt und mit Rosenwasser oder -essenz aromatisiert
Laung	Nelken
Maan Dal	schwarze Bohnen
Maanz	Fleisch

Maharai/Maharajin	brahmanischer Koch/brahmanische Köchin
Machi	Fisch
Makhan	Butter
Makhani Murgh	Tandoori-Huhn-Teile in Tomatensauce, mit Butter und Gewürzen geschmort
Malai	Rahm (verschiedenster Art)
Malai Kofta	Fleischbällchen in rahmiger Tomatensauce
Malpoora	süße Pfannkuchen, mit Fenchel gewürzt
Masala	Gewürze, Gewürzmischungen
Masala Bhoonana	Rösten von Gewürzen
Masala Musulana	Zerstoßen von Gewürzen
Masala Peesana	Mahlen von Gewürzen
Masalchi	Küchenhilfe
Masar Dal	rosa Linsen
Masoor Dal	siehe Masar Dal
Matar	Erbsen, Kichererbsen
Matar Shufta	vegetarisches Gegenstück von Keema Matar (das Saucengericht aus Hackfleisch und grünen Erbsen)
Mattha	Joghurtgetränk mit Salz, geröstetem Kreuzkümmel und frischer Minze
Meetha	süß
Mithai	Konfekt, Süßigkeiten
Meetha Neam ke Patte	Kariblätter
Methi	Bockshornklee
Mirchi ka Achar	frische, scharfe Chilischoten, mit Gewürzen gefüllt und in Senföl eingelegt
Mirchi ki Bhaji	milde, grüne Chilischoten, in Butter mit Melasse, Tomaten und Gewürzen geschmort
Moolee	mit Kokossauce
Moong Badian	gebratene Mungobohnenklößchen mit pürierten gelben Mungobohnen und Spinat
Moong Dal	gelbe, halbe Mungobohnen

Mughal	mogulische Türken, der Herkunft nach Mongolen mit moslemischer Religion, die im 16. Jahrhundert die persische Kultur, persisches Essen, Kochtechniken usw. nach Indien gebracht haben
Mughal Garam Masala	klassische Gewürzmischung für mogulische Gerichte
Mughalai	nach mogulischer Tradition
Mullagatanni	Mullaga (schwarzer Pfeffer), tanni (Wasser oder Brühe)-Basis für die Mulligatawny-Suppe
Mungaude ki Bhaji	Moong Badian, mit Tomaten und Gewürzen geschmort
Murgh oder Murghi	Huhn
Namak	Salz
Namaste, Namaskaar	indisches Grußwort
Nan	tropfenförmiges Brot, das im Tandoor gebacken wird
Nargisi Kofta	Fleischbällchen, die mit ganzen Eiern gefüllt sind, dann auseinandergeschnitten und in Zwiebelsauce gegart werden
Narial	Kokosnuß
Narial-kas	Kokosreibe
Nimboo	Limone, Zitrone
Obla	gekocht
Oobalana	kochen, kochend
Op-phul	Nebenprodukte
Paan	Blätter der Betelpflanze; auch das Verdauungspräparat, das aus den Blättern dieser Pflanze mit anderen Gewürzen zusammen gemacht wird
Paani	Wasser

Pachadi	Joghurtsalat aus rohem Gemüse und Joghurt, mit gerösteten schwarzen Senfkörnern gewürzt
Pakode	Ausgebackenes
Palak	Spinatgemüse
Paneer	Quark, zu einem festen Kuchen gepreßt und in kleine Stücke geschnitten
Papad	Linsenwaffeln
Papeeta	Papaya
Pappadam	Linsenwaffel, eine Spezialität aus Malabar in Südindien
Paraath	große Platte mit hohem Rand, die zum Teigmischen und Teigkneten, Reinigen von Hülsenfrüchten und Reis und Vorbereiten von Gemüse verwendet wird
Paratha	in der Pfanne gebratenes Vollkornbrot
Pasanda Kabab	siehe Barra Kabab
Pateela	henkelloser Topf
Payasam	Pudding aus gelben Mungobohnen, halben Erbsen und Kokosmilch, eine südindische Spezialität
Peda/Pede	Milchkonzentrat, mit Pistazien garniert
Peela	gelb
Phool Badi	Tapioka- oder Sagowaffeln; Reiswaffeln
Phool Gobhi	Blumenkohl
Phulka	Vollkornbrotfladen
Piaz	Zwiebel
Pista	Pistazie
Pitthi	Bohnenfülle für Kachauri
Podina	Minze
Pomfret	magerer Fisch mit festem Fleisch, ähnlich der Flunder
Poori	in schwimmendem Fett ausgebackenes Brot
Pullao	Pilaw — Basmati-Reis mit Gewürzen, Fleisch, Huhn oder Gemüse
Punch-phoron	Gewürzmischung für Gemüse, aus den östlichen Regionen Indiens

Rabadi	eingedickte Milch
Rabadi Dooth	Milch, der Rabadi zugegeben wurde
Rai	Senf
Raita	rohe oder gegarte Gemüse oder Früchte, mit gewürztem Joghurt vermischt
Raja	König
Rajma	rote Bohnen
Ram Tulsi	weißes Basilikum
Rang	Farbe
Ras Malai	Quarkklöße in Rahmsauce mit Pistazien
Rasam	würzige Linsenbrühe, eine südindische Spezialität
Rasedar	Gemüse in dünner Sauce
Rasooi	Küche
Rogan Josh	Lamm in Joghurt und Rahm, mit mogulischen Gewürzen geschmort, eine Spezialität aus Kaschmir
Rogani Gosht	gehaltvolles Fleischgericht mit Rahm, Butter und Gewürzen
Roi	ein heimischer Fisch, den man im Bag Bazaar in Kalkutta verkauft
Roti	Brot
Ruh	Essenz
Saag	Blattgemüse
Sabat Moong	grüne, ganze Mungobohnen
Sabat Urad	schwarze Bohnen
Sabzi	Gemüse; auch ein nordindisches Gemüsegericht
Sabziwala	Gemüseverkäufer
Sada	einfach
Safaid	weiß
Salan	würzige Sauce
Sambaar	Gemüse- und Linseneintopf mit Tamarindenfrucht und Gewürzen
Sambaar Podi	scharfe Gewürzmischung zum Würzen von Sambaar

Sambhar Namak	weißes Salz, Tafelsalz
Samosa	gefüllte Teigtäschchen
Sarsoon	Senfblätter
Saunf	Fenchel, Anis
Seek Kabab	dünne Kebabs aus Hackfleisch und Kräutern
Sem	grüne Bohnen
Sendha Namak	Salzstein
Shahi	königlich
Shamme Kabab	Hackfleisch und gelbe, halbe Erbsen, gewürzt mit Minze, Ingwerwurzel und anderen Gewürzen, zu Laibchen geformt und gebraten
Sharbat	fruchtiger Punsch
Shorva	Suppe
Sil-batta	Mühlstein
Sonth	trockenes Ingwerpulver
Sookha Dhania	Koriandersamen
Sookha Masala Bhoonana	das Braten von Gewürzen
Sooji	Grieß
Sopari	Betelnuß
Srikhand	Dessert aus Joghurt, Zucker, Nüssen und Safran
Tadka	siehe Baghar
Tahari	Reis-Erbsen-Gericht mit Kurkuma und Kräutern
Tala	im Fett ausgebacken
Talna	im Fett ausbacken
Tamatar	Tomate
Tandoor	indischer Lehmofen
Tandoori	Speisen, die in einem Lehmofen zubereitet werden
Tandoori Masala	Gewürzmischung zum Würzen von Tandoori-Huhn
Tari	Sauce
Tava	Eisenpfanne ohne Stiel
Tej Patta	Lorbeerblatt

Tel	Öl
Thal	Metallplatte
Thali	Servierplatte aus Metall
Thandai	Sommerpunsch aus gemahlenen Kernen, Mandeln, Gewürzen, Zucker und Milch
Tinda	runder Kürbis, zur Gurkenfamilie gehörend
Tikka	Frikadelle
Toor Dal	rote Linsen
Toovar Dal	siehe Toor Dal
Topshe	ein heimischer Fisch, den man im Bag Bazaar in Kalkutta bekommt
Urad Dal	weiße Bohnen
Usli Ghee	indische, geklärte Butter
Vanaspati Ghee	Pflanzenfett
Vark	Silberfolie
Vendaloo	scharfes Currygericht aus Goa
Vishnu	der Gott der Erhaltung
Ya	oder
Yakhni	Fleischbrühe
Yerra	siehe Jheenga
Zaffran	siehe Kesar
Zarda	süßer Safran-Pilaw

Alphabetisches Register

Register, indisch

Register nach Sachgruppen

GEWÜRZE UND
BESONDERE ZUTATEN

VORSPEISEN UND SNACKS

SUPPEN

HAUPTGERICHTE MIT FLEISCH

HAUPTGERICHTE MIT GEFLÜGEL UND EIERN

HAUPTGERICHTE MIT FISCH UND MEERESFRÜCHTEN

HAUPTGERICHTE MIT GEMÜSE, KÄSE UND HÜLSENFRÜCHTEN

BEILAGEN AUS GEMÜSE UND HÜLSENFRÜCHTEN

JOGHURTSALATE

REIS

BROT UND WAFFELN

TRADITIONELLE INDISCHE BEILAGEN: CHUTNEYS UND PICKLES

NACHSPEISEN

KONFEKT

GETRÄNKE

Über die Autorin

Julie Sahni wurde 1945 in Indien geboren und wuchs in Kanpur (Uttar Pradesh) und in Neu Delhi auf. Sie hat ein abgeschlossenes Architekturstudium an der Universität Delhi. Fast ein Jahrzehnt lang zeigte sie professionell in ihrem Land und im Ausland klassische indische Tänze. 1968 siedelte sie in die Vereinigten Staaten über, wo sie an der Columbia University ihr Diplom im Fachgebiet Städteplanung ablegte. Sie ist amerikanische Bürgerin und arbeitet als Stadtplanerin bei der Planungsbehörde der Stadt New York. Mrs. Sahni ist Gründerin der Indian Cooking School in New York und gibt auch an der New School for Social Research Kochunterricht. Sie unternahm zahlreiche Reisen in ihr Heimatland Indien und ist Expertin für die regionalen Verschiedenheiten der indischen Küche. Ebensogut kennt sie sich in der französischen, chinesischen und italienischen Kochkunst aus. Julie Sahni lebt mit ihrem Mann Viraht, einem Physiker, und ihrem Sohn, Vishal Raj, in Brooklyn Heights. Bei Familienbesuchen in Indien wohnen sie in Neu Delhi.

Über die Illustratorin

Marisabina Russo studierte am Mount Holyoke College. Ihre Zeichnungen erscheinen regelmäßig in der Zeitschrift New Yorker und in anderen Magazinen. Sie hat viele Bücher illustriert, unter anderem »More Classic Italian Cooking« von Marcella Hazan.

Adressenliste

Die nachfolgend aufgeführten Geschäfte führen eine große Auswahl indischer Lebensmittel und versenden sie auch per Post- oder Bahnexpreß (Stand 1993):

Bashir International
Torfstraße 24
13353 Berlin
Telefon (0 30) 4 53 46 52
Telefax (0 30) 4 53 47 28

Claire Zurgeissel
Rostocker Straße 68
20093 Hamburg
Telefon (0 40) 2 80 27 47

Indische Gewürze und Spezialitäten
Vinay Vermani
Marienstraße 9–11
30171 Hannover
Telefon (05 11) 3 63 17 11

INDU-Versandlädchen
Turmstraße 7
35085 Ebsdorfergrund
Telefon (0 64 24) 39 88
Telefax (0 64 24) 49 40

Maharani – Indisches Gewürzhaus
Düsseldorfer Straße 13
60329 Frankfurt/M.
Telefon (0 69) 23 47 76

Asien-Basar
Hirschbergstraße 3
80634 München
Telefon (0 89) 13 17 03
Telefax (0 89) 13 28 21